Juristische ExamensKlausuren

Die Reihe **Juristische ExamensKlausuren** orientiert sich in besonderem Maße an studentischen Bedürfnissen. Das Konzept ist lerngerecht und wirkungsvoll: Wissenschaftliche Mitarbeiter, das eigene Examen noch frisch in Erinnerung und vertraut mit allen Examenssorgen, entwickeln die Klausuren in enger Zusammenarbeit mit erfahrenen Hochschullehrern. Das Ergebnis sind übersichtliche, strukturierte Fallsammlungen, die den gesamten examensrelevanten Stoff abdecken. Die Lösungen beinhalten die rechtliche Begutachtung eines Falles und helfen, vorhandene Kenntnisse weiter zu vertiefen. Die verständlich geschriebenen Klausuren ermöglichen auch Studienanfängern einen schnellen Überblick über die Grundlagen des jeweiligen Rechtsgebietes.

Bernd Hecker • Mark A. Zöller

Fallsammlung zum Europäischen und Internationalen Strafrecht

3. Auflage

Bernd Hecker
Lehrstuhl für Deutsches und Europäisches
Strafrecht, Strafprozessrecht sowie
Umwelt- und Wirtschaftsstrafrecht
Eberhard Karls Universität Tübingen
Tübingen, Deutschland

Mark A. Zöller
Lehrstuhl für Deutsches, Europäisches und
Internationales Strafrecht und
Strafprozessrecht, Wirtschaftsstrafrecht und
das Recht der Digitalisierung
Ludwig-Maximilians-Universität München
München, Deutschland

ISSN 0944-3762
Juristische ExamensKlausuren
ISBN 978-3-662-65139-1   ISBN 978-3-662-65140-7 (eBook)
https://doi.org/10.1007/978-3-662-65140-7

Die Deutsche Nationalbibliothek verzeichnet diese Publikation in der Deutschen Nationalbibliografie;
detaillierte bibliografische Daten sind im Internet über http://dnb.d-nb.de abrufbar.

Springer
© Springer-Verlag GmbH Deutschland, ein Teil von Springer Nature 2012, 2017, 2022
Das Werk einschließlich aller seiner Teile ist urheberrechtlich geschützt. Jede Verwertung, die nicht
ausdrücklich vom Urheberrechtsgesetz zugelassen ist, bedarf der vorherigen Zustimmung des Verlags.
Das gilt insbesondere für Vervielfältigungen, Bearbeitungen, Übersetzungen, Mikroverfilmungen und
die Einspeicherung und Verarbeitung in elektronischen Systemen.
Die Wiedergabe von allgemein beschreibenden Bezeichnungen, Marken, Unternehmensnamen etc. in
diesem Werk bedeutet nicht, dass diese frei durch jedermann benutzt werden dürfen. Die Berechtigung
zur Benutzung unterliegt, auch ohne einen gesonderten Hinweis hierzu, den Regeln des Markenrechts. Die
Rechte des jeweiligen Zeicheninhabers sind zu beachten.
Der Verlag, die Autoren und die Herausgeber gehen davon aus, dass die Angaben und Informationen in
diesem Werk zum Zeitpunkt der Veröffentlichung vollständig und korrekt sind. Weder der Verlag, noch
die Autoren oder die Herausgeber übernehmen, ausdrücklich oder implizit, Gewähr für den Inhalt des
Werkes, etwaige Fehler oder Äußerungen. Der Verlag bleibt im Hinblick auf geografische Zuordnungen
und Gebietsbezeichnungen in veröffentlichten Karten und Institutionsadressen neutral.

Springer ist ein Imprint der eingetragenen Gesellschaft Springer-Verlag GmbH, DE und ist ein Teil von
Springer Nature.
Die Anschrift der Gesellschaft ist: Heidelberger Platz 3, 14197 Berlin, Germany

Vorwort

Mit der aktualisierten und um einen Übungsfall erweiterten 3. Auflage der Fallsammlung möchten wir vor allem für die Studierenden des strafrechtlichen Schwerpunktbereiches konkretes Anschauungsmaterial für die Anfertigung von Klausuren aus dem Bereich des Europäischen und Internationalen Strafrechts zur Verfügung stellen. Die jeweils mit Aufbau- und Lösungsvorschlägen versehenen 19 Klausuren (Fälle und Fragen), die einen mittleren bis hohen Schwierigkeitsgrad aufweisen, sollen den Benutzern vermitteln, wie sie ihre in der Vorlesung erworbenen Rechtskenntnisse im Bereich des Strafanwendungsrechts (§§ 3–7, 9 StGB), der Einflüsse der Europäischen Union auf das nationale Strafrecht und der strafrechtsbezogenen Gewährleistungen der Europäischen Menschenrechtskonvention in der praktischen Fallbearbeitung umsetzen können. Hierdurch soll zum einen die exemplarische Wiederholung und Vertiefung des in diesen Rechtsbereichen erforderlichen Basiswissens ermöglicht werden. Zum anderen soll die „handwerkliche" Fähigkeit geschult werden, einen aufbautechnisch, methodisch und sprachlich-stilistisch überzeugenden Lösungsvorschlag zu entwickeln. Die Fallsammlung versteht sich insoweit auch als Ergänzung zu dem in diesem Verlag erschienenen Lehrbuch von *Hecker,* Europäisches Strafrecht, 6. Aufl., 2021, kann aber selbstverständlich vollkommen unabhängig hiervon benutzt werden.

Von den Kandidaten wird nicht verlangt, dass sie ihre Klausurlösung mit Fußnoten versehen. Wir sind aus didaktischen Gründen von dieser Gepflogenheit abgewichen, um unseren Lesern einen raschen Zugriff auf lösungsrelevante Fundstellen zu ermöglichen. Da die hier präsentierten Falllösungen aus den Federn zweier Autoren stammen, können die Bearbeitungen Unterschiede in aufbautechnischer, sprachlich-stilistischer und auch inhaltlicher Art aufweisen. Wir halten dies für einen Vorzug unserer Fallsammlung, da hierdurch der Eindruck vermieden wird, es gäbe nur einen einzigen vertretbaren Lösungsvorschlag.

Eine gewinnbringende Nutzung dieser Fallsammlung setzt ein gewisses Maß an Vorwissen auf Seiten des Lesers voraus, das in der Regel durch Besuch der Vorlesung und Lektüre eines Lehrbuches erlangt wird. Es empfiehlt sich, die dargebotenen Fälle und Fragen zunächst selbstständig zu durchdenken, eine eigene schriftliche Ausarbeitung zu fertigen und diese sodann mit unserem Lösungsvorschlag zu vergleichen. Die angegebenen Rechtsprechungs- und Literaturhinweise sind als Angebot zu verstehen, das klausurrelevante Thema vertieft zu studieren.

Für konstruktive Kritik und Verbesserungsvorschläge jeder Art sind wir offen und dankbar. Für tatkräftige Unterstützung danken wir unseren Wissenschaftlichen Mitarbeitern *Dr. Tanja Niedernhuber, Ruben Doneleit, Lauritz Öllerer, Maximilian Schach* (München) sowie *Dr. Maximilian Lenk, Dr. Felix Schmidhäuser, Dr. Tamara Schneider, Kira Scholler, Matthias Walcher* (Tübingen) und unseren studentischen Hilfskräften.

Tübingen, Deutschland   Bernd Hecker
München, Deutschland   Mark A. Zöller
Dezember 2021

Verzeichnis der abgekürzt zitierten Literatur

Achenbach/Ransiek/Rönnau, Handbuch Wirtschaftsstrafrecht	*Achenbach*, Hans/*Ransiek*, Andreas/*Rönnau*, Thomas, Handbuch Wirtschaftsstrafrecht, 5. Aufl., 2019
Ahlbrecht/Böhm/Esser/Eckelmans	*Ahlbrecht*, Heiko/*Böhm*, Klaus Michael/ *Esser*, Robert/*Eckelmans*, Franziska, Internationales Strafrecht, Auslieferung – Rechtshilfe – EGMR – internationale Gerichtshöfe, 2. Aufl., 2017
Ambos, IntStR	*Ambos*, Kai, Internationales Strafrecht, 5. Aufl., 2018
AnwK	AnwaltKommentar StGB, 3. Aufl., 2020
Arzt/Weber/Heinrich/Hilgendorf, BT	*Arzt*, Gunther/*Weber*, Ulrich/*Heinrich*, Bernd/*Hilgendorf*, Eric, Strafrecht Besonderer Teil, 4. Aufl., 2021
Beulke/Swoboda, Strafprozessrecht	*Beulke*, Werner/*Swoboda*, Sabine, Strafprozessrecht, 15. Aufl., 2020
Böse, Krey-FS	*Böse*, Martin, Verweisungen auf das Gemeinschaftsrecht und das Bestimmtheitsgebot (Art. 103 Abs. 2 GG), in: Festschrift für Volker Krey, 2010, S. 7 ff.
Böse, Maiwald-FS	*Böse*, Martin, Die Stellung des sog. Internationalen Strafrechts im Deliktsaufbau und ihre Konsequenzen für den Tatbestandsirrtum, in: Festschrift für Manfred Maiwald, 2010, S. 61 ff.
Böse, EuStR	*Böse*, Martin, Europäisches Strafrecht, 2. Aufl., 2021

Esser, IntStR	*Esser*, Europäisches und Internationales Strafrecht, 2. Aufl., 2018
Finke, Die strafrechtliche Verantwortung von Internet-Providern	*Finke*, Thorsten, Die strafrechtliche Verantwortung von Internet-Providern, 1998
Fischer	*Fischer*, Thomas, StGB, Kommentar, 69. Aufl., 2022
Frowein/Peukert, EMRK	*Frowein*, Jochen Abr./*Peukert*, Wolfgang, Europäische Menschenrechtskonvention, 4. Aufl., 2019
Göhler	*Göhler*, Erich, Gesetz über Ordnungswidrigkeiten, Kommentar, 18. Aufl., 2021
Grabenwarter/Pabel, EMRK	*Grabenwarter*, Christoph/*Pabel*, Katharina, Europäische Menschenrechtskonvention, 7. Aufl., 2021
Grabitz/Hilf/Nettesheim, EUV/AEUV	*Grabitz*, Eberhard/*Hilf*, Meinhard/*Nettesheim*, Martin, Das Recht der Europäischen Union, 58. EL, 2016
Hecker, EuStR	*Hecker*, Bernd, Europäisches Strafrecht, 6. Aufl., 2021
Hecker, Produktwerbung	*Hecker*, Bernd, Strafbare Produktwerbung im Lichte des Gemeinschaftsrechts, 2001
Hecker, v. Heintschel-Heinegg-FS	*Hecker*, Bernd, Schließt Art. 54 SDÜ die Strafverfolgung in einem anderen Vertragsstaat aus, wenn die Verfahrenserledigung im Aburteilungsstaat nur eine beschränkte materielle Rechtskraft entfaltet?, in: Festschrift für v. Heintschel-Heinegg, 2015, S. 175 ff.
Hellmann, Wirtschaftsstrafrecht	*Hellmann*, Uwe, Wirtschaftsstrafrecht, 5. Aufl., 2018
Henrich, Personalitätsprinzip	*Henrich*, Andreas, Das passive Personalitätsprinzip im deutschen Strafrecht, 1994
Herdegen, Europarecht	*Herdegen*, Matthias, Europarecht, 23. Aufl., 2022
HK	Heidelberger Kommentar zur Strafprozessordnung, 6. Aufl., 2019
Hobe/Fremuth, Europarecht	*Hobe*, Stephan/*Fremuth*, Michael Lysander, Europarecht, 10. Aufl., 2020
Hochmayr, „Ne bis in idem"	*Hochmayr*, Gudrun, „Ne bis in idem" in Europa, 2015

J. Martin, Grenzüberschreitende Umweltbeeinträchtigungen	*Martin*, Jörg, Strafbarkeit grenzüberschreitender Umweltbeeinträchtigungen, 1989
Jofer, Strafverfolgung im Internet	*Jofer*, Robert, Strafverfolgung im Internet, 1999
Jünemann, Rechtsmissbrauch im Umweltstrafrecht	*Jünemann*, Matthias, Rechtsmissbrauch im Umweltstrafrecht, 1998
Karpenstein/Mayer, EMRK	*Karpenstein*, Ulrich/*Mayer*, Franz C., Konvention zum Schutz der Menschenrechte und Grundfreiheiten, Kommentar, 3. Aufl., 2022
KK	Karlsruher Kommentar zur Strafprozessordnung, 8. Aufl., 2019
KKOWiG	Karlsruher Kommentar zum Ordnungswidrigkeitengesetz, 5. Aufl., 2018
Köhler/Bornkamm, UWG	*Köhler*, Helmut/*Bornkamm*, Joachim, Gesetz gegen den unlauteren Wettbewerb, 38. Aufl., 2020
Kreis, Grundfreiheiten	*Kreis*, Florian, Die verbrechenssystematische Einordnung der EG-Grundfreiheiten, 2008
Krey/Esser, AT	*Krey*, Volker/*Esser*, Robert, Deutsches Strafrecht Allgemeiner Teil, 6. Aufl., 2016
Lackner/Kühl	*Lackner*, Karl/*Kühl*, Kristian, StGB, Kommentar, 29. Aufl., 2018
Lenz/Borchardt	*Lenz*, Carl-Otto/*Borchardt*, Klaus-Dieter, EU-Verträge, Kommentar, 6. Aufl., 2012
LK	Leipziger Kommentar zum StGB, Band 1, 13. Aufl., 2020.
LR	*Löwe-Rosenberg*, Die Strafprozessordnung und das Gerichtsverfassungsgesetz, 27. Aufl., 2016
Meyer/Hölscheidt, GRCh	*Meyer*, Jürgen/*Hölscheidt*, Sven, Charta der Grundrechte der Europäischen Union, 5. Aufl., 2019
Meyer-Goßner/Schmitt	*Meyer-Goßner*, Lutz/*Schmitt*, Bertram, Strafprozessordnung, 64. Aufl., 2021
Meyer-Ladewig/Nettesheim /v. Raumer, EMRK	*Meyer-Ladewig*, Jens/*Nettesheim*, Martin/*v. Raumer*, Stefan, Europäische Menschenrechtskonvention, 4. Aufl., 2017
MüKo	Münchener Kommentar zum StGB, Bd. 1 (§§ 1–37 StGB), 4. Aufl., 2020;

	Bd. 4 (§§ 185–262), 4. Aufl., 2021; Bd. 5 (§§ 263–297 StGB), 4. Aufl., 2022
MüKo-BGB	Münchener Kommentar zum BGB, Bd. 8 (§§ 854–1296 BGB), 8. Aufl., 2020
NK	Nomos-Kommentar Strafgesetzbuch, 5. Aufl., 2017
Oehler, IntStR	*Oehler*, Dietrich, Internationales Strafrecht, 2. Aufl., 1983
Peters/Altwicker	*Peters*, Anne/*Altwicker*, Tilmann, Europäische Menschenrechtskonvention, 2. Aufl., 2012
Ohly/Sosnitza, UWG	*Ohly*, Ansgar/*Sosnitza*, Olaf, Gesetz gegen den unlauteren Wettbewerb, 7. Aufl., 2016
Rengier, AT	*Rengier*, Rudolf, Strafrecht Allgemeiner Teil, 13. Aufl., 2021
Rengier, BT II	*Rengier*, Rudolf, Strafrecht Besonderer Teil II, Delikte gegen die Person und die Allgemeinheit, 23. Aufl., 2022
Rengier, BT I	*Rengier*, Rudolf, Strafrecht Besonderer Teil I, Vermögensdelikte, 24. Aufl., 2022
Roxin/Greco, AT I	*Roxin*, Claus/*Greco*, Luís, Strafrecht Allgemeiner Teil, Band I, 5. Aufl., 2020
Roxin/Schünemann, Strafverfahrensrecht	*Roxin*, Claus/*Schünemann*, Bernd, Strafverfahrensrecht, 30. Aufl., 2022
Ruhs, Rissing-v. Saan-FS	*Ruhs*, Svenja, Neue Wege für das Betrugsstrafrecht, in: Festschrift für Rissing-van Saan, 2011, S. 567 ff.
Safferling, IntStR	*Safferling*, Christoph, Internationales Strafrecht, 2011
Satzger, Europäisierung	*Satzger*, Helmut, Die Europäisierung des Strafrechts, 2001
Satzger, IntStR	*Satzger*, Helmut, Internationales und Europäisches Strafrecht, 10. Aufl., 2022
Satzger, v. Heintschel-Heinegg-FS	*Satzger*, Helmut, Es bleibt „keinerlei Raum für einen vernünftigen Zweifel", ... dass der BGH gegen seine Vorlagepflicht aus Art. 267 Abs. 3 AEUV verstößt!, in: Festschrift für v. Heintschel-Heinegg, 2015, S. 391 ff.
Satzger/Schluckebier/Widmaier	*Satzger*, Helmut/*Schluckebier*, Wilhem/*Widmaier*, Gunter, StGB, Kommentar, 5. Aufl., 2020

Schilling, Menschenrechtsschutz	*Schilling*, Theodor, Internationaler Menschenrechtsschutz, 3. Aufl., 2016
Scholten, Tatortstrafbarkeit in § 7 StGB	*Scholten*, Hans J., Das Erfordernis der Tatortstrafbarkeit in § 7 StGB, 1995
Schönke/Schröder	*Schönke*, Adolf/*Schröder*, Horst, StGB, Kommentar, 30. Aufl., 2019
Sieber/Satzger/v. Heintschel-Heinegg, EuStR	*Sieber*, Ulrich/*Satzger*, Helmut/*v. Heintschel-Heinegg*, Bernd, Europäisches Strafrecht, 2. Aufl., 2014
SK StGB	Systematischer Kommentar zum Strafgesetzbuch, 9. Aufl., 2017
Vergho, Verbraucherschutzstrafrecht	*Vergho*, Raphael, Der Maßstab der Verbrauchererwartung im Verbraucherschutzstrafrecht, 2009
Vormbaum, Schutz der EU-Rechtsgüter	*Vormbaum*, Moritz, Schutz der Rechtsgüter von EU-Staaten durch das deutsche Strafrecht, 2005
Wessels/Beulke/Satzger, AT	*Wessels*, Johannes/*Beulke*, Werner/*Satzger*, Helmut, Strafrecht Allgemeiner Teil, 51. Aufl., 2021
Wessels/Hettinger/Engländer, BT 1	*Wessels*, Johannes/*Hettinger*, Michael/*Engländer*, Armin, Strafrecht Besonderer Teil 1, Straftaten gegen Persönlichkeits- und Gemeinschaftswerte, 45. Aufl., 2021
Wessels/Hillenkamp/Schuhr, BT 2	*Wessels*, Johannes/*Hillenkamp*, Thomas/*Schuhr*, Jan C., Strafrecht Besonderer Teil 2, Straftaten gegen Vermögenswerte, 44. Aufl., 2021
Wittig, Wirtschaftsstrafrecht	*Wittig*, Petra, Wirtschaftsstrafrecht, 5. Aufl., 2020
Zöller, BT I	*Zöller*, Mark A., Strafrecht BT I – Vermögensdelikte, 2. Aufl., 2015
Zöller, Krey-FS	*Zöller*, Mark A., Die transnationale Geltung des Grundsatzes ne bis in idem nach dem Vertrag von Lissabon, in: Festschrift für Krey, 2010, S. 501 ff.
Zöller, Kühne-FS	*Zöller*, Mark. A., Die Bedeutung staatlicher Schutzpflichten für das Recht auf Leben nach Art. 2 EMRK, in: Festschrift für Kühne, 2013, S. 629 ff.
Zöller, Schenke-FS	*Zöller*, Mark A., Neue unionsrechtliche Strafgesetzgebungskompetenzen nach dem Vertrag von Lissabon, in: Festschrift für Schenke, 2011, S. 579 ff.

Zöller, Terrorismusstrafrecht	*Zöller*, Mark A., Terrorismusstrafrecht, 2009
Zöller/Mavany, BT II	*Zöller*, Mark A./*Mavany*, Markus, BT II – Delikte gegen Rechtsgüter der Person und der Allgemeinheit, 2. Aufl., 2020

Inhaltsverzeichnis

1	**Luxuswagen**...	1
	Bernd Hecker	
2	**Der volltrunkene Kraftfahrer**	11
	Bernd Hecker	
3	**Diebesgrüße aus Holland**	19
	Mark A. Zöller	
4	**Mord in Afrika**	35
	Mark A. Zöller	
5	**Die polnische Autoschieberbande**	45
	Mark A. Zöller	
6	**Ganz großes Kino**	55
	Mark A. Zöller	
7	**Der nachlässige Zeuge**	65
	Bernd Hecker	
8	**Der geschmierte EU-Beamte**	73
	Bernd Hecker	
9	**Wundermittel**.	89
	Bernd Hecker	
10	**Selbstgemachte EU-Bescheinigungen**	97
	Mark A. Zöller	
11	**Grenzüberschreitende Luftverunreinigung**	109
	Bernd Hecker	
12	**Abtreibungstourismus**	115
	Bernd Hecker	

13	**Lenkzeitüberschreitung durch Lkw-Fahrer**................... Bernd Hecker	125
14	**Kindesentziehung innerhalb der EU**........................ Bernd Hecker	133
15	**Verhängnisvoller „Suchtdruck"**............................. Bernd Hecker	145
16	**Griechische Verfolgungsjagd**................................ Mark A. Zöller	151
17	**Sicher ist sicher**... Mark A. Zöller	163
18	**Der Zweck heiligt die Mittel**............................... Mark A. Zöller	179
19	**Die unfairen Lockspitzel**................................... Mark A. Zöller	197

Anhang 1 211
Anhang 2 213
Anhang 3 215
Anhang 4 221
Anhang 5 223
Anhang 6 225
Anhang 7 227
Anhang 8 229
Anhang 9 231

Abkürzungsverzeichnis

a. A.	andere Ansicht
a. F.	alte Fassung
a. l. i. c.	actio libera in causa
ABl.	Anwaltsblatt
ABlEG	Amtsblatt der Europäischen Gemeinschaften
ABlEU	Amtsblatt der Europäischen Union
Abs.	Absatz
AEUV	Vertrag über die Arbeitsweise der EU
AG	Aktiengesellschaft/Amtsgericht
allg.	Allgemein
Alt.	Alternative
Art.	Artikel
Aufl.	Auflage
BayObLG	Bayerisches Oberstes Landesgericht
BB	Betriebs-Berater
BeckRS	Beck-Rechtsprechung
Bed.	Bedingung
BewHi	Bewährungshilfe
BGB	Bürgerliches Gesetzbuch
BGBl.	Bundesgesetzblatt
BGH	Bundesgerichtshof
BGHR	Rechtsprechung des BGH
BGHSt	Entscheidungen des BGH in Strafsachen
BT-Drs.	Bundestags-Drucksachen
BVerfG	Bundesverfassungsgericht
BVerfGE	Entscheidungen des BVerfG
bzgl.	bezüglich
bzw.	beziehungsweise
ca.	circa
CR	Computer und Recht
d.	der/die/das

d. h.	das heißt
DB	Der Betrieb
DDR	Deutsche Demokratische Republik
ders.	derselbe
dies.	dieselbe
EG	Europäische Gemeinschaft
EGMR	Europäischer Gerichtshof für Menschenrechte
EGStGB	Einführungsgesetz zum Strafgesetzbuch
EGV	Vertrag zur Gründung der EG
EMRK	Europäische Konvention zum Schutze der MenschenrechteGrundfreiheiten und Grundfreiheiten
EU	Europäische Union
EUBestG	EU-Bestechungsgesetz
EuGH	Gerichtshof der Europäischen Union
EuGHE	Entscheidungen des EuGH
EuGRZ	Europäische Grundrechte-Zeitschrift
EuStR	Europäisches Strafrecht
EUV	Vertrag über die EU
f.	folgende
ff.	fortfolgende
Fn.	Fußnote
FPersG	Fahrpersonalgesetz
FS	Festschrift
GA	Goldammer's Archiv für Strafrecht
gem.	gemäß
GG	Grundgesetz
ggf.	gegebenenfalls
GRCh	Charta der Grundrechte der Europäischen Union
grds.	grundsätzlich
GVG	Gerichtsverfassungsgesetz
h. L.	herrschende Lehre
h. M.	herrschende Meinung
HRRS	Höchstrichterliche Rechtsprechung im Strafrecht (Online-Zeitschrift) Zeitschrift
Hrsg.	Herausgeber
i. Erg.	im Ergebnis
i. S.	im Sinne
i. S. d.	im Sinne des (der)
i. S. v.	im Sinne von
i. V. m.	in Verbindung mit
IntStR	Internationales Strafrecht
IPbpR	Internationaler Pakt über bürgerliche und politische Rechte
JA	Juristische Arbeitsblätter
JR	Juristische Rundschau
Jura	Juristische Ausbildung

JuS	Juristische Schulung
JZ	Juristenzeitung
Kap.	Kapitel
KG	Kammergericht
KJ	Kritische Justiz
krit.	kritisch
LG	Landgericht
lit.	Buchstabe
Lit.	Literatur
m.	mit
m. w. N.	mit weiteren Nachweisen
MDR	Monatsschrift für Deutsches Recht
Nachw.	Nachweis
NJW	Neue Juristische Wochenschrift
NJW-RR	Neue Juristische Wochenschrift, Rechtsprechungs-Report
NL	Niederlande
Nr.	Nummer
NStZ	Neue Zeitschrift für Strafrecht
NStZ-RR	Neue Zeitschrift für Strafrecht, Rechtsprechungs-Report
NVwZ	Neue Zeitschrift für Verwaltungsrecht
ÖJZ	Österreichische Juristen-Zeitung
OLAF	Office Européen De Lutte Anti-Fraude
OLG	Oberlandesgericht
OWiG	Ordnungswidrigkeitengesetz
RGSt	Entscheidungen des Reichsgerichts in Strafsachen
RLuG	Richtlinie 2005/29/EG über unlautere Geschäftspraktiken
Rn.	Randnummer
Rspr.	Rechtsprechung
S.	Satz
s.	siehe
s. o.	siehe oben
SDÜ	Schengener Durchführungsübereinkommen
Slg.	Sammlung
sog.	sogenannte(r)
StGB	Strafgesetzbuch
StPO	Strafprozessordnung
StraFo	Strafverteidiger Forum
StV	Strafverteidiger
StVG	Straßenverkehrsgesetz
StVollzG	Strafvollzugsgesetz
SubventionsG	Gesetz gegen missbräuchliche Inanspruchnahme von Subventionen
u. a.	unter anderem/und andere
UA	Unterabsatz
Urt.	Urteil

UWG	Gesetz gegen den unlauteren Wettbewerb
v.	vom/von
Var.	Variante
VerfO	Verfahrensordnung
vgl.	Vergleiche
vgl. o.	vergleiche oben
wistra	Zeitschrift für Wirtschafts- und Steuerstrafrecht
z. B.	zum Beispiel
Ziff.	Ziffer
ZIP	Zeitschrift für Wirtschaftsstrafrecht
ZIS	Zeitschrift für Internationale Strafrechtsdogmatik
ZJS	Zeitschrift für das Juristische Studium
ZP	Zusatzprotokoll
ZRP	Zeitschrift für Rechtspolitik
ZStW	Zeitschrift für die gesamte Strafrechtswissenschaft
zust.	Zustimmend
ZWH	Zeitschrift für Wirtschaft und Haftung im Unternehmen

Klausur 1
Luxuswagen

Strafanwendungsrecht – Territorialitätsprinzip – Erfolgsortklausel des § 9 I Alt. 3 StGB bei abstrakten Gefährdungsdelikten

Bernd Hecker

1.1 Fall

Der Schweizer S wurde in Deutschland, wo er seinen ständigen Wohnsitz hat, Opfer einer grenzüberschreitend agierenden Autoschieberbande: Die gewerbsmäßig handelnden Bandenmitglieder A, B und C entwendeten seinen hochwertigen Luxuswagen. Noch in der Tatnacht wurde das Fahrzeug von C nach Litauen überführt. Dort verkaufte C den Wagen nebst gefälschten Fahrzeugpapieren zu einem unter dem Marktwert liegenden Preis an den bösgläubigen Geschäftsmann K, der russischer Staatsbürger ist. Einem im Auftrag des Fahrzeugversicherers handelnden Detektiv gelang es, den Luxuswagen des S in Litauen aufzuspüren und die Identität des K zu ermitteln. Seine Erkenntnisse gelangten zu einer Sonderkommission der deutschen Polizei, die schon seit einiger Zeit verdeckt gegen die Autoschieberbande ermittelt. Als K zwei Wochen später nach Deutschland einreist, lässt ihn die zuständige Staatsanwaltschaft vorläufig festnehmen und beantragt den Erlass eines Haftbefehls gegen ihn. Von Flucht- und Verdunkelungsgefahr ist auszugehen. Darf der zuständige Ermittlungsrichter Untersuchungshaft gegen K anordnen?

Fallvariante Wie ist zu entscheiden, wenn K nachgewiesen werden kann, dass er die ihm als Autoschieber bekannten Bandenmitglieder A, B und C von Litauen aus mit der Entwendung eines entsprechenden Luxuswagens in Deutschland beauftragt hat, um diesen „bestellten Wagen" sodann unter Marktwert käuflich erwerben und für sich behalten zu können?

B. Hecker (✉)
Lehrstuhl für Deutsches und Europäisches Strafrecht, Strafprozessrecht sowie Umwelt- und Wirtschaftsstrafrecht, Eberhard Karls Universität Tübingen, Tübingen, Deutschland
E-Mail: bernd.hecker@uni-tuebingen.de

1.2 Lösung

1.2.1 Prüfungsaufbau

Voraussetzungen der Untersuchungshaft
I. Dringender Tatverdacht (§ 112 I S. 1 StPO)
   1. Hehlerei (§ 259 I StGB; Fallvariante: §§ 244a I, 26 StGB)
   2. Geldwäsche (§ 261 I S. 1 Nr. 3 StGB)
   3. Objektive Bedingung der Strafbarkeit: Deutsches Strafrecht anwendbar?
      a) Schutzbereich des § 259 I StGB (Fallvariante: § 244a I StGB)
      b) Schutzbereich des § 261 I S. 1 Nr. 3 StGB
      c) Aktives/passives Personalitätsprinzip (§ 7 I, II Nr. 1 StGB)
      d) Territorialitäts- und Ubiquitätsprinzip (§§ 3, 9 I Alt. 3 StGB)

II. Haftgrund
   1. Fluchtgefahr (§ 112 II Nr. 2 StPO)
   2. Verdunkelungsgefahr (§ 112 II Nr. 3 StPO)
   3. Verhältnismäßigkeit (§ 112 I S. 2 StPO)

1.2.2 Lösungsvorschlag

1.2.2.1 Ausgangsfall

I. Dringender Tatverdacht (§ 112 I S. 1 StPO)
Die Anordnung von Untersuchungshaft mittels Haftbefehls setzt voraus, dass ein dringender Tatverdacht sowie ein Haftgrund vorliegen und die Verhältnismäßigkeit gewahrt ist.

1. Hehlerei (§ 259 I StGB)
Dringender Tatverdacht besteht, wenn die Wahrscheinlichkeit groß ist, dass der Beschuldigte Täter oder Teilnehmer einer nach deutschem Strafrecht zu beurteilenden Straftat ist.[1] Der Verdacht muss sich auf eine prozessual verfolgbare, rechtswidrige und schuldhafte Tat beziehen. Aufgrund der vorliegenden Ermittlungsergebnisse ist in tatsächlicher Hinsicht mit hoher Wahrscheinlichkeit davon auszugehen, dass K eine Hehlerei (§ 259 I StGB) begangen hat, indem er den Luxuswagen des S – eine Sache, die ein anderer (hier: A, B und C) durch Diebstahl (hier: Qualifikation gem. § 244a I StGB) erlangt hat – von C angekauft hat. „Ankaufen" bedeutet als vom Gesetz besonders hervorgehobener Spezialfall des Sichverschaffens, dass der Erwerber im Einvernehmen mit dem Vortäter eigentümergleiche Verfügungsgewalt über die gestohlene Sache erlangt.[2] K handelte hierbei vorsätzlich und – im Hin-

---

[1] *Meyer-Goßner*/Schmitt, StPO, § 112 *Rn.* 5 m. w. N.
[2] BGH NStZ-RR 2019, 14 (15); BGH NStZ-RR 2005, 236; Schönke/Schröder-*Hecker*, § 259 Rn. 26.

blick auf den für ihn günstigen Erwerb des Fahrzeugs unter Marktpreis – auch mit Bereicherungsabsicht.

2. Geldwäsche (§ 261 I S. 1 Nr. 3 StGB)
Der für den Erlass eines Haftbefehls erforderliche dringende Tatverdacht besteht auch im Hinblick auf die Begehung einer Geldwäsche. Der Luxuswagen ist ein Gegenstand, der aus einem von A, B und C begangenen schweren Diebstahl (§§ 244a I, 25 II StGB) herrührt. Anders als § 261 I S. 2 StGB a. F. enthält der neu gefasste Tatbestand der Geldwäsche keinen spezifischen Vortatenkatalog mehr; vielmehr genügt nun jede rechtswidrige Tat (sog. „all-crimes-approach").[3] Bei einem Diebstahl handelt es sich um eine rechtswidrige Tat und damit taugliche Vortat der Geldwäsche (§ 261 I S. 1 StGB). Folglich ist der Luxuswagen ein Geldwäscheobjekt, welches K sich durch Ankauf von C verschafft hat. Das „Verschaffen" i. S. d. § 261 I S. 1 Nr. 3 StGB entspricht der Tathandlung bei § 259 I StGB.[4] K handelte auch vorsätzlich. Insbesondere wusste er, dass der Luxuswagen aus einer Diebstahlstat stammt.

3. Objektive Bedingung der Strafbarkeit: Deutsches Strafrecht anwendbar?
Da K die Hehlerei- bzw. Geldwäschehandlung im Ausland vorgenommen hat, stellt sich das Problem, ob seine Tat überhaupt der deutschen Strafverfolgungsgewalt unterliegt. Die Beurteilung dieser Frage richtet sich nach den in §§ 3–7, 9 StGB verankerten Regeln des sog. „internationalen Strafrechts". Die Anwendbarkeit deutschen Strafrechts ist eine objektive Bedingung der Strafbarkeit, auf die sich der Vorsatz des Täters nicht erstrecken muss.[5]

a) Schutzbereich des § 259 I StGB
Bei Sachverhalten mit Auslands- bzw. Ausländerbezug stellt sich zunächst die gesondert zu erörternde Frage, ob durch die Tat Rechtsgüter tangiert werden, die von dem Schutzbereich der in Rede stehenden deutschen Strafnorm erfasst sind. Nach zutreffender Ansicht geht die Frage nach dem Schutzbereich der Strafnorm der Geltungsbereichsfrage „logisch" vor.[6] § 259 I StGB bezweckt den Schutz des Vortatopfers vor einer Perpetuierung der durch die Vortat geschaffenen rechtswidrigen Besitzlage.[7] Soweit deutsche Strafnormen – wie § 259 I StGB – dem Schutz von Individualrechtsgütern dienen, sind alle Rechtsgutsträger in den Schutz-

---

[3] Einen instruktiven Überblick zum neuen Geldwäschestrafrecht liefern die Beiträge von *Gazeas*, NJW 2021, 1041 ff.; *Gercke/Jahn/Paul*, StV 2021, 330 ff.; *Schindler*, NZWiSt 2020, 457 ff.; *Travers/Michaelis*, NZWiSt 2021, 125 ff.
[4] BGHSt 55, 36 (47); BGH NStZ 2010, 222 (223); Schönke/Schröder-*Hecker*, § 261 Rn. 18 i. V. m. § 259 Rn. 17, 26.
[5] BGHSt 27, 30 (34); *Hecker*, EuStR, Kap. 2 Rn. 3; *Satzger*, Jura 2010, 108 (111); AnwK-*Zöller*, Vor § 3 Rn. 2; a. A. (Tatbestandsmerkmal) *Böse*, Maiwald-FS, 61 (69 ff.).
[6] BGHSt 29, 85 (88); BGHSt 40, 79 (81); Schönke/Schröder-*Eser/Weißer*, Vorbem. §§ 3-9 Rn. 38; *Rengier*, AT, § 6 Rn. 4; *Walter*, JuS 2006, 870; a. A. *Esser*, IntStR, § 16 Rn. 76; *Wessels/Beulke/Satzger*, AT, Rn. 103; *Satzger*, IntStR, § 3 Rn. 13; *ders.*, Jura 2010, 108 (111).
[7] BGHSt 42, 196 (198); 43, 110 (111); BGH wistra 2009, 59; KG NJW 2006, 3016 (3017); *Rengier*, BT I, § 22 Rn. 2; Schönke/Schröder-*Hecker*, § 259 Rn. 1.

bereich der Norm einbezogen. Dies folgt aus dem zutreffenden Leitgedanken, dass Rechtsgüter wie Leib, Leben, Freiheit, Eigentum und Ehre „als gemeinsame Rechtswerte der zivilisierten Welt allgemeinen Schutz verdienen".[8] Folglich sind im Rahmen des Hehlereitatbestandes grundsätzlich alle gegen fremdes Vermögen gerichteten Vortaten tatbestandsrelevant, gleich ob sie im In- oder Ausland begangen werden und ohne Rücksicht auf die Staatsangehörigkeit des Vortatopfers. Die Tat des K greift in das von § 259 I StGB geschützte Vermögensinteresse des Vortatopfers S ein. Weiter zu prüfen ist, ob ein internationalstrafrechtlicher Anknüpfungspunkt besteht, der die Anwendbarkeit deutschen Strafrechts legitimiert (vgl. unten c, d).

b) Schutzbereich des § 261 I S. 1 Nr. 3 StGB
Mit der Einführung der Geldwäschestrafvorschrift wollte der Gesetzgeber Lücken schließen, welche die Anschlussdelikte der §§ 257, 259 StGB bei besonders gefährlichen Kriminalitätsformen, namentlich der organisierten Kriminalität, auf objektiver und subjektiver Ebene offen lassen. Dadurch sollen der staatliche Zugriff auf illegale Vermögenswerte gesichert und deren Einschleusen in den legalen Finanz- und Wirtschaftskreislauf verhindert werden. Geschütztes Rechtsgut aller Tatbestandsvarianten des § 261 StGB ist mithin die staatliche Rechtspflege mit ihrer Aufgabe, die Wirkungen von Straftaten zu beseitigen.[9] Daneben wird durch § 261 I StGB – aufgrund seiner dogmatischen Nähe zu § 257 StGB – das durch die Vortat verletzte Rechtsgut geschützt.[10] Die Tat des K tangiert beide Schutzgüter des § 261 I StGB.

c) Aktives/passives Personalitätsprinzip (§ 7 I, II Nr. 1 StGB)
Die auf dem aktiven Personalitätsprinzip beruhende Vorschrift des § 7 II Nr. 1 StGB gelangt nicht zur Anwendung, weil K zur Zeit der Tat nicht Deutscher war. Auch an die das passive Personalitätsprinzip zum Ausdruck bringende Bestimmung des § 7 I StGB kann nicht angeknüpft werden. Das Tatopfer S ist nicht Deutscher.

d) Territorialitäts- und Ubiquitätsprinzip (§§ 3, 9 I Alt. 3 StGB)
Da der Tathandlungsort (§§ 3, 9 I Alt. 1 StGB) als strafanwendungsrechtlicher Anknüpfungspunkt ausscheidet, ist zu prüfen, ob sich die Anwendbarkeit deutschen Strafrechts im Hinblick auf die im Inland verwirklichte Vortat auf §§ 3, 9 I Alt. 3 StGB stützen lässt. Dem könnte entgegenstehen, dass es sich bei § 259 I StGB nach zutreffender h. M. um ein *abstraktes Vermögensgefährdungsdelikt* handelt,[11] dessen Unrecht darin liegt, dass sich mit der Weiterverschiebung der gestohlenen Sache die

---

[8] BGHSt 21, 277 (281); BGHSt 29, 85 (88); Schönke/Schröder-*Eser/Weißer*, Vorbem. §§ 3-9 Rn. 42; *Hecker*, EuStR, Kap. 2 Rn. 5; *Rengier*, AT, § 6 Rn. 33; *Satzger*, IntStR, § 6 Rn. 1; Jura 2010, 188 (195).

[9] BT-Drs. 12/989, S. 27; BGHSt 50, 347 (354); BGH NJW 2009, 1617 (1618); Schönke/Schröder-*Hecker*, § 261 Rn. 2.

[10] BT-Drs. 12/989, S. 27; OLG Hamburg NJW 2000, 673 (674); Schönke/Schröder-*Hecker*, § 261 Rn. 2.

[11] *Arzt*, NStZ 1981, 10 (11); *Geppert*, Jura 1994, 100; MüKo-*Maier*, § 259 Rn. 10; Schönke/Schröder-*Hecker*, § 259 Rn. 1.

Aussichten des Vortatopfers auf Wiedererlangung der entzogenen Sache verschlechtern, ohne dass dies im Einzelfall konkret nachweisbar sein muss.[12] Nach h.M. beinhaltet der Erfolgsbegriff des § 9 I Alt. 3 StGB eine von der tatbestandsmäßigen Handlung räumlich und/oder zeitlich abtrennbare Veränderung der Außenwelt in Form der Verletzung oder konkreten Gefährdung des vom Tatbestand geschützten Rechtsgutes.[13] Bei den abstrakten Gefährdungsdelikten existiere ein derartiger „Außenwelterfolg" nicht, weil hier bereits der bloße Vollzug der tatbestandsmäßigen Handlung unrechtsbegründend wirke, ohne dass es auf den Eintritt einer gesondert festzustellenden Gefahrenlage ankomme. Auf der Grundlage dieser Argumentationslinie hält die h. M. die Anwendung der §§ 3, 9 I Alt. 3 StGB bei im Ausland vorgenommenen Hehlereihandlungen für ausgeschlossen.[14] Die Begehung der Hehlerei erfordere keinen von dem tatbestandsmäßigen Verhalten abschichtbaren Erfolg bzw. setze die Feststellung einer konkreten Beeinträchtigung der Vermögensinteressen des Opfers nicht voraus. Es handele sich um ein schlichtes Tätigkeitsdelikt, bei dem der Tatbestand bereits durch das im Gesetz umschriebene Tätigwerden als solches erfüllt sei. Die erneute Verletzung der Vermögensinteressen des von der Vortat betroffenen Eigentümers begründe deshalb keinen (zusätzlichen) Erfolgsort i. S. d. § 9 I Alt. 3 StGB. Als – unabhängig von dem Tatort der Vortat zu bestimmender – Tatort einer Hehlerei komme daher nur der Ort in Betracht, an dem der Täter gehandelt habe. Folgt man diesem Standpunkt, unterliegt die Tat des K nicht der deutschen Strafverfolgungsgewalt. Mangels verfolgbarer Tat müsste der Ermittlungsrichter den dringenden Tatverdacht verneinen und den Erlass eines Haftbefehls ablehnen.

Der Standpunkt der h. M. vermag jedoch nicht zu überzeugen. Der Wortlaut der Tatortklausel lässt nämlich durchaus eine Auslegung des Erfolgsbegriffes zu, die den „zum Tatbestand gehörenden Erfolg" bereits in dem Hervorrufen einer von dem Tatbestand vorausgesetzten abstrakten Gefahrenlage sieht.[15] Von dieser Sichtweise geprägt ist etwa das Verjährungsrecht. Die h. M. sieht den für die Feststellung des Verjährungsbeginns maßgeblichen Erfolg (vgl. § 78a S. 2 StGB) bei abstrakten Gefährdungsdelikten in der mit der Tatbestandsverwirklichung (Beendigung der Ausführungshandlung) einhergehenden Gefährdung der geschützten Rechtsgüter und

---

[12] Daher nicht überzeugend *Rosenau*, NStZ 1999, 352 (353), der in § 259 I StGB ein konkretes Gefährdungsdelikt erblickt.
[13] KG NJW 1999, 3500 (3501 f.); MüKo-*Ambos*, § 9 Rn. 31; NK-*Böse*, § 9 Rn. 12 f.; Schönke/Schröder-*Eser/Weißer*, § 9 Rn. 6 a; *Esser*, IntStR, § 16 Rn. 31; *Hilgendorf*, NJW 1997, 1873 (1875 f.); Lackner/Kühl-*Heger*, § 9 Rn. 2; *Satzger*, Jura 2010, 108 (113); *ders.*, IntStR, § 5 Rn. 27. So nunmehr auch BGH NStZ 2015, 81 (zu § 86a I StGB) m. abl. Bespr. v. *Becker*, NStZ 2015, 83, und *Hecker*, JuS 2015, 274; BGH NStZ 2017, 146 (zu § 130 III StGB); BGH NJW 2018, 2742 (zu § 261 II Nr. 1, 2 StGB a. F.).
[14] Vgl. hierzu und zum Nachfolgenden BGH NStZ-RR 2013, 253; KG NJW 2006, 3017; OLG München StV 1991, 504; OLG Stuttgart NStZ 2004, 403; MüKo-Ambos, § 9 Rn. 16; AnwK-*Zöller*, § 9 Rn. 4. Vgl. auch den entsprechenden Lösungsvorschlag von *Zöller*, Klausur Nr. 3.
[15] Dies wird auch ausdrücklich zugestanden von *Satzger*, NStZ 1998, 112 (117).

nicht etwa in der daraus erwachsenen Verletzung.[16] Bestätigt wird die weite Auslegung des Erfolgsbegriffes des Weiteren durch Argumente aus der Dogmatik der abstrakten Gefährdungsdelikte und der unechten Unterlassungsdelikte (§ 13 StGB, § 8 OWiG). Die Bestrafung aus einem abstrakten Gefährdungsdelikt gerät in Konflikt mit dem Schuldprinzip, wenn die zu beurteilende Tat trotz formeller Erfüllung des Tatbestandes im konkreten Fall offensichtlich ungefährlich und dies bei Vornahme der Handlung erkennbar gewesen ist.[17] Zu Recht hält der BGH die Nichtanwendung des abstrakten Gefährdungstatbestandes der schweren Brandstiftung (§ 306 a I Nr. 1 StGB) für denkbar, wenn der Täter sich beim Inbrandsetzen kleiner überschaubarer Räumlichkeiten durch absolut zuverlässige lückenlose Maßnahmen vergewissert hat, dass die tatbestandlich vorausgesetzte Gefährdung mit Sicherheit nicht eintreten kann.[18] Das strafbare Unrecht liegt bei den abstrakten Gefährdungsdelikten also nicht schon allein in der formellen Erfüllung des Tatbestandes. Notwendig ist stets auch die Schaffung eines rechtlich missbilligten Risikos der Verletzung des geschützten Rechtsgutes. Folglich kann in dem *Risiko eines Schadenseintrittes* der vom Handlungsvollzug abtrennbare Erfolg des abstrakten Gefährdungsdeliktes gesehen werden.[19] Auch im Rahmen der § 13 I StGB, § 8 OWiG geht die h. M. zu Recht von der Existenz eines den abstrakten Gefährdungsdelikten immanenten tatbestandlichen Erfolges aus mit der Folge, dass diese Delikte grundsätzlich auch durch unechtes Unterlassen begehbar sind.[20] Schließlich harmoniert die hier befürwortete Einbeziehung abstrakter Gefährdungserfolge in den Anwendungsbereich des § 9 I Alt. 3 StGB auch mit der h. M., nach welcher der zum Tatbestand des § 323 a I StGB gehörende Erfolg auch an dem Ort eintritt, an dem der Täter die Rauschtat (objektive Bedingung der Strafbarkeit) begeht.[21] Denn erblickt man den tatbestandsmäßigen Erfolg eines abstrakten Gefährdungsdelikts in der „Wirkung, die von dem tatbestandlichen Ereignis" ausgeht,[22] so ist jeder Ort, an dem sich eben diese Wirkung entfaltet, ein Erfolgsort i. S. d. § 9 I Alt. 3 StGB. Im Anwendungsbereich des § 323 a I StGB ist dies der Ort, an dem sich die von dem

---

[16] BGHSt 32, 293 (294); BGHSt 36, 255 (257); OLG Köln NJW 2000, 598 (599); Lackner/Kühl-*Kühl*, StGB, § 78 a Rn. 3; Schönke/Schröder-*Bosch*, § 78 a Rn. 11.

[17] Vgl. hierzu nur die zusammenfassende Darstellung bei Roxin/*Greco*, AT I, § 11 Rn. 153 ff.

[18] BGHSt 26, 121 (123 ff.); BGHSt 34, 115 (119); BGH NStZ 1999, 32 (34); zust. Schönke/Schröder-*Heine/Bosch*, § 306a Rn. 2.

[19] Grundlegend *Martin*, Strafbarkeit grenzüberschreitender Umweltbeeinträchtigungen, 1989, 17 ff., 48 ff., 79 ff.; ihm folgend *Hecker*, ZStW 115 (2003), 880 (885 ff.); *ders.*, EuStR, Kap. 2 Rn. 38; *Heinrich*, GA 1999, 72 (77); *Rath*, JA 2006, 435 (438); *Rengier*, AT, § 6 Rn. 17; *Safferling*, IntStR, § 3 Rn. 23; LK-*Werle/Jeßberger*, § 9 Rn. 33 f., 89; Zöller, Terrorismusstrafrecht, 442 ff.

[20] BGHSt 46, 212 (222); BayObLG JR 1979, 289 (290 f.); *Rengier*, in: KK-OWiG, § 8 Rn. 10; Schönke/Schröder-*Bosch*, § 13 Rn. 3; a. A. LK-*Weigend*, § 13 Rn. 15.

[21] BGHSt 42, 235 (242); BGH StV 1997, 23; MüKo-*Ambos*, § 9 Rn. 21; Schönke/Schröder-*Eser/Weißer*, § 9 Rn. 6 c; Schönke/Schröder-*Hecker*, § 323 a Rn. 12; *Hilgendorf*, ZStW 113 (2001), 662; LK-*Werle/Jeßberger*, § 9 Rn. 37; a. A. *Gottwald*, JA 1998, 343; *Rath*, JA 2006, 435 (438); *Satzger*, Jura 2010, 108 (113); *ders.*, IntStR, § 5 Rn. 29 ff.

[22] *Rengier*, in: KK-OWiG, § 8 Rn. 10; *ders.*, AT, § 6 Rn. 16.

tatbestandlich umschriebenen Ereignis (Sichversetzen in einen Rausch) ausgehende Rauschgefahr in Form der Begehung einer Rauschtat ausgewirkt hat.

In dem Fall eines ausländischen Staatsangehörigen, der auf seiner Homepage über einen australischen Server die sog. „Auschwitzlüge" ins Netz stellt, hielt der BGH in seiner früheren Rechtsprechung deutsches Strafrecht (§ 130 III StGB) zu Recht für anwendbar.[23] Den „zum Tatbestand gehörenden Erfolg" i. S. d. § 9 I Alt. 3 StGB erblickte der BGH in dem (abstrakten) Gefährdungserfolg, der in § 130 III StGB mit der Formulierung „*... geeignet ist, den öffentlichen Frieden zu stören*", umschrieben ist. Auch § 259 I StGB enthält ein die abstrakte Gefahr für das Vermögen des Vortatopfers beschreibendes Eignungserfordernis. Denn nach h. M. scheidet eine Strafbarkeit wegen Hehlerei aus, wenn feststeht, dass die Tathandlung im konkreten Fall (etwa wegen Mitwirkung eines verdeckt arbeitenden V-Mannes der Polizei) nicht geeignet ist, die durch die Vortat geschaffene rechtswidrige Besitzlage zu perpetuieren.[24] Die von der Hehlereihandlung ausgehende abstrakte Gefahr für das Vermögen des Vortatopfers ist somit als der „zum Tatbestand gehörende Erfolg" i. S. d. § 9 I Alt. 3 StGB zu werten, wobei bei der Bestimmung des Erfolgsortes auf den ständigen Wohnsitz des Vortatopfers abzustellen ist.[25]

Die gegen bzw. für die Heranziehung der §§ 3, 9 I Alt. 3 StGB sprechenden Argumente gelten für die Tat nach § 261 I S. 1 Nr. 3 StGB entsprechend. Im Anwendungsfeld des § 261 I S. 1 Nr. 3 StGB lässt sich für die Anwendbarkeit deutschen Strafrechts das zusätzliche Argument anführen, dass die von K im Ausland vorgenommene Geldwäschehandlung geeignet ist, die Aufgabe der deutschen Rechtspflege, die Wirkungen von Straftaten zu beseitigen, zu beeinträchtigen (abstrakter Gefährdungserfolg in Deutschland).[26]

Zwischenergebnis K ist dringend verdächtig, im Ausland eine nach deutschem Strafrecht verfolgbare Hehlerei sowie Geldwäsche begangen zu haben (anders die h. M.).

II. Haftgrund
Laut Sachverhalt ist von Fluchtgefahr (§ 112 II Nr. 2 StPO) und Verdunkelungsgefahr (§ 112 II Nr. 3 StPO) auszugehen. Im Hinblick auf die wegen Hehlerei bzw. Geldwäsche zu erwartende Strafe erscheint die Anordnung der Untersuchungshaft gegen K verhältnismäßig (§ 112 I S. 2 StPO).

Ergebnis Der Ermittlungsrichter darf Untersuchungshaft gegen K anordnen (zu einem anderen Ergebnis gelangt – mangels nach deutschem Recht verfolgbarer Straftat – die h. M.).

---

[23] BGHSt 46, 212; vgl. hierzu *Hecker*, EuStR, Kap. 2 Rn. 29 ff.
[24] BGHSt 43, 110; BGH NStZ-RR 2000, 266; Schönke/Schröder-*Hecker*, § 259 Rn. 29.
[25] Schönke/Schröder-*Hecker*, § 259 Rn. 1; *Valerius*, NZWiSt 2012, 189.
[26] A. A. BGH NJW 2018, 2742; BGH NStZ-RR 2013, 253; LG Köln NZWiSt 2012, 191.

1.2.2.2 Fallvariante

I. Dringender Tatverdacht (§ 112 I S. 1 StPO)
Die Anordnung von Untersuchungshaft mittels Haftbefehls setzt voraus, dass ein dringender Tatverdacht sowie ein Haftgrund vorliegen und die Verhältnismäßigkeit gewahrt ist. Dringender Tatverdacht besteht, wenn die Wahrscheinlichkeit groß ist, dass der Beschuldigte Täter oder Teilnehmer einer Straftat ist. Der Verdacht muss sich auf eine prozessual verfolgbare, rechtswidrige und schuldhafte Tat beziehen.

1. Anstiftung zum schweren Bandendiebstahl (§§ 244a I, 26 StGB)
a) Tatbestandsverwirklichung?
Aufgrund der vorliegenden Ermittlungsergebnisse könnte K dringend verdächtig sein, eine Anstiftung zum schweren Bandendiebstahl (§§ 244a I, 26 StGB) begangen zu haben, indem er den Diebstahl eines dem Luxuswagen des S entsprechenden Fahrzeugs bei A, B und C in Auftrag gegeben hat. Die gewerbsmäßig (§ 243 I S. 2 Nr. 3 StGB) und als Bandenmitglieder handelnden A, B und C haben sich durch die Entwendung des Fahrzeugs des S gem. § 244a I StGB strafbar gemacht. Zur Begehung dieser vorsätzlichen und rechtswidrigen Haupttat wurden sie von K vorsätzlich bestimmt. Nach h. M. stellt die Bandenmitgliedschaft jedoch ein besonderes persönliches Merkmal i. S. d. § 28 II StGB dar.[27] Von diesem Standpunkt aus ist K als Außenstehender nur nach §§ 242 I, 243 I S. 2 Nr. 3, 26, 28 II StGB strafbar. Die überzeugendere Gegenmeinung stellt indes zutreffend darauf ab, dass die Gefährlichkeit der Bandenverbindung weniger in der Person des einzelnen Bandenmitglieds als vielmehr in der höheren Organisations-, Ausführungs- und Aktionsgefahr liegt.[28] Die Bandenmitgliedschaft ist daher als tatbezogenes Merkmal einzustufen, auf welches § 28 II StGB keine Anwendung findet.

b) Objektive Bedingung der Strafbarkeit: Deutsches Strafrecht anwendbar?
Die Tat nach §§ 244a I, 26 StGB (bzw. §§ 242 I, 243 I S. 2 Nr. 3, 26, 28 II StGB) weist im Hinblick auf ihren individualrechtsschützenden Charakter keine Schutzbereichsbeschränkung auf. Nach § 9 II S. 1 StGB ist die Teilnahme sowohl an dem Ort begangen, an dem die Tat begangen ist (Alt. 1), als auch an dem Ort, an dem der Teilnehmer gehandelt hat (Alt. 2). Da die Haupttat – der von A, B und C begangene schwere Bandendiebstahl – in Deutschland begangen wurde, unterfällt die Teilnahme des K gem. §§ 3, 9 II S. 1 Alt. 1 StGB der deutschen Strafgewalt.

Zwischenergebnis K ist dringend verdächtig, im Ausland eine nach deutschem Strafrecht verfolgbare Tat gem. §§ 244a I, 26 StGB begangen zu haben (anders die h. M.: §§ 242, 243 I S. 2 Nr. 3, 26, 28 II StGB).

---

[27] BGHSt 46, 120 (128); BGHSt 47, 214 (216); BGH NStZ 2007, 526; *Fischer,* § 244 Rn. 44; Lackner/Kühl-*Kühl,* § 244 Rn. 7; *Rengier,* BT I, § 4 Rn. 106.
[28] Schönke/Schröder-*Bosch,* § 244 Rn. 28; *Toepel,* ZStW 115 (2003), 60 (82 ff.); *Valerius,* Jura 2013, 19.

2. § 259 I StGB bzw. § 261 I S. 1 Nr. 3 StGB?
a) Tatbestandsverwirklichung?
Der Strafbarkeit des K wegen Hehlerei steht nicht entgegen, dass er als Anstifter an der Vortat beteiligt war.[29] Nach der Konkurrenzregel des § 261 VII StGB wird jemand, der wegen der Beteiligung an der Vortat strafbar ist, nach § 261 I-VI StGB nur dann bestraft, wenn er den Gegenstand in den Verkehr bringt und dabei dessen rechtswidrige Herkunft verschleiert.[30] K behielt den Luxuswagen für sich; der ratio legis zufolge stellt diese bloße eigennützige Verwertung des erlangten Gegenstandes ohne verschleiernde Umgehung insbesondere von Mechanismen zum Schutz der Integrität des Wirtschafts- und Finanzkreislaufs ein vom Vortäter typischerweise zu erwartendes Verhalten dar, womit dieser kein gegenüber der Vortat eigenständiges Unrecht verwirklicht.[31] Folglich lässt sich der dringende Tatverdacht nicht auf § 261 I S. 1 Nr. 3 StGB stützen, solange K wegen Vortatbeteiligung, d. h. einer Tat gem. §§ 244a I, 26 StGB bzw. §§ 242, 243 I S. 2 Nr. 3, 26, 28 II StGB (h. M.), dringend verdächtig ist.

b) Objektive Bedingung der Strafbarkeit: Deutsches Strafrecht anwendbar?
Nach h. M. unterfällt der im Ausland begangene hehlerische Ankauf des gestohlenen Luxuswagens nicht der deutschen Strafgewalt (vgl. oben). Diese Ansicht vermag – wie gezeigt – nicht zu überzeugen. Auf eine Streitentscheidung kommt es jedoch nicht an, da K jedenfalls der Begehung einer Tat nach §§ 244a, 26 StGB bzw. §§ 242, 243 I S. 2 Nr. 3, 26, 28 II StGB (h. M.) dringend verdächtig und diese Tat gem. §§ 3, 9 II S. 1 Alt. 1 StGB verfolgbar ist (vgl. oben).

II. Haftgrund
Von Fluchtgefahr (§ 112 II Nr. 2 StPO) und Verdunkelungsgefahr (§ 112 II Nr. 3 StPO) ist laut Sachverhalt auszugehen. Im Hinblick auf die wegen Anstiftung zum schweren Bandendiebstahl zu erwartende Strafe (Strafandrohung von einem bis zu zehn Jahren, grundsätzliche Bestrafung gleich einem Täter, § 26 StGB) erscheint die Anordnung der Untersuchungshaft gegen K verhältnismäßig (§ 112 I S. 2 StPO). Verhältnismäßigkeit ist auch zu bejahen, wenn man mit der h. M. einen dringenden Verdacht lediglich nach §§ 242, 243 I S. 2 Nr. 3, 26, 28 II StGB annimmt (Strafandrohung von sechs Monaten bis zu zehn Jahren).

Ergebnis Der Ermittlungsrichter darf selbst dann Untersuchungshaft gegen K anordnen, wenn er im Hinblick auf die Tat nach § 259 I StGB deutsches Strafrecht für nicht anwendbar hält.

---

[29] BGHSt 33, 50 (52); BGH NStZ 2007, 33; Schönke/Schröder-*Hecker*, § 259 Rn. 51; *Rengier*, BT I, § 22 Rn. 69 ff.; *Zöller/Frohn*, Jura 1999, 378 (380).
[30] *Ruhmannseder* in: BeckOK StGB, 53. Ed. 1.5.2022, StGB § 261 Rn. 66. Zu *§ 261 IX S. 1 StGB* a. F., wonach der an der Vortat Beteiligte grundsätzlich nicht nach *§ 261 I-V StGB* a. F. zu bestrafen war, die Vorauflage sowie Schönke/Schröder-*Hecker*, *§ 261 Rn. 7*.
[31] BT-Drs. 19/24180, 34 f.

Hinweise auf Rechtsprechung und Literatur

BGHSt 42, 235 = NJW 1997, 138 (a. l. i. c. und Straßenverkehrsdelikte; Rauschtat als objektive Bed. d. Strafbarkeit und § 9 StGB)
BGHSt 46, 212 = NJW 2001, 624 (Erfolgsbegriff des § 9 I Alt. 3 StGB)
BGH NStZ-RR 2013, 253 (§ 261 II Nr. 1 StGB a. F. weist keinen inländischen Erfolgsort auf)
BGH NStZ 2015, 81 (§ 86a I Nr. 1 StGB weist keinen inländischen Erfolgsort auf)
BGH NStZ 2017, 146 (§ 130 III StGB weist keinen inländischen Erfolgsort auf)
BGH NJW 2018, 2742 (§ 261 I Nr. 1, 2 StGB a. F. weist keinen inländischen Erfolgsort auf)
Esser, Europäisches und Internationales Strafrecht, 2. Aufl., 2018, § 16
Hecker, Europäisches Strafrecht, 6. Aufl., 2021, Kap. 2 Rn. 1-60
Rath, Internationales Strafrecht (§§ 3 ff. StGB) – Prüfungsschema, Auslandbezug, Tatortbestimmung, JA 2006, 435 ff. und JA 2007, 26 ff.
Satzger, Internationales und Europäisches Strafrecht, 10. Aufl., 2022, § 5
Ders., Das deutsche Strafanwendungsrecht, Jura 2010, 108 ff.
Walter, Einführung in das internationale Strafrecht, JuS 2006, 870 ff.; 967 ff.
Werle/Jeßberger, Grundfälle zum Strafanwendungsrecht, JuS 2001, 35 ff.; 141 ff.

Klausur 2
Der volltrunkene Kraftfahrer

§ 316 StGB – actio libera in causa – § 323a StGB – Strafanwendungsrecht – Territorialitätsprinzip – Ubiquitätsprinzip – objektive Bedingung der Strafbarkeit

Bernd Hecker

2.1 Fall

Der dänische Staatsangehörige A fuhr am Tattag mit einem Lieferwagen von seinem Wohnort in Dänemark in die Niederlande, um dort Kunden aufzusuchen. Unmittelbar nach der Einreise in die Niederlande kaufte der bis dahin nüchterne A kurz nach 18:00 Uhr alkoholische Getränke. In der Folgezeit trank er etwa fünf Liter Bier sowie Schnaps in nicht feststellbarer Menge, obwohl er wusste, dass er noch eine Fahrtstrecke von ca. 15 Kilometern zu bewältigen hatte. Seine Bedenken verdrängte er mit der Überlegung, dass die vor ihm liegende Fahrt nicht mehr lang sei. Zwischen 21:15 und 21:30 Uhr fuhr der zu dieser Zeit erheblich alkoholisierte A auf der niederländischen Autobahn A 1 in Richtung der deutschen Grenze. Nachdem er gegen 21:30 Uhr über den Grenzübergang Bad Bentheim auf deutsches Staatsgebiet gelangt war und dort – in Schlangenlinien fahrend – eine Strecke von ca. zwei Kilometern zurückgelegt hatte, wurde er von der Autobahnpolizei angehalten. Eine dem A um 23:30 Uhr entnommene Blutprobe ergab eine Blutalkoholkonzentration (BAK) von 2,15 ‰. Es lässt sich nicht ausschließen, dass A zum Tatzeitpunkt schuldunfähig (§ 20 StGB) war. Strafbarkeit des A?

B. Hecker (✉)
Lehrstuhl für Deutsches und Europäisches Strafrecht, Strafprozessrecht sowie Umwelt- und Wirtschaftsstrafrecht, Eberhard Karls Universität Tübingen, Tübingen, Deutschland
E-Mail: bernd.hecker@uni-tuebingen.de

2.2 Lösung

2.2.1 Prüfungsaufbau

Strafbarkeit des A
(1) Trunkenheit im Verkehr (§ 316 I StGB i. V. m. vorsätzlicher a. l. i. c.)

   A. Tatbestandsmäßigkeit

      I. Objektiver Tatbestand

         1. Führen eines Fahrzeugs im öffentlichen Verkehr
         2. Absolute oder relative Fahrunsicherheit

      II. Subjektiver Tatbestand
         Vorsatz oder Fahrlässigkeit bezüglich I. 1.–2.

   B. Rechtswidrigkeit
   C. Schuld

      I. Schuldfähigkeit
      II. Schuldhaftes Handeln nach den Grundsätzen der vorsätzlichen a. l. i. c.?

         1. Voraussetzungen
         2. Rechtliche Zulässigkeit: Diskussion der Begründungsmodelle

(2) Vollrausch (§ 323a I StGB)

   A. Tatbestandsmäßigkeit

      I. Objektiver Tatbestand
         Sich in einen Rausch versetzen
      II. Subjektiver Tatbestand
         Vorsatz oder Fahrlässigkeit bezüglich I.

   B. Rechtswidrigkeit
   C. Schuld
   D. Objektive Bedingung der Strafbarkeit

      I. Rauschtat
      II. Schuldbeziehung zur Rauschtat?

   E. Strafanwendungsrecht

      I. Schutzbereich des § 323a StGB
      II. Territorialitäts- und Ubiquitätsprinzip/Erfolgsbegriff(§§ 3, 9 I Alt. 3 StGB)
      III. Eintritt der objektiven Bedingung der Strafbarkeit als tatortbegründender „Erfolg" i. S. d. § 9 I Alt. 3 StGB?

2.2.2 Lösungsvorschlag

Strafbarkeit des A
(1) Trunkenheit im Verkehr (§ 316 I StGB i. V. m. vorsätzlicher a. l. i. c.)
A. Tatbestandsmäßigkeit
I. Objektiver Tatbestand
A hat in Deutschland ein Fahrzeug auf öffentlichen Straßen geführt. Der objektive Tatbestand des § 316 I StGB setzt voraus, dass der Fahrzeugführer infolge des Genusses alkoholischer Getränke oder anderer berauschender Mittel nicht in der Lage ist, das Fahrzeug sicher zu führen. A hatte ausweislich der ihm entnommenen Blutprobe eine Alkoholmenge im Körper, die zu einer BAK von 2,15 führte. Bereits bei Erreichen eines Grenzwertes von 1,1 ‰ gilt der Führer eines Kfz als absolut fahrunsicher, d. h. seine alkoholbedingte Fahrunsicherheit wird unwiderleglich vermutet.[1] Auf die Feststellung, ob A – was hier nahe liegt – auch relativ fahrunsicher war (Fahren in Schlangenlinien), kommt es daher nicht an. Im Ergebnis ist festzuhalten, dass A zum Tatzeitpunkt aufgrund des Genusses alkoholischer Getränke nicht in der Lage war, das Fahrzeug sicher zu führen.

II. Subjektiver Tatbestand
Da A es zumindest für möglich hielt, dass er infolge des Genusses alkoholischer Getränke fahrunsicher ist, sich damit aber abfand, handelte er insoweit mit bedingtem Vorsatz.[2]

B. Rechtswidrigkeit
Die Rechtswidrigkeit ist unproblematisch zu bejahen.

C. Schuld
I. Schuldfähigkeit
Es kann nicht ausgeschlossen werden, dass A zum Tatzeitpunkt schuldunfähig (§ 20 StGB) war. Möglicherweise war A aber noch – wenngleich vermindert – schuldfähig (§ 21 StGB). Jedoch ist bei nicht eindeutig aufzuklärenden Tatsachengrundlagen nach dem Grundsatz „in dubio pro reo" von demjenigen Sachverhalt auszugehen, der für den Täter am günstigsten ist. Zugunsten des A ist somit anzunehmen, dass er zum Tatzeitpunkt schuldunfähig war.

II. Schuldhaftes Handeln nach den Grundsätzen der vorsätzlichen a. l. i. c.?
1. Voraussetzungen
Fraglich ist, ob eine Vorverlagerung des Vorsatzschuldvorwurfs nach den Grundsätzen der vorsätzlichen actio libera in causa (a. l. i. c.) möglich ist. Die Annahme einer vorsätzlichen a. l. i. c. setzt voraus, dass der zu einer zumindest in ihren

---
[1] BGHSt 37, 89; BGHSt 44, 219; Schönke/Schröder-*Hecker*, § 316 Rn. 8; LK-*König*, § 316 Rn. 67; *Rengier*, BT II, § 43 Rn. 7 f.
[2] BGH NJW 2015, 1834; Schönke/Schröder-*Hecker*, § 316 Rn. 23; LK-*König*, § 316 Rn. 186; *Rengier*, BT II, § 43 Rn. 15.

wesentlichen Umrissen feststehenden Tat entschlossene Täter sich vorsätzlich in einen Defektzustand (§ 20 StGB) versetzt hat, obwohl er unter Billigung des Erfolges damit gerechnet hat, dass er in diesem Zustand eine bestimmte Tat begehen wird (sog. „Doppelvorsatz").[3] A hat seinen zur Schuldunfähigkeit führenden Rauschzustand bewusst und gewollt (vorsätzlich) herbeigeführt. Bereits zu diesem Zeitpunkt wusste und billigte er, dass er in diesem Zustand ein Fahrzeug auf öffentlichen Straßen führen wird, obwohl er infolge des Genusses alkoholischer Getränke nicht mehr in der Lage sein würde, das Fahrzeug sicher zu führen. Somit liegen die grundsätzlichen Voraussetzungen der vorsätzlichen a. l. i. c. vor.

2. Rechtliche Zulässigkeit: Diskussion der Begründungsmodelle
Zur Anwendung gelangt die Rechtsfigur jedoch nur, wenn sie sich im konkreten Fall auf eine Begründungsbasis stellen lässt, auf deren Grundlage ein Vorsatzschuldvorwurf gegen A erhoben werden kann.[4] Mit Art. 103 II GG („Nulla poena sine lex scripta") nicht vereinbar und daher zu verwerfen ist zunächst das sog. „Ausnahmemodell", welches in der Rechtsfigur der a. l. i. c. eine gewohnheitsrechtliche Ausnahme von dem § 20 StGB zugrunde liegenden Koinzidenzprinzip („... *bei Begehung der Tat ...*") erblickt. Auch auf der Grundlage des sog. „Tatbestandsmodells", wonach bereits die Herbeiführung des Defektzustands als Beginn der Tatbegehung zu werten ist, lässt sich bei verhaltensgebundenen Delikten wie § 316 I StGB keine Vorverlagerung des Schuldvorwurfs auf den Zeitpunkt des Sichbetrinkens begründen. Denn das Sichbetrinken stellt begrifflich noch kein Führen des Fahrzeugs dar, sondern ist vielmehr typische Vorbereitungshandlung der Trunkenheitsfahrt. Im Wesentlichen aus denselben Erwägungen kommt die Heranziehung der a. l. i. c. auf die Trunkenheitsfahrt auch dann nicht in Betracht, wenn man die Rechtsfigur als Sonderfall der mittelbaren Täterschaft begreift, bei dem der Täter sich zur Ausführung der Tat seiner eigenen Person als Werkzeug bedient. Auch dieses Begründungsmodell erblickt die tatbestandsmäßige Handlung letztlich in dem Sichberauschen. Indem der Täter sich berauscht, führt er aber – wie bereits ausgeführt – kein Fahrzeug. Da somit eine Vorverlagerung des Vorsatzschuldvorwurfes nach den Grundsätzen der a. l. i. c. im konkreten Fall nicht möglich ist, bleibt es dabei, dass gegen A kein Vorsatzschuldvorwurf erhoben werden kann.

Ergebnis A ist nicht strafbar gem. § 316 I StGB.

(2) Vollrausch (§ 323a I StGB)
A. Tatbestandsmäßigkeit
 I. Objektiver Tatbestand
  A müsste sich durch alkoholische Getränke in einen Rausch versetzt haben. Dies ist jedenfalls dann der Fall, wenn A einen Zustand herbeigeführt hat, in welchem der sichere Bereich des § 21 StGB überschritten ist.[5] Da diese Voraussetzung in

---
[3] BGH NStZ 2002, 28; BGHSt 42, 235 (238); *Rengier*, AT, § 25 Rn. 4; *Wessels/Beulke/Satzger*, AT, Rn. 666.
[4] BGHSt 42, 235 (239); *Rengier*, AT, § 25 Rn. 8 ff.; *Wessels/Beulke/Satzger*, AT, Rn. 654 ff.
[5] BGHSt 32, 48 (54); OLG Braunschweig NStZ-RR 2014, 287; OLG Karlsruhe NJW 2004, 3356; Schönke/Schröder-*Hecker*, § 323a Rn. 7; *Rengier*, BT II, § 41 Rn. 22; zweifelnd an der Ver-

tatsächlicher Hinsicht – A wies eine BAK von 2,15 ‰ auf – definitiv feststeht, stellen sich keine Probleme im Zusammenhang mit dem Zweifelssatz.[6]

II. Subjektiver Tatbestand
A handelte zumindest bedingt vorsätzlich.

B. Rechtswidrigkeit
Die Rechtswidrigkeit ist unproblematisch zu bejahen.

C. Schuld
A war noch nüchtern und somit schuldfähig, als er dazu ansetzte, sich durch den Genuss alkoholischer Getränke in einen Rausch zu versetzen. Ob gegen A insoweit ein Vorsatzschuldvorwurf erhoben werden kann, wird bei der unter D. II. zu erörternden Frage nach der Schuldbeziehung zur Rauschtat dargelegt.

D. Objektive Bedingung der Strafbarkeit
I. Rauschtat

Die Strafbarkeit nach § 323a I StGB setzt voraus, dass der Täter im Rausch eine rechtswidrige Tat (§ 11 I Nr. 5 StGB) begangen hat, derentwegen er nicht bestraft werden kann, weil er infolge des Rausches schuldunfähig war oder weil dies nicht auszuschließen ist. Es handelt sich bei dem Erfordernis der Rauschtat um eine objektive Bedingung der Strafbarkeit, auf die sich der Vorsatz des Täters nicht erstrecken muss.[7] Im vorliegenden Fall hat A eine Tat nach § 316 I StGB begangen, derentwegen er nicht bestraft werden kann, weil er zum Tatzeitpunkt nicht ausschließbar schuldunfähig war vgl. o. (1).

II. Schuldbeziehung zur Rauschtat?
Begreift man § 323a StGB mit der h. M. als abstraktes Gefährdungsdelikt, so müsste der gegen A zu erhebende Schuldvorwurf allein darin gesehen werden, dass er sich in einen Rauschzustand versetzt hat, der generell gefährlich ist.[8] Gegen diese Konzeption wird eingewandt, dass das Sichberauschen als solches – also ohne Berücksichtigung der im Rausch verübten Tat – noch kein strafwürdiges Unrecht darstelle.[9] Wenn die Rauschtat das Unrecht des Vollrausches entscheidend mitpräge, so erscheine es verfehlt, § 323a StGB als abstraktes Gefährdungsdelikt und die Rauschtat als verschuldensunabhängige objektive Bedingung der Strafbarkeit einzustufen. Es wird daher vorgeschlagen, § 323a StGB in Umsetzung des Schuldprinzips als konkretes Gefährdungsdelikt zu begreifen.[10] Das Unrecht des § 323a StGB soll

---

knüpfung der Begriffsbestimmung des Rauschs mit dem Erfordernis verminderter Schuldfähigkeit Lackner/Kühl-*Heger*, § 323a Rn. 4.

[6] Vgl. hierzu Schönke/Schröder-*Hecker*, § 323a Rn. 7; *Rengier*, BT II, § 41 Rn. 19 ff.
[7] Schönke/Schröder-*Hecker*, § 323a Rn. 1, 12; Lackner/Kühl-*Heger*, § 323a Rn. 5; *Rengier*, BT II, § 41 Rn. 18a.
[8] BGHSt 32, 53; BGH NJW 2003, 2396; Lackner/Kühl-*Heger*, § 323a Rn. 1; *Rengier*, BT II, § 41 Rn. 9; *Satzger*, Jura 2006, 110 (110 f.); *Wessels/Hettinger/Engländer*, BT 1, Rn. 1042.
[9] OLG Hamm NStZ 2009, 40; MüKo-*Geisler*, § 323a Rn. 4; *Geppert*, Jura 2009, 41; Schönke/Schröder-*Hecker*, § 323a Rn. 1.
[10] So i. Erg. *Beckemper*, ZIS 2018, 394 (401); MüKo-*Geisler*, § 323a Rn. 9; Schönke/Schröder-*Hecker*, § 323a Rn. 1 m. w. N.; *Roxin/Greco*, AT I, § 23 Rn. 9.

demnach darin zu sehen sein, dass der sich in den Rausch versetzende Täter von seiner Rauschgefährlichkeit gewusst oder derartige Kenntnis fahrlässig verfehlt hat. Im Ausgangsfall wusste A, dass er nach dem Konsum erheblicher Mengen Alkohols in fahrunsicherem Zustand ein Fahrzeug führen und somit eine Tat nach § 316 I StGB begehen wird. Folglich ist auch nach dem restriktiveren Auslegungsvorschlag ein Vorsatzschuldvorwurf gegen A zu erheben. Der Meinungsstreit über die im Rahmen des § 323a StGB zu fordernde Schuldbeziehung zur Rauschtat muss daher nicht abschließend entschieden werden.

E. Strafanwendungsrecht

Im Hinblick darauf, dass A Ausländer ist und sich die tatbestandsmäßige Handlung – das Sichversetzen in einen Rausch – im Ausland (NL) abgespielt hat, stellt sich die Frage, ob die deutsche Strafnorm des § 323a StGB im Ausgangsfall überhaupt zur Anwendung gelangt. Die Beurteilung dieser Frage richtet sich nach den in §§ 3–7, 9 StGB verankerten Regeln des sog. „internationalen Strafrechts". Die Anwendbarkeit deutschen Strafrechts ist eine objektive Bedingung der Strafbarkeit, auf die sich der Vorsatz des Täters nicht erstrecken muss.[11]

I. Schutzbereich des § 323a StGB

Bei Sachverhalten mit Auslands- bzw. Ausländerbezug stellt sich zunächst die gesondert zu erörternde Frage, ob durch die Tat Rechtsgüter tangiert werden, die von dem Schutzbereich der in Rede stehenden deutschen Strafnorm erfasst sind. Hieran kann es z. B. fehlen, wenn der einschlägige deutsche Straftatbestand eine tatbestandsimmanente Beschränkung auf rein inländische Rechtsgüter aufweist.[12] Der Schutzbereich deutschen Strafrechts ist immer dann berührt, wenn durch das inkriminierte Verhalten inländische Rechtsgüter verletzt werden. Grund der Strafandrohung des § 323a StGB ist die Gefährlichkeit des Rausches für strafrechtlich geschützte Rechtsgüter.[13] Vom Schutzzweck des § 323a StGB umfasst ist mithin auch die Abwehr von Gefahren, die für das von § 316 I StGB geschützte Rechtsgut der Straßenverkehrssicherheit von einem Täter ausgehen, der sich in einen Rausch versetzt. Da im konkreten Fall die Sicherheit des Straßenverkehrs in Deutschland betroffen ist, gelangt § 323a StGB zur Anwendung, wenn ein internationalstrafrechtlicher Anknüpfungspunkt gegeben ist (vgl. E. II).

---

[11] *Hecker*, EuStR, Kap. 2 Rn. 3; *Satzger*, Jura 2010, 108 (111); AnwK-*Zöller*, Vor § 3 Rn. 2; anders und differenzierend danach, ob es um die Ausübung originärer (dann Tatbestandsmerkmale) oder abgeleiteter Strafgewalt (dann Verfahrensrecht bzw. unrechtsneutrale objektive Strafbarkeitsbedingung) geht *Böse*, Maiwald-FS, 61 (69 ff.); NK-*ders.*, Vor § 3 Rn. 51; LK-*Werle/Jeßberger*, Vor § 3 Rn. 471 ff.

[12] *Ambos*, IntStR, § 1 Rn. 32 ff.; *Hecker*, EuStR, Kap. 2 Rn. 4 ff.; Schönke/Schröder-*Eser/Weißer*, Vor §§ 3-9 Rn. 38.

[13] Schönke/Schröder-*Hecker*, § 323a Rn. 1 m. w. N.

II. Territorialitäts- und Ubiquitätsprinzip/Erfolgsbegriff (§§ 3, 9 I Alt. 3 StGB)

Nach dem in § 3 StGB normierten Territorialitätsprinzip gilt deutsches Strafrecht für Taten, die im Inland begangen werden.[14] Das Territorialitätsprinzip wird ergänzt durch das in § 9 StGB verankerte Ubiquitätsprinzip.[15] Begangen ist die Tat demnach an jedem Ort, an dem der Täter gehandelt hat (§ 9 I Alt. 1 StGB) oder im Falle des Unterlassens hätte handeln müssen (§ 9 I Alt. 2 StGB) oder an dem der zum Tatbestand gehörende Erfolg eingetreten ist (§ 9 I Alt. 3 StGB) oder nach der Vorstellung des Täters eintreten sollte (§ 9 I Alt. 4 StGB). Da A die tatbestandsmäßige Handlung des § 323a StGB im Ausland (NL) vollzogen hat, stellt sich die Frage, ob in Deutschland ein zum Tatbestand gehörender Erfolg i. S. d. § 9 I Alt. 3 StGB eingetreten ist. Die Bestimmung der Rechtslage bereitet Schwierigkeiten, da § 323a StGB nicht – wie etwa die klassischen Erfolgsdelikte der §§ 212, 223 StGB – an die Verletzung eines Rechtsgutes anknüpft. Begreift man § 323a StGB mit der h. M. als abstraktes Gefährdungsdelikt, so weist der Vollrauschtatbestand keinen „Außenwelterfolg" im Sinne einer tatsächlichen Rechtsgutsschädigung auf. Es ist streitig, ob auch die von einer tatbestandsmäßigen Handlung ausgehende abstrakte Gefahr einen „Erfolg" i. S. d. § 9 I Alt. 3 StGB darstellen kann.[16] Begreift man § 323a StGB mit der Minderheitsmeinung als konkretes Gefährdungsdelikt (vgl. o. D. II.), könnte der Erfolg i. S. d. § 9 I Alt. 3 StGB in der konkreten Rauschgefährlichkeit zu sehen sein, die sich in der von A in Deutschland begangenen Rauschtat manifestiert. Welche Ansicht im Ergebnis den Vorzug verdient, ist im Zusammenhang mit der Frage zu diskutieren, ob der Eintritt der objektiven Bedingung der Strafbarkeit (hier: Begehung der Rauschtat in Deutschland) als tatortbegründender „Erfolg" i. S. d. § 9 I Alt. 3 StGB zu bewerten ist (vgl. E. III.).

III. Eintritt der objektiven Bedingung der Strafbarkeit als tatortbegründender „Erfolg" i. S. d. § 9 I Alt. 3 StGB?

Nach h. M. tritt der zum Tatbestand des § 323a StGB gehörende Erfolg i. S. d. § 9 I Alt. 3 StGB auch an dem Ort ein, an dem der Täter die Rauschtat begeht.[17] Sie argumentiert, der Erfolgsbegriff i. S. d. § 9 I Alt. 3 StGB sei nicht ausgehend von der Begriffsbildung der allgemeinen Tatbestandslehre zu ermitteln, da diese Vorschrift nicht die dogmatische Unterscheidung zwischen Tatbestand und objektiver Bedingung der Strafbarkeit aufgreife. Nach ihrem Grundgedanken soll deutsches Strafrecht – auch bei Vornahme der Tathandlung im Ausland – Anwendung finden,

---

[14] *Esser*, IntStR, § 16 Rn. 21; *Hecker*, EuStR, Kap. 2 Rn. 12 ff.; *Satzger*, IntStR, § 5 Rn. 12 ff.
[15] *Esser*, IntStR, § 14 Rn. 23 ff.; *Hecker*, EuStR, Kap. 2 Rn. 16 ff.; *Satzger*, IntStR, § 5 Rn. 13 ff.
[16] Grds. bejahend *Hecker*, EuStR, Kap. 2 Rn. 38 f.; *Rath*, JA 2006, 435 (438); *Rengier*, AT, § 6 Rn. 17; *Safferling*, IntStR, § 3 Rn. 22 ff.; LK-*Werle/Jeßberger*, § 9 Rn. 33 ff., 89; AnwK-*Zöller*, § 9 Rn. 10; *ders.*, Terrorismusstrafrecht, 442 ff.; abl. BGH NStZ 2015, 81; BGH StV 2019, 678 (679); Lackner/Kühl-*Heger*, § 9 Rn. 2; *Hilgendorf*, ZStW 113 (2001), 662 (662 f.); *Satzger*, Jura 2010, 108 (113); *ders.*, IntStR, § 5 Rn. 27 ff.
[17] BGHSt 42, 235 (242); BGH StV 1997, 23; MüKo-*Ambos*, § 9 Rn. 21; Schönke/Schröder-*Eser/Weißer*, § 9 Rn. 6 c; Schönke/Schröder-*Hecker*, § 323a Rn. 12; *Hilgendorf*, ZStW 113 (2001), 662; LK-*Werle/Jeßberger*, § 9 Rn. 37.

sofern es im Inland zu der Schädigung von Rechtsgütern oder zu Gefährdungen komme, deren Vermeidung Zweck der jeweiligen Strafvorschrift ist. Dazu gehöre auch die Vornahme von Straftaten, also der Rauschtaten, zu denen es im Inland gekommen ist. Nach Auffassung der Gegenansicht sind objektive Bedingungen der Strafbarkeit generell keine tatortbegründenden Erfolge i. S. d. § 9 I Alt. 3 StGB.[18] Es sei widersprüchlich, mit Hilfe eines strafbarkeitsbeschränkenden und damit tätergünstig wirkenden Kriteriums die Anwendbarkeit deutschen Strafrechts auf einen Auslandssachverhalt zu begründen.

Den Vorzug verdient die von der h. M. vertretene Ansicht. Zwar ist es zutreffend, dass das Erfordernis einer Rauschtat als objektive Bedingung der Strafbarkeit strafbarkeitsbeschränkend wirkt; schließlich ist das bloße Sichversetzen in einen Rausch nicht mit Strafe bedroht. Jedoch indiziert der Eintritt der objektiven Bedingung der Strafbarkeit zugleich die Existenz der spezifischen (abstrakten bzw. konkreten) Rauschgefährlichkeit, die § 323a StGB abwenden will.[19] Somit stellt die Begehung der Rauschtat in Deutschland unabhängig davon, ob § 323a StGB als abstraktes oder konkretes Gefährdungsdelikt konzipiert ist (vgl. hierzu D. II. und E. II.), einen die Ausübung deutscher Strafgewalt legitimierenden internationalstrafrechtlichen Anknüpfungspunkt dar.

Ergebnis A ist strafbar gem. § 323a I StGB (a. A. – Straflosigkeit – vertretbar, wenn ein tatortbegründender Erfolg abgelehnt wird).

Hinweise auf Rechtsprechung und Literatur

BGHSt 42, 235 = NJW 1997, 138 (a. l. i. c. und Straßenverkehrsdelikte; Rauschtat als objektive Bed. d. Strafbarkeit und § 9 I Alt. 3 StGB)
BGHSt 46, 212 = NJW 2001, 624 (Erfolgsbegriff des § 9 I Alt. 3 StGB)
BGH NStZ 2015, 81 (Erfolgsbegriff des § 9 I Alt. 3 StGB)
Hecker, Europäisches Strafrecht, 6. Aufl., 2021, Kap. 2 Rn. 1–58
Ders., Tatortbegründung gem. §§ 3, 9 I Alt. 3 StGB durch Eintritt einer objektiven Bedingung der Strafbarkeit?, ZIS 2011, 398 ff.
Rath, Internationales Strafrecht (§§ 3 ff. StGB) – Prüfungsschema, Auslandbezug, Tatortbestimmung, JA 2006, 435 ff. und JA 2007, 26 ff.
Satzger, Internationales und Europäisches Strafrecht, 10. Aufl., 2022, § 5
Ders., Das deutsche Strafanwendungsrecht, Jura 2010, 108 ff.
Walter, Einführung in das internationale Strafrecht, JuS 2006, 870 ff.; 967 ff.
Werle/Jeßberger, Grundfälle zum Strafanwendungsrecht, JuS 2001, 35 ff.; 141 ff.

---

[18] *Gottwald*, JA 1998, 343; *Rath*, JA 2006, 435 (438); *Satzger*, Jura 2010, 108 (113); *ders.*, IntStR, § 5 Rn. 31 ff.
[19] *Hecker*, ZIS 2011, 398 (400 f.).

Klausur 3
Diebesgrüße aus Holland

Strafanwendungsrecht – Tatort bei Tätigkeitsdelikten – Voraussetzungen des passiven Personalitätsprinzips – Anstiftung – transnationale Geltung des Grundsatzes ne bis in idem

Mark A. Zöller

3.1 Fall

Der polnische Staatsangehörige P erwarb im Juli 2021 in den Niederlanden von unbekannten Mitgliedern einer rumänischen Diebesbande zuvor in Deutschland entwendete Gegenstände, um diese gewinnbringend weiterzuveräußern. Es handelte sich dabei um ein Motorrad der Marke BMW sowie um fünf Playstation 5-Spielekonsolen des Herstellers Sony, die von den rumänischen Tätern aus einem Warenlager der in München ansässigen Luxus-Warenhaus AG (L-AG) gestohlen worden waren. In der Folgezeit konnte die niederländische Polizei das Motorrad bei P sicherstellen. Die fünf Spielekonsolen hatte P allerdings schon zuvor von den Niederlanden aus über die Internetplattform „OranjeBAY" gegen Höchstgebot an die in Deutschland wohnhafte deutsche Staatsbürgerin D verkauft und verschickt. In der Angebotsanzeige hatte P die Geräte als „Neuware aus einer Geschäftsauflösung" beworben. D, die von ihrem Rechner in München aus die Gebote für die in den Niederlanden befindlichen Spielekonsolen abgegeben hatte, ging deshalb von der Legalität der Herkunft der Geräte aus. Die Computerserver der Firma „OranjeBAY" befinden sich sämtlich auf niederländischem Staatsgebiet. F, die russische Freundin von P, hatte die Idee, die Spielekonsolen über das Internet abzusetzen. F, die über die Herkunft dieser Geräte informiert war, hatte den P hierzu in einem von

---

M. A. Zöller (✉)
Lehrstuhl für Deutsches, Europäisches und Internationales Strafrecht und Strafprozessrecht, Wirtschaftsstrafrecht und das Recht der Digitalisierung, Ludwig-Maximilians-Universität München, München, Deutschland
E-Mail: mark.zoeller@jura.uni-muenchen.de

© Springer-Verlag GmbH Deutschland, ein Teil von Springer Nature 2022
B. Hecker, M. A. Zöller, *Fallsammlung zum Europäischen und Internationalen Strafrecht*, Juristische ExamensKlausuren,
https://doi.org/10.1007/978-3-662-65140-7_3

ihrer Moskauer Wohnung aus mit P in den Niederlanden geführten Telefongespräch überredet.

Aufgabe 1 Inwiefern haben sich P und F nach den Vorschriften des deutschen StGB strafbar gemacht?

Hinweise Die §§ 242, 246 und 261 StGB sind nicht zu erörtern. Es ist davon auszugehen, dass strafrechtlich relevante Verhaltensweisen in den Niederlanden in einer dem deutschen Strafrecht vergleichbaren Art und Weise mit Strafe bedroht sind. Eventuell bestehende völkerrechtliche Abkommen bleiben außer Betracht.

Aufgabe 2 Die niederländische Bezirksstaatsanwaltschaft in Maastricht stellt das Strafverfahren gegen P wegen seiner Beteiligung an den in Aufgabe 1 beschriebenen Geschehnissen ein, nachdem P das Angebot, einen Geldbetrag in Höhe von 1500 Euro zu entrichten, angenommen und die Summe gezahlt hat (niederländische „transactie"). Das Rechtsinstitut der transactie ist in der niederländischen Strafprozessordnung geregelt. Nach den einschlägigen Vorschriften ist die Strafverfolgung dort beendet und es wird ein nationaler Strafklageverbrauch ausgelöst, wenn der Beschuldigte die Auflagen der Staatsanwaltschaft erfüllt hat. Der zuständige Sachbearbeiter der deutschen Staatsanwaltschaft zeigt sich einige Zeit nach der Zahlung der 1500 Euro durch P von der „milden Strafe" seiner niederländischen Kollegen wenig begeistert und möchte seinerseits Anklage zum Strafrichter beim deutschen Amtsgericht erheben.

Wäre eine solche Anklageerhebung zulässig?

3.2 Lösung

3.2.1 Aufgabe 1

3.2.1.1 Prüfungsaufbau

Strafbarkeit des P
A. Hehlerei (§ 259 I StGB) durch Ankauf des Motorrads und der Spielekonsolen

    I. Tatbestand

        1. Objektiver Tatbestand
        2. Subjektiver Tatbestand
        3. Objektive Strafbarkeitsbedingung: Anwendbarkeit des deutschen Strafrechts

    II. Ergebnis

B. Betrug (§ 263 I StGB zum Nachteil der D) durch Weiterverkauf der Spielekonsolen

I. Tatbestand
   1. Objektiver Tatbestand
   2. Subjektiver Tatbestand
   3. Objektive Strafbarkeitsbedingung: Anwendbarkeit des deutschen Strafrechts
II. Rechtswidrigkeit und Schuld
III. Ergebnis

C. Hehlerei (§ 259 I StGB) durch Weiterverkauf der Spielekonsolen

Strafbarkeit der F
Anstiftung zum Betrug (§§ 263 I, 26 StGB zum Nachteil der D) durch den während des Telefonats mit P gegebenen Hinweis

I. Tatbestand
   1. Objektiver Tatbestand
   2. Subjektiver Tatbestand
   3. Objektive Strafbarkeitsbedingung: Anwendbarkeit des deutschen Strafrechts
II. Rechtswidrigkeit und Schuld
III. Ergebnis

3.2.1.2 Lösungsvorschlag

Strafbarkeit des P
A. *Hehlerei (§ 259 I StGB) durch Ankauf des Motorrads und der Spielekonsolen*
Durch den Erwerb des Motorrads und der Spielekonsolen könnte P sich wegen Hehlerei nach § 259 I StGB strafbar gemacht haben.

I. Tatbestand
1. Objektiver Tatbestand
Dies würde im objektiven Tatbestand zunächst voraussetzen, dass es sich bei P um ein taugliches Tatsubjekt der Hehlerei handelt. Aus der Gesetzesformulierung des § 259 I StGB („ein anderer") wird deutlich, dass als Täter der Hehlerei nur Personen in Betracht kommen, die nicht täterschaftlich an der Vortat beteiligt waren. Vorliegend war P am Diebstahl des Motorrads und der Spielekonsolen durch die rumänische Diebesbande nicht selbst beteiligt, so dass er als *taugliches Tatsubjekt* anzusehen ist.

Das Motorrad und die Spielekonsolen stellen auch Sachen dar, die andere, nämlich die Mitglieder der rumänischen Bande, gestohlen haben. Ein – hier nicht näher zu konkretisierender – Bandendiebstahl (§ 244 I Nr. 2 bzw. § 244a I StGB) ist als gegen fremdes Vermögen gerichtete, rechtswidrige Tat auch eine taugliche Vortat für das Anschlussdelikt des § 259 StGB. Insofern stellen die Gegenstände auch *taugliche Tatobjekte* dar.

Diese Gegenstände hat P auch erworben, so dass eine bewusste und gewollte Übernahme der tatsächlichen Verfügungsgewalt zu eigenen Zwecken im Wege des abgeleiteten (derivativen) Erwerbs zu bejahen ist. Insofern hat P die Tatmodalität des *Ankaufens* als ausdrücklich benannten Unterfall des Sichverschaffens verwirklicht und damit objektiv tatbestandsmäßig gehandelt.

Dass es sich bei P um einen polnischen Staatsbürger handelt und das Ankaufen der Diebesware auf niederländischem Staatsgebiet ist, hindert die *Anwendbarkeit des deutschen Hehlereitatbestandes* auf einen solchen Sachverhalt mit *internationalem Bezug* nicht. § 259 StGB schützt das Vermögen vor der Aufrechterhaltung bzw. Vertiefung der bereits durch den Vortäter geschaffenen, rechtswidrigen Vermögenslage[1] und damit ein *Individualrechtsgut*. Tatbestände, die solche Individualrechtsgüter schützen, entfalten diesen Schutz stets unabhängig davon, ob es sich um Rechtsgüter von In- oder Ausländern handelt.[2]

2. Subjektiver Tatbestand

P handelte vorsätzlich sowie in der Absicht, sich zu bereichern.

3. Objektive Strafbarkeitsbedingung: Anwendbarkeit des deutschen Strafrechts

Fraglich ist jedoch, ob in Bezug auf diese Verhaltensweise des P überhaupt deutsches Strafrecht zur Anwendung kommt. *Materiell-rechtlich* sind die §§ 3 ff. StGB im Rahmen des allgemeinen Verbrechensaufbaus als *objektive Strafbarkeitsbedingungen* einzustufen.[3] Da es sich nicht um Merkmale des gesetzlichen Tatbestands handelt, braucht sich der Vorsatz des Täters somit nicht auf die Anwendbarkeit der Strafrechtsordnung zu beziehen.[4]

Die Annahme eines inländischen Tatorts in Anknüpfung an das *Territorialitätsprinzip* nach den §§ 3, 9 I StGB kommt nicht in Betracht.[5] P hat das Motorrad und die Spielekonsolen auf niederländischem Staatsgebiet erworben, so dass der *Handlungsort* i. S. v. § 9 I Var. 1 StGB in den Niederlanden lag. Ein Inlandsbezug ergibt sich auch nicht aus § 9 I Var. 3 StGB, denn ein danach erforderlicher *Tatererfolg* ist im Inland nicht eingetreten. Der Strafgrund der Hehlerei (§ 259 StGB) als einem eigenständigen Vermögensdelikt liegt in der Aufrechterhaltung der durch die Vortat geschaffenen rechtswidrigen Vermögenslage, die durch das Weiterschieben der durch die Vortat erlangten Sache im Einverständnis mit dem Vortäter erreicht wird (sog. Aufrechterhaltungs- oder Perpetuierungstheorie).[6] Die Begehung dieses Delikts erfordert keinen von dem tatbestandsmäßigen Verhalten abschichtbaren Erfolg bzw.

---

[1] *Rengier*, BT I, § 22 Rn. 2; *Zöller*, BT I, Rn. 497.
[2] Näher AnwK-*Zöller*, Vor § 3 Rn. 5 ff.; *Ambos*, IntStR, § 1 Rn. 32 ff.; *Satzger*, IntStrR, § 6 Rn. 1.
[3] AnwK-*Zöller*, Vor § 3 Rn. 2; *Ambos*, IntStR, § 1 Rn. 9; *Hecker*, EuStR, Kap. 2 Rn. 3; *Walter*, JuS 2006, 870 (871).
[4] BGHSt 27, 30 (34).
[5] Anders insoweit *Hecker* (Fall 1), der den Strafgrund der Hehlerei nicht nur in der Perpetuierung der rechtswidrigen Besitzlage, sondern auch in der besonderen Gefährlichkeit des Hehlers erblickt, der mit seiner Bereitschaft zur Abnahme oder zum Absatz der Diebesbeute einen ständigen Anreiz zur Begehung von Vermögensdelikten schafft; vgl. dazu Schönke/Schröder-*Hecker*, § 259 Rn. 3.
[6] *Fischer*, § 259 Rn. 2; *Zöller*, BT I, Rn. 497; a. A. Schönke/Schröder-*Hecker*, § 259 Rn. 3.

setzt die Feststellung einer konkreten Beeinträchtigung der Vermögensinteressen des Opfers nicht voraus.[7] Es handelt sich um ein schlichtes *Tätigkeitsdelikt*, bei dem der Tatbestand bereits durch das im Gesetz umschriebene Tätigwerden als solches erfüllt ist.[8] Als – unabhängig von dem Tatort der Vortat zu bestimmender[9] – Tatort einer Hehlerei kommt daher nur der *Ort* in Betracht, *an dem der Täter gehandelt hat*.[10]

Eine Anknüpfung der deutschen Strafgewalt an das in § 7 II Nr. 1 StGB verankerte *aktive Personalitätsprinzip* kommt vorliegend schon deshalb nicht in Betracht, weil P polnischer Staatsbürger ist.

Denkbar ist jedoch, die Anwendbarkeit deutschen Strafrechts auf § 7 I StGB zu stützen. Schließlich handelt es sich bei dem Opfer der tatbestandsmäßigen Hehlereihandlungen des P um die deutsche L-AG. Der Rückgriff auf § 7 I StGB, dem der völkerrechtlich anerkannte Grundsatz des eingeschränkten passiven Personalitätsprinzips zugrunde liegt, erfordert die Feststellung der folgenden drei Voraussetzungen:[11]

1. das Vorliegen einer Auslandstat,
2. das Vorhandensein eines deutschen Tatopfers und
3. die Strafbarkeit des Verhaltens nach dem Recht des Tatortstaats, sofern es dort nicht an einer bestehenden Strafgewalt fehlt.

Vorliegend handelt es sich um eine *Auslandstat,* da nach den §§ 3, 9 StGB kein inländischer Tatort begründet werden kann.[12]

Fraglich ist jedoch das Vorliegen eines *deutschen Tatopfers*. Als *Deutscher* gilt nach Art. 116 I GG, wer die deutsche Staatsangehörigkeit besitzt[13] oder als Flüchtling oder Vertriebener deutscher Volkszugehörigkeit oder als dessen Ehegatte oder Abkömmling in dem Gebiet des Deutschen Reiches nach dem Stand vom 31.12.1937 Aufnahme gefunden hat.[14] Durch die Straftat muss somit ein Rechtsgut verletzt werden, dessen Inhaber ein deutscher Staatsbürger in diesem Sinne ist. Dies ist bei Straftatbeständen, die – wie die Hehlerei – dem Schutz von Individualrechtsgütern dienen, ohne weiteres möglich. Vorliegend handelt es sich bei der vermögensrechtlich geschädigten L-AG jedoch nicht um eine natürliche, sondern um eine *juristische Person*.

Im Schrifttum werden zum Teil auch juristische Personen unter den in § 7 StGB verwendeten Begriff des „Deutschen" gefasst, da für diese eine im Vergleich zu natürlichen Personen verschiedene Behandlung nicht ohne weiteres einsichtig sei.[15]

---

[7] OLG München StV 1991, 504 (505).
[8] OLG München StV 1991, 504; OLG Stuttgart NStZ 2004, 402.
[9] MüKo-*Ambos*, § 9 Rn. 18.
[10] OLG München StV 1991, 504; KG NStZ-RR 2007, 16 (17).
[11] AnwK-*Zöller*, § 7 Rn. 2.
[12] AnwK-*Zöller*, § 5 Rn. 3; § 7 Rn. 4.
[13] Vgl. § 1 Staatsangehörigkeitsgesetz (StAG).
[14] AnwK-*Zöller*, § 5 Rn. 4.
[15] NK-*Böse*, § 7 Rn. 4; Schönke/Schröder-*Eser/Weißer*, § 7 Rn. 11; SK StGB-*Hoyer*, § 7 Rn. 8.

Dagegen spricht jedoch, dass der Gesetzgeber an anderer Stelle, etwa im Rahmen von § 5 Nr. 7 StGB, ausdrücklich auf die betroffenen juristischen Personen Bezug nimmt. Insofern erscheint es schon nach dem Gesetzeswortlaut wenig überzeugend, im Rahmen von § 7 StGB unter den allgemeinen Begriff des „Deutschen" auch juristische Personen zu fassen.[16] Darüber hinaus würde ein solches Begriffsverständnis nicht nur zu praktischen Schwierigkeiten bei der Ermittlung von Eigentumsverhältnissen und Firmensitz der juristischen Personen führen, sondern unter Verstoß gegen Art. 103 II GG letztlich auch eine Analogie durch Strafgewaltbegründung zu Lasten des Täters bedeuten.[17] Jedenfalls solange die strafrechtliche Verantwortlichkeit juristischer Personen nach deutschem Recht nicht allgemein anerkannt wird, kommt ihre Einbeziehung als Opfer i. S. d. § 7 I StGB nach vorzugswürdiger Auffassung nicht in Betracht.[18]

Im Ergebnis lässt sich die Anwendbarkeit deutschen Strafrechts somit auch nicht durch Rückgriff auf das in § 7 I StGB verankerte *passive Personalitätsprinzip* begründen.[19] Es fehlt am Vorliegen der objektiven Strafbarkeitsbedingung.

II. Ergebnis
P hat sich durch den Erwerb des Motorrads und der Spielekonsolen nicht wegen Hehlerei nach § 259 I StGB strafbar gemacht.

B. Betrug (§ 263 I StGB zum Nachteil der D) durch Weiterverkauf der Spielekonsolen
Durch den Weiterverkauf der gestohlenen Spielekonsolen über die Internetplattform „OranjeBAY" könnte P sich wegen Betrugs zum Nachteil der D gem. § 263 I StGB strafbar gemacht haben.

I. Tatbestand
1. Objektiver Tatbestand
Der objektive Tatbestand des Betrugs setzt voraus, dass der Täter durch eine Täuschung eine irrtumsbedingte Vermögensverfügung veranlasst, die einen Vermögensschaden beim Opfer zur Folge hat. Zwischen den vier objektiven Tatbestandsmerkmalen (Täuschung, Irrtum, Vermögensverfügung, Vermögensschaden) muss insoweit ein durchlaufender ursächlicher Zusammenhang bestehen.

---

[16] BGH NJW 2018, 2742 (2743); OLG Stuttgart NStZ 2004, 402 (403 f.); LK-*Werle/Jeßberger*, § 7 Rn. 63; MüKo-*Ambos*, § 7 Rn. 23; *Fischer*, § 7 Rn. 4; AnwK-*Zöller*, § 7 Rn. 5.
[17] LK-*Werle/Jeßberger*, § 7 Rn. 62; MüKo-*Ambos*, § 7 Rn. 23; *Henrich*, Personalitätsprinzip, 113.
[18] OLG Stuttgart NStZ 2004, 402 f.; KG StraFo 2006, 337; AG Bremen NStZ-RR 2005, 87; AnwK-*Zöller*, § 7 Rn. 5; Ambos, IntStR, § 3 Rn. 81, *Esser*, IntStR, § 16 Rn. 59.
[19] Bei entsprechender Begründung ist auch die Einstufung der L-AG als deutsches Tatopfer i. S. v. § 7 I StGB vertretbar. Von der Tatortstrafbarkeit in den Niederlanden ist laut Bearbeitervermerk auszugehen, so dass das deutsche Strafrecht anwendbar wäre. Rechtswidrigkeit und Schuld liegen dann unproblematisch vor, so dass im Ergebnis eine Strafbarkeit nach § 259 I StGB zu bejahen wäre. Für eine gewerbsmäßige Hehlerei nach § 260 I Nr. 1 StGB dürften sich im Sachverhalt kaum Anhaltspunkte finden lassen.

Durch die Anpreisung der fünf Spielekonsolen als „Neuware aus einer Geschäftsauflösung" hat P alle potenziellen Käufer und damit auch die D *getäuscht*, d. h. intellektuell auf ihr Vorstellungsbild mit dem Ziel der Irreführung eingewirkt, indem er zumindest konkludent deren legale Herkunft und sein Eigentum an den Geräten vorgespiegelt hat, obwohl sie als abhandengekommene Sachen i. S. v. § 935 I BGB nach wie vor im Eigentum der L-AG standen. Durch diese Täuschung ist auch ein entsprechender *Irrtum* der D über Herkunft und Eigentumsverhältnisse an den Spielekonsolen entstanden. Als *Vermögensverfügung* gilt jedes Handeln, Dulden oder Unterlassen des Getäuschten, das (beim Sachbetrug willentlich geschehen muss und) sich bei ihm oder einer dritten Person unmittelbar vermögensmindernd auswirkt.[20] Vorliegend hat D den Kaufpreis für die Spielekonsolen an P überwiesen. Dadurch ist es auf Seiten der D unmittelbar zu einer entsprechenden Vermögensminderung gekommen. Schließlich liegt auch ein dadurch veranlasster *Vermögensschaden* vor, denn für den Abfluss des Kaufpreises aus dem Vermögen von D hat diese keine unmittelbare Schadenskompensation erhalten. D hat nur den Besitz, nicht jedoch das Eigentum an den Spielekonsolen erlangt. Diese Geräte waren der L-AG abhandengekommen, so dass ein gutgläubiger Eigentumserwerb durch § 935 I BGB ausgeschlossen ist. Die Versteigerung auf der Internetplattform „OranjeBAY" war auch keine öffentliche Versteigerung i. S. d. § 935 II BGB, sondern stellt den Abschluss eines Kaufvertrages i. S. v. § 433 BGB dar.[21]

Der Tatbestand des § 263 StGB schützt wie § 259 StGB das Vermögen als Individualrechtsgut und damit unabhängig von der Frage, ob es sich um das Vermögen eines Inländers oder Ausländers handelt. Vorliegend daher ist das Vermögen der deutschen Staatsbürgerin D vom Schutz des § 263 I StGB umfasst.

2. Subjektiver Tatbestand

P handelte vorsätzlich sowie in der Absicht, sich selbst rechtswidrig und stoffgleich zu bereichern.

3. Objektive Strafbarkeitsbedingung: Anwendbarkeit des deutschen Strafrechts

Fraglich ist auch bei diesem Verkauf über das Internet die *Anwendbarkeit deutschen Strafrechts* und damit das Vorliegen der objektiven Strafbarkeitsbedingung. Vorliegend hat P den Verkauf der Spielekonsolen von den Niederlanden aus organisiert. Von dort aus hat er auch die Ware nach Deutschland verschickt. Die Computerserver der für die Verkaufsabwicklung bemühten Firma „OranjeBAY" befanden sich ebenfalls auf niederländischem Staatsgebiet. Insofern liegt der Handlungsort i. S. v. §§ 3, 9 I Var. 1 StGB des von P verwirklichten Betrugsstraftatbestands nicht im Inland. § 263 StGB stellt jedoch ein (kupiertes) Erfolgsdelikt dar.[22] Als „zum Tatbestand gehörender Erfolg" gemäß § 9 I Var. 3 StGB ist dabei der Eintritt des Vermö-

---

[20] BGHSt 14, 170 (171); *Rengier*, BT I, § 13 Rn. 70; *Wessels/Hillenkamp/Schuhr*, BT 2, Rn. 543; *Zöller*, BT I, Rn. 152.
[21] Vgl. nur MüKo-BGB-*Oechsler*, § 935 Rn. 18.
[22] LK-*Tiedemann*, § 263 Rn. 3; MüKo-*Hefendehl*, § 263 Rn. 9; Schönke/Schröder-*Perron*, § 263 Rn. 5.

gensschadens beim Opfer anzusehen. Opfer des von P begangenen Betruges ist die in München beheimatete D, die sich jedenfalls zum Tatzeitpunkt auf deutschem Staatsgebiet befand. Insofern ist der Vermögensschaden nach den §§ 3, 9 I Var. 3 StGB im Inland eingetreten und damit die Anwendbarkeit deutschen Strafrechts begründet.

Sofern man einen inländischen Tatort nach den §§ 3, 9 StGB verneint, also im Ergebnis entgegen der hier vertretenen Auffassung von einer Auslandstat ausgeht, würde sich die Anwendbarkeit deutschen Strafrechts aber jedenfalls aus § 7 I StGB ergeben, da mit der D als natürlicher Person unproblematisch eine deutsche Staatsbürgerin *Tatopfer* war und von der mit der Rechtslage in Deutschland vergleichbaren Strafbarkeit von Betrugshandlungen in den Niederlanden laut Bearbeitungsvermerk ausgegangen werden kann.

II. Rechtswidrigkeit und Schuld
P handelte auch rechtswidrig und schuldhaft.

III. Ergebnis
P hat sich durch den Verkauf der fünf Spielekonsolen über die Internetplattform wegen Betruges zum Nachteil der D nach § 263 I StGB strafbar gemacht.

C. Hehlerei (§ 259 I StGB) durch Weiterverkauf der Spielekonsolen
Durch den Weiterverkauf der fünf Spielekonsolen über die Internetplattform an D hat P sich demgegenüber nicht auch wegen Hehlerei in der Tatalternative des Absetzens gem. § 259 I StGB strafbar gemacht. Absetzen meint zwar die im Interesse und im Einverständnis des Vortäters, im Vergleich zum Absetzenhelfen auch selbstständig vorgenommene, wirtschaftliche Verwertung der bemakelten Sache durch entgeltliche rechtsgeschäftliche Weitergabe an einen gut- oder bösgläubigen Dritten.[23] Vom Tatbestand ausgeschlossen sind jedoch diejenigen Fälle, in denen der Täter – wie im vorliegenden Fall – ausschließlich eigene Interessen wahrnimmt, also nicht im Einvernehmen mit dem Vortäter handelt bzw. sich die Sache schon verschafft hat.[24] Ohnehin fehlt es für die Hehlerei an der Anwendbarkeit deutschen Strafrechts.[25]

Strafbarkeit der F
A. Anstiftung zum Betrug (§§ 263 I, 26 StGB zum Nachteil der D)
F könnte sich durch den während des Telefongesprächs mit P gegebenen Hinweis auf die Absatzmöglichkeit per Internet wegen Anstiftung zum Betrug zu Lasten der D nach §§ 263 I, 26 StGB strafbar gemacht haben.

I. Tatbestand
1. Objektiver Tatbestand
Eine vorsätzliche rechtswidrige Haupttat ist mit dem von P zum Nachteil der D begangenen Betrug gegeben. F hat den P auch im Laufe des Telefonats zu diesem

---
[23] MüKo-*Maier*, § 259 Rn. 103; NK-*Altenhain*, § 259 Rn. 47; *Fischer*, § 259 Rn. 15.
[24] Schönke/Schröder-*Hecker*, § 259 Rn. 28.
[25] Vgl. dazu die Ausführungen unter A. I. 3.

Betrug bestimmt, nämlich durch ihre Idee einen entsprechenden Tatentschluss bei P hervorgerufen. Der Betrugstatbestand umfasst das Vermögen der D als Individualrechtsgut.

2. Subjektiver Tatbestand
F handelte vorsätzlich sowohl hinsichtlich der Vollendung der Haupttat als auch hinsichtlich der Bestimmung des P zur Begehung der Haupttat.

3. Objektive Strafbarkeitsbedingung: Anwendbarkeit des deutschen Strafrechts
Fraglich ist auch für die Anstiftungshandlung der F die Anwendbarkeit deutschen Strafrechts. Für den *Teilnehmer* ist gemäß § 9 II S. 1 Alt. 1 StGB die Teilnahme an dem Ort begangen, an dem die Haupttat begangen ist. Da der *Erfolgsort* des von P begangenen Betrugs in Deutschland liegt, ist mithin auch für die von F begangene Anstiftung deutsches Strafrecht gemäß § 9 II S. 1 Alt. 1 i. V. m. §§ 3, 9 I Alt. 3 StGB anwendbar.

II. Rechtswidrigkeit und Schuld
F handelte auch rechtswidrig und schuldhaft.

III. Ergebnis
F hat sich durch das Telefongespräch mit P somit wegen Anstiftung zum Betrug zum Nachteil des D nach §§ 263 I, 26 StGB strafbar gemacht.

3.2.2 *Aufgabe 2*

3.2.2.1 Prüfungsaufbau

I. Bestehen eines hinreichenden Tatverdachts
II. Ausschluss des hinreichenden Tatverdachts bei Prozesshindernissen

    1. Nichteingreifen innerstaatlicher Doppelbestrafungsverbote
    2. Art. 54 SDÜ
    3. Art. 50 GRCh

III. Ergebnis

3.2.2.2 Lösungsvorschlag

I. Bestehen eines hinreichenden Tatverdachts
Die deutsche Staatsanwaltschaft wird nach § 170 I StPO Anklage zum zuständigen deutschen Gericht erheben, wenn die Ermittlungen dazu genügenden Anlass bieten. Es muss also mit einer Eröffnung des Hauptverfahrens durch das Gericht zu rechnen sein (vgl. § 203 StPO). Voraussetzung ist damit das Bestehen eines *hinreichenden Tatverdachts*. Dieser liegt immer dann vor, wenn eine Verurteilung des Beschuldigten wahrscheinlich ist, also nach der Prognose der Staatsanwaltschaft bei

Abschluss der Ermittlungen mit der Überführung des Beschuldigten eher als mit seinem Freispruch zu rechnen ist.[26]

II. Ausschluss des hinreichenden Tatverdachts bei Prozesshindernissen

Vorliegend besteht zwar in materiell-rechtlicher Hinsicht ein Tatverdacht gegen P wegen eines Betruges zum Nachteil der D.[27] Die für den hinreichenden Tatverdacht erforderliche Verurteilungswahrscheinlichkeit könnte aber deshalb fehlen, weil ein nicht behebbares *Prozesshindernis* vorliegt. Dies wäre dann der Fall, wenn hinsichtlich dieser Tat bereits ein *wirksamer Strafklageverbrauch* durch die niederländische transactie der Bezirksstaatsanwaltschaft Maastricht eingetreten wäre.

1. Nichteingreifen innerstaatlicher Doppelbestrafungsverbote

Ein *Verbot der Doppelbestrafung* („ne bis in idem") ergibt sich für die deutsche Strafrechtsordnung aus Art. 103 III GG und damit unmittelbar aus der Verfassung. Allerdings gilt der damit bewirkte Schutz nur *innerhalb der deutschen Rechtsordnung* und nicht transnational zwischen verschiedenen Staaten. Ein Beschuldigter wird durch Art. 103 III GG somit nur dann vor erneuter Strafverfolgung geschützt, wenn die vorausgegangene, strafklageverbrauchende Entscheidung ebenfalls von einer deutschen Justizbehörde getroffen wurde. Entsprechendes gilt für Bestimmungen wie Art. 17 VII IPbpR oder Art. 4 I des 7. Zusatzprotokolls zur EMRK. Letzterer ist von der Bundesrepublik Deutschland ohnehin nicht ratifiziert worden und somit hierzulande nicht in Kraft.

Nach der Rechtsprechung des BVerfG existiert keine allgemeine Regel des Völkerrechts i. S. v. Art. 25 GG, die es gebieten würde, die Strafverfolgung gegen eine Person wegen eines Lebenssachverhaltes zu unterlassen, dessentwegen sie bereits in einem dritten Staat verfolgt und rechtskräftig abgeurteilt worden ist.[28] Beschuldigte, die sich für dieselbe prozessuale Tat der Strafverfolgung durch mehr als einen Staat ausgesetzt sehen, können sich somit mit Blick auf ein transnationales, d. h. über die Grenzen eines Staates hinausreichendes und auf das Strafverfahren im Zweitverfolgerstaat einwirkendes Doppelbestrafungsverbot nicht auf geltendes Völker*gewohnheitsrecht* berufen. Schutz genießen sie nur, wenn die betreffenden Staaten ihre diesbezüglichen Souveränitätsinteressen bewusst preisgegeben, also in einer völker*vertraglichen* und in nationales Recht transformierten Regelung den Ausschluss einer transnationalen Doppelbestrafung vereinbart haben.[29] Da sonstige deliktsspezifische, bi- oder multilaterale Regelungen[30] vorliegend nicht einschlägig sind, kann eine transnationale Geltung des Doppelbestrafungsverbotes nur aus Art. 54 des Schengener Durchführungsübereinkommens (SDÜ) oder Art. 50 der EU-Grundrechtecharta (GRCh) folgen.

---

[26] LR-*Graalmann-Scherer*, § 170 Rn. 24; HK-*Zöller*, § 170 Rn. 3; *Pommer*, Jura 2007, 662 (663).
[27] Vgl. dazu die Ausführungen zu Aufgabe 1.
[28] BVerfGE 75, 1 (18 ff.); BVerfG NJW 2012, 1202 (1203); vgl. auch OLG Frankfurt NStZ-RR 2014, 27 (28).
[29] *Roxin/Schünemann*, Strafverfahrensrecht, § 52 Rn. 21.
[30] Näher dazu *Zöller*, Krey-FS, S. 501 (503 f.).

2. Art. 54 SDÜ

Die strafklageverbrauchende Wirkung der niederländischen transactie könnte somit zunächst über Art. 54 SDÜ eine transnationale Wirkung entfalten und damit auch in dem deutschen Strafverfahren gegen P ein Prozesshindernis bewirken.

Art. 54 SDÜ lautet wie folgt:
> „Wer durch eine Vertragspartei rechtskräftig abgeurteilt worden ist, darf durch eine andere Vertragspartei wegen derselben Tat nicht verfolgt werden, vorausgesetzt, daß im Fall einer Verurteilung die Sanktion bereits vollstreckt worden ist, gerade vollstreckt wird oder nach dem Recht des Urteilsstaats nicht mehr vollstreckt werden kann".

Erforderlich ist damit das Vorliegen von insgesamt *drei Voraussetzungen:*[31]

1. Sowohl der Erstverfolgerstaat als auch ein nachfolgend verfolgender Staat müssen Vertragsparteien des SDÜ sein.
2. Die fragliche (prozessuale) Tat muss nach dem Recht des Erstverfolgerstaates rechtskräftig abgeurteilt worden sein.
3. Für den Fall, dass es im Erstverfolgerstaat zu einer Verurteilung gekommen ist, ist zudem das sog. „Vollstreckungselement" zu prüfen. Die insofern festgesetzte Sanktion muss also bereits vollstreckt sein, gerade vollstreckt werden oder nach dem Recht des Erstverfolgerstaates nicht mehr vollstreckt werden können.

Sowohl Deutschland als auch die Niederlande sind *Vertragsparteien* des Schengener Durchführungsübereinkommens, das mittlerweile ohnehin in den Rechtsrahmen der EU überführt worden ist.[32]

Fraglich ist jedoch, ob die niederländische transactie als *„rechtskräftige Aburteilung"* i. S. v. Art. 54 SDÜ anzusehen ist. Einigkeit besteht darüber, dass freisprechende oder verurteilende *Gerichtsurteile* die Strafklage nach Art. 54 SDÜ verbrauchen. Allerdings kennen die Rechtsordnungen aller Vertragsparteien auch eine Fülle anderer strafprozessualer Erledigungsarten. Infolgedessen mussten sich sowohl die deutsche Rechtsprechung als auch später der EuGH immer wieder mit der Frage beschäftigen, ob auch andere Formen der Verfahrenserledigung unter den Begriff der rechtskräftigen Aburteilung fallen.[33] Der EuGH[34] vertritt dabei zu Recht eine beschuldigtenfreundliche, weite Auslegung des Art. 54 SDÜ. Nach ihrem Sinn und Zweck soll diese Vorschrift verhindern, dass eine Person, die von ihrem Recht auf Freizügigkeit Gebrauch macht, wegen derselben Tat in mehreren Mitgliedstaaten verfolgt wird. Dies ist nur möglich, wenn die Vorschrift auch auf solche strafklageverbrauchenden Entscheidungen anwendbar ist, die ohne Mitwirkung eines Gerichts und nicht in Form eines Urteils ergehen. Entscheidend ist somit, dass nach dem Recht des erstverfolgenden Staates die ergriffene Maßnahme eine erneute Ver-

---
[31] *Zöller*, Krey-FS, S. 501 (509).
[32] S. hierzu das Protokoll zur Einbeziehung des Schengen-Besitzstands in den Rahmen der Europäischen Union (ABl. C 340, 93 v. 10.11.1997).
[33] Vgl. dazu nur *Ambos*, IntStR, § 10 Rn. 174 ff.; *Esser*, IntStR, § 7 Rn. 14 ff.; *Hecker*, EuStR, Kap. 12 Rn. 19 ff.; *Satzger*, IntStR, § 10 Rn. 72 ff.
[34] EuGH NJW 2003, 1173 (Rechtssachen C-187/01 [„Gözütok"] und C-385/01 [„Brügge"]); NJW 2016, 2939 (Rechtssache C-486/14 [„Kossowski"]).

folgung derselben Tat im Inland ausschließt. Die Definitionsmacht über den nationalen Rechtsakt, an den das staatenübergreifende Doppelbestrafungsverbot anknüpft, liegt also beim Erstverfolgerstaat. „Rechtskräftige Aburteilung" i. S. d. Art. 54 SDÜ ist somit jede verfahrensabschließende und rechtskrafterwirkende Entscheidung, die nach dem Recht des Erstverfolgerstaates zu einem Verbrauch der Strafklage führt.[35] Vorliegend hat die Zahlung des Geldbetrags nach den niederländischen Bestimmungen über die transactie den Strafklageverbrauch zur Folge. Insofern ist auch dieses Rechtsinstitut bei seiner regelgerechten Anwendung als rechtskräftige Aburteilung anzusehen.

Da P den vorgesehenen Geldbetrag bereits vollständig bezahlt hat, ist die von der niederländischen Staatsanwaltschaft vorgesehene Sanktion auch bereits „*vollstreckt*" i. S. v. Art. 54 SDÜ. Schließlich zielt dieses Vollstreckungserfordernis gerade auf diejenigen Fälle ab, in denen die Vollstreckung einer Sanktion bereits vollständig erledigt ist.[36]

Denkbare *Vorbehaltsmöglichkeiten* der Vertragsparteien i. S. von Art. 55 SDÜ sind bei den hier in Rede stehenden Straftaten (Hehlerei und Betrug) schon thematisch nicht einschlägig.

Insofern liegen die Voraussetzungen des Art. 54 SDÜ vor. Der erneuten Strafverfolgung des P in Deutschland steht folglich das daraus folgende, transnationale Doppelbestrafungsverbot als Verfahrenshindernis entgegen, durch das die Strafklage bereits in den Niederlanden verbraucht worden ist.

3. Art. 50 GRCh
Mit Inkrafttreten des Vertrags von Lissabon am 1.12.2009 ist *neben* die Regelung des Art. 54 SDÜ mit dem neuen Art. 50 GRCh auf europäischer Ebene ein weiteres transnationales Doppelbestrafungsverbot hinzugetreten. Zwar ist die GRCh kein ausdrücklicher Vertragsbestandteil. Sie ist jedoch dem EUV und dem AEUV rechtlich gleichgestellt und gilt somit im Range von EU-Primärrecht (vgl. Art. 6 I EUV).

Art. 50 GRCh lautet wie folgt:

> „Niemand darf wegen einer Straftat, derentwegen er bereits in der Union nach dem Gesetz rechtskräftig verurteilt oder freigesprochen worden ist, in einem Strafverfahren erneut verfolgt oder bestraft werden".

Der Eintritt des Verbots wiederholter Strafverfolgung setzt somit lediglich die Erfüllung der folgenden beiden Voraussetzungen voraus:

1. Sowohl beim Erstverfolgerstaat als auch beim Zweitverfolgerstaat muss es sich um einen Mitgliedstaat der EU handeln, der an die GRCh gebunden ist.
2. Nach dem Recht des Erstverfolgerstaates muss durch die dortige Verurteilung oder den dortigen Freispruch Strafklageverbrauch hinsichtlich der fraglichen Tat eingetreten sein.

Sowohl die Niederlande als auch Deutschland sind EU-Mitgliedstaaten, die an die GRCh gebunden sind. Darüber hinaus stellt die niederländische transactie auch eine

---
[35] *Hecker*, EuStR, Kap. 12 Rn. 32.
[36] *Hecker*, EuStR, Kap. 12 Rn. 42; *Satzger*, IntStR, § 10 Rn. 83; *Zöller*, Krey-FS, S. 501 (512).

"rechtskräftige Verurteilung" i. S. v. Art. 50 GRCh dar. Insofern besteht Einigkeit darüber, dass mit dieser von Art. 54 SDÜ leicht abweichenden Formulierung keine inhaltliche Abweichung verbunden ist und die bisherige Rechtsprechung zum SDÜ vollumfänglich auf den Bereich der GRCh übertragen werden kann.[37]

Wie der Wortlautvergleich zu Art. 54 SDÜ zeigt, setzt das Doppelbestrafungsverbot nach Art. 50 GRCh explizit *kein Vollstreckungselement* voraus. Diese klare Wertentscheidung, die durch die Besonderheiten des europäischen Integrationsprozesses veranlasst ist,[38] darf nicht dadurch umgangen werden, dass über die allgemeine Einschränkungsbestimmung des Art. 52 I GRCh die in Art. 54 SDÜ zusätzlich enthaltenen Anwendungsvoraussetzungen der Vollstreckungsklausel auf Art. 50 GRCh übertragen werden (sog. Schrankenlösung). Dafür spricht bereits die unterschiedliche völkerrechtliche Entstehungsgeschichte beider Normen. Art. 54 SDÜ stellt eine sekundärrechtliche Vorschrift dar, die ursprünglich einem völkerrechtlichen Vertrag außerhalb des EU-Rechtsrahmens entstammt, an die nicht nur die EU-Mitgliedstaaten, sondern weitere assoziierte Staaten gebunden sind, und macht dafür den Eintritt eines transnationalen Strafklageverbrauchs von der zusätzlichen Voraussetzung einer Erfüllung der Vollstreckungsklausel abhängig. Demgegenüber handelt es sich bei Art. 50 GRCh um eine primärrechtliche Bestimmung, die nach dem Scheitern des Vertrags über eine Verfassung für Europa[39] erst mit dem Lissaboner Reformvertrag in Kraft trat, an die alle EU-Mitgliedstaaten außer Polen gebunden sind und die innerhalb dieses Kreises potenzieller Erst- und Zweitverfolgerstaaten auf eine Regelung zum Schutz vor Vollstreckungsflucht über EU-Staatsgrenzen verzichtet.

Gegen ein „Hineinlesen" des Vollstreckungserfordernisses aus Art. 54 SDÜ in Art. 50 GRCh spricht auch der Wortlaut von Art. 50 GRCh als lex posterior, der eine solche Einschränkung seines Anwendungsbereichs evident nicht vorsieht. Diesen Verzicht kann man auch nicht durch ein „Redaktionsversehen" des Konvents erklären, da die explizite Bezugnahme auf das historische Vorbild der Art. 54 bis 58 SDÜ in den Erläuterungen zum Ausdruck bringt, dass es sich dabei um eine bewusste Entscheidung gehandelt hat.[40] Erstaunlicherweise berufen sich allerdings auch die Befürworter der These von Art. 54 SDÜ als Schranke des Art. 50 GRCh auf diese Erläuterungen, obwohl die dortigen Ausführungen alles andere als eindeutig sind und das Verhältnis zwischen den beiden Bestimmungen bei genauer Betrachtung nicht einmal explizit behandeln.[41] Bei den „klar eingegrenzten Ausnahmen", in denen die Mitgliedstaaten danach vom Grundsatz „ne bis in idem" abweichen dürfen, kann es sich – wie schon die pauschale Bezugnahme auf die „Art. 54 bis 58" SDÜ

---

[37] *Eser/Kubiciel*, in: Meyer/Hölscheidt, GRCh, Art. 50 Rn. 14; *Zöller*, Krey-FS, S. 501 (518).
[38] Zum Hintergrund *Heger*, ZIS 2009, 406 (408); *Zöller*, Krey-FS, S. 501 (518).
[39] Die heutige Regelung des Art. 50 GRCh war bereits in Art. II-110 des Entwurfs für den Vertrag über eine Verfassung für Europa wortgleich, d. h. ebenfalls ohne Vollstreckungselement, enthalten; vgl. ABl. C 310, 52 v. 16.12.2004.
[40] *Zöller*, GA 2016, 325 (333).
[41] Krit. zur Aussagekraft auch *Eser/Kubiciel,* in: Meyer/Hölscheidt, GRCh, Art. 50 Rn 15; *Böse*, GA 2011, 506; *Merkel/Scheinfeld*, ZIS 2012, 206 (210); *Nestler*, HRRS 2013, 337 (339); *Rosbaud*, StV 2013, 292 (292); *Walther*, ZJS 2013, 16 (19); *Meyer*, HRRS 2014, 270 (272).

zeigt – in diesem Kontext nur um die Ausnahmen nach Art. 55 SDÜ handeln, wonach die Vertragsparteien entsprechend völkerrechtlicher Praxis bei der Ratifikation, der Annahme oder der Genehmigung des SDÜ erklären können, in einem oder mehreren der dort genannten Fälle nicht an das transnationale Doppelbestrafungsverbot gebunden zu sein. Für diese Deutung spricht zum einen formal, dass der Begriff der „Ausnahme" in Art. 55 SDÜ als terminus technicus verwendet wird.[42] Zum anderen ist das Vollstreckungselement sachlich keine „Ausnahme" des transnationalen Doppelbestrafungsverbots nach Art. 54 SDÜ, sondern dessen Anwendungsvoraussetzung.[43]

Es darf auch bezweifelt werden, dass eine primärrechtliche Garantie wie Art. 50 GRCh vor dem Hintergrund von Art. 52 II GRCh überhaupt durch sekundärrechtliche Normen wie Art. 54 SDÜ eingeschränkt werden kann. Hinzu kommt, dass eine solche Einschränkung der Ausübung des Doppelbestrafungsverbotes gem. Art. 52 I GRCh dessen Wesensgehalt achten muss. Insoweit ist anzumerken, dass sich ein transnationales Doppelbestrafungsverbot mit Vollstreckungsklausel bezüglich des Umfangs seiner Schutzgewährleistung für den Beschuldigten fundamental und damit wesentlich von einem solchen ohne Vollstreckungserfordernis unterscheidet.[44] Durch die Aufnahme der Vollstreckungsklausel in Art. 54 SDÜ wollten die Schengen-Vertragsstaaten die Vollstreckungsvereitelung durch Flucht des im Erstverfolgerstaat Verurteilten in einen anderen europäischen Staat verhindern.[45] Es geht also um den Ausschluss eines rechtsmissbräuchlichen „forum shopping" bzw. „forum fleeing".[46] Allerdings lässt sich speziell ein „forum shopping", das als Phänomen auch innerstaatlich auftreten kann,[47] auch durch Aufnahme eines Vollstreckungshindernisses nicht zwangsläufig ausschließen. Die Befürworter der Schrankenlösung wollen letztlich den Inhalt von Art. 50 GRCh, dessen Tragweite erst viel zu spät erkannt wurde, unter Abkürzung und Umgehung der hierfür einschlägigen, langwierigen europa- und völkerrechtlichen Instrumente und Mechanismen faktisch abändern. Das Schengener Durchführungsübereinkommen und die Grundrechtecharta sind aber zwei voneinander unabhängige Rechtsregime, die – bei Erfüllung der jeweiligen Anwendungsvoraussetzungen – nebeneinander anwendbar sind und sich in ihrem Anwendungsbereich nur teilweise überschneiden.[48]

---

[42] *Merkel/Scheinfeld*, ZIS 2012, 206 (209); *Böse*, in: Hochmayr, „Ne bis in idem" in Europa, 171 (173); vgl. auch *Rosbaud*, StV 2013, 291 (293), der allerdings davon ausgeht, dass mit Art. 50 GRCh lediglich der geltende Rechtsbestand in der Union und den Mitgliedstaaten festgeschrieben werden sollte.

[43] Vgl. *Böse*, GA 2011, 504 (506); *Merkel/Scheinfeld*, ZIS 2012, 206 (209); *Nestler*, HRRS 2013, 337 (339); *Walther*, ZJS 2013, 16 (19).

[44] *Zöller*, GA 2016, 315 (334).

[45] EuGH NJW 2014, 3007 (3009); *Ambos*, IntStR, § 10 Rn. 189; *Zöller*, Krey-FS, S. 501 (511 f.); *Böse*, GA 2011, 504 (508).

[46] *Zöller*, GA 2016, 315 (334).

[47] Zum Beispiel des Nord-Süd-Gefälles bei Drogendelikten in der Bundesrepublik Deutschland *Merkel/Scheinfeld*, ZIS 2012, 206 (211).

[48] *Zöller*, GA 2016, 315 (335).

Sofern sowohl der Anwendungsbereich von Art. 50 GRCh als auch von Art. 54 SDÜ eröffnet ist, setzt sich im Ergebnis ersterer durch, da er dem Beschuldigten angesichts geringerer Anwendungsvoraussetzungen einen weiterreichenden Schutz gewährt.[49] Dies betrifft jedoch nur Fälle, bei denen die Schutzwirkung des Art. 54 SDÜ mangels Vorliegens des Vollstreckungselements nicht eingreift. Im vorliegenden Fall sind die Voraussetzungen des Art. 50 GRCh aufgrund der Zahlung der 1500 Euro durch P in den Niederlanden auch dann erfüllt, wenn man entgegen der hier vertretenen Ansicht mit beachtlichen Stimmen in Rechtsprechung[50] und Schrifttum[51] das Vollstreckungserfordernis des Art. 54 SDÜ in Art. 50 GRCh „hineinliest". Infolgedessen folgt nach allen vertretenen Auffassungen auch aus Art. 50 GRCh ein transnational wirkender Strafklageverbrauch.[52]

III. Ergebnis

Über Art. 54 SDÜ und Art. 50 GRCh bewirkt der in den Niederlanden eingetretene Strafklageverbrauch auch in der Bundesrepublik Deutschland ein nicht behebbares Prozesshindernis in Gestalt eines (transnationalen) Strafklageverbrauchs. Infolgedessen wäre eine Verurteilung des P durch ein deutsches Gericht nicht wahrscheinlich. Mangels hinreichenden Tatverdachts ist eine Anklageerhebung durch den zuständigen deutschen Staatsanwalt damit unzulässig. Das Strafverfahren gegen P in Deutschland ist vielmehr nach § 170 II StPO einzustellen.

Hinweise auf Rechtsprechung und Literatur

EuGH NJW 2003, 1173 f. (Rechtskräftige Aburteilung i. S. v. Art. 54 SDÜ)
EuGH NJW 2014, 3007 ff. (Art. 54 SDÜ als Schrankenbestimmung zu Art. 50 GRCh)
EuGH NJW 2016, 2939 ff. (Rechtskräftige Aburteilung bei fehlender Prüfung in der Sache)
BGHSt 56, 11 ff. (Tötung Unbeteiligter in Italien im Zweiten Weltkrieg als Rache für einen Partisanenangriff)
OLG Stuttgart NStZ 2004, 402 f. (Anwendung deutschen Strafrechts auf Auslandstaten)
KG NStZ-RR 2007, 17 ff. (Tatort der Hehlerei; Auslandstat gegen juristische Person)
LG Aachen StV 2010, 237 ff. (Verhältnis zwischen Art. 50 GRCh und Art. 54 SDÜ)
Ambos, Internationales Strafrecht, 5. Aufl., 2018, § 10 Rn. 112-138
Böhm, Die Anwendbarkeit des deutschen Strafrechts bei Kfz-Hehlerei mit Auslandsbezug, NStZ 2017, 618 ff.
Böse, Die transnationale Geltung des Grundsatzes „ne bis in idem" und das „Vollstreckungselement", GA 2011, 504 ff.

---

[49] I. Erg. ebenso *Heger*, ZIS 2009, 406 (408); *Reichling*, StV 2010, 237; *Böse*, GA 2011, 504 ff.
[50] EuGH NJW 2014, 3007 ff.; BGHSt 56, 11 ff.; LG Aachen StV 2010, 237.
[51] *Ambos*, IntStR, § 10 Rn. 189; *Esser*, IntStR, § 7 Rn. 43; *Hecker*, EuStR, Kap. 12 Rn. 38 f.; *Satzger*, IntStR, § 10 Rn. 68, 83; *Brodowski*, ZIS 2010, 376 (383); *Hackner*, NStZ 2011, 425 (429); *Eckstein*, ZStW 124 (2012), 490 (523).
[52] Eine derart umfassende Streitdarstellung kann in der Klausur nicht erwartet werden, wenn – wie hier – nach beiden Auffassungen ein Strafklageverbrauch nach Art. 50 GRCh zu bejahen ist. Insofern dienen die Ausführungen primär der Hintergrundinformation über die im Schrifttum lebhaft geführte Debatte zum Verhältnis von Art. 54 SDÜ zu Art. 50 GRCh.

El-Ghazi, Das Verbot doppelter Strafverfolgung gemäß Art. 50 GRCh: Weiter Schutzbereich – großzügige Einschränkbarkeit?, JZ 2020, 115 ff.

Esser, Europäisches und Internationales Strafrecht, 2. Aufl., 2018, § 7

Hecker, Europäisches Strafrecht, 6. Aufl., 2021, Kap. 2 Rn. 1-58, Kap. 12 Rn. 1-66

Merkel/Scheinfeld, Ne bis in idem in der Europäischen Union – zum Streit um das „Vollstreckungselement", ZIS 2012, 206 ff.

Meyer, Transnationaler ne-bis-in-idem-Schutz nach der GRC – Zum Fortbestand des Vollstreckungselements aus Sicht des EuGH, HRRS 2014, 270 ff.

Nestler, Das Ende des Vollstreckungselements im (teil-)europäischen Doppelbestrafungsverbot?, HRRS 2013, 337 ff.

Satzger, Internationales und Europäisches Strafrecht, 10. Aufl., 2020, §§ 3-6, § 10 Rn. 60-88a

Walther, Zur Verschränkung von Strafprozess-, Europa- und Verfassungsrecht – Zugleich Besprechung von LG Aachen StraFo 2010, 190, BGHSt 56, 11 und BVerfG NJW 2012, 1202, ZJS 2013, 16 ff.

Zöller, Die transnationale Geltung des Grundsatzes ne bis in idem nach dem Vertrag von Lissabon, Krey-FS, 2010, S. 501 ff.

ders., Das transnationale europäische Doppelbestrafungsverbot – Luxemburgum locutum, causa finita?, GA 2016, 315 ff.

Klausur 4
Mord in Afrika

Strafanwendungsrecht – aktives Personalitätsprinzip – Strafbarkeit am ausländischen Tatort – Verjährung – sachliche Zuständigkeit der deutschen Strafgerichte

Mark A. Zöller

4.1 Fall

Die deutsche Staatsbürgerin D hatte im Jahr 1985 in dem afrikanischen Staat Z in einem Krankenhaus das erst sechs Monate alte Kind getötet. Als Krankenschwester verkleidet erschlich sie sich den Zugang zur dortigen Kinderstation und mischte anschließend insgesamt acht Schlaftabletten in den Brei des Kindes K, das die Staatsbürgerschaft des Staates Z besaß. Um den bitteren Geschmack der Medikamente zu verdecken, versetzte sie den ohnehin süßlichen Brei mit zusätzlichem Zucker. Infolge von politischen Unruhen und Bürgerkriegswirren ist eine strafrechtliche Verfolgung von D wegen dieser Tat in Z bis zum heutigen Tag unterblieben. Ohnehin verjähren nach dem Recht des Staates Z alle Tötungsdelikte spätestens nach 30 Jahren. Nachdem der Sachverhalt aus dem Jahr 1985 durch einen Pressebericht öffentlich bekannt wurde, wird im Februar 2022 der zuständige deutsche Staatsanwalt auf den Fall aufmerksam, dem es gelingt, umfangreiches Beweismaterial zu sammeln, durch das D stark belastet wird.

Aufgabe 1 Wäre eine Anklageerhebung gegen D im Jahr 2022 vor einem deutschen Gericht zulässig?

Aufgabe 2 Welches deutsche Gericht wäre – die Zulässigkeit unterstellt – für eine solche Anklageerhebung in erster Instanz sachlich zuständig?

M. A. Zöller (✉)
Lehrstuhl für Deutsches, Europäisches und Internationales Strafrecht und Strafprozessrecht, Wirtschaftsstrafrecht und das Recht der Digitalisierung, Ludwig-Maximilians-Universität München, München, Deutschland
E-Mail: mark.zoeller@jura.uni-muenchen.de

Hinweis Es ist davon auszugehen, dass die Tötungsdelikte nach dem Recht des Staates Z im Hinblick auf ihre tatbestandliche Ausgestaltung und die angedrohten Rechtsfolgen den deutschen §§ 211 ff. StGB entsprechen. § 123 StGB ist nicht zu prüfen.

4.2 Lösung

4.2.1 Aufgabe 1

4.2.1.1 Prüfungsaufbau

Voraussetzung der Anklageerhebung nach § 170 I StPO

I. Hinreichender Tatverdacht

    1. Strafbarkeit gem. §§ 212, 211 StGB (Heimtückemord)
    2. Kein Verfahrenshindernis

        a) Verfolgungsverjährung (§ 78 II StGB)
        b) Anwendbarkeit deutschen Strafrechts

            aa) Territorialitätsprinzip
            bb) Aktives Personalitätsprinzip

II. Ergebnis

4.2.1.2 Lösungsvorschlag

Voraussetzungen der Anklageerhebung nach §170 I StPO
I. Hinreichender Tatverdacht
Die Anklageerhebung setzt nach *§ 170 I StPO* voraus, dass die Ermittlungen dazu genügenden Anlass bieten. Mit dieser gesetzlichen Formulierung wird derselbe Prüfungsmaßstab wie im Rahmen von § 203 StPO umschrieben. Voraussetzung ist damit das Bestehen eines *hinreichenden Tatverdachts*. Dieser ist gegeben, wenn eine Verurteilung des Beschuldigten wahrscheinlich,[1] also nach der Prognose der Staatsanwaltschaft bei Abschluss der Ermittlungen eher mit der Verurteilung des Beschuldigten als mit seinem Freispruch zu rechnen ist. Am Vorliegen eines hinreichenden Tatverdachts kann es sowohl aus tatsächlichen wie auch aus rechtlichen

---

[1] BGHSt 15, 155 (158 f.); BGH StV 2001, 579 (580); OLG Bremen NStZ-RR 2000, 270; LR-*Graalmann-Scheerer*, § 170 Rn. 24; SK StPO-*Wohlers*, § 170 Rn. 25; HK-*Zöller*, § 170 Rn. 3; Meyer-Goßner/Schmitt-*Schmitt*, § 170 Rn. 1; *Weiland*, NStZ 1991, 574 f.; a. A. SK StPO-*Paeffgen*, § 203 Rn. 11; *Kühne*, NJW 1979, 617 (622): hohe Wahrscheinlichkeit und damit Gleichsetzung mit dem dringenden Tatverdacht i. S. d. § 112 I S. 1 StPO.

4 Mord in Afrika 37

Gründen fehlen. Aus tatsächlichen Gründen ist der hinreichende Tatverdacht zu verneinen, wenn nach dem Ergebnis des Ermittlungsverfahrens der Nachweis von Tat und/oder Täterschaft nicht geführt werden kann.[2] Demgegenüber scheitert die Annahme eines hinreichenden Tatverdachts aus rechtlichen Gründen, wenn das den Gegenstand des Ermittlungsverfahrens bildende Verhalten des Beschuldigten als straflos einzustufen ist oder ein nicht behebbares Verfahrenshindernis eingreift.[3]

1. Strafbarkeit gem. §§ 212, 211 StGB (Heimtückemord)
Vorliegend könnte sich D durch die Tötung des Kindes K wegen eines *Heimtückemordes nach §§ 212, 211 StGB* strafbar gemacht haben. *Heimtücke* erfordert ein bewusstes Ausnutzen der Arg- und Wehrlosigkeit des Opfers.[4] *Arglos* ist, wer sich zur Tatzeit eines tätlichen Angriffs auf seine körperliche Unversehrtheit oder sein Leben nicht versieht, also die Vorstellung hat, vor einem Angriff durch den Täter sicher zu sein.[5] Notwendige Voraussetzung der Arglosigkeit ist dabei allerdings die Fähigkeit des Tatopfers zum Argwohn. Keine tauglichen Tatopfer sind demnach Kleinkinder bis zu einem Alter von ca. drei Jahren, Schwerstkranke, die ihre Umwelt nicht mehr wahrnehmen oder bewusstlose Personen, die den Eintritt ihres Zustands nicht abwehren können. Allerdings ist in diesen Fällen zu prüfen, ob auf die Arglosigkeit schutzbereiter Dritter (Beschützergaranten wie Eltern, Babysitter, Ärzte oder Krankenpfleger) abgestellt werden kann.[6] Zudem ist bei Kleinkindern eine heimtückische Tötung auch dann möglich, wenn der Täter (z. B. beim Einmischen von Gift in einen süßen Brei) einen natürlichen Abwehrinstinkt des Kindes überlistet.[7] Im vorliegenden Fall kann bereits davon ausgegangen werden, dass D durch ihre Verkleidung als Krankenschwester, die ihr den Zutritt zum Krankenbett des K ermöglichte, die Arglosigkeit des Pflegepersonals und damit von schutzbereiten Dritten ausgenutzt hat. In jedem Fall hat D die natürlichen Abwehrinstinkte des Kleinkindes durch die Verwendung eines süßen Breis und die Hinzufügung von Zucker ausgeschaltet, sodass dessen Arglosigkeit zum Beginn der Tötungshandlungen zu bejahen ist. Auch eine daraus resultierende *Wehrlosigkeit* ist gegeben, da dem Opfer infolge seiner Arglosigkeit die natürliche Abwehrbereitschaft und -fähigkeit gegenüber vom Körper instinktiv als gefährlich eingestuften Nahrungsmitteln fehlte.

---

[2] LR-*Graalmann-Scheerer*, § 170 Rn. 32; SK StPO-*Wohlers*, § 170 Rn. 46; KK-*Moldenhauer*, § 170 Rn. 18.
[3] OLG Koblenz NJW 1994, 1887; SK StPO-*Wohlers*, § 170 Rn. 47; KK-*Moldenhauer*, § 170 Rn. 15; HK-*Zöller*, § 170 Rn. 5.
[4] *Zöller/Mavany*, BT II, Rn. 47; das früher vor allem durch die Rechtsprechung betonte, einschränkende Element der „feindlichen Willensrichtung", dem seit BGHSt 64, 111 kaum noch praktische Bedeutung zukommt (*Rengier*, BT II, § 4 Rn. 50) wäre hier unproblematisch gegeben; s. auch *Wessels/Hettinger/Engländer*, BT 1, Rn. 71.
[5] BGHSt 8, 216 (219); 20, 301 (302); 22, 77 (78 ff.); 28, 210 (211); BGH NJW 2006, 1008 (1010); *Wessels/Hettinger/Engländer*, BT 1, Rn. 63.
[6] Vgl. BGHSt 18, 37 (38); BGH NStZ 2006, 338 (339); 2008, 93 (94); 2013, 158 (159).
[7] BGHSt 8, 216 (218 f.); Schönke/Schröder-*Eser/Sternberg-Lieben*, § 211 Rn. 25c.

In Fällen mit internationalen Bezügen muss allerdings stets durch Auslegung ermittelt werden, ob der *Schutzbereich* des jeweils herangezogenen, *deutschen Straftatbestands* auch *ausländische Rechtsgüter* erfasst.[8] Insoweit ist hier zu berücksichtigen, dass K die Staatsangehörigkeit des Staates Z besaß. Bei den konkret herangezogenen §§ 212, 211 StGB handelt es sich eindeutig um Straftatbestände des deutschen StGB, die vor dem Hintergrund von Art. 2 II S. 1 GG dem Schutz des Lebens als Individualrechtsgut dienen.[9] Tatbestände, die solche Individualrechtsgüter schützen, entfalten diesen Schutz stets unabhängig davon, ob es sich um Rechtsgüter von In- oder Ausländern handelt.[10] In diesen Fällen ist dann keine detaillierte Prüfung erforderlich. Lediglich Tatbestände, die dem Schutz von Rechtsgütern der Allgemeinheit dienen, sind näher daraufhin zu untersuchen, ob sie nur inländische oder auch ausländische Rechtsgüter schützen sollen. Im ersteren Fall werden ausländische Rechtsgüter selbst dann nicht von den deutschen Straftatbeständen erfasst, wenn die Voraussetzungen der §§ 3 ff. StGB vorliegen. Vorliegend ist das Leben des Kindes K trotz dessen Staatsbürgerschaft des Staates Z somit unproblematisch in den Schutzbereich der individualrechtsgutsschützenden §§ 212, 211 StGB einbezogen. Die Tatsache, dass es um die Tötung eines ausländischen Staatsbürgers ging, kann der Verwirklichung des objektiven Tatbestandes der §§ 212, 211 StGB – alles andere wäre ohnehin ein untragbares Ergebnis – von vornherein nicht im Wege stehen.

Vom Vorliegen des *subjektiven Tatbestands*, der *Rechtswidrigkeit* und der *Schuld* von D ist auszugehen.

Infolgedessen erfüllt das Verhalten der D die §§ 212, 211 StGB. Der genügende Anlass zur Erhebung der öffentlichen Klage ist nicht schon deshalb aus rechtlichen Gründen zu verneinen, weil das Verhalten von D materiell-rechtlich als straflos einzustufen wäre.

2. Kein Verfahrenshindernis

An einem genügenden Anlass zur Erhebung der öffentlichen Klage i. S. v. § 170 I StPO kann es allerdings auch aus prozessrechtlichen Gründen fehlen. Eine überwiegende Verurteilungswahrscheinlichkeit in diesem Sinne könnte im vorliegenden Fall rechtlich auszuschließen sein, wenn der Strafverfolgung ein *nicht behebbares Verfahrenshindernis* entgegensteht.

---

[8] Dabei gibt es grundsätzlich zwei gleichermaßen gut vertretbare Aufbaumöglichkeiten: Entweder die Frage des Schutzbereichs wird bereits im (objektiven) Tatbestand erörtert und die hiervon zu trennende Frage der Anwendbarkeit deutschen Strafrechts nach §§ 3 ff. StGB wird dann (als objektive Strafbarkeitsbedingung) nach dem (subjektiven) Tatbestand beantwortet oder man führt (entweder nach dem subjektiven Tatbestand oder nach der Schuldprüfung) eine Doppelprüfung „Objektive Bedingung der Strafbarkeit: Strafanwendungsrecht" durch und prüft auf einer 1. Stufe die Eröffnung des Schutzbereichs der deutschen Strafnorm und auf einer 2. Stufe die Anwendbarkeit deutschen Strafrechts nach den §§ 3 ff. StGB.
[9] *Zöller/Mavany,* BT II, Rn. 1, 11, 36.
[10] Näher AnwK-*Zöller,* Vor § 3 Rn. 5 ff.; *Ambos,* IntStR, § 1 Rn. 32 ff.; *Satzger,* IntStR, § 6 Rn. 1.

a) Verfolgungsverjährung § 78 II StGB

Ein solches Verfahrenshindernis könnte sich theoretisch unter dem Gesichtspunkt der *Verfolgungsverjährung* der vor rund 37 Jahren begangenen Tat ergeben. Jedoch wird durch *§ 78 II StGB* angeordnet, dass Verbrechen nach § 211 StGB nicht verjähren.

b) Anwendbarkeit deutschen Strafrechts

In *formeller Hinsicht* stellt jedoch auch die *Anwendbarkeit deutschen Strafrechts* eine Verfahrensvoraussetzung dar.[11] Negativ formuliert würde somit ihr Fehlen ein nicht behebbares Prozesshindernis begründen, das im vorliegenden Fall zur Einstellung des Verfahrens nach § 170 II StPO führen müsste.

aa) Territorialitätsprinzip

Hier hat D mit der Vergiftung des K die Tathandlung (vgl. § 9 I Var. 1 StGB) auf dem Staatsgebiet des afrikanischen Staates Z ausgeführt. Darüber hinaus ist auch der Tod des Kindes als zum Tatbestand der §§ 212, 211 StGB gehörender Erfolg i. S. v. § 9 I Var. 3 StGB dort eingetreten, sodass für die Anwendbarkeit deutschen Strafrechts keine Anknüpfung an einen inländischen Tatort nach *§ 3 i. V. m. § 9 StGB* möglich ist.

bb) Aktives Personalitätsprinzip

Nach dem *aktiven Personalitätsprinzip* darf ein Staat aber auch solche Verhaltensweisen eigener Staatsangehöriger der eigenen Strafgewalt unterwerfen, die im Ausland begangen werden. Im Rahmen des deutschen Strafanwendungsrechts kommt das aktive Personalitätsprinzip sowohl im Rahmen des § 7 II Nr. 1 Alt. 1 StGB[12] als auch in einigen Fällen des § 5 StGB[13] zum Ausdruck. Da die D deutsche Staatsbürgerin und ein Sonderfall nach § 5 StGB thematisch nicht einschlägig ist, kommt vorliegend die Begründung der Anwendbarkeit deutschen Strafrechts über *§ 7 II Nr. 1 Alt. 1 StGB* in Betracht.

Voraussetzung für die Anwendbarkeit deutschen Strafrechts ist danach

1. das Vorliegen einer Auslandstat,
2. die Tatbegehung durch einen Deutschen sowie
3. die Strafbarkeit der Tat nach dem Recht des Tatortstaats, sofern es dort nicht an einer bestehenden Strafgewalt fehlt.

---

[11] Zur Doppelnatur der §§ 3 ff. StGB, die materiell-rechtlich als objektive Strafbarkeitsbedingungen und in formeller Hinsicht als Prozessvoraussetzungen einzustufen sind, vgl. nur AnwK-*Zöller*, Vor § 3 Rn. 2; *Ambos*, IntStR, § 1 Rn. 3 f.; *Hecker*, EuStR, Kap. 2 Rn. 3.

[12] So die h. M., nach der es sich um den eingeschränkten aktiven Personalitätsgrundsatz handelt, bei dem das Prinzip der stellvertretenden Strafrechtspflege allenfalls mitschwingt: MüKo-*Ambos*, § 7 Rn. 1 f. u. Rn. 5 Fn. 18; nach a. A. soll § 7 II Nr. 1 StGB gleichrangig das Prinzip der stellvertretenden Strafrechtspflege verwirklichen: SK StGB-*Hoyer*, § 7 Rn. 2 f.; diff. *Satzger*, IntStR, § 5 Rn. 84, wonach § 7 II 1 Nr. 1 Alt. 1 StGB das aktive Personalitätsprinzip und Alt. 2 das Prinzip der stellvertretenden Strafrechtspflege verwirklichen soll; ausführlich zu dieser Streitfrage *Zehetgruber*, ZIS 2020, 364 (367 ff.) m. w. N.

[13] Vgl. § 5 Nr. 3 lit. a), Nr. 5 lit. b), Nr. 6 lit. c) Alt. 1, Nr. 8, Nr. 9, Nr. 9a lit. a), lit. b) Alt. 1, Nr. 11a, Nr. 12, Nr. 13, Nr. 15 lit. a), lit. b), Nr. 16 lit. a) und Nr. 17 StGB, wobei das aktive Personalitätsprinzip in diesen Nummern teilweise mit anderen Prinzipien kombiniert wird; näher dazu *Satzger*, IntStR, § 5 Rn. 70.

Auslandstaten sind Straftaten, bei denen nach den §§ 3, 9 StGB kein inländischer Tatort begründet werden kann.[14] Diese Voraussetzung ist angesichts der Tatsache, dass sowohl Handlungs- als auch Erfolgsort des von D begangenen Mordes auf dem Territorium des Staates Z liegen, unproblematisch erfüllt. Auch handelt es sich bei der Täterin D im vorliegenden Fall um eine *Deutsche* i. S. v. Art. 116 I GG. Näherer Prüfung bedarf somit nur noch die Frage der *Tatortstrafbarkeit*. Von letzterer ist auszugehen, wenn das entsprechende Verhalten[15] zum Zeitpunkt der Tatbegehung auch am ausländischen Tatort mit Kriminalstrafe oder einer vergleichbaren Sanktion bedroht ist. Nicht ausreichend ist die Androhung bloßer Sühnemaßnahmen, Ordnungswidrigkeiten oder Verwaltungssanktionen. Prüfungsmaßstab ist die gesamte ausländische Rechtsordnung einschließlich etwaiger ungeschriebener Rechtssätze.[16]

Unabhängig davon, ob man in diesem Zusammenhang fordert, dass die Tat im In- und Ausland unter demselben bzw. einem deckungsgleichen Aspekt strafrechtlich erfasst ist,[17] man auch einen anderen Schutzzweck des ausländischen Straftatbestands genügen lässt[18] oder mit einer vermittelnden Betrachtungsweise eine Tatortstrafbarkeit nur dann verneint, wenn die Tat nach dem ausländischen Strafrecht ein „völlig anderes rechtliches Gepräge" erhält,[19] bereitet die *materiell-strafrechtliche Ebene* im vorliegenden Fall keine rechtlichen Probleme. Schließlich ist nach dem Bearbeiterhinweis explizit davon auszugehen, dass die Tötungsdelikte im Staat Z in tatbestandlicher Ausgestaltung und Rechtsfolge den deutschen §§ 211 ff. StGB entsprechen.

Am Bestehen der Tatortstrafbarkeit könnte es aber deshalb fehlen, weil nach dem Recht des Staates Z alle Tötungsdelikte spätestens nach 30 Jahren verjähren. Diese Verjährungsfrist ist im Jahr 2022 bereits unzweifelhaft abgelaufen, da sich Anhaltspunkte für eine Hemmung oder Unterbrechung der Verjährung dem Sachverhalt nicht entnehmen lassen. Ob bei der Bestimmung der Tatortstrafbarkeit auch solche *prozessualen Verfolgungshindernisse* zu beachten sind, ist umstritten. Die Rechtsprechung verneint dies mit dem Hinweis darauf, dass es ausschließlich auf die „sachlich-rechtliche Lage" bzw. die materielle Strafbarkeit und nicht die Verfolgbarkeit ankomme.[20] Dagegen lässt sich allerdings anführen, dass eine Straftat, deren

---

[14] AnwK-*Zöller*, § 7 Rn. 4.

[15] Gemeint ist damit der konkrete historische Vorgang i. S. d. prozessualen Tatbegriffs (§ 264 StPO) MüKo-*Ambos*, § 7 Rn. 6 m. w. N.

[16] MüKo-*Ambos*, § 7 Rn. 6; AnwK-*Zöller*, § 7 Rn. 6.

[17] SK StGB-*Hoyer*, § 7 Rn. 4; NK-*Böse*, § 7 Rn. 14, der zusätzlich auch eine vergleichbare rechtliche Bewertung der Tat fordert.

[18] BGHSt 2, 160 f.; BGH StV 1997, 70 (71); OLG Celle StV 2001, 516; MüKo-*Ambos*, § 7 Rn. 6.

[19] *Satzger*, IntStR, § 5 Rn. 94; im Ergebnis ähnlich *Oehler*, IntStR, Rn. 151a, der es genügen lässt, dass „die Tatsubstanz strafrechtlicher Tatortahndung unterlieg[t]".

[20] Vgl. RGSt 5, 424 (425); 40, 402 (403); BGHSt 2, 160 f.; 20, 22 (27 f.); BGH NStZ-RR 2000, 208 f.; 2011, 245 (246); 2021, 292 (293); KG JR 1988, 345 (346). In BGH NStZ-RR 2000, 208 (209) hat der BGH allerdings eine Differenzierung zwischen Nr. 1 und Nr. 2 des § 7 II StGB angedeutet: „§ 7 II Nr. 1 StGB ist Ausdruck des aktiven Personalitätsprinzips. Anders als möglicherweise bei § 7 II Nr. 2 StGB, der allein durch das Prinzip der stellvertretenden Strafrechtspflege

Ahndung ein Verfolgungshindernis entgegensteht, jedenfalls faktisch nicht i. S. d. § 7 StGB „mit Strafe bedroht" ist. Unter Hinweis auf die aus deutscher Sicht häufig problematische Differenzierung zwischen materiellem und prozessualem (Tatort-) Recht werden daher von einer Mindermeinung auch prozessuale Verfolgungshindernisse für beachtlich gehalten.[21] Mit Blick auf die hinter § 7 StGB stehenden Grundgedanken verdient allerdings die im Vordringen befindliche Auffassung[22] den Vorzug, die jedenfalls in Bezug auf das aktive und passive Personalitätsprinzip sowohl ausländische Verfolgungshindernisse als auch eine entgegenstehende Strafverfolgungspraxis mit Blick auf die Tatortstrafbarkeit für unbeachtlich erklärt. Dafür spricht, dass in diesen Fällen bereits ein originärer, an die deutsche Staatsangehörigkeit von Täter bzw. Opfer anknüpfender Strafanspruch besteht, der zugleich dem Schutz deutscher Staatsbürger im Ausland (§ 7 I StGB) bzw. der Vermeidung von Straflosigkeit für Straftaten Deutscher im Ausland (§ 7 II Nr. 1 StGB) dient. Nur im Fall der stellvertretenden Strafrechtspflege nach § 7 II Nr. 2 StGB sollten entgegenstehende Verfolgungshindernisse bzw. eine entgegenstehende Strafverfolgungspraxis als die Tatortstrafbarkeit ausschließend Beachtung finden, da in diesen Fällen keinem originären deutschen Verfolgungsinteresse Rechnung getragen wird.

Folgt man dem, so ist die Tatsache der Verjährung des Mordes nach dem Recht des Staates Z für die Frage der Tatortstrafbarkeit unbeachtlich. Damit ist deutsches Strafrecht gemäß § 7 II Nr. 1 Alt. 1 StGB anwendbar. Der Strafverfolgung in Deutschland steht folglich auch nicht das Prozesshindernis der fehlenden Anwendbarkeit deutschen Strafrechts entgegen.

II. Ergebnis
Da eine materiell-rechtliche Prüfung des Sachverhalts ergeben hat, dass D sich wegen Heimtückemordes nach den §§ 212, 211 StGB strafbar gemacht hat und der (weiteren) Durchführung des Strafverfahrens gegen sie auch keine nicht behebbaren Verfahrenshindernisse entgegenstehen, ist ihre Verurteilung durch das zuständige Gericht aus Sicht der Staatsanwaltschaft nach den Ergebnissen des Ermittlungsverfahrens als überwiegend wahrscheinlich einzustufen. Somit ist vom Vorliegen eines hinreichenden Tatverdachts auszugehen. Da bei einem Kapitaldelikt wie § 211 StGB auch keine Verfahrenseinstellung nach den §§ 153 ff. StPO in Betracht kommt, wäre eine Anklageerhebung nach § 170 I StPO vor einem deutschen Gericht nicht nur zulässig, sondern angesichts des die Tätigkeit der Staatsanwaltschaft insgesamt prägenden Legalitätsprinzips auch verpflichtend durchzuführen.

---

gerechtfertigt ist [...], ist es hier ausreichend, dass die Tat am Tatort materiell strafbar ist; tatsächlich verfolgbar braucht sie nicht zu sein [...]".

[21] Satzger/Schluckebier/Widmaier-*Satzger*, § 7 Rn. 22; *ders.*, IntStR, § 5 Rn. 102 ff.; *Esser*, IntStR, § 16 Rn. 57; *Rath*, JA 2007, 26 (34); *Zehetgruber*, ZIS 2020, 364 (375 f.).
[22] AnwK-*Zöller*, § 7 Rn. 8; *Ambos*, IntStR, § 3 Rn. 52 ff.; *Eser*, JZ 1993, 875 (877 ff.).

4.2.2 Aufgabe 2

4.2.2.1 Prüfungsaufbau

Sachliche Zuständigkeit
I. Grundsätzliche (erstinstanzliche) Zuständigkeit der Amtsgerichte
II. Ausnahme" ändern

4.2.2.2 Lösungsvorschlag

Sachliche Zuständigkeit
Die sachliche Zuständigkeit, die gem. § 6 StPO in jeder Lage des Verfahrens von Amts wegen zu prüfen ist, betrifft die Frage, welches Gericht für die Strafsache in erster Instanz zuständig ist.[23] Gibt es innerhalb eines Gerichts mehrere Spruchkörper, die jeweils erstinstanzlich tätig werden können, so betrifft die sachliche Zuständigkeit auch die Frage, welcher dieser Spruchkörper zuständig ist, sofern sie unterschiedliche Rechtsfolgengewalt haben. Die sachliche Zuständigkeit wird nach § 1 StPO durch das Gerichtsverfassungsgesetz (GVG) bestimmt.

I. Grundsätzliche (erstinstanzliche) Zuständigkeit der Amtsgerichte
Gem. § 24 I S. 1 GVG sind in Strafsachen (erstinstanzlich) grundsätzlich die Amtsgerichte zuständig, sofern nicht einer der im dortigen Katalog aufgezählten Ausnahmetatbestände eingreift. Eine Ausnahme von diesem Grundsatz ist jedoch nach § 24 I S. 1 Nr. 1 und Nr. 2 GVG insbesondere dann vorgesehen, wenn die zwingende Zuständigkeit des Schwurgerichts, der Staatsschutzkammer oder des Oberlandesgerichts begründet ist oder eine höhere Strafe als vier Jahre Freiheitsstrafe zu erwarten ist.

II. Ausnahme
Vorliegend betrifft der Anklagevorwurf einen Heimtückemord nach §§ 212, 211 StGB, d. h. ein Verbrechen, bei dem zwingend die lebenslange Freiheitsstrafe vorgesehen ist (vgl. § 211 I StGB). Bei Verbrechen, bei denen weder das Amtsgericht noch das Oberlandesgericht zuständig ist, d. h. insbesondere Verbrechen, bei denen eine höhere Freiheitsstrafe als vier Jahre erwartet wird, ist sachlich die *große Strafkammer beim Landgericht* erstinstanzlich zuständig (§ 74 I S. 1 i. V. m. § 24 I S. 1 Nr. 2 GVG). Für Tötungsdelikte ist nach § 74 II S. 1 GVG als besondere große Strafkammer das *Schwurgericht* zuständig, das nach § 76 I S. 1 Alt. 1, II S. 3 Nr. 1 GVG zwingend mit drei Berufsrichtern und zwei Schöffen besetzt ist. Eine Zuständigkeit des Oberlandesgerichts besteht hier mangels Staatsschutzcharakters des Tötungsdelikts und einer Übernahme der Verfolgung durch den Generalbundesanwalt wegen der besonderen Bedeutung des Falles nicht (vgl. §§ 74 II S. 2, 120 II

---

[23] HK-*Zöller*, § 1 Rn. 6.

4 Mord in Afrika

S. 1 Nr. 2, 3 GVG). Insofern folgt die sachliche bzw. erstinstanzliche Zuständigkeit des Landgerichts vorliegend schon aus § 24 I S. 1 Nr. 1 i. V. m. § 74 II S. 1 GVG. Für die Anklagerhebung wäre also die große Strafkammer beim örtlich zuständigen Landgericht – Schwurgericht – sachlich zuständig.

Hinweise auf Rechtsprechung und Literatur

BGH NStZ-RR 2000, 208 ff. (Anwendbarkeit deutschen Strafrechts: § 7 II Nr. 1 StGB ist Ausdruck des aktiven Personalitätsprinzips; deswegen muss die Tat am Tatort materiell strafbar, aber nicht tatsächlich verfolgbar sein; eine Verjährung nach kasachischem Recht ist daher irrelevant)

BGH NStZ-RR 2011, 245 ff. (Anwendbarkeit deutschen Strafrechts: Für § 7 II Nr. 1 StGB muss die Tat am Tatort materiell strafbar, aber nicht tatsächlich verfolgbar sein; ein Strafantragserfordernis nach italienischem Recht ist daher irrelevant)

BGH NStZ-RR 2021, 292 ff. (Anwendbarkeit deutschen Strafrechts: Eine Handlung ist gem. § 7 II StGB mit Strafe bedroht, wenn die Tat (§ 264 I StPO) am Tatort nach einer dort maßgeblichen Norm mit Strafe oder gleichwertiger Sanktion zu ahnden ist; Rechtslage zur Tatzeit maßgeblich; verfahrensrechtliche Verfolgbarkeit im Tatortstaat ist grds. irrelevant)

Ambos, Internationales Strafrecht, 5. Aufl., 2018, § 3 Rn. 37 ff.: Aktiver Personalitätsgrundsatz

Beulke/Swoboda, Strafprozessrecht, 15. Aufl., 2020, Rn. 74 ff.: Die Zuständigkeit in erster Instanz und die Besetzung der Spruchkörper

Hecker, Europäisches Strafrecht, 6. Aufl., 2021, Kap. 2 Rn. 41 f.: Aktives Personalitätsprinzip

Satzger, Internationales und Europäisches Strafrecht, 10. Aufl., 2022, § 5 Rn. 82 ff.: § 7 StGB (aktives und passives Personalitätsprinzip, stellvertretende Strafrechtspflege)

Zehetgruber, Eine kritische Betrachtung der Anknüpfungspunkte des § 7 StGB, ZIS 2020, 364 ff.

Klausur 5
Die polnische Autoschieberbande

Gewerbsmäßiger Bandenbetrug (§ 263 V StGB) – Tatortbestimmung bei Mittäterschaft und Verbrechensverabredung

Mark A. Zöller

5.1 Fall

Die drei arbeitslosen polnischen Staatsbürger A, B und C aus Slubice saßen im Juni 2021 in einem Eiscafé in Frankfurt an der Oder und verabredeten folgende „Geschäftsidee", mit der sie sich für die Zukunft eine dauerhafte Einkommensquelle erschließen wollten und die sie anschließend auch gemeinsam in die Tat umsetzten: Sie kauften bei privaten Anbietern in Polen und Tschechien, die sie über Autobörsen im Internet ausfindig machten, gebrauchte Fahrzeuge deutscher Markenhersteller mit hohen Kilometerständen zwischen 120.000 und 200.000 Kilometern zu Preisen von 2000 bis 5000 Euro auf, die äußerlich noch gut erhalten waren. Die Fahrzeuge wurden von ihnen sodann zur Werkstatt ihres gemeinsamen polnischen Freundes F in der Nähe der polnischen Stadt Poznań verbracht, der sie dort auf Bitten von A, B und C und gegen Zahlung einer Pauschale von 300 Euro pro Wagen noch einmal aufpolierte und mit Hilfe von technischem Gerät und der entsprechenden Computersoftware die eingebauten Wegstreckenzähler derart manipulierte, dass sie nur noch Kilometerstände zwischen 25.000 und 35.000 Kilometern aufwiesen. Von unbekannten Tätern verschafften sich A, B und C sodann gefälschte Papiere, mit deren Hilfe A gemäß dem gemeinsamen Tatplan insgesamt 30 Fahrzeuge bei verschiedenen Kfz-Zulassungsstellen in Deutschland zuließ. Mit deutschen Zulassungsbescheinigungen und deutschen Kennzeichen versehen fuhr A zurück ins polnische Slubice. Von dort aus wurden von A, B und C alle 30 Fahrzeuge als angeblich „ehemalige Mietwagen mit geringer Laufleistung" zu Preisen zwischen 20.000 und 50.000 Euro an gutgläubige Kunden in Litauen und der Ukraine – allesamt litauische und ukrainische Staatsbürger – verkauft, die von diesen bei Übergabe in Litauen und der Ukraine vollständig in bar bezahlt wurden. Die Höhe des jeweiligen Verkaufspreises wurde von A, B und C unter angeblicher Orientierung an der sog. Schwacke-Liste[1] für die Bestimmung des Restwertes von gebrauchten Fahrzeugen auf dem deutschen Fahrzeugmarkt festgelegt. Den Gewinn aus diesen Geschäften teilten die drei gleichmäßig unter sich auf.

Aufgabe Haben sich A, B und C nach deutschem Recht strafbar gemacht?

Hinweis Straftaten aus dem 23. Abschnitt des Besonderen Teils des deutschen StGB (§§ 267 ff. StGB[2]) sind nicht zu prüfen.

5.2 Lösung

5.2.1 Prüfungsaufbau

Strafbarkeit von A, B und C

A. Mittäterschaftlich begangener, gewerbsmäßiger Bandenbetrug (§§ 263 V, 25 II StGB)

    I. Tatbestand

        1. Objektiver Tatbestand
        2. Subjektiver Tatbestand
        3. Objektive Strafbarkeitsbedingung

    II. Ergebnis

B. Verbrechensverabredung (§ 30 II Var. 3 i. V. m. § 263 V StGB)

    I. Tatbestand

        1. Objektiver Tatbestand
        2. Subjektiver Tatbestand
        3. Objektive Strafbarkeitsbedingung

    II. Rechtswidrigkeit und Schuld
    III. Ergebnis

---

[1] Die Schwacke-Liste, benannt nach ihrem ursprünglichen Herausgeber Hanns W. Schwacke, gibt den zustandsneutralen Restwert von gebrauchten Kraftfahrzeugen anhand des Fahrzeugtyps, des Baujahres, der Ausstattung und des Kilometerstandes auf dem deutschen Markt an. Sie wird regelmäßig aktualisiert, ist für verschiedene Fahrzeugarten erhältlich und gilt als wichtige Arbeitsgrundlage für den gewerblichen und privaten Kfz-Handel.

[2] Zu denken wäre beispielsweise an eine Strafbarkeit wegen Urkundenfälschung in der Tatvariante des Gebrauchens einer unechten Urkunde (§ 267 I Var. 3 StGB) durch die Vorlage der gefälschten Papiere bei den deutschen Kfz-Zulassungsstellen sowie eine mittelbare Falschbeurkundung nach § 271 I, III StGB durch die Erlangung der deutschen Zulassungsbescheinigungen.

C. Anstiftung zum Missbrauch von Wegstreckenzählern (§§ 22b I Nr. 1 StVG, 26, 25 II StGB)
D. Endergebnis

5.2.2 Lösungsvorschlag

Strafbarkeit von A, B und C
A. Mittäterschaftlich begangener, gewerbsmäßiger Bandenbetrug (§§ 263 V, 25 II StGB)
Durch den Verkauf der Fahrzeuge an Kunden in Litauen und der Ukraine könnten A, B und C sich wegen eines mittäterschaftlich begangenen, gewerbsmäßigen Bandenbetrugs in 30 Fällen gegenüber und zulasten der Fahrzeugkäufer nach den §§ 263 V, 25 II StGB strafbar gemacht haben.

I. Tatbestand
1. Objektiver Tatbestand
Indem A, B und C ihren Kunden vorspiegelten, bei den von ihnen verkauften Fahrzeugen handele es sich um ehemalige Mietwagen mit geringer Laufleistung, haben sie intellektuell auf deren Vorstellungsbild mit dem Ziel der Irreführung über Tatsachen eingewirkt und damit eine *Täuschung* verwirklicht. Diese Täuschungskulisse gegenüber ihren Opfern wurde von ihnen durch bewusstes und gewolltes Zusammenwirken i. S. v. § 25 II StGB aufgebaut. Insofern ist ohne Zweifel von einem arbeitsteiligen Handeln und einer funktionellen Rollenverteilung auszugehen, bei denen alle drei Beteiligte als gleichberechtigte Partner Träger des gemeinsamen Tatplans und der gemeinsamen Tatausführung waren. Darüber hinaus spricht für die Annahme von *Mittäterschaft* auch, dass der erzielte Gewinn gleichmäßig unter A, B und C aufgeteilt wurde.[3]

Infolge der mittäterschaftlich verwirklichten, aktiven Täuschung durch A, B und C ist bei den Käufern auch eine Fehlvorstellung über wesentliche Eigenschaften des Kaufobjekts, mithin ein *Irrtum* entstanden. Dadurch kausal veranlasste *Vermögensverfügungen* sind jedenfalls in den bei Übergabe der Fahrzeuge erfolgten, vollständigen Kaufpreiszahlungen zu sehen. Diese müssten auch zu einem *Vermögensschaden* bei den jeweiligen Käufern geführt haben. Ein solcher Schaden liegt immer dann vor, wenn sich aus dem Vergleich des Vermögens vor und nach der Verfügung ein negativer Saldo ergibt.[4] Zwar haben die Kunden in Litauen und der Ukraine vorliegend durch die wirksame Übereignung der von ihnen erworbenen Fahrzeuge eine Gegenleistung für ihre Kaufpreiszahlung erhalten. Dadurch wurde die durch die Zahlung des Kaufpreises eingetretene Verringerung ihres Vermögens jedoch nicht

---
[3] Angesichts der klar vorliegenden Beteiligungsform der Mittäterschaft ist auf die umstrittene Abgrenzung zwischen Täterschaft und Teilnahme vorliegend nicht einzugehen; näher dazu etwa *Krey/Esser*, AT, Rn. 814 ff.; *Rengier*, AT, § 41; *Wessels/Beulke/Satzger*, AT, Rn. 803 ff. u. 810 ff.
[4] *Rengier*, BT I, § 13 Rn. 179 ff.; *Zöller*, BT I, Rn. 176.

ausreichend kompensiert. Die Käufer erhielten nicht das Eigentum an ehemaligen Mietfahrzeugen mit geringer Laufleistung, sondern an aufbereiteten und am Wegstreckenzähler manipulierten Wagen, die in Wirklichkeit bereits hohe Kilometerstände aufwiesen und damit im Vergleich zu jüngeren Gebrauchtwagen eine deutlich höhere Reparaturanfälligkeit bzw. eine deutlich niedrigere Lebenserwartung besaßen. Auch wenn man berücksichtigt, dass § 263 StGB nach der vorzugswürdigen herrschenden Auffassung nur das Vermögen und nicht etwa die Hoffnung auf ein besonders gewinnbringendes Geschäft schützt,[5] ist festzustellen, dass die Käufer vorliegend nicht die vertraglich geschuldete Gegenleistung erhalten haben. Ungeachtet dieser Abweichung vom vertraglichen Synallagma führt aber auch schon ein reiner Wertvergleich zwischen gezahltem Kaufpreis als Vermögensabfluss und dem tatsächlichen, objektiven Wert des vom jeweiligen Kunden erhaltenen Fahrzeugs als Vermögenszufluss unproblematisch zur Annahme eines negativen Saldos. Die Kunden in Litauen und der Ukraine haben gerade keine Fahrzeuge nach dem von A, B und C angegebenen Wert der sog. Schwacke-Liste erhalten, sondern Fahrzeuge, die in Wirklichkeit eine weitaus höhere Laufleistung als angegeben und damit einen viel geringeren, tatsächlichen Restwert aufwiesen. Auch etwaige, für die Käufer existierende Anfechtungsrechte und zivilrechtliche Ansprüche besitzen keine Eignung zur Schadenskompensation, da sie dem Betrugsopfer gerade aufgrund der Täuschung erwachsen und mithin nur Mittel zur nachträglichen Schadensbeseitigung darstellen.[6] Ein Vermögensschaden liegt damit vor.

Eine Strafbarkeit nach § 263 V StGB setzt im objektiven Tatbestand allerdings zusätzlich voraus, dass A, B und C als Mitglieder einer Bande gehandelt haben.[7] Als *Bande* gilt nach mittlerweile ganz h. M.[8] der Zusammenschluss von mindestens drei Personen, die sich mit dem Willen verbunden haben, künftig für eine gewisse Dauer mehrere selbstständige, im Einzelnen noch ungewisse Betrugs- oder Urkundendelikte zu begehen. Diese Voraussetzungen liegen im Hinblick auf A, B und C unproblematisch vor. Alle drei Mittäter hatten sich ausgehend von ihrem Treffen in Frankfurt an der Oder mit dem Willen zusammengeschlossen, künftig in wiederholtem Maße betrügerische Autoverkäufe zu Lasten von gutgläubigen Kunden in Litauen und der Ukraine zu begehen. Insofern haben sie den Tatbestand des § 263 V StGB objektiv verwirklicht.

Der deutsche Betrugstatbestand, und damit auch die Qualifikation des gewerbsmäßigen Bandenbetrugs, dient im Übrigen dem *Schutz des Vermögens als Individual-*

---

[5] Vgl. etwa BGHSt 16, 220 (221); 16, 321 (325); MüKo-*Hefendehl*, § 263 Rn. 1 ff.; SK-*Hoyer*, § 263 Rn. 1 ff.; Lackner/Kühl-*Kühl*, § 263 Rn. 2.

[6] Für Anfechtungsrechte und Ansprüche im deutschen Rechtssystem vgl. Schönke/Schröder-*Perron*, § 263 Rn. 120; Lackner/Kühl-*Kühl*, § 263 Rn. 36a; *Wessels/Hillenkamp/Schuhr*, BT 2, Rn. 578 f.; *Zöller*, BT I, Rn. 178.

[7] Anders als etwa bei § 244 I Nr. 2 oder § 244a StGB ist allerdings nicht erforderlich, dass die Taten auch „unter Mitwirkung eines anderen Bandenmitglieds" begangen werden.

[8] BGHSt 46, 321 (325 ff.); MüKo-*Schmitz*, § 244 Rn. 40; SK-*Hoyer*, § 244 Rn. 32; *Fischer*, § 244 Rn. 34 ff.; demgegenüber ließ die Rechtsprechung früher noch zwei Personen ausreichen; vgl. insofern BGHSt 23, 239; 38, 26 (27 f.).

rechtsgut.⁹ Vorliegend ist damit auch das Vermögen der litauischen und ukrainischen Kunden als Tatopfer in den *Schutzbereich* des § 263 V StGB einbezogen.¹⁰ Die Tatsache, dass es im vorliegenden Fall um die täuschungsbedingte Vermögensschädigung ausländischer Staatsbürger ging, steht der Verwirklichung des objektiven Tatbestands somit nicht entgegen.

2. Subjektiver Tatbestand
A, B und C handelten auch *vorsätzlich* sowie in der *Absicht, sich rechtswidrig und stoffgleich zu bereichern*. Darüber hinaus handelten sie auch *gewerbsmäßig*, da sie sich aus der wiederholten Tatbegehung eine fortlaufende Einnahmequelle von einigem Umfang und einer gewissen Dauer verschaffen wollten.¹¹

3. Objektive Strafbarkeitsbedingung
Fraglich ist jedoch, ob in Bezug auf die Autoverkäufe von A, B und C überhaupt deutsches Strafrecht zur Anwendung kommt. *Materiell-rechtlich* sind die §§ 3 ff. StGB im Rahmen des allgemeinen Verbrechensaufbaus als *objektive Strafbarkeitsbedingungen* einzustufen.¹² Da es sich nicht um Merkmale des gesetzlichen Tatbestands handelt, braucht sich der Vorsatz des Täters somit nicht auf die Anwendbarkeit der deutschen Strafrechtsordnung zu beziehen.¹³

Die Annahme eines *inländischen Tatorts* nach § 3 i. V. m. § 9 StGB gestaltet sich vorliegend allerdings problematisch. A, B und C haben sämtliche Autoverkäufe von polnischem Staatsgebiet aus abgewickelt, sodass der *Handlungsort* i. S. v. § 9 I Var. 1 StGB des gewerbsmäßigen Bandenbetrugs in Polen lag. Der Vermögensschaden als Erfolg i. S. v. § 9 I Var. 3 StGB ist jeweils in Litauen und der Ukraine eingetreten, da dort die geschädigten Autokäufer ihren Wohnsitz hatten und die von ihnen gekauften, manipulierten Fahrzeuge auch dort übereignet wurden. Auch wenn man als Erfolgsort den Ort sog. Zwischenerfolge wie Irrtum und Vermögensverfügung einbezieht,¹⁴ führt dies bei Käufern in Litauen und der Ukraine nicht zu einer anderen Bewertung. Allerdings ist zu berücksichtigen, dass es in Fällen der Mittäterschaft grundsätzlich ausreicht, wenn nur *einer der Mittäter* im Inland gehandelt hat, da dessen Tatbeiträge den übrigen Mittätern als im Inland begangen

---
⁹ *Rengier*, BT I, § 13 Rn. 1; *Zöller*, BT I, Rn. 122.
¹⁰ Vgl. ergänzend die Erläuterungen in Fall 4 zu der Frage, wann ausländische Rechtsgüter vom Schutzbereich deutscher Straftatbestände erfasst werden.
¹¹ Vgl. BGHSt 1, 383; 49, 177 (181); BGH NStZ 2004, 265 (266); AnwK-*Gaede*, § 263 Rn. 186; *Wessels/Hillenkamp/Schuhr*, BT 2, Rn. 248; da es bei der „Gewerbsmäßigkeit" ausschließlich um den Willen des Täters geht, handelt es sich um ein rein subjektives Merkmal, das infolgedessen im subjektiven Tatbestand zu prüfen ist.
¹² AnwK-*Zöller*, Vor § 3 Rn. 2; *Ambos*, IntStR, § 1 Rn. 9; *Walter*, JuS 2006, 870 (871); *Hecker*, EuStR, Kap. 2 Rn. 3, der diese Bedingungen allerdings nach der Schuld prüft, siehe Fall 2; *Satzger*, IntStR, § 5 Rn. 7, der von objektiven Vorbedingungen der Strafbarkeit ausgeht, die vor dem Tatbestand und nicht als Tatbestandsannex zu prüfen sein sollen; a. A. NK-*Böse*, Vor §§ 3 ff. Rn. 51: Tatbestandsmerkmale.
¹³ BGHSt 27, 30 (34).
¹⁴ So etwa BGH StraFo 2013, 73; Satzger/Schluckebier/Widmaier-*Satzger*, § 9 Rn. 5; a. A. AnwK-*Zöller*, § 9 Rn. 9.

zugerechnet werden.¹⁵ Der BGH hat es sogar ausreichen lassen, wenn sich das Handeln des Mittäters in Deutschland auf Tatbeiträge wie die Zulassung von Fahrzeugen unter Vorlage gefälschter Papiere beschränkt, die für sich gesehen nur Vorbereitungshandlungen von Betrugstaten sind.¹⁶ Insofern könnte bereits die Begehung von reinen Vorbereitungshandlungen durch *einen* Mittäter für spätere Betrugshandlungen tatortbegründend wirken, wenn sie im Rahmen des gemeinsamen Tatplans und damit der Zurechnungsmöglichkeit über § 25 II StGB bleibt. Eine derart weite Ausdehnung des Tatorts kann jedoch im Ergebnis nicht überzeugen. § 25 II StGB beruht auf dem Prinzip des arbeitsteiligen Handelns und der funktionellen Rollenverteilung. Er kann durch wechselseitige Zurechnung einzelner Ausführungshandlungen von Mittätern lediglich dazu führen, dass sich einzelne Tatbeiträge zu einem einheitlichen Ganzen vervollständigen, sodass dann der Gesamterfolg jedem Mitwirkenden voll zuzurechnen ist. Da aber § 9 I StGB lediglich von dem „Ort der Tat" spricht, kann damit nur die im jeweiligen Tatbestand umschriebene Straftat i. S. v. § 11 I Nr. 5 StGB gemeint sein. Infolgedessen können tatortbegründende Handlungen gemäß § 9 I Var. 1 StGB eines Mittäters den übrigen Mittätern nur dann über § 25 II StGB zugerechnet werden, wenn sie auch tatsächlich Tatbestandsmerkmale der zu prüfenden Tat darstellen. Reine Vorbereitungshandlungen des § 263 V StGB sind jedoch, sieht man einmal von den Fällen des § 30 II StGB ab, nicht mit Strafe bedroht. Eine Zurechnung der Zulassung der insgesamt 30 Wagen von A bei Zulassungsstellen in Deutschland kommt somit nur dann in Frage, wenn diese schon Teil der tatbestandsmäßigen Ausführungshandlung – konkret der Täuschung – waren. Vorliegend waren die deutschen Zulassungspapiere zwar Teil der von A, B und C gegenüber den Käufern aufgebauten Täuschungskulisse. Die eigentliche tatbestandsmäßige Täuschungshandlung begann allerdings erst in dem Zeitpunkt, in dem den Käufern die manipulierten Fahrzeuge samt deutschen Zulassungsbescheinigungen angeboten wurden. Daraus folgt, dass das Verhalten des A in Deutschland (noch) nicht Teil der tatbestandsmäßigen Ausführungshandlung des Betrugs, mithin (noch) nicht tatortbegründend war und somit B und C auch nicht über § 25 II StGB zugerechnet werden kann.

Sofern der Gesetzgeber – wie im Rahmen von § 263 V StGB – an die gewerbsmäßige Begehungsweise *Strafschärfungen* knüpft, können hierdurch *keine zusätzlichen Tatorte* begründet werden, da mit diesen rein subjektiven Merkmalen lediglich der Unwert des deliktischen Handelns erhöht, nicht aber Besonderheiten der tatbestandlichen Ausführungshandlung beschrieben werden. Entsprechendes gilt grundsätzlich auch für die Bandenmitgliedschaft.¹⁷ Bei solchen „Sammelstraftaten"

---

¹⁵BGHSt 39, 88 (90 f.); BGH NStZ-RR 2009, 197; BGH StV 2019, 678 (679); OLG Karlsruhe StV 1998, 603 (604); LK-*Werle/Jeßberger*, § 9 Rn. 13, 69; MüKo-*Ambos*, § 9 Rn. 10; NK-*Böse*, § 9 Rn. 5; AnwK-*Zöller*, § 9 Rn. 6; *Hecker*, EuStR, Kap. 2 Rn. 16; *Satzger*, IntStR, § 5 Rn. 21; a. A. SK-*Hoyer*, § 9 Rn. 5; *Valerius*, NStZ 2008, 121 (123 f.): Bestimmung für jeden Mittäter einzeln.

¹⁶BGH NStZ-RR 2009, 197; für eine Fahrzeugüberführung ins Ausland zur Vorbereitung eines Versicherungsbetrugs seitens einer Mittäterin, deren Tatbeiträge sich sämtlich in Vorbereitungshandlungen erschöpften, ebenso BGHSt 39, 88 (90 f.).

¹⁷Etwas anderes gilt nur, sofern das Gesetz „die Mitwirkung" eines anderen Bandenmitglieds fordert, vgl. AnwK-*Zöller*, § 9 Rn. 4.

ist der Handlungsort für jedes der über dieses Merkmal zusammengefassten Delikte einzeln zu bestimmen.[18] Dies führt zu dem Ergebnis, dass ein inländischer Tatort nach § 3 i. V. m. § 9 StGB vorliegend nicht gegeben ist.[19]

A, B und C waren polnische Staatsbürger, sodass auch über den in § 7 II Nr. 1 StGB verankerten Gedanken des eingeschränkten aktiven Personalitätsprinzips die Anwendbarkeit deutschen Strafrechts nicht begründet werden kann. Entsprechendes gilt für § 7 I StGB, da die Opfer der Betrugshandlungen sämtlich litauische bzw. ukrainische Staatsbürger waren. Weitere einschlägige Anknüpfungspunkte für die Anwendbarkeit deutschen Strafrechts lassen sich den §§ 3 ff. StGB nicht entnehmen. Damit ist auf die Verkäufe der Fahrzeuge an Kunden in Litauen und der Ukraine durch A, B und C *deutsches Strafrecht nicht anwendbar*. Mithin fehlt es am Vorliegen der erforderlichen objektiven Strafbarkeitsbedingung.

II. Ergebnis
Durch den Verkauf der Fahrzeuge an Kunden in Litauen und der Ukraine haben A, B und C sich nicht wegen mittäterschaftlich begangenen, gewerbsmäßigen Bandenbetrugs nach den §§ 263 V, 25 II StGB strafbar gemacht.

B. Verbrechensverabredung § 30 II Var. 3 i. V. m. § 263 V StGB
Durch die gemeinsame Entwicklung ihrer neuen Geschäftsidee im Rahmen des Besuchs des Eiscafés in Frankfurt an der Oder könnten A, B und C sich jedoch wegen Verbrechensverabredung nach § 30 II Var. 3 i. V. m. § 263 V StGB strafbar gemacht haben.

I. Tatbestand
1. Objektiver Tatbestand

Dies würde im objektiven Tatbestand voraussetzen, dass A, B und C verabredet haben, ein Verbrechen zu begehen (oder zu diesem anzustiften). Bei den von ihnen ins Auge gefassten Taten handelt es sich um solche, die den Tatbestand eines gewerbsmäßigen Bandenbetrugs erfüllen.[20] Dieser ist als eigenständige Betrugsqualifikation gemäß § 263 V StGB mit einer Mindestfreiheitsstrafe von einem Jahr bedroht und stellt damit ein *Verbrechen* i. S. v. § 12 I StGB dar.

Unter einer *Verabredung* ist die feste Übereinkunft mindestens zweier Personen zu verstehen, eine hinreichend konkrete Tat als Mittäter zu begehen oder gemeinsam zu dieser anzustiften.[21] Dabei genügt es für die hier in Betracht kommende Verabredung zur mittäterschaftlichen Begehung, wenn die präsumtive Tat nach den allgemeinen, für die Mittäterschaft geltenden Grundsätzen in ihren wesentlichen

---

[18] LK-*Werle/Jeßberger*, § 9 Rn. 67; NK-*Böse*, § 9 Rn. 6; Satzger/Schluckebier/Widmaier-*Satzger*, § 9 Rn. 4.
[19] Wer dies unter Berufung auf BGH NStZ-RR 2009, 197 (gut vertretbar) anders sieht, gelangt zur Anwendbarkeit deutschen Strafrechts. Die übrigen Tatbestandsvoraussetzungen der §§ 263 V, 25 II StGB liegen dann unproblematisch vor. Die ebenfalls verwirklichte Strafbarkeit nach § 30 II Var. 3 i. V. m. § 263 V StGB tritt dann im Wege der Gesetzeskonkurrenz (materielle Subsidiarität) zurück.
[20] Vgl. dazu die vorstehenden Ausführungen unter A.
[21] Vgl. BGH NStZ 1982, 244; 1988, 406; 1993, 137 (138); Schönke/Schröder-*Heine/Weißer*, § 30 Rn. 24.

Grundzügen konkretisiert wird.[22] Entscheidend hierfür ist der jeweilige Tatplan. Eine strafbare Verbrechensverabredung wird somit nicht grundsätzlich dadurch ausgeschlossen, dass die genauen Modalitäten der Ausführung noch offen sind.[23] Vorliegend hatten A, B und C im Rahmen ihres Aufenthalts in Frankfurt an der Oder bereits alle erforderlichen Einzelheiten ihrer „Geschäftsidee" entwickelt, also die spezifischen Voraussetzungen für die spätere Begehung zahlreicher Betrugshandlungen festgelegt. Damit waren die von ihnen zu begehenden Taten bereits im Hinblick auf ihre wesentlichen Merkmale ausreichend konkretisiert. Dass die im Einzelnen anzukaufenden Fahrzeuge und die beim Verkauf zu schädigenden Opfer noch nicht individualisiert waren, hindert die Bejahung einer Verbrechensverabredung nicht. Im Übrigen bezieht sich die Tat auf die Verabredung eines gewerbsmäßigen Bandenbetrugs, der dem Schutz des Vermögens als Individualrechtsgut dient. Die Tatsache, dass es um die täuschungsbedingte Vermögensschädigung ausländischer Staatsbürger ging, steht der Verwirklichung des objektiven Tatbestands somit auch im Rahmen von § 30 II Var. 3 StGB nicht entgegen.

2. Subjektiver Tatbestand
A, B und C wussten, dass sie sich zur (wiederholten) Begehung eines Verbrechens verabredeten und wollten dessen spätere Begehung, handelten also auch *vorsätzlich* und damit subjektiv tatbestandsmäßig.

3. Objektive Strafbarkeitsbedingung
Im Hinblick auf die Verbrechensverabredung ist auch ein *inländischer Handlungsort* nach § 3 i. V. m. § 9 I Var. 1 StGB gegeben, da das Treffen, in dessen Rahmen der gemeinsame Tatplan entwickelt wurde, in Frankfurt an der Oder stattfand. Unschädlich ist dabei, dass die später verwirklichte Tatausführung im Ausland erfolgte. Ist bei einer Verbrechensverabredung i. S. v. § 30 II Var. 3 StGB ein inländischer Tatort einmal entstanden, so entfällt dieser Tatort nicht dadurch wieder, dass die zunächst nur verabredete Tat später auch tatsächlich im In- oder Ausland ausgeführt worden ist.[24] Wäre es nämlich bei der bloßen Verabredung geblieben, so wäre ein inländischer Tatort unzweifelhaft zu bejahen. Die Realisierung der Verabredung in Polen, Litauen und der Ukraine lässt dann den in Deutschland einmal begründeten Tatort nicht wieder entfallen, sondern fügt ihm lediglich weitere Tatorte hinzu.[25] Die grundsätzliche Subsidiarität der Verbrechensverabredung nach § 30 II Var. 3 StGB im Verhältnis zur versuchten oder vollendeten Tat vermag hieran nichts zu ändern.

II. Rechtswidrigkeit und Schuld
A, B und C handelten rechtswidrig und schuldhaft.

---

[22] BGH NStZ 2007, 697.
[23] AnwK-*Waßmer*, § 30 Rn. 17.
[24] AnwK-*Zöller*, § 9 Rn. 6.
[25] BGHSt 39, 88 (89 f.); MüKo-*Ambos*, § 9 Rn. 37; AnwK-*Zöller*, § 9 Rn. 6.

III. Ergebnis
Durch die gemeinsame Entwicklung ihrer neuen „Geschäftsidee" im Rahmen des Besuchs des Eiscafés in Frankfurt an der Oder haben A, B und C sich somit wegen Verbrechensverabredung nach § 30 II Var. 3 i. V. m. § 263 V StGB strafbar gemacht.

C. Anstiftung zum Missbrauch von Wegstreckenzählern (§§ 22b I Nr. 1 StVG, 26, 25 II StGB)
Durch die Bitte an F und die Zahlung einer Pauschale von 300 Euro pro manipuliertem Fahrzeug könnten A, B und C sich schließlich wegen einer gemeinschaftlich begangenen Anstiftung zum Missbrauch von Wegstreckenzählern nach den §§ 22b I Nr. 1 StVG, 26, 25 II StGB strafbar gemacht haben.[26] Allerdings haben sowohl die Manipulation des Wegstreckenzählers als auch die Anstiftung hierzu auf polnischem Staatsgebiet stattgefunden, sodass es an einem inländischen Tatort nach § 3 i. V. m. § 9 StGB fehlt. Auch sind mit Blick auf § 7 StGB weder deutsche Täter noch deutsche Tatopfer ersichtlich. Mangels Anwendbarkeit deutschen Strafrechts scheidet somit eine diesbezügliche Strafbarkeit von vornherein aus.[27]

D. Endergebnis
A, B und C haben sich mit Blick auf das deutsche Strafrecht lediglich wegen Verabredung zum gewerbsmäßigen Bandenbetrug nach § 30 II Var. 3 i. V. m. § 263 V StGB strafbar gemacht.

Hinweise auf Rechtsprechung und Literatur

BGHSt 39, 88 ff. (Anwendbarkeit deutschen Strafrechts: Der Tatort eines Verbrechens liegt auch dort, wo es verabredet wurde; der Tatort bei Mittätern liegt dort, wo einer von ihnen gehandelt hat; dies gilt auch, wenn sich die Tatbeiträge eines Mittäters auf Vorbereitungshandlungen beschränken)

BGH NStZ-RR 2009, 197 ff. (Anwendbarkeit deutschen Strafrechts: Der Tatort bei Mittätern liegt dort, wo einer von ihnen gehandelt hat; dies gilt auch, wenn sich die Tatbeiträge eines Mittäters auf Vorbereitungshandlungen beschränken)

BGH StraFo 2013, 73 ff. (Anwendbarkeit deutschen Strafrechts: Erfolgsort i. S. d. § 9 StGB ist auch der Ort sogenannter Zwischenerfolge, etwa Irrtum und Verfügung, beides tatbestandliche Voraussetzungen des Betrugs)

---

[26] Eine Strafbarkeit wegen Fälschung technischer Aufzeichnung nach dem – gemäß Bearbeitervermerk nicht zu prüfenden – § 268 StGB kommt demgegenüber nicht in Betracht, da die Anzeige des Kilometerstands in einem Kraftfahrzeug mangels selbständig verkörperter, vom Messgerät abtrennbarer Messanzeige keine technische Aufzeichnung i. S. v. § 268 II StGB und damit keinen tauglichen Tatgegenstand darstellt; vgl. etwa BGHSt 29, 204; LK-*Zieschang*, § 268 Rn. 5.

[27] Auch eine Strafbarkeit nach § 30 II Var. 3 StGB i. V. m. § 22b I Nr. 1 StVG in Form einer Verabredung dazu, den F zur Begehung eines Verbrechens anzustiften, scheidet offensichtlich aus, da § 22b I Nr. 1 StVG kein Verbrechen i. S. d. § 12 I StGB darstellt.

BGH StV 2019, 678 (Anwendbarkeit deutschen Strafrechts: Eine Tat ist bei gemeinschaftlicher Begehungsweise nach § 25 II StGB an jedem Ort i. S. d. § 9 I StGB begangen, an dem einer der Mittäter gehandelt hat)

Ambos, Internationales Strafrecht, 5. Aufl., 2018, § 1 Rn. 15 ff.: Zeit und Ort der Tat

Hecker, Europäisches Strafrecht, 6. Aufl., 2021, Kap. 2 Rn. 12 ff.: Territorialitätsprinzip

Satzger, Internationales und Europäisches Strafrecht, 10. Aufl., 2022, § 5 Rn. 12 ff.: § 3 StGB (Territorialitätsprinzip)

Klausur 6
Ganz großes Kino

Subventionsbetrug – EU-Subventionen als Tatobjekte – Strafanwendungsrecht – Bestechung eines EU-Beamten

Mark A. Zöller

6.1 Fall

Der in der Bundesrepublik Deutschland lebende Filmproduzent F ist französischer Staatsbürger und befindet sich in einem finanziellen Engpass. Deshalb entschließt er sich, über einen EU-Fonds der Europäischen Filmförderung, einer Behörde der Europäischen Union, mit einem Trick für Abhilfe zu sorgen. Die Vergabe solcher EU-Subventionen setzt nach den einschlägigen Vorschriften u. a. als subventionserheblich voraus, dass der potenzielle Subventionsempfänger die Beteiligung weiterer Investoren für ein Filmprojekt nachweist. In seinen Antragsunterlagen, die während seines Aufenthalts in Brüssel gefertigt werden, gibt F bewusst wahrheitswidrig an, einen Spielfilm mit internationaler Besetzung über die Schlacht im Teutoburger Wald drehen zu wollen, dessen Produktion auch großzügig vom „FilmFernseh-Fonds Bayern" unterstützt werde. In Wirklichkeit sind jedoch sowohl das Spielfilmprojekt als auch die Unterstützung durch den bayerischen Fonds von F frei erfunden. Um mit seinem Antrag dennoch Erfolg zu haben, übergibt er die Unterlagen an der Dienststelle des EU-Fonds in Brüssel persönlich dem für die abschließende Entscheidung über die Subventionsvergabe alleinzuständigen belgischen EU-Beamten B. Den Unterlagen fügt F in einem halb geöffneten Briefumschlag 5000 Euro in bar mit der Bitte bei, seinen Antrag „wohlwollend, aber nicht mit allzu großer Gründlichkeit" zu bearbeiten. B durchschaut – wie von F vorhergesehen – sofort den Plan des F, nimmt das Geld hoch erfreut als „Zusatzverdienst" entgegen und befürwortet den Antrag des F behördenintern. Noch bevor es zur Auszahlung

---

M. A. Zöller (✉)
Lehrstuhl für Deutsches, Europäisches und Internationales Strafrecht und Strafprozessrecht, Wirtschaftsstrafrecht und das Recht der Digitalisierung, Ludwig-Maximilians-Universität München, München, Deutschland
E-Mail: mark.zoeller@jura.uni-muenchen.de

© Springer-Verlag GmbH Deutschland, ein Teil von Springer Nature 2022
B. Hecker, M. A. Zöller, *Fallsammlung zum Europäischen und Internationalen Strafrecht*, Juristische ExamensKlausuren,
https://doi.org/10.1007/978-3-662-65140-7_6

der von F beantragten Subvention in Höhe von 500.000 Euro kommt, wird der Schwindel jedoch durch eine Kontrolle des Behördenleiters in Brüssel aufgedeckt.

Aufgabe Inwiefern hat sich F nach den Vorschriften des deutschen StGB strafbar gemacht?

Hinweise Die §§ 266, 267 ff. StGB sowie die Bestimmungen des Gesetzes zur Stärkung des Schutzes der finanziellen Interessen der Europäischen Union (EU-FinSchStG) sind nicht zu prüfen. Die tatsächliche Existenz der „Europäische Filmförderung" als Behörde der Europäischen Union ist für die Bearbeitung zu unterstellen.

6.2 Lösung

6.2.1 Prüfungsaufbau

Strafbarkeit des F
A. Subventionsbetrug (§ 264 I Nr. 1, 3, II S. 2 Nr. 1, 3 StGB)
    I. Tatbestand
        1. Objektiver Tatbestand
        2. Subjektiver Tatbestand
        3. Objektive Strafbarkeitsbedingung
    II. Rechtswidrigkeit und Schuld
    III. Strafzumessung: besonders schwerer Fall gem. § 264 II S. 2 StGB
        1. In objektiver Hinsicht
        2. Zwischenergebnis
    IV. Ergebnis
B. Versuchter Betrug (§§ 263 I, 22 StGB gegenüber B und zu Lasten der EU)
C. Bestechung (§ 334 I S. 1 StGB)
    I. Tatbestand
        1. Objektiver Tatbestand
        2. Subjektiver Tatbestand
        3. Objektive Strafbarkeitsbedingung
    II. Ergebnis
D. Endergebnis

6.2.2 Lösungsvorschlag

Strafbarkeit des F
Subventionsbetrug (§ 264 I Nr. 1, 3, II S. 2 Nr. 1, 3 StGB)

F könnte sich durch die Einreichung der fingierten Antragsunterlagen bei dem EU-Fonds für Europäische Filmförderung wegen Subventionsbetrugs in einem besonders schweren Fall nach § 264 I Nr. 1, II S. 2 Nr. 1, 3 StGB strafbar gemacht haben.

I. Tatbestand
1. Objektiver Tatbestand

Das strafrechtlich zu würdigende Verhalten des F müsste sich auf *Subventionen* i. S. v. § 264 VIII StGB beziehen. Nach der Legaldefinition des § 264 VIII S. 1 Nr. 2 StGB sind auch Leistungen, die aus öffentlichen Mitteln nach dem Recht der Europäischen Union gewährt werden, strafrechtlich geschützt. Mit Hilfe dieser sog. *Gleichstellungsvorschrift* zum Schutz des Finanzhaushalts der Union trägt der deutsche Gesetzgeber im Wege der Assimilierung seiner Loyalitätspflicht aus Art. 4 III EUV Rechnung.[1]

Der BGH hat bereits auf nationaler Ebene für Bundes- oder Landessubventionen anerkannt, dass Mittel nach dem Filmförderungsgesetz als Subventionen einzustufen sind.[2] Die Einschränkung, dass nur der Wirtschaftsförderung dienende Leistungen nach § 264 StGB erfasst werden, gilt aufgrund des Wortlautvergleichs von § 264 VIII S. 1 Nr. 1 StGB und § 264 VIII S. 1 Nr. 2 StGB für EU-Subventionen nicht. Auch ist nicht erforderlich, dass die Zuwendung an Betriebe oder Unternehmen erfolgt, so dass auch F als natürliche Person zum Kreis der tauglichen *Subventionsnehmer* zählt.

Als taugliche Tathandlung kommt vorliegend die Angabe unrichtiger bzw. unvollständiger subventionserheblicher Tatsachen gem. § 264 I Nr. 1 StGB in Betracht. *Tatsachen* sind konkrete Vorgänge oder Zustände der Vergangenheit oder Gegenwart, die dem Beweis zugänglich sind. Bei der Frage der tatsächlichen Existenz des Spielfilmprojekts und ob sich neben der Europäischen Filmförderung noch weitere Stellen als Investoren an dem Filmprojekt beteiligen, handelt es sich um solche beweisbaren Zustände. Diese Tatsachen sind auch *subventionserheblich* i. S. v. § 264 IX Nr. 1 StGB, da sie in den für die Vergabe einschlägigen EU-Vorschriften als solche ausgewiesen wurden.[3] Die Angaben in den Antragsunterlagen von F, wonach ein Spielfilmprojekt über die Schlacht im Teutoburger Wald geplant und eine Förderung

---
[1] Dazu *Hecker*, EuStR, Kap. 7 Rn. 55 ff.
[2] BGHSt 34, 111 (113).
[3] Zum Merkmal der „Subventionserheblichkeit" vgl. BGH NJW 2021, 2055; *Hecker*, JuS 2021, 988 ff.

durch den FilmFernsehFonds Bayern zugesagt seien, sind frei erfunden und damit *unrichtig*, da sie nicht mit der Wirklichkeit übereinstimmen.

Schließlich müssen diese Angaben für F auch *vorteilhaft* gewesen sein. Hierfür genügt, dass sie die Aussichten des Subventionsempfängers für die Gewährung oder Belassung einer Subvention oder eines Subventionsvorteils gegenüber der wirklichen Lage objektiv verbessern.[4] Da ohne die Falschangaben von vornherein keinerlei Aussicht auf die Gewährung von Mitteln aus dem EU-Fonds bestand, wurde F als potenzieller Subventionsempfänger auf diese Weise objektiv besser gestellt.

Die Angaben wurden zudem im Rahmen eines Subventionsverfahrens bei der EU als *Subventionsgeber* schriftlich eingereicht. Soweit für den Subventionsgeber bestimmte Angaben gegenüber eingeschalteten Stellen oder Personen gemacht werden, müssen diese nach der jeweiligen Verfahrensorganisation für die Entgegennahme zuständig sein.[5] Vorliegend hat F die Antragsunterlagen an B als den für die Subventionsvergabe alleinzuständigen EU-Beamten übergeben.

Dass F französischer Staatsbürger ist und die Antragsunterlagen während seines Aufenthalts in Brüssel gefertigt wurden, hindert die Verwirklichung des objektiven Tatbestands des § 264 I Nr. 1 StGB im Ergebnis nicht. Unabhängig davon, ob man als geschütztes Rechtsgut des § 264 StGB die Planungs- und Dispositionsfreiheit der öffentlichen Hand im Wirtschaftsbereich als Subventionsgeber bzw. das Allgemeininteresse der wirksamen und zweckgerichteten staatlichen Wirtschaftsförderung[6], das öffentliche Vermögen[7] oder beide Rechtsgüter als geschützt ansieht[8], folgt aus der Gleichstellungsbestimmung des § 264 VIII S. 1 Nr. 2 StGB eindeutig, dass der Schutz des EU-Haushalts auch unabhängig von Aspekten wie der Nationalität des Täter oder der Lage des Tatorts in den Anwendungsbereich des deutschen Tatbestands des Subventionsbetrugs einbezogen ist.[9]

Eine Strafbarkeit nach § 264 I Nr. 3 StGB, weil F seine Falschangaben nach der Antragstellung nicht gegenüber dem Subventionsgeber berichtigt hat, kommt im Ergebnis nicht in Betracht. Dieses *echte Unterlassungsdelikt* steht in engem Zusammenhang mit den Offenbarungspflichten des Subventionsnehmers nach § 3 I SubventionsG. Allerdings geht innerhalb der einzelnen Tatbestandsvarianten des § 264 I StGB die Nr. 1 gegenüber Nr. 3 vor.[10] Die Nichtberichtigung der Angaben gegen-

---

[4] BGH wistra 1985, 150; AnwK-*Gercke/Hembach*, § 264 Rn. 19; Lackner/Kühl-*Heger*, § 264 Rn. 18; *Hellmann*, Wirtschaftsstrafrecht, Rn. 892.

[5] Lackner/Kühl-*Heger*, § 264 Rn. 16; *Müller-Emmert/Maier*, NJW 1976, 1657 (1660).

[6] OLG Karlsruhe NJW 1981, 1383; OLG Hamburg NStZ 1984, 218; *Kindhäuser*, JZ 1991, 492 (494 f.).

[7] NK-*Hellmann*, § 264 Rn. 10; *Fischer*, § 264 Rn. 2b.

[8] Schönke/Schröder-*Perron*, § 264 Rn. 4; AnwK-*Gercke/Hembach*, § 264 Rn. 3.

[9] Vgl. *Hecker*, EuStR, Kap. 7 Rn. 57.

[10] MüKo-*Ceffinato*, § 264 Rn. 134; Schönke/Schröder-*Perron*, § 264 Rn. 86; AnwK-*Gercke/Hembach*, § 264 Rn. 43; *Wattenberg*, in: Achenbach/Ransiek/Rönnau (Hrsg.), Handbuch Wirtschaftsstrafrecht, IV. 2. Rn. 95.

über dem Subventionsgeber besitzt somit keine eigenständige strafrechtliche Bedeutung.

2. Subjektiver Tatbestand
F handelte *vorsätzlich* hinsichtlich der Verwirklichung der objektiven Tatbestandsmerkmale von § 264 I Nr. 1 StGB und damit subjektiv tatbestandsmäßig.

3. Objektive Strafbarkeitsbedingung
Fraglich ist jedoch, ob in Bezug auf diese Verhaltensweise des F überhaupt deutsches Strafrecht zur Anwendung kommt. *Materiell-rechtlich* sind die §§ 3 ff. StGB im Rahmen des allgemeinen Verbrechensaufbaus als *objektive Strafbarkeitsbedingungen* einzustufen.[11] Da es sich nicht um Merkmale des gesetzlichen Tatbestands handelt, braucht sich der Vorsatz des Täters somit nicht auf die Anwendbarkeit der Strafrechtsordnung zu beziehen.[12]

Die Annahme eines inländischen Tatorts in Anknüpfung an das *Territorialitätsprinzip* nach den §§ 3, 9 I StGB kommt nicht in Betracht. F hat die Antragsunterlagen während eines Aufenthalts in Brüssel gefertigt und eingereicht, so dass der *Handlungsort* gem. § 3 i. V. m. § 9 I Var. 1 StGB in Belgien liegt. Im Übrigen handelt es sich beim Subventionsbetrug nach überwiegend vertretener Ansicht[13] um ein *abstraktes Gefährdungsdelikt*. Insofern wird die Annahme eines *Erfolgsorts* i. S. v. § 3 i. V. m. § 9 I Var. 3 StGB hier überwiegend bereits als denkgesetzlich ausgeschlossen eingestuft.[14] Aber auch wenn man mit einer im Vordringen befindlichen und sachlich vorzugswürdigen Auffassung[15] als Erfolgsort abstrakter Gefährdungsdelikte jeden Ort ansieht, an dem sich die abstrakte Gefahr realisieren kann, dürften diese Gefahren bei EU-Subventionen lediglich am Sitz des Subventionsgebers, d. h. in Brüssel, bestehen. Zu diesem Ergebnis kommt man auch dann, wenn man § 264 StGB als konkretes[16] oder abstrakt-konkretes Gefährdungsdelikt[17] einstuft.

---

[11] *Ambos*, IntStR, § 1 Rn. 9; Schönke/Schröder-*Eser/Weißer*, Vorbem. §§ 3-9 Rn. 6; *Hecker*, EuStR, Kap. 2 Rn. 3; *Jescheck/Weigend*, AT, § 18 V; *Walter*, JuS 2006, 870 (871); AnwK-*Zöller*, Vor § 3 Rn. 2; a. A. *Satzger*, IntStR, § 5 Rn. 7, der die §§ 3 ff. StGB als „objektive (Vor-)Bedingungen der Strafbarkeit" bereits vor der Tatbestandsprüfung erörtert.
[12] BGHSt 27, 30 (34).
[13] Vgl. BGHSt 34, 265 (267 f.); OLG München NStZ 2006, 630 (631); MüKo-*Ceffinato*, § 264 Rn. 14; *Fischer*, § 264 Rn. 4; AnwK-*Gercke/Hembach*, § 264 Rn. 4; Lackner/Kühl-*Heger*, § 264 Rn. 2; *Hellmann*, Wirtschaftsstrafrecht, Rn. 881; Schönke/Schröder-*Perron*, § 264 Rn. 5; *Wessels/Hillenkamp/Schuhr*, BT 2, Rn. 726; a. A Satzger/Schluckebier/Widmaier-*Saliger*, § 264 Rn. 2: Eignungsdelikt.
[14] BGH NStZ 2015, 81 (82); 217, 146; OLG Hamm MMR 2019, 53; *Hoyer/Horn*, JZ 1987, 965 (966); *Tiedemann/Kindhäuser*, NStZ 1988, 337 (346); *Ringel*, CR 1997, 303.
[15] *Hecker*, ZStW 115 (2003), 880 (886 ff.); *Heinrich*, GA 1999, 72 (77 ff.); *S. Martin*, ZRP 1992, 19; *Rath*, JA 2006, 435 (438); *Schulte*, KJ 2001, 341; LK-*Werle/Jeßberger*, § 9 Rn. 33 f., 89; AnwK-*Zöller*, § 9 Rn. 22; *Zöller*, Terrorismusstrafrecht, 444 f.
[16] Vgl. BT-Drs. 7/5291, S. 5.
[17] So z. B. *Göhler/Wilts*, DB 1976, 1609 (1613); SK-*Hoyer*, § 264 Rn. 19.

Eine Anknüpfung der deutschen Strafgewalt an das in § 7 II Nr. 1 StGB verankerte *aktive Personalitätsprinzip* kommt schon deshalb nicht in Betracht, weil F französischer Staatsbürger ist.

Nach § 6 Nr. 8 StGB gilt jedoch der *Weltrechtsgrundsatz*. Dieser erlaubt die weltweite Verfolgung extraterritorialer Straftaten auch in solchen Fällen, in denen keiner der herkömmlichen und anerkannten Anknüpfungspunkte für die Inanspruchnahme staatlicher Jurisdiktion (sog. genuine links) besteht, d. h. insbesondere unabhängig vom Tatort sowie von der Staatsangehörigkeit von Täter und Opfer.[18] Nach § 6 Nr. 8 StGB ist speziell die weltweite Verfolgung von extraterritorialen Subventionsbetrugsfällen unabhängig von Tatort und Staatsangehörigkeit des Täters bzw. Opfers möglich. Auf die Tat des F ist damit deutsches Strafrecht anwendbar.

II. Rechtswidrigkeit und Schuld
F handelte auch rechtswidrig und schuldhaft.

III. Strafzumessung: besonders schwerer Fall gem. § 264 II S. 2 StGB
F könnte sich sogar wegen eines besonders schweren Falls des Subventionsbetrugs nach § 264 II S. 2 StGB strafbar gemacht haben.

1. In objektiver Hinsicht
In objektiver Hinsicht kommt zunächst die Verwirklichung des Regelbeispiels in *§ 264 II S. 2 Nr. 1 StGB* in Betracht. Die Höhe der von F beantragten Subvention könnte eine Subvention *großen Ausmaßes* darstellen. Die Wertgrenze hierfür wird gemeinhin jedenfalls bei einer Summe von 50.000 Euro als überschritten angesehen.[19] Diese Summe müsste F auch erlangt haben. *Erlangt* wird eine Subvention allerdings erst dann, wenn sie dem Täter aufgrund einer in Abs. 1 beschriebenen Handlung tatsächlich gewährt wird.[20] Vorliegend ist es nicht zur Auszahlung der Subvention gekommen, so dass das Regelbeispiel des § 264 II S. 2 Nr. 1 StGB schon mangels Erlangens der Subvention ausscheidet.

F könnte jedoch i. S. v. *§ 264 II S. 2 Nr. 3 StGB* die Mithilfe eines Amtsträgers oder Europäischen Amtsträgers ausgenutzt haben, der seine Befugnisse oder seine Stellung missbraucht hat. Nach dem eindeutigen Wortlaut der Legaldefinition des § 11 I Nr. 2 StGB werden über den Begriff des „Amtsträgers" nur Personen erfasst, die „nach deutschem Recht" in ein Beamtenverhältnis aufgenommen worden sind. Dies ist bei B als EU-Beamten gerade nicht der Fall.[21] Allerdings ist seit Inkrafttreten des Gesetzes zur Bekämpfung der Korruption vom 20.11.2015[22] zum 26.11.2015 nunmehr auch der „Europäische Amtsträger" expressis verbis erfasst. Aus der eben-

---

[18] *Ambos*, IntStR, § 3 Rn. 95; *Hecker*, EuStR, Kap. 2 Rn. 46 f.; AnwK-*Zöller*, § 6 Rn. 2.

[19] Vgl. BGH wistra 1991, 106; BGH NJW 2001, 2485 (2486); *Fischer*, § 264 Rn. 46; AnwK-*Gercke/Hembach*, § 264 Rn. 36; *Hellmann*, Wirtschaftsstrafrecht, Rn. 906; *Wittig*, Wirtschaftsstrafrecht, § 17 Rn. 67.

[20] MüKo-*Ceffinato*, § 264 Rn. 141; AnwK-*Gercke/Hembach*, § 264 Rn. 36.

[21] Dass B belgischer Staatsbürger ist, hindert die Annahme einer Amtsträgerstellung demgegenüber nicht.

[22] BGBl. I, 2025; dazu BT-Drs. 18/4350; *Brodowski*, HRRS 2016, 12 (17 f.); *Grützner*, ZIP 2016, 253 ff.

falls neu geschaffenen Legaldefinition in § 11 I Nr. 2a lit. b StGB folgt, dass unter den Begriff des Europäischen Amtsträgers insbesondere auch Beamte der Europäischen Union wie B fallen. Weitere Voraussetzung für die Annahme eines besonders schweren Falls i. S. v. § 264 II S. 2 Nr. 3 StGB ist jedoch das Ausnutzen der Mithilfe eines solchen Europäischen Amtsträgers, der seine Befugnisse oder Stellung missbrauchen muss. Infolgedessen müsste B seinerseits die Voraussetzungen eines besonders schweren Falls nach § 264 II S. 2 Nr. 2 verwirklicht haben. Ein Missbrauch von Befugnissen in diesem Sinne liegt vor, wenn der Amtsträger im Rahmen seiner an sich gegebenen Zuständigkeit Handlungen nach Abs. 1 vornimmt.[23] Das Regelbeispiel des § 264 II S. 2 Nr. 2 StGB erfasst aber, wie auch der Grundtatbestand des § 264 I Nr. 1 StGB[24], nur den in das Vergabeverfahren eingeschalteten Amtsträger, der falsche Angaben gegenüber einem anderen Amtsträger innerhalb der Behörde oder einer anderen Behörde oder Stelle macht.[25] Nicht erfasst wird demgegenüber der Amtsträger, der, wie B, alleinverantwortlich und abschließend über die Subventionierung entscheidet.[26] Selbst in Fällen kollusiven Zusammenwirkens mit dem Antragsteller kann er somit kein tauglicher Täter des § 264 I Nr. 1, II S. 2 Nr. 2 StGB sein, da er niemandem gegenüber Angaben machen würde.[27] F hat sich insofern lediglich der Mithilfe eines Europäischen Beamten bedient, der selbst nicht den Tatbestand des Subventionsbetrugs verwirklichen konnte. Folglich erfüllt auch F selbst nicht die objektiven Voraussetzungen des § 264 II S. 2 Nr. 3 StGB.

2. Zwischenergebnis
Die Annahme eines besonders schweren Falls des Subventionsbetrugs nach § 264 II S. 2 StGB kommt somit im Ergebnis nicht in Betracht.[28]

IV. Ergebnis
F hat sich durch die Antragsstellung wegen (einfachen) Subventionsbetrugs nach § 264 I Nr. 1 StGB strafbar gemacht.

---

[23] Vgl. AnwK-*Gercke/Hembach,* § 264 Rn. 37; Schönke/Schröder-*Perron,* § 264 Rn. 76.
[24] Die anderen Tatalternativen des § 264 I StGB kommen für B vorliegend von vornherein nicht in Betracht.
[25] AnwK-*Gercke/Hembach,* § 264 Rn. 36; *Wattenberg,* in: Achenbach/Ransiek/Rönnau (Hrsg.), Handbuch Wirtschaftsstrafrecht, IV. 2. Rn. 74.
[26] OLG Hamburg NStZ 1984, 218; NK-*Hellmann,* § 264 Rn. 89, 143, 147; LK-*Tiedemann,* § 264 Rn. 37.
[27] Schönke/Schröder-*Perron,* § 264 Rn. 77; *Wittig,* Wirtschaftsstrafrecht, § 17 Rn. 51.
[28] Ebenso vertretbar erscheint es, für die objektive Verwirklichung des § 264 II S. 2 Nr. 3 StGB durch F nicht auch die Verwirklichung des § 264 I Nr. 1 StGB durch B, sondern lediglich zu fordern, dass dieser seinerseits i. S. v. § 264 II S. 2 Nr. 2 StGB seine Befugnisse oder seine Stellung als Europäischer Amtsträger missbraucht haben muss. Dabei wäre unerheblich, ob B alleinverantwortlich und abschließend über die Subvention entscheidet oder in das Vergabeverfahren lediglich zwischengeschaltet ist. In diesem Fall ist das Regelbeispiel in objektiver Hinsicht als verwirklicht anzusehen. Da F um die Eigenschaft des B als Europäischer Beamter wusste und dessen Mithilfe gezielt für seine Zwecke ausnutzen wollte, ist dann auch von der subjektiven Verwirklichung von § 264 II S. 2 Nr. 3 StGB auszugehen.

B. Versuchter Betrug (§§ 263 I, 22 StGB gegenüber B und zu Lasten der EU)

Eine Strafbarkeit des F wegen (vollendeten) Dreiecksbetrugs zu Lasten der EU scheidet mangels Auszahlung der Subvention und damit mangels Vermögensschadens von vornherein aus. Aber auch ein versuchter Dreiecksbetrug kommt schon deshalb nicht in Betracht, da es an einem Tatentschluss des F in Bezug auf eine Täuschung des B fehlt. Schließlich hatte F das Erkennen seines wahren Vorhabens durch B von Anfang an vorhergesehen.

Ungeachtet dessen tritt § 263 StGB ohnehin stets dann hinter § 264 StGB zurück, wenn – wie vorliegend – der Anwendungsbereich des Subventionsbetrugs betroffen ist.[29]

C. Bestechung (§ 334 I S. 1 StGB)

Durch die Übergabe der 5000 Euro an B in Brüssel könnte F sich jedoch wegen Bestechung nach § 334 I S. 1 StGB strafbar gemacht haben.

I. Tatbestand
1. Objektiver Tatbestand

Dazu müsste B zunächst ein *tauglicher Vorteilsnehmer* sein. Zwar ist er kein deutscher Amtsträger i. S. v. § 11 I Nr. 2 StGB. Jedoch sind diesen seit dem Inkrafttreten des Gesetzes zur Bekämpfung der Korruption vom 20.11.2015 *Europäische Amtsträger* ausdrücklich gleichgestellt (§ 11 I Nr. 2a lit. b StGB).

Ihm müsste allerdings auch ein *Vorteil gewährt* worden sein. Ein *Vorteil* ist jede Leistung materieller oder immaterieller Art, auf die der (Europäische) Amtsträger oder ein Dritter keinen Anspruch hat und die seine wirtschaftliche, rechtliche oder auch nur persönliche Lage objektiv verbessert.[30] Durch die Übergabe des halb geöffneten Briefumschlags mit den 5000 Euro wurde die wirtschaftliche Stellung des B eindeutig verbessert, ihm also ein Vorteil gewährt.

Die Gewährung des Vorteils müsste allerdings stets als Gegenleistung für eine *pflichtwidrige Diensthandlung* erfolgen (sog. *Unrechtsvereinbarung*). Eine Diensthandlung ist dabei jede Handlung, die zu den dienstlichen Obliegenheiten gehört und in amtlicher Eigenschaft vorgenommen wird. Gemäß § 334 III Nr. 1 StGB ist es ausreichend, dass der Täter den Amtsträger lediglich zu bestimmen versucht, seine Dienstpflichten zu verletzen. B sollte als Gegenleistung für das Geld den Antrag des F „wohlwollend, aber nicht mit allzu großer Gründlichkeit" prüfen. Gemeint war, dass B seine Pflichten bei der Subventionsvergabe in Bezug auf den Antrag des F in der Zukunft verletzt. Vorliegend hat B das Geld entgegengenommen, behalten und trotz Kenntnis der Sachlage den Antrag des F behördenintern befürwortet. An der erforderlichen *Unrechtsvereinbarung* ist somit nicht zu zweifeln, sodass F objektiv tatbestandsmäßig handelte.

§ 334 StGB schützt das Vertrauen der Allgemeinheit in die Integrität und Unbestechlichkeit von Trägern staatlicher Funktionen und damit zugleich in die Sach-

---

[29] BGHSt 32, 203 (208); Schönke/Schröder-*Perron*, § 264 Rn. 87; *Wattenberg*, in: Achenbach/Ransiek/Rönnau (Hrsg.), Handbuch Wirtschaftsstrafrecht, IV. 2. Rn. 96; a. A. *Achenbach*, JR 1988, 251 (254).
[30] BGHSt 31, 264 (269); 35, 128 (133); 47, 295 (304); 48, 44 (49).

lichkeit staatlichen Handelns.[31] Damit wird zumindest auch der Schutz eines inländischen Kollektivrechtsguts bezweckt. In solchen Fällen ist der Tatbestand trotz des hier bestehenden Auslandsbezuges durch einen ausländischen Staatsangehörigen als Täter und eine Tatausführung im Ausland anwendbar.[32]

2. Subjektiver Tatbestand
F handelte vorsätzlich.

3. Objektive Strafbarkeitsbedingung
Es fehlt jedoch an der Anwendbarkeit deutschen Strafrechts. Ein inländischer Tatort nach § 3 i. V. m. § 9 I StGB ist angesichts des Geschehens in Brüssel nicht gegeben. Auch eine Anknüpfung der deutschen Strafgewalt an das in § 7 II Nr. 1 StGB verankerte *aktive Personalitätsprinzip* kommt bei F als französischem Staatsbürger nicht in Betracht. Eine Anknüpfung an § 5 Nr. 13 StGB scheidet aus, da F zwar Ausländer, aber kein Amtsträger nach deutschem Recht ist. Und schließlich greift in diesem Kontext auch § 5 Nr. 15 lit. b StGB nicht ein. Zwar handelt es sich bei B als EU-Beamten um einen Europäischen Amtsträger. Allerdings hat dessen Dienststelle nicht – wie gesetzlich gefordert – ihren Sitz im Inland, d. h. in der Bundesrepublik Deutschland, sondern in der belgischen Hauptstadt Brüssel.

II. Ergebnis
Eine Strafbarkeit von F nach § 334 I S. 1 StGB kommt mithin nicht in Betracht.[33]

D. Endergebnis
F hat sich somit insgesamt nur wegen Subventionsbetrugs nach § 264 I Nr. 1 StGB strafbar gemacht.

Hinweise auf Rechtsprechung und Literatur

Hecker, Europäisches Strafrecht, 6. Aufl., 2021, Kap. 2 Rn. 46 ff., Kap. 7 Rn. 55 ff. (Weltrechtsprinzip und Subventionsbetrug)
Hellmann, Wirtschaftsstrafrecht, 5. Aufl., 2018, Rn. 879-910 (Subventionsbetrug)
Grützner, Das Gesetz zur Bekämpfung der Korruption 2015 – Wesentliche Inhalte und Änderungen der Rechtslage, ZIP 2016, 253 ff.
Rengier, Strafrecht Besonderer Teil II, 23. Aufl., 2022, § 60 (Bestechungsdelikte)
Wattenberg, Subventionsbetrug, in: Achenbach/Ransiek/Rönnau (Hrsg.), Handbuch Wirtschaftsstrafrecht, 5. Aufl., 2019, 4. Teil 2. Kap.
Wittig, Wirtschaftsstrafrecht, 5. Aufl., 2020, § 17 (Subventionsbetrug)

---

[31] BGHSt 15, 88 (96 f.); Lackner/Kühl-*Heger*, § 334 Rn. 1.
[32] AnwK-*Zöller*, Vor § 3 Rn. 5.
[33] Eine etwaige Strafbarkeit nach § 333 I StGB kommt angesichts der Pflichtwidrigkeit des Verhaltens von B von vornherein nicht in Betracht, da § 334 StGB den § 333 StGB im Wege der Gesetzeskonkurrenz verdrängt.

Klausur 7
Der nachlässige Zeuge

Schutzbereich der Aussagedelikte (§§ 153–161 StGB) – Assimilierungsprinzip – Strafanwendungsrecht (§ 6 Nr. 9 StGB)

Bernd Hecker

7.1 Fall

Der vom EuGH nach Luxemburg geladene Zeuge Z, ein belgischer Staatsbürger mit ständigem Wohnsitz in Deutschland, sagte bei seiner Vernehmung in einer Verhandlung vor dem EuGH zu dem Beweisthema unwissentlich falsch aus. Hierzu kam es, weil er völlig unkritisch unzutreffende Sachverhaltsangaben übernahm, die ihm sein langjähriger Geschäftspartner A – ein österreichischer Staatsbürger – bei einem kurz zuvor in Österreich geführten Gespräch bewusst wahrheitswidrig vermittelt hat. A ging bei der Beeinflussung des Z davon aus, dass dieser ihm praktisch „blind" vertraut und das Täuschungsmanöver nicht durchschaut. Dass Z seine Aussage möglicherweise durch einen Eid bekräftigen muss, war A bekannt. Z nahm bei seiner Vernehmung aus Nachlässigkeit keine Einsicht in für ihn verfügbare Geschäftsunterlagen. Eine solche Einsichtnahme hätte bei ihm zumindest Zweifel an der Zuverlässigkeit seines Erinnerungsbildes und damit an der Richtigkeit seiner Aussage geweckt. Er bekräftigte seine vor dem EuGH getätigte Zeugenaussage durch Ableisten eines Eides.

Aufgabe Bitte prüfen Sie die Strafbarkeit von Z und A nach deutschem Strafrecht.

Hinweis Auf die Bestimmung in Art. 30 des Protokolls über die Satzung des Gerichtshofs v. 26. Februar 2001 (Anhang 2) wird hingewiesen.

7.2 Lösung

7.2.1 *Prüfungsaufbau*

Strafbarkeit des Z
Fahrlässiger Falscheid (§ 161 I StGB)

A. Tatbestandsmäßigkeit
   Objektiver Tatbestand

  1. Tätertauglichkeit des Z
  2. Tathandlung: Falsches Aussagen unter Eid
  3. Objektiver Sorgfaltspflichtverstoß (Fahrlässigkeit) im Hinblick auf die Falschaussage
  4. Zuständige Stelle: EuGH als „Gericht" i. S. d. §§ 154 I, 161 I StGB?

B. Rechtswidrigkeit
C. Schuld
   Subjektive Vorwerfbarkeit der tatbestandlich-widerrechtlichen Handlung durch Nichterfüllung der objektiven Sorgfaltsanforderungen
D. Objektive Bedingung der Strafbarkeit: Strafanwendungsrecht

  I. Schutzbereich des § 161 I StGB
  II. Internationalstrafrechtlicher Anknüpfungspunkt

    1. Art. 30 EuGH-Satzung i. V. m. § 161 I StGB als supranationaler Gesamttatbestand mit „self-executing"-Funktion?
    2. § 6 Nr. 9 StGB im Hinblick auf ein aus Art. 30 EuGH-Satzung abzuleitendes Pönalisierungsgebot?

Strafbarkeit des A
Verleitung zur Falschaussage (§ 160 I 1. Var. StGB)

A. Tatbestandsmäßigkeit

  I. Objektiver Tatbestand

    1. Objektive Tatbestandsverwirklichung des § 154 I StGB durch einen anderen
    2. Tathandlung: Verleiten

  II. Subjektiver Tatbestand (Vorsatz bzgl. I. 1.-2.)

B. Rechtswidrigkeit
C. Schuld
D. Objektive Bedingung der Strafbarkeit: Strafanwendungsrecht

  I. Schutzbereich des § 160 I StGB
  II. Internationalstrafrechtlicher Anknüpfungspunkt: § 6 Nr. 9 StGB im Hinblick auf ein unionsrechtliches Pönalisierungsgebot?

7.2.2 Lösung

Strafbarkeit des Z
Fahrlässiger Falscheid (§ 161 I StGB)
Vorüberlegung: Da Z nicht vorsätzlich falsch ausgesagt hat, scheidet eine Strafbarkeit wegen Meineids (§ 154 I StGB) aus. Nach § 161 I StGB ist eine in § 154 I StGB bezeichnete Handlung jedoch auch strafbar, wenn sie fahrlässig begangen worden ist.

A. Tatbestandsmäßigkeit
Objektiver Tatbestand
1. Z ist als Zeuge tauglicher Täter.
2. Z hat bei seiner Vernehmung falsch ausgesagt und diese Falschaussage durch einen Eid bekräftigt.
3. Im Hinblick auf die eidliche Falschaussage fällt ihm Fahrlässigkeit zur Last, weil er es während seiner Vernehmung aus Nachlässigkeit unterlassen hat, durch Einsicht in verfügbare Geschäftsunterlagen sein Gedächtnis aufzufrischen.[1] Eine solche Einsichtnahme hätte bei ihm zumindest Zweifel an der Zuverlässigkeit seines Erinnerungsbildes und damit an der Richtigkeit seiner Aussage geweckt.
4. Fraglich ist, ob der EuGH als Organ der EU ein „Gericht" i. S. d. § 161 I StGB ist. Grundsätzlich dienen die Aussagedelikte nur dem Schutz der innerstaatlichen Rechtspflege.[2] § 162 I StGB sorgt jedoch für eine Schutzbereichserweiterung der §§ 153–161 StGB.[3] Er stellt sicher, dass der Anwendungsbereich der Aussagedelikte auch Falschaussagen einschließt, die vor einem internationalen Gericht gemacht wurden, das durch einen für die Bundesrepublik Deutschland verbindlichen Rechtsakt errichtet worden ist. Zu den hiernach erfassten Gerichten gehört auch der EuGH (vgl. Art. 19 EUV, Art. 251–281 AEUV).

B. Rechtswidrigkeit
Die Rechtswidrigkeit ist unproblematisch zu bejahen.

C. Schuld
Die Tat ist dem Z auch subjektiv vorwerfbar, weil er die ihm mögliche und zumutbare Sorgfaltsanforderung, die an einen Zeugen zu stellen ist, aus Nachlässigkeit nicht erfüllt hat.

---

[1] Vgl. zu dieser Sorgfaltsanforderung OLG Köln MDR 1980, 421; Lackner/Kühl-*Heger*, § 161 Rn. 2; Schönke/Schröder-*Bosch/Schittenhelm*, § 161 Rn. 4; *Rengier*, BT II, § 49 Rn. 74.
[2] *Fischer*, Vor § 153 Rn. 2; Lackner/Kühl-*Heger*, Vor § 153 Rn. 2; *Rengier*, BT II, § 49 Rn. 1.
[3] *Hecker*, EuStR, Kap. 7 Rn. 10; *Fischer*, § 162 Rn. 2; AnwK-*Mückenberger*, § 162 Rn. 2; *Sinn*, NJW 2008, 3526 (3527); SK-*Zöller*, § 162 Rn. 5, 9.

D. Objektive Bedingung der Strafbarkeit: Strafanwendungsrecht
I. Schutzbereich des § 161 I StGB
Der Schutz der vom EuGH verkörperten europäischen Rechtspflege vor fahrlässigen Falscheiden wird – wie sich aus § 162 I StGB ableiten lässt – durch § 161 I StGB gewährleistet. Die von § 162 I StGB angeordnete Schutzbereichsausdehnung vermag aber nicht automatisch die Erstreckung der deutschen Strafgewalt auf den im Ausland (hier: Luxemburg) spielenden Sachverhalt zu begründen. Hierzu bedarf es grundsätzlich eines internationalstrafrechtlichen Anknüpfungspunktes (vgl. II.).

II. Internationalstrafrechtlicher Anknüpfungspunkt
1. Art. 30 EuGH-Satzung i. V. m. § 161 I StGB als supranationaler Gesamttatbestand mit „self-executing"-Funktion?
Möglicherweise bedarf es im Hinblick auf Art. 30 EuGH-Satzung ausnahmsweise keines internationalstrafrechtlichen Anknüpfungspunktes (§§ 3–7, 9 StGB), der die Anwendbarkeit deutschen Strafrechts legitimiert. Nach dieser Bestimmung hat jeder Mitgliedstaat die Eidesverletzung eines Zeugen (oder Sachverständigen) wie eine vor seinen eigenen in Zivilsachen zuständigen Gerichten begangene Straftat zu verfolgen. In Art. 30 EuGH-Satzung gelangt das sog. *„Assimilierungsprinzip"* zum Ausdruck, d. h. die Indienststellung (Funktionalisierung) des nationalen Strafrechts zum Schutze von Unionsinteressen.[4] Nach h. M. konstituiert die primärrechtliche Assimilierungsbestimmung des Art. 30 EuGH-Satzung im Zusammenspiel mit der nationalen Strafnorm (hier: § 161 I StGB) einen *supranationalen Gesamttatbestand* und stellt insoweit eine Ausnahme von der fehlenden Strafrechtssetzungsgewalt der EU dar.[5] Von diesem Standpunkt aus kommt es auf das Eingreifen eines strafanwendungsrechtlichen Anknüpfungspunktes im nationalen Recht nicht an, denn der supranationale Gesamttatbestand ist unmittelbar anwendbar („self-executing" Unionsrecht).

2. § 6 Nr. 9 StGB im Hinblick auf ein aus Art. 30 EuGH-Satzung abzuleitendes Pönalisierungsgebot?
Nach der Gegenauffassung ist Art. 30 EuGH-Satzung lediglich als *supranationale Anweisung* an die Mitgliedstaaten zu verstehen, ihr nationales Strafrecht so zu gestalten, dass die europäische Rechtspflege im Hinblick auf Eidesverletzungen eines Zeugen ebenso geschützt wird wie die innerstaatliche.[6] Dieses Pönalisierungsgebot erfüllt das deutsche materielle Strafrecht, indem § 162 I StGB auch die Gerichtsbarkeit der EU in den Schutzbereich der §§ 153–161 StGB einbezieht (s. o.). Indem Art. 30 EuGH-Satzung vorschreibt, dass Eidesverletzungen vor dem EuGH so zu behandeln sind, als ob diese vor einem nationalen, in Zivilsachen zuständigen Gericht begangen worden wären, wird die Anwendung sämtlicher Strafrechte der Mit-

---

[4] *Ambos*, IntStR, § 11 Rn. 22 ff.; *Dannecker*, Jura 2006, 95 (99 ff.); *Esser*, IntStR, § 2 Rn. 34 ff.; *Hecker*, EuStR, Kap. 7 Rn. 1 ff.; *ders.*, in: Sieber/Satzger/v. Heintschel-Heinegg, EuStR, § 10 Rn. 4 ff.; *Satzger*, IntStR, § 9 Rn. 25 ff.; *ders.*, Europäisierung, 188 ff., 330 ff.

[5] *Dannecker*, Jura 2006, 95 (99); *Hecker*, EuStR, Kap. 7 Rn. 6; *Tiedemann*, NJW 1993, 23 (25).

[6] MüKo-*Ambos*, Vor §§ 3–7 Rn. 9; *Rosenau*, ZIS 2008, 9; *Satzger*, IntStR, § 8 Rn. 15; *ders.*, Europäisierung, 198 ff.

gliedstaaten auf jedwede Eidesverletzung unabhängig von der Staatsangehörigkeit des Täters und vom Tatort angeordnet.[7] Fraglich ist, ob das deutsche Strafanwendungsrecht dieser Verpflichtung hinreichend Rechnung trägt. Insoweit ist auf die blankettartige Generalklausel des § 6 Nr. 9 StGB zu verweisen, nach der deutsches Strafrecht auf Taten anzuwenden ist, die aufgrund eines für die Bundesrepublik Deutschland verbindlichen zwischenstaatlichen Abkommens auch dann zu verfolgen sind, wenn sie im Ausland begangen werden. Soweit spezielle Strafanwendungsnormen zur Umsetzung unionsrechtlicher Pönalisierungspflichten zugunsten von Unionsinteressen (wie z. B. § 6 Nr. 8 StGB bzgl. des im Ausland begangenen Subventionsbetruges zum Nachteil der EU) fehlen, beseitigt § 6 Nr. 9 StGB verbleibende Inkongruenzen. Die genannte Vorschrift stellt als internationalstrafrechtliche „Auffangnorm" sicher, dass deutsches Strafrecht, welches dem Schutz von Unionsinteressen dient, auf extraterritoriale Taten anwendbar ist.[8] Die Anwendbarkeit deutschen Strafrechts (§ 161 I StGB) auf den von Z in Luxemburg begangenen fahrlässigen Falscheid kann zwar nicht auf § 7 II Nr. 1 StGB (Z ist nicht deutscher Staatsbürger) gestützt werden. Sie folgt aber aus § 6 Nr. 9 StGB.

Der Meinungsstreit, ob durch Art. 30 EuGH-Satzung ein supranationaler Gesamttatbestand konstituiert wird oder ob er lediglich einen an die Mitgliedstaaten gerichteten strafrechtlichen Schutzauftrag enthält, muss an dieser Stelle nicht entschieden werden, da im Ergebnis beide Ansichten die Anwendbarkeit des § 161 I StGB auf die Auslandstat des Z bejahen.

Ergebnis Z ist strafbar gem. § 161 I StGB.

Strafbarkeit des A
Verleitung zur Falschaussage (§ 160 I 1. Var. StGB)
Vorüberlegung: Mangels einer vorsätzlich begangenen Haupttat des Z scheidet eine Strafbarkeit des A wegen Anstiftung zum Meineid (§§ 154 I, 26 StGB) aus. Auch eine versuchte Anstiftung zum Meineid (§§ 154 I, 30 I StGB) kommt nicht in Betracht, da A den Z nicht zur Begehung einer *vorsätzlichen* Falschaussage bestimmen wollte. Insoweit handelte A ohne den nach §§ 154 I, 30 I StGB erforderlichen Tatentschluss. Somit bleibt zu prüfen, ob wenigstens § 160 I 1. Var. StGB eingreift.

A. Tatbestandsmäßigkeit
I. Objektiver Tatbestand

1. § 160 I 1. Var. StGB setzt voraus, dass ein anderer den objektiven Tatbestand des § 154 I StGB verwirklicht hat. Dies ist der Fall, da Z als Zeuge vor dem EuGH eine falsche Aussage getätigt und diese durch einen Eid bekräftigt hat (s. o.).

---

[7] *Hecker*, EuStR, Kap. 2 Rn. 49; *Satzger*, IntStR, § 4 Rn. 19; *ders.*, Europäisierung, 387 f.; LK-*Werle/Jeßberger*, Vor § 3 Rn. 270 f.
[8] MüKo-*Ambos*, Vor §§ 3–7 Rn. 9; Schönke/Schröder-*Eser/Weißer*, § 6 Rn. 10; *Esser*, IntStR, § 2 Rn. 46 f.; *Hecker*, EuStR, Kap. 2 Rn. 49; *Safferling*, IntStR, § 3 Rn. 111; *Satzger*, IntStR, § 8 Rn. 15; *ders.*, Europäisierung, 389 ff.

2. A müsste Z zur Ableistung eines falschen Eids verleitet haben. Das Verleiten umfasst jedenfalls die auf Täuschung angelegte Einwirkung auf einen anderen mit dem Ziel, diesen zu einer Falschaussage zu veranlassen, die dieser – wenn auch fahrlässig – für richtig hält, und ist vollendet, wenn die Falschaussage getätigt und der Eid geleistet wurde.[9] § 160 I StGB schließt insoweit eine Strafbarkeitslücke, die dadurch entsteht, dass die §§ 153 ff. StGB als eigenhändige Delikte nach allgemeinen Regeln nicht in mittelbarer Täterschaft verwirklicht werden können. Da A der späteren Aussageperson Z durch sein Täuschungsmanöver unzutreffende Sachverhaltsannahmen vermittelt hat, die dieser später bei seiner Vernehmung vor dem EuGH unvorsätzlich wiedergegeben und durch einen Eid bekräftigt hat, ist der objektive Tatbestand des § 160 I 1. Var. StGB erfüllt. Auf die streitig diskutierte Frage, ob § 160 I StGB auch verwirklicht ist, wenn der beeinflusste Zeuge nur vermeintlich gutgläubig ist,[10] kommt es somit nicht an.

II. Subjektiver Tatbestand
A handelte im Hinblick auf die Verleitung des Z zur Ableistung eines falschen Eides vorsätzlich.

B. Rechtswidrigkeit
Die Rechtswidrigkeit der Tat des A ist unproblematisch zu bejahen.

C. Schuld
Die Schuld des A ist unproblematisch zu bejahen.

D. Objektive Bedingung der Strafbarkeit: Strafanwendungsrecht
I. Schutzbereich des § 160 I StGB

Nach § 162 I StGB ist § 160 I StGB auch auf falsche Angaben anzuwenden, die in einem Verfahren vor einem internationalen Gericht gemacht wurden, das durch einen für die Bundesrepublik Deutschland verbindlichen Rechtsakt errichtet worden ist. Zu den hiernach erfassten Gerichten gehört auch der EuGH (s. o.). Somit ist der Anwendungsbereich des § 160 I StGB eröffnet und es kann mit der Suche nach einem internationalstrafrechtlichen Anknüpfungspunkt begonnen werden (vgl. II).

II. Internationalstrafrechtlicher Anknüpfungspunkt: § 6 Nr. 9 StGB im Hinblick auf ein unionsrechtliches Pönalisierungsgebot?
A hat in Österreich in tatbestandsmäßiger Weise auf Z eingewirkt. Fraglich ist aber, ob deutsches Strafrecht (§ 160 I StGB) auf diese Tat Anwendung findet. Die auf der Verbindung des Art. 30 EuGH-Satzung mit § 154 I StGB bzw. § 161 I StGB aufbau-

---

[9] *Geppert*, Jura 2002, 173 (179); Fischer, § 160 Rn. 3; Lackner/Kühl-*Heger*, § 160 Rn. 2; Schönke/Schröder-*Bosch/Schittenhelm*, § 160 Rn. 7; *Rengier*, BT II, § 49 Rn. 55; *Wessels/Hettinger/Engländer*, BT 1, Rn. 769.

[10] Dies bejahend BGHSt 21, 116 (117); Lackner/Kühl-*Heger*, § 160 Rn. 4; Schönke/Schröder-*Bosch/Schittenhelm*, § 160 Rn. 9; *Rengier*, BT II, § 49 Rn. 57; abl. *Geppert*, Jura 2002, 173 (180); *Wessels/Hettinger/Engländer*, BT 1, Rn. 770.

ende Konstruktion eines unmittelbar anwendbaren supranationalen Gesamttatbestandes (s. o.) scheidet im Anwendungsfeld des § 160 I StGB aus, weil Art. 30 EuGH-Satzung lediglich die Eidesverletzung eines Zeugen, nicht aber das Verleiten eines Zeugen zur Eidesverletzung erfasst. Folglich bedarf es eines im Strafanwendungsrecht (§§ 3–7, 9 StGB) zu suchenden Anknüpfungspunktes, der die Anwendbarkeit deutschen Strafrechts im konkreten Fall legitimiert. Die Voraussetzungen des § 5 Nr. 10 StGB bzw. § 7 II Nr. 1 StGB liegen nicht vor.

Möglicherweise lässt sich die Anwendung deutschen Strafrechts auf § 6 Nr. 9 StGB stützen. Wie bereits dargelegt, stellt diese Vorschrift sicher, dass deutsches Strafrecht, welches dem Schutz von Unionsinteressen dient, auf extraterritoriale Taten anwendbar ist. Die Mitgliedstaaten sind aufgrund des in Art. 4 III UA 2, 3 EUV (ex-Art. 10 EGV) verankerten Grundsatzes der Unionstreue verpflichtet, ihr Sanktionenrecht in den Dienst des Schutzes von Rechtsgütern der Union – hierzu gehört auch die supranationale Rechtspflege – zu stellen.[11] Die anzudrohenden Sanktionen müssen wirksam, verhältnismäßig und abschreckend sein (sog. „Mindesttrias"). Im Vordergrund steht jedoch das Gleichstellungsgebot, d. h. die Pflicht, den Rechtsgütern der Union den gleichen strafrechtlichen Schutz angedeihen zu lassen wie entsprechenden nationalen Schutzgütern. Zu klären ist daher, ob deutsches Strafrecht (§ 160 I StGB) Anwendung finden würde, wenn A den Z vom Ausland aus dazu verleitet hätte, in Deutschland vor einem deutschen Gericht unvorsätzlich einen Meineid zu leisten. Nach der überzeugenden h. M.[12] ist als Handlungsort (§§ 3, 9 I 1. Alt. StGB) des mittelbaren Täters auch der Ort anzusehen, an dem sein Tatmittler („Werkzeug") die tatbestandsrelevante Aktivität entfaltet hat. Diese Regel ist auf § 160 I StGB übertragbar, da in dieser Strafbestimmung (zumindest auch) die Konstellation einer mittelbaren Täterschaft vertypt wird. Auf die Tat des A wäre somit deutsches Strafrecht anzuwenden, wenn der von ihm zu einer unvorsätzlichen Falschaussage verleitete Z in Deutschland vor einem deutschen Gericht falsch ausgesagt hätte. Aus dem unionsrechtlichen Gebot, den Rechtsgütern der Union den gleichen strafrechtlichen Schutz angedeihen zu lassen wie entsprechenden nationalen Schutzgütern, folgt somit, dass das deutsche Strafanwendungsrecht die Verfolgbarkeit von Angriffen auf die europäische Rechtspflege in der von § 160 I StGB beschriebenen Art auch dann sicherstellen muss, wenn sie im Ausland begangen werden. Genau dies wird durch § 6 Nr. 9 StGB gewährleistet (s. o.).

Ergebnis A ist strafbar gem. § 160 I 1. Alt. StGB.

---

[11] EuGHE 1989, 2965 = NJW 1990, 2245 („Griechischer Mais"); *Ambos*, IntStR, § 11 Rn. 22 ff.; *Esser,* IntStR, § 2 Rn. 51 ff.; *Hecker*, EuStR, Kap. 7 Rn. 1 ff., 23 ff.; *Satzger*, IntStR, § 9 Rn. 26 ff.
[12] BGH wistra 1991, 135; MüKo-*Ambos*, § 9 Rn. 10; *Hecker*, EuStR, Kap. 2 Rn. 16; *Rath*, JA 2007, 26 (27); *Rengier*, AT, § 6 Rn. 10; *Satzger*, IntStR, § 5 Rn. 22; *ders.*, Jura 2010, 108 (114); LK-*Werle/Jeßberger*, § 9 Rn. 14; a. A. SK-*Hoyer*, § 9 Rn. 5.

Literatur

Dannecker, Das materielle Strafrecht im Spannungsfeld des Rechts der EU, Jura 2006, 95
Esser, Europäisches und Internationales Strafrecht, 2. Aufl., 2018, § 2 Rn. 37–47
Hecker, Europäisches Strafrecht, 6. Aufl., 2021, Kap. 2 Rn. 51; Kap. 7 Rn. 6–12, 24 ff.
Ders., in: *Sieber/Satzger/v. Heintschel-Heinegg* (Hrsg.), Europäisches Strafrecht, 2. Aufl., 2014, § 10 Rn. 4 ff.
Satzger, Die Europäisierung des Strafrechts, 2001, 188–206; 385–391
Ders., Internationales und Europäisches Strafrecht, 10. Aufl., 2022, § 9 Rn. 25–30
Sinn, Die Einbeziehung der internationalen Rechtspflege in den Anwendungsbereich der Aussagedelikte, NJW 2008, 3526

Klausur 8
Der geschmierte EU-Beamte

Betrügereien zum Nachteil der EU –
Assimilierungsprinzip –
Gleichstellungsbestimmungen – unionsrechtskonforme
Auslegung – supranationales Finanzschutzstrafrecht

Bernd Hecker

8.1 Fall

Der italienische Unternehmer U bietet dem bei der Kommission tätigen EU-Beamten B, einem deutschen Staatsangehörigen, in dessen Brüsseler Büro € 25.000 an, um mit seiner Hilfe ungerechtfertigt in den Genuss einer EU-Subvention zu gelangen. B, der dafür zuständig ist, im Rahmen einschlägiger Subventionsvergabeverfahren bestimmte fachliche Überprüfungen von Anträgen vorzunehmen, nimmt das Geld an und sorgt durch ein geschicktes Täuschungsmanöver unter Missbrauch seiner dienstlichen Position dafür, dass sein für die Ausstellung amtlicher Prüfbescheinigungen zuständiger Kollege, der EU-Beamte C, gutgläubig unrichtige Feststellungen in das für die Subventionsentscheidung relevante Prüfprotokoll aufnimmt. Bei diesem Protokoll handelt es sich um ein amtliches Dokument der EU, dessen Inhalt mit Beweiskraft für und gegen jedermann ausgestattet ist. C leitet dieses Protokoll – wie von B vorhergesehen – auf dem üblichen Dienstweg an seinen für die Vergabeentscheidung zuständigen Dienststellenleiter D weiter. Diesem bleibt aufgrund des in dem Protokoll mitgeteilten Prüfergebnisses verborgen, dass die im Antragsformular des U mitgeteilten, für diesen vorteilhaften Angaben unrichtig sind. Noch bevor D die beantragte Subvention förmlich bewilligt, werden die Machenschaften von U und B durch OLAF-Kontrolleure aufgedeckt.

B. Hecker (✉)
Lehrstuhl für Deutsches und Europäisches Strafrecht, Strafprozessrecht sowie Umwelt- und Wirtschaftsstrafrecht, Eberhard Karls Universität Tübingen, Tübingen, Deutschland
E-Mail: bernd.hecker@uni-tuebingen.de

© Springer-Verlag GmbH Deutschland, ein Teil von Springer Nature 2022
B. Hecker, M. A. Zöller, *Fallsammlung zum Europäischen und Internationalen Strafrecht*, Juristische ExamensKlausuren,
https://doi.org/10.1007/978-3-662-65140-7_8

Aufgabe Bitte prüfen Sie die Strafbarkeit von U und B nach deutschem Strafrecht.

Hinweise Es ist davon auszugehen, dass die Taten von U und B nach dem Recht des Tatortes (Belgien) mit Strafe bedroht sind.

Zusatzfrage Verfügt die Union über die Kompetenz, einen supranationalen Straftatbestand zur Bekämpfung von Betrügereien zum Nachteil des EU-Haushaltes in Form einer Verordnung zu schaffen?

8.2 Lösung

8.2.1 Prüfungsaufbau

Strafbarkeit des U
(1) Subventionsbetrug (§ 264 I Nr. 1, II S. 2 Nr. 3 StGB)

    A. Tatbestandsmäßigkeit

        I. Objektiver Tatbestand

            1. Tatgegenstand: Subvention (§ 264 VIII S. 1 Nr. 2 StGB)
            2. Tathandlung

        II. Subjektiver Tatbestand (Vorsatz bezüglich I. 1.–2.)

    B. Rechtswidrigkeit
    C. Schuld
    D. Strafzumessungsregel (Besonders schwerer Fall): § 264 II S. 2 Nr. 3 StGB
    E. Objektive Bedingung der Strafbarkeit: Strafanwendungsrecht

        I. Schutzbereich des § 264 I StGB
        II. Internationalstrafrechtlicher Anknüpfungspunkt

            1. §§ 3, 9 I Alt. 1 StGB
            2. § 7 II Nr. 1 StGB
            3. § 6 Nr. 8 StGB

(2) Versuchter Betrug (§§ 263 I, 22 StGB)

    A. Tatbestandsmäßigkeit

        I. Tatentschluss

            1. Täuschung über Tatsachen
            2. Irrtum
            3. Vermögensverfügung
            4. Vermögensschaden
            5. Absicht, sich rechtswidrig zu bereichern

        II. Unmittelbares Ansetzen

B. Rechtswidrigkeit
C. Schuld
D. Objektive Bedingung der Strafbarkeit: Strafanwendungsrecht

   I. Schutzbereich des § 263 I StGB
   II. Internationalstrafrechtlicher Anknüpfungspunkt
      1. § 7 II Nr. 1 StGB
      2. § 6 Nr. 8 StGB
      3. § 6 Nr. 9 StGB

E. Konkurrenzen (Verhältnis zwischen § 263 I StGB und § 264 I StGB)

(3) Bestechung (§ 334 I StGB)

A. Tatbestandsmäßigkeit

   I. Objektiver Tatbestand
      1. Täter: Jedermann
      2. Tathandlung „Unrechtsvereinbarung": Anbieten, Versprechen oder Gewähren eines Vorteils gegenüber einem Amtsträger (§ 11 I Nr. 2-4 StGB) als Gegenleistung für eine künftige oder schon vorgenommene Diensthandlung

         a) Amtsträgereigenschaft des B (§ 11 I Nr. 2a Buchst. b StGB)
         b) Pflichtwidrigkeit der Diensthandlung

   II. Subjektiver Tatbestand (Vorsatz bzgl. I. 1.–2.)

B. Rechtswidrigkeit
C. Schuld
D. Objektive Bedingung der Strafbarkeit: Strafanwendungsrecht

   I. Schutzbereich des § 334 I StGB
   II. Internationalstrafrechtlicher Anknüpfungspunkt
      1. §§ 3, 9 I Alt. 1 StGB
      2. § 7 II Nr. 1 StGB
      3. § 5 Nr. 15 Buchst. a StGB

Strafbarkeit des B

(1) Subventionsbetrug (§ 264 I Nr. 1, II S. 2 Nr. 2 StGB)

A. Tatbestandsmäßigkeit

   I. Objektiver Tatbestand
      1. Tatgegenstand: Subvention (§ 264 VIII S. 1 Nr. 2 StGB)
      2. Tathandlung

   II. Subjektiver Tatbestand (Vorsatz bezüglich I. 1.–2.)

B. Rechtswidrigkeit
C. Schuld
D. Strafzumessungsregel (Besonders schwerer Fall): § 264 II S. 2 Nr. 2 StGB

E. Objektive Bedingung der Strafbarkeit: Strafanwendungsrecht

    I. Schutzbereich des § 264 I StGB
    II. Internationalstrafrechtlicher Anknüpfungspunkt

        1. § 7 II Nr. 1 StGB
        2. § 6 Nr. 8 StGB

(2) Versuchter Betrug (§§ 263 I, III S. 2 Nr. 4, 22 StGB)

  A. Tatbestandsmäßigkeit

    I. Tatentschluss

        1. Täuschung über Tatsachen
        2. Irrtum
        3. Vermögensverfügung
        4. Vermögensschaden
        5. Absicht, sich oder einen Dritten rechtswidrig zu bereichern

    II. Unmittelbares Ansetzen

  B. Rechtswidrigkeit
  C. Schuld
  D. Strafzumessungsregel (Besonders schwerer Fall): § 263 III S. 2 Nr. 4 StGB
  E. Objektive Bedingung der Strafbarkeit: Strafanwendungsrecht

    I. Schutzbereich des § 263 I StGB
    II. Internationalstrafrechtlicher Anknüpfungspunkt: § 7 II Nr. 1 StGB

  F. Konkurrenzen (Verhältnis zwischen § 263 I StGB und § 264 I StGB)

(3) Bestechlichkeit (§ 332 I StGB)

  A. Tatbestandsmäßigkeit

    I. Objektiver Tatbestand

        1. Amtsträgereigenschaft des B
        2. Tathandlung „Unrechtsvereinbarung"
        3. Pflichtwidrigkeit der Diensthandlung

    II. Subjektiver Tatbestand (Vorsatz bzgl. I. 1.–3.)

  B. Rechtswidrigkeit
  C. Schuld
  D. Objektive Bedingung der Strafbarkeit: Strafanwendungsrecht

    I. Schutzbereich des § 332 I StGB
    II. Internationalstrafrechtlicher Anknüpfungspunkt

        1. § 7 II Nr. 1 StGB
        2. § 5 Nr. 15 Buchst. a StGB

(4) Mittelbare Falschbeurkundung (§ 271 I, III StGB)

A. Tatbestandsmäßigkeit
    I. Objektiver Tatbestand
        Tathandlung: Bewirken einer falschen Beurkundung in einer öffentlichen Urkunde
    II. Subjektiver Tatbestand
        1. Vorsatz
        2. Qualifikationen (§ 271 III StGB)
B. Rechtswidrigkeit
C. Schuld
D. Objektive Bedingung der Strafbarkeit: Strafanwendungsrecht
    I. Schutzbereich des § 271 I, III StGB
    II. Internationalstrafrechtlicher Anknüpfungspunkt: § 7 II Nr. 1 StGB

8.2.2 Lösungsvorschlag

8.2.2.1 Ausgangsfall

Strafbarkeit des U
(1) Subventionsbetrug (§ 264 I Nr. 1, II S. 2 Nr. 3 StGB)
A. Tatbestandsmäßigkeit
I. Objektiver Tatbestand
1. Tatgegenstand: Subvention (§ 264 VIII S. 1 Nr. 2 StGB)

Nach § 264 VIII S. 1 Nr. 2 StGB unterfällt dem Subventionsbegriff auch „*eine Leistung aus öffentlichen Mitteln nach dem Recht der Europäischen Union, die wenigstens zum Teil ohne marktmäßige Gegenleistung gewährt wird.*" Die von U erstrebte EU-Subvention ist eine solche Leistung. Gäbe es die Gleichstellungsklausel des § 264 VIII S. 1 Nr. 2 StGB nicht, ließe sich eine Erstreckung des Schutzbereiches der Norm auf EU-Subventionen durch eine unionsrechtskonforme Auslegung des Subventionsbegriffes im Lichte des Art. 325 II AEUV begründen.[1]

2. Tathandlung
U hat gegenüber der für die Bewilligung der Subvention zuständigen Behörde unrichtige Angaben über subventionserhebliche Tatsachen[2] gemacht, die für ihn vorteilhaft sind.[3] Damit ist der objektive Tatbestand des § 264 I Nr. 1 StGB erfüllt. Ob es letztlich zu einer Bewilligung bzw. Auszahlung der Subvention kommt, ist unerheblich, da die Tatbestandsverwirklichung nicht von dem Eintritt eines Vermögensschadens abhängt.

---

[1] *Esser*, IntStR, § 2 Rn. 76; *Hecker*, EuStR, Kap. 7 Rn. 56.
[2] Zum Merkmal der „Subventionserheblichkeit" vgl. BGH NJW 2021, 2055; *Hecker*, JuS 2021, 988 ff.
[3] Zum Merkmal „unrichtige Angaben" vgl. BGH NStZ 2010, 327; Schönke/Schröder-*Perron*, § 264 Rn. 44 ff.

II. Subjektiver Tatbestand
U handelte hierbei vorsätzlich.

B. Rechtswidrigkeit
Die Rechtswidrigkeit ist unproblematisch gegeben.

C. Schuld
U handelte auch schuldhaft.

D. Strafzumessungsregel (Besonders schwerer Fall): § 264 II S. 2 Nr. 3 StGB
Es könnte ein besonders schwerer Fall gem. § 264 II S. 2 Nr. 3 StGB anzunehmen sein, wenn U bei der Tat die Mithilfe eines Amtsträgers oder Europäischen Amtsträgers ausgenutzt hat, der seine Befugnisse oder Stellung missbraucht. B ist als EU-Beamter zwar kein „Amtsträger" i. S. d. § 11 I Nr. 2, 3 und 4 StGB (vgl. „… Amtsträger: wer nach *deutschem* Recht …"). Er ist jedoch „Europäischer Amtsträger" i. S. d. § 11 I Nr. 2a Buchst. b StGB. U hat somit das Regelbeispiel erfüllt.

E. Objektive Bedingung der Strafbarkeit: Strafanwendungsrecht
I. Schutzbereich des § 264 I StGB
Der Schutzbereich des § 264 I StGB weist keine tatbestandsimmanente Beschränkung auf innerstaatliche Rechtsgüter auf, sondern bezieht – wie sich aus § 264 VIII S. 1 Nr. 2 StGB schließen lässt – auch Vermögensinteressen der EU ein.[4] Die deutsche Strafrechtsordnung erfüllt damit eine Verpflichtung aus dem in Art. 325 II AEUV verankerten Assimilierungsgebot.[5]

II. Internationalstrafrechtlicher Anknüpfungspunkt
1. §§ 3, 9 I Alt. 1 StGB
„Gemacht" sind die unrichtigen Angaben, wenn sie im Rahmen eines Subventionsverfahrens dem Subventionsgeber zugegangen sind.[6] Da die für die Subventionsbewilligung zuständige Behörde ihren Sitz in Brüssel (Belgien) hat, kann die Anwendbarkeit deutschen Strafrechts nicht auf einen inländischen Tathandlungsort (§§ 3, 9 I Alt. 1 StGB) gestützt werden.

2. § 7 II Nr. 1 StGB
Auch das in § 7 II Nr. 1 StGB verankerte aktive Personalitätsprinzip greift nicht ein, da U nicht deutscher Staatsangehöriger ist.

3. § 6 Nr. 8 StGB
Der von U begangene Subventionsbetrug unterfällt jedoch gem. § 6 Nr. 8 StGB der deutschen Strafgewalt. Das deutsche Strafanwendungsrecht trägt damit der aus Art. 325 I, II AEUV abzuleitenden unionsrechtlichen Pflicht aller EU-Mitgliedstaaten Rechnung, ihr nationales Strafrecht in den Dienst des Schutzes der EU-Finanzinteressen zu stellen (Assimilierungsprinzip).[7]

---

[4] *Fischer*, § 264 Rn. 1; Schönke/Schröder-*Perron*, § 264 Rn. 4.
[5] *Hecker*, EuStR, Kap. 7 Rn. 29 f., § 13 Rn. 20 ff.
[6] Schönke/Schröder-*Perron*, § 264 Rn. 48.
[7] *Ambos*, IntStR, § 3 Rn. 110; *Hecker*, EuStR, Kap. 2 Rn. 47; *Satzger*, IntStR, § 5 Rn. 79.

Ergebnis U ist strafbar gem. § 264 I, II S. 2 Nr. 3 StGB.

(2) Versuchter Betrug (§§ 263 I, 22 StGB)
Vorüberlegung: Mangels Vermögensschadens scheidet ein vollendeter Betrug aus. Der Versuch des Betruges ist jedoch gem. § 263 II StGB mit Strafe bedroht.

A. Tatbestandsmäßigkeit
I. Tatentschluss
1. Täuschung über Tatsachen
U wollte die Person, die letztlich über die Bewilligung der Subvention zu entscheiden hatte, über das Vorliegen subventionserheblicher Tatsachen täuschen, indem er unzutreffende Angaben macht.

2. Irrtum
Durch die Täuschung sollte eine entsprechende Fehlvorstellung bei dieser Person hervorgerufen werden.

3. Vermögensverfügung
Die getäuschte Person sollte dazu veranlasst werden, die beantragte Subvention irrtumsbedingt zu bewilligen und insoweit über das Vermögen zu Lasten des EU-Haushalts zu verfügen.

4. Vermögensschaden
In der von U erstrebten Bewilligung und Auszahlung der EU-Subvention ist ein betrugsrelevanter Vermögensschaden zu Lasten des EU-Haushalts zu sehen, da mangels Vorliegens der Anspruchsvoraussetzungen der mit der Subvention verfolgte Zweck nicht erreicht wird.[8]

5. Absicht, sich rechtswidrig zu bereichern
Da es U darauf ankam, ungerechtfertigt in den Genuss der EU-Subvention zu gelangen, handelte er auch in der Absicht, sich rechtswidrig zu bereichern.

II. Unmittelbares Ansetzen
U hat die Schwelle zum Versuchsbeginn in dem Moment überschritten, in dem er gegenüber der Bewilligungsbehörde unrichtige Angaben über subventionserhebliche Tatsachen gemacht und damit ein Tatbestandsmerkmal des § 263 I StGB erfüllt hat.

B. Rechtswidrigkeit
Die Rechtswidrigkeit ist unproblematisch zu bejahen.

C. Schuld
U handelte auch schuldhaft.

D. Objektive Bedingung der Strafbarkeit: Strafanwendungsrecht
I. Schutzbereich des § 263 I StGB

---
[8] BGHSt 31, 93 (95); BGH NStZ 2006, 624 (625); Schönke/Schröder-*Perron*, § 263 Rn. 104.

§ 263 I StGB weist als Vermögensdelikt im Hinblick auf seine individualschützende Funktion keine tatbestandsimmanente Beschränkung auf rein inländische Rechtsgüter auf.[9]

II. Internationalstrafrechtlicher Anknüpfungspunkt
1. § 7 II Nr. 1 StGB
Wie bereits dargelegt, kann die Anwendbarkeit deutschen Strafrechts nicht auf das in § 7 II Nr. 1 StGB zum Ausdruck gelangende aktive Personalitätsprinzip gestützt werden.

2. § 6 Nr. 8 StGB
Die Bestimmung des § 6 Nr. 8 StGB bezieht sich explizit nur auf Taten nach § 264 StGB und kommt somit im Anwendungsbereich des § 263 StGB nicht zum Zug.

3. § 6 Nr. 9 StGB
Fraglich ist, ob deutsches Strafrecht gem. § 6 Nr. 9 StGB anwendbar ist. Dies ist der Fall, wenn die Tat des U aufgrund eines für die Bundesrepublik Deutschland verbindlichen zwischenstaatlichen Abkommens auch dann zu verfolgen ist, wenn sie im Ausland begangen worden ist. Die genannte Vorschrift stellt als internationalstrafrechtliche „Auffangnorm" sicher, dass deutsches Strafrecht, welches dem Schutz von Unionsinteressen dient, auf extraterritoriale Taten anwendbar ist.[10] Eine Pflicht Deutschlands zur Pönalisierung von Betrügereien zum Nachteil der EU lässt sich aus Art. 325 II AEUV ableiten. Danach ergreifen die Mitgliedstaaten zur Bekämpfung von Betrügereien, die sich gegen die finanziellen Interessen der Union richten, die gleichen Maßnahmen, die zum Schutze ihrer eigenen finanziellen Interessen vorgesehen sind (Assimilierungsprinzip).[11] Deutsches Strafrecht (§§ 263 I, 22 StGB) ist somit gem. § 6 Nr. 9 StGB anwendbar.

E. Konkurrenzen (Verhältnis zwischen § 263 StGB und § 264 StGB)
Gegenüber § 263 I StGB stellt § 264 I StGB eine abschließende Sonderregelung dar, hinter der § 263 I StGB selbst dann zurücktritt, wenn es im Einzelfall zu einer Vermögensschädigung kommt.[12]

Ergebnis U ist trotz Verwirklichung der §§ 263 I, 22 StGB nicht wegen versuchten Betrugs zu bestrafen, da diese Bestimmungen von dem hier erfüllten § 264 I Nr. 1 StGB – vgl. o. (1) – als lex specialis verdrängt werden.

---

[9] BGHSt 21, 277 (281); BGHSt 29, 85 (88); Schönke/Schröder-*Eser/Weißer*, Vorbem. §§ 3–9 Rn. 42 f.; *Hecker*, EuStR, Kap. 2 Rn. 5; *Rengier*, AT, § 6 Rn. 33; *Satzger*, Jura 2010, 188 (195); AnwK-*Zöller*, Vor § 3 Rn. 5.
[10] MüKo-*Ambos*, Vor §§ 3–7 Rn. 9; Schönke/Schröder-*Eser/Weißer*, § 6 Rn. 10 f.; *Esser*, IntStR, § 2 Rn. 46 f.; *Hecker*, EuStR, Kap. 2 Rn. 48 f.; *Satzger*, IntStR, § 5 Rn. 80; *ders.*, Europäisierung, 389 ff.
[11] *Ambos*, IntStR, § 11 Rn. 39 ff.; *Dannecker*, Jura 2006, 95 (99 ff.); *Hecker*, EuStR, 7 Rn. 23 ff.; *ders.*, in: Sieber/Satzger/v. Heintschel-Heinegg, EuStR, § 10 Rn. 4 ff.
[12] BGHSt 44, 233 (243); BGH NStZ 2006, 624; Schönke/Schröder-*Perron*, § 264 Rn. 87.

(3) Bestechung (§ 334 I StGB)

A. Tatbestandsmäßigkeit
I. Objektiver Tatbestand
1. Täter: Jedermann
U ist tauglicher Täter einer Bestechung.

2. Tathandlung „Unrechtsvereinbarung": Anbieten, Versprechen oder Gewähren eines Vorteils gegenüber einem Amtsträger (§ 11 I Nr. 2, 3 und 4 StGB) oder Europäischen Amtsträger (§ 11 I Nr. 2a StGB) als Gegenleistung für eine künftige oder schon vorgenommene Diensthandlung

U hat dem EU-Beamten B einen Vorteil, nämlich die Zahlung von € 25.000, sowohl angeboten als auch gewährt. Diese Vorteilsgewährung sollte B als Gegenleistung für eine künftige (konkrete) Diensthandlung, nämlich die in dienstlicher Eigenschaft vorzunehmende fachliche Prüfung des Antrags des U, erhalten. In dieser Verknüpfung zwischen Vorteilsgewährung und Diensthandlung liegt die von § 334 I StGB vorausgesetzte Unrechtsvereinbarung.[13]

a) Amtsträgereigenschaft des B
Die Amtsträgereigenschaft des B folgt aus § 11 I Nr. 2a Buchst. b StGB („Europäischer Amtsträger"). B ist somit tauglicher Vorteilsnehmer i. S. d. § 334 I StGB.

b) Pflichtwidrigkeit der Diensthandlung
Die Unrechtsvereinbarung zwischen U und B sieht vor, dass B bei der von ihm vorzunehmenden fachlichen Prüfung des Antrags des U unzutreffende Feststellungen trifft, mithin seine Dienstpflichten verletzt.

II. Subjektiver Tatbestand
U handelte vorsätzlich.

B. Rechtswidrigkeit
Die Rechtswidrigkeit ist unproblematisch zu bejahen.

C. Schuld
U handelte auch schuldhaft.

D. Objektive Bedingung der Strafbarkeit: Strafanwendungsrecht
I. Schutzbereich des § 334 I StGB
§ 334 I StGB schützt das Vertrauen der Allgemeinheit in die Integrität von Trägern staatlicher Funktionen bzw. in die Lauterkeit des öffentlichen Dienstes und damit zugleich in die Sachlichkeit staatlicher Entscheidungen.[14] Wie sich aus der Einbeziehung von EU-Amtsträgern in den Anwendungsbereich des § 334 I StGB ergibt, erstreckt sich der Schutzbereich der Norm auch auf entsprechende Interessen der EU. Der deutsche Gesetzgeber erfüllt damit seine Verpflichtungen aus dem 1. ZP zu

---

[13] BGHSt 39, 45 (46); BGH NStZ-RR 2008, 13 (14); *Fischer*, § 334 Rn. 4 i. V. m. § 332 Rn. 11; Schönke/Schröder-*Heine/Eisele*, § 334 Rn. 3 ff. i. V. m. § 332 Rn. 6, 19; *Rengier*, BT II, § 60 Rn. 50 ff.

[14] BGHSt 47, 295 (309); *Fischer*, § 331 Rn. 2; Schönke/Schröder-*Heine/Eisele*, § 331 Rn. 7; *Rengier*, BT II, § 60 Rn. 7.

dem Übereinkommen über den Schutz der finanziellen Interessen der Europäischen Gemeinschaften zur Bekämpfung der Korruption.[15]

II. Internationalstrafrechtlicher Anknüpfungspunkt
1. §§ 3, 9 I Alt. 1 StGB
Da U die bestechungsrelevanten Handlungen in Brüssel (Belgien) vorgenommen hat, kann die Anwendbarkeit deutschen Strafrechts nicht auf einen inländischen Tathandlungsort (§§ 3, 9 I Alt. 1 StGB) gestützt werden.

2. § 7 II Nr. 1 StGB
§ 7 II Nr. 1 StGB greift nicht ein, da U nicht deutscher Staatsangehöriger ist.

3. § 5 Nr. 15 Buchst. d StGB
Jedoch folgt die Anwendbarkeit des § 334 I StGB aus § 5 Nr. 15 Buchst. d StGB, da die Tat gegenüber einem Europäischen Amtsträger (§ 11 I Nr. 2a Buchst. b StGB) begangen worden ist, der zum Zeitpunkt der Tatbegehung deutscher Staatsangehöriger ist.

Ergebnis U ist strafbar gem. § 334 I StGB.

Gesamtergebnis U ist strafbar gem. §§ 264 I, II S. 2 Nr. 3, 334 I, 52 I StGB.

Strafbarkeit des B
(1) Subventionsbetrug (§ 264 I Nr. 1, II S. 2 Nr. 2 StGB)
A. Tatbestandsmäßigkeit
I. Objektiver Tatbestand
1. Tatgegenstand: Subvention (§ 264 VIII S. 1 Nr. 2 StGB)
Die Tathandlung des B bezieht sich auf eine von § 264 I Nr. 1 StGB erfasste EU-Subvention (§ 264 VIII S. 1 Nr. 2 StGB). Insoweit gelten die oben zur Strafbarkeit des U gemachten Ausführungen entsprechend.

2. Tathandlung
Indem B dafür sorgte, dass der EU-Beamte C unrichtige Feststellungen in das für die Subventionsentscheidung relevante Prüfprotokoll aufnimmt, machte er gegenüber einer in das Subventionsverfahren eingeschalteten Person unrichtige Angaben über subventionserhebliche Tatsachen, die für einen Dritten – hier: U – vorteilhaft sind.

II. Subjektiver Tatbestand
B handelte insoweit vorsätzlich.

B. Rechtswidrigkeit
Die Rechtswidrigkeit ist unproblematisch zu bejahen.

C. Schuld
B handelte auch schuldhaft.

---
[15] Vgl. zu dem früheren EU-BestG bereits *Fischer*, § 334 Rn. 2; *Hecker*, EuStR, Kap. 7 Rn. 54; Schönke/Schröder-*Heine/Eisele*, § 331 Rn. 4/5.

D. Strafzumessungsregel (Besonders schwerer Fall): § 264 II S. 2 Nr. 2 StGB
B könnte das Regelbeispiel des § 264 II S. 2 Nr. 2 StGB erfüllt haben. Seine Amtsträgereigenschaft folgt zwar nicht bereits aus § 11 I Nr. 2, 3 und 4 StGB, jedoch aus § 11 Abs. 1 Nr. 2a Buchst. b StGB. Da B somit bei der Tatbegehung seine Stellung als Europäischer Amtsträger missbraucht hat, liegt ein besonders schwerer Fall des Subventionsbetruges vor.

E. Objektive Bedingung der Strafbarkeit: Strafanwendungsrecht
I. Schutzbereich des § 264 I StGB
Der Schutzbereich des § 264 I StGB weist keine tatbestandsimmanente Beschränkung auf innerstaatliche Rechtsgüter auf, sondern bezieht – wie sich explizit aus § 264 VIII S. 1 Nr. 2 StGB schließen lässt – auch Vermögensinteressen der EU ein. Insoweit gelten die oben zur Strafbarkeit des U gemachten Ausführungen entsprechend.

II. Internationalstrafrechtlicher Anknüpfungspunkt
1. § 7 II Nr. 1 StGB
Da B deutscher Staatsangehöriger ist, kommt deutsches Strafrecht nach dem in § 7 II Nr. 1 StGB zum Ausdruck gelangenden aktiven Personalitätsprinzip zur Anwendung, sofern die Tat am Tatort (Belgien) mit Strafe bedroht ist,[16] wovon ausgegangen werden darf.

2. § 6 Nr. 8 StGB
Im Übrigen ist deutsches Strafrecht auch gem. § 6 Nr. 8 StGB auf die Auslandstat des B anwendbar.

Ergebnis B ist strafbar gem. §§ 264 I Nr. 1, II S. 2 Nr. 2 StGB.

(2) Versuchter Betrug (§§ 263 I, III S. 2 Nr. 4, 22 StGB)
Vorüberlegung: Mangels Vermögensschadens scheidet ein vollendeter Betrug aus. Der Versuch des Betruges ist jedoch gem. § 263 II StGB mit Strafe bedroht.

A. Tatbestandsmäßigkeit
I. Tatentschluss
1. Täuschung über Tatsachen
Durch die Weitergabe unrichtiger Feststellungen an den EU-Beamten C wollte B bewirken, dass diese in das für die Subventionsentscheidung relevante Prüfprotokoll aufgenommen und an den für die Vergabeentscheidung zuständigen D weitergeleitet werden. Insoweit hatte er einen Tatentschluss zur Täuschung über Tatsachen gefasst.

2. Irrtum
Durch die Täuschung sollte bei D eine Fehlvorstellung über subventionserhebliche Tatsachen hervorgerufen werden.

---
[16] *Hecker*, EuStR, Kap. 2 Rn. 42, 54; *Satzger*, IntStR, § 5 Rn. 84, 89 ff.; *ders.*, Jura 2010, 190 (193).

3. Vermögensverfügung
D sollte dazu veranlasst werden, die von U beantragte Subvention irrtumsbedingt zu bewilligen und insoweit über das Vermögen zu Lasten des EU-Haushalts zu verfügen.

4. Vermögensschaden
In der von B zugunsten des U erstrebten Bewilligung und Auszahlung der EU-Subvention ist ein betrugsrelevanter Vermögensschaden zu Lasten des EU-Haushalts zu sehen, da mangels Vorliegens der Anspruchsvoraussetzungen der mit der Subvention verfolgte Zweck nicht erreicht wird.

5. Absicht, sich oder einen Dritten rechtswidrig zu bereichern
Da es B darauf ankam, dem U zur Auszahlung einer diesem nicht zustehenden EU-Subvention zu verhelfen, handelte er auch in der Absicht, einen Dritten rechtswidrig zu bereichern.

II. Unmittelbares Ansetzen
B hat die Schwelle zum Versuchsbeginn in dem Moment überschritten, in dem er unrichtige Feststellungen über subventionserhebliche Tatsachen an C weitergeleitet hat.

B. Rechtswidrigkeit
Die Rechtswidrigkeit ist unproblematisch zu bejahen.

C. Schuld
B handelte auch schuldhaft.

D. Strafzumessungsregel (Besonders schwerer Fall): § 263 III S. 2 Nr. 4 StGB
B erfüllte das Regelbeispiel des § 263 III S. 2 Nr. 4 StGB, da er bei der Tatbegehung seine Stellung als Europäischer Amtsträger missbraucht hat.

E. Objektive Bedingung der Strafbarkeit: Strafanwendungsrecht
I. Schutzbereich des § 263 I StGB

§ 263 I StGB weist als Vermögensdelikt im Hinblick auf seine individualschützende Funktion keine tatbestandsimmanente Beschränkung auf rein inländische Rechtsgüter auf.

II. Internationalstrafrechtlicher Anknüpfungspunkt
Da B deutscher Staatsangehöriger ist, lässt sich die Anwendbarkeit deutschen Strafrechts auf § 7 II Nr. 1 StGB stützen. Die von § 7 II Nr. 1 StGB geforderte Tatortstrafbarkeit ist laut Hinweis zu unterstellen.

F. Konkurrenzen (Verhältnis zwischen § 263 I StGB und § 264 I StGB)
Gegenüber § 263 I StGB stellt § 264 I StGB eine abschließende Sonderregelung dar, hinter der § 263 I StGB zurücktritt.[17]

---

[17] Vgl. hierzu die Nachweise in Fn. 12.

Ergebnis B ist trotz Verwirklichung der §§ 263 I, 22 StGB nicht wegen versuchten Betrugs zu bestrafen, da diese Bestimmungen von dem hier erfüllten § 264 I Nr. 1 StGB – vgl. o. (1) – als lex specialis verdrängt werden.

(3) Bestechlichkeit (§ 332 I StGB)
A. *Tatbestandsmäßigkeit*
I. Objektiver Tatbestand
1. Amtsträgereigenschaft des B
Die Amtsträgereigenschaft des B folgt aus § 11 Abs. 1 Nr. 2a Buchst. b StGB. B ist somit tauglicher Täter i. S. d. § 332 I StGB.

2. Tathandlung „Unrechtsvereinbarung"
Die von § 332 I StGB geforderte „Unrechtsvereinbarung" ist darin zu sehen, dass B einen Vorteil, die von U geleistete Zahlung von € 25.000, als Gegenleistung für die Vornahme einer künftigen Diensthandlung angenommen hat.

3. Pflichtwidrigkeit der Diensthandlung
Bei dieser Diensthandlung, nämlich der von ihm in dienstlicher Eigenschaft vorzunehmenden fachlichen Prüfung des Antrags des U, hat er seine Dienstpflichten verletzt, indem er über subventionsrelevante Tatsachen unrichtige Feststellungen getroffen hat.

II. Subjektiver Tatbestand
B handelte vorsätzlich.

B. Rechtswidrigkeit
Die Rechtswidrigkeit ist unproblematisch zu bejahen.

C. Schuld
B handelte auch schuldhaft.

D. Objektive Bedingung der Strafbarkeit: Strafanwendungsrecht
I. Schutzbereich des § 332 I StGB
Der Schutzbereich des § 332 I StGB umfasst auch das Interesse der EU an der Integrität bzw. Lauterkeit ihrer Amtsträger und Sachlichkeit ihrer Amtsführung. Die im Rahmen der Prüfung der Strafbarkeit des U gem. § 334 I StGB gemachten Ausführungen gelten entsprechend.

II. Internationalstrafrechtlicher Anknüpfungspunkt
1. § 7 II Nr. 1 StGB
Da B deutscher Staatsangehöriger ist, kann die Anwendbarkeit deutschen Strafrechts auf § 7 II Nr. 1 StGB gestützt werden. Die von § 7 II Nr. 1 StGB geforderte Tatortstrafbarkeit ist laut Hinweis zu unterstellen.

2. § 5 Nr. 15 Buchst. a StGB
Im Übrigen ist § 332 I StGB auch gem. § 5 Nr. 15 Buchst. a StGB anwendbar. Diese Strafanwendungsbestimmung verzichtet auf das Erfordernis der Tatortstrafbarkeit.

Ergebnis B ist strafbar gem. § 332 I StGB.

(4) Mittelbare Falschbeurkundung (§§ 271 I, III StGB)
A. *Tatbestandsmäßigkeit*
I. *Objektiver Tatbestand*
Tathandlung: Bewirken einer falschen Beurkundung in einer öffentlichen Urkunde
B hat durch die Weitergabe unrichtiger Feststellungen an den gutgläubigen EU-Beamten C bewirkt, dass dieser für die Subventionsbewilligung relevante, also rechtserhebliche, und nicht der Wahrheit entsprechende Tatsachen in das von ihm gefertigte Prüfprotokoll aufgenommen hat. Fraglich ist, ob dieses Protokoll – ein amtliches Dokument der EU, dessen Inhalt mit Beweiskraft für und gegen jedermann ausgestattet ist – eine „öffentliche Urkunde" i. S. d. § 271 I StGB darstellt. Gegen die Einbeziehung von EU-Urkunden könnte das systematische Argument sprechen, dass § 271 I StGB lediglich der Schließung einer Lücke dient, die daraus resultiert, dass das Sonderdelikt des § 348 I StGB nur von Amtsträgern (vgl. § 11 I Nr. 2-4 StGB) begehbar ist. Ohne die Regelung des § 271 I StGB wären Handlungen, die darauf abzielen, einen gutgläubigen Amtsträger zur Herstellung einer falschen Urkunde zu veranlassen, nicht strafbar, da die allgemeinen Grundsätze der mittelbaren Täterschaft nicht eingreifen. Daher lässt sich argumentieren, dass der Anwendungsbereich des § 271 I StGB im Hinblick auf seine Tatobjekte nicht über den des § 348 I StGB hinausreicht. § 348 I StGB lässt jedoch im Hinblick auf § 11 I Nr. 2 StGB („…Amtsträger: wer nach *deutschem* Recht…") nicht die Einbeziehung von Urkunden zu, die von EU-Beamten ausgestellt werden. Der sich hieraus ergebende Ausschluss von EU-Urkunden aus dem Schutzbereich des § 271 I StGB ist jedoch nur eine von mehreren Ausdeutungsmöglichkeiten. Aus dem in Art. 4 III UA 2, 3 EUV verankerten Loyalitätsgebot folgt eine *Pflicht zur unionsrechtskonformen Auslegung* nationaler Strafbestimmungen, soweit der Wortlaut der Norm dies zulässt und die ihr vom Gesetzgeber zugedachte Zweckbestimmung dadurch nicht verfälscht wird.[18] Von mehreren möglichen Auslegungsvarianten ist diejenige zu wählen, die den Vorgaben des Unionsrechts am besten Rechnung trägt. Der Wortlaut des § 271 I StGB („öffentliche Urkunden") lässt durchaus die Einbeziehung von mit öffentlicher Beweiskraft ausgestatteten EU-Urkunden zu, ohne dass hierdurch der Schutzzweck der Norm verfälscht wird. Im Hinblick auf das Loyalitätsgebot (Art. 4 III UA 2, 3 EUV) muss das Strafrecht der Mitgliedstaaten dem Interesse der Union an der inhaltlichen Verlässlichkeit amtlicher EU-Urkunden den gleichen Schutz angedeihen lassen wie entsprechenden inländischen Urkunden (Assimilierungsprinzip). § 271 I StGB ist daher unionsrechtskonform dahingehend auszulegen, dass auch die öffentliche Beweiskraft von Urkunden mit EU-Bezug geschützt wird.[19]

---

[18] *Esser*, IntStR, § 2 Rn. 70; *Hecker*, EuStR, Kap. 10 Rn. 6 ff.; *Satzger*, IntStR, § 9 Rn. 103 ff.; *ders.*, Europäisierung, 549 ff.
[19] *Hecker*, EuStR, Kap. 10 Rn. 69; Lackner/Kühl-*Heger,* § 271 Rn. 5; Schönke/Schröder-*Heine/*

II. Subjektiver Tatbestand
1. Vorsatz
B handelte vorsätzlich.

2. Qualifikationen (§ 271 III StGB)
Da B hierbei gegen Entgelt und in der Absicht handelte, U zu bereichern, sind die Qualifikationstatbestände des § 271 III StGB erfüllt.

B. Rechtswidrigkeit
Die Rechtswidrigkeit ist unproblematisch zu bejahen.

C. Schuld
B handelte auch schuldhaft.

D. Objektive Bedingung der Strafbarkeit: Strafanwendungsrecht
I. Schutzbereich des § 271 I, III StGB
Wie bei der Bestimmung des Tatobjekts („öffentliche Urkunde") bereits dargelegt, führt die gebotene unionsrechtskonforme Auslegung zu einer Erweiterung des Schutzbereichs der Norm dergestalt, dass auch gegen EU-Urkunden gerichtete Tathandlungen erfasst sind, sofern diese – wie hier – mit öffentlicher Beweiskraft ausgestattet sind.

II. Internationalstrafrechtlicher Anknüpfungspunkt
Da B deutscher Staatsangehöriger ist, folgt die Anwendbarkeit deutschen Strafrechts aus § 7 II Nr. 1 StGB. Die von § 7 II Nr. 1 StGB geforderte Tatortstrafbarkeit ist laut Hinweis zu unterstellen.

Ergebnis B ist strafbar gem. §§ 271 I, III StGB.

Gesamtergebnis B ist strafbar gem. §§ 264 I, II S. 2 Nr. 2, 332 I, 271 I, III, 52 I StGB.

8.2.2.2 Antwort auf die Zusatzfrage

Art. 325 IV AEUV lässt die Möglichkeit unmittelbar geltender europäischer Straftatbestände in Verordnungsform aufscheinen. Er lautet: *„Zur Gewährleistung eines effektiven und gleichwertigen Schutzes in den Mitgliedstaaten sowie in den Organen, Einrichtungen und sonstigen Stellen der Union beschließen das Europäische Parlament und der Rat gemäß dem ordentlichen Gesetzgebungsverfahren nach Anhörung des Rechnungshofs die erforderlichen Maßnahmen zur Verhütung und Be-*

Schuster, § 271 Rn. 1 a; *Satzger,* Europäisierung, 579 ff.; anders wohl *Fischer,* § 271 Rn. 4, wonach ausländische Urkunden nur dann erfasst sein sollen, wenn deutsche Rechtsgüter durch sie geschützt sind.

kämpfung von Betrügereien, die sich gegen die finanziellen Interessen der Union richten."

Der Wegfall der in ex-Art. 280 IV S. 2 EGV enthaltenen Vorbehaltsklausel („*Die Anwendung des Strafrechts der Mitgliedstaaten ... [bleibt] ... unberührt"*) und die Offenheit des Art. 325 IV AEUV für die Wahl der Handlungsform (Richtlinie oder Verordnung) lässt die Auslegung zu, dass auf seiner Grundlage auch supranationale Straftatbestände zur Bekämpfung des EU-Betruges erlassen werden dürfen.[20]

Literatur

Dannecker, Strafrechtlicher Schutz der finanziellen Interessen der EG gegen Täuschung, ZStW 108 (1996), S. 577

Esser, Europäisches und Internationales Strafrecht, 2. Aufl., 2018, § 2 Rn. 120–129

Hecker, Europäisches Strafrecht, 6. Aufl., 2021, Kap. 7; Kap. 10; Kap. 13

Killmann/Schröder, in: *Sieber/Satzger/v. Heintschel-Heinegg*, Europäisches Strafrecht, 2. Aufl., 2014, § 12

Satzger, Internationales und Europäisches Strafrecht, 10. Aufl., 2022, § 9

---

[20] *Ambos*, IntStR, § 9 Rn. 22; *Esser*, IntStR, § 2 Rn. 125; *Hecker*, EuStR, Kap. 4 Rn. 68 ff.; *Heger*, ZIS 2009, 406 (416); *Mansdörfer*, HRRS 2010, 11 (18); *Safferling*, IntStR, § 10 Rn. 41; *Satzger*, IntStR, § 8 Rn. 21 f.; *Weißer*, GA 2014, 433 (439); *Zimmermann*, Jura 2009, 844 (845 f.); a. A. *Böse*, Krey-FS, 7 (16); *Sturies*, HRRS 2012, 273 (276 ff.); *Zöller*, Schenke-FS, 579 (582 ff.).

…

Klausur 9
Wundermittel

Betrügerische Produktwerbung – RL 2005/29/EG über unlautere Geschäftspraktiken – Richtlinienkonforme Auslegung des § 263 I StGB

Bernd Hecker

9.1 Fall

Um sich fortlaufende Einnahmen zu verschaffen, vertrieb A das von ihm als „Schlankheitsmittel" bezeichnete Badesalz „Schlankbad". In einer von ihm verfassten Zeitschriftenanzeige wird angegeben, dass es mit dem angeblich „wissenschaftlich erprobten" Mittel möglich sei, ganz ohne Diät und Sport dauerhaft abzunehmen. „Schlankbad" sei sogar bei Patienten, die unter krankhafter Fettleibigkeit (Adipositas) leiden, erfolgreich getestet worden. Die Wirkstoffe von „Schlankbad" würden tief in die Fettzellen des Körpers eindringen und diese auflösen. Auf diese Weise würde „Schlankbad" den Körper „im Blitztempo von nur zwölf Bädern wieder schlank, straff und jung formen, und zwar mit 100-prozentiger Figurgarantie". Wie A wusste, handelte es sich bei diesem Produkt um ein medizinisch wirkungsloses Badezusatzmittel. Er verkaufte eine Flasche „Schlankbad" zu einem „einmaligen Aktionspreis" von € 99 „ohne jedes Risiko" per Nachnahme zuzüglich Versandspesen mit „Rückgaberecht innerhalb von 14 Tagen und voller Geldzurückgarantie". Aufgrund seiner Erfahrungen war er von einem Reklamationsanteil von höchstens 10 % aller Bestellungen ausgegangen. Zur Erledigung der Reklamationen stand ihm ausreichend Geld zur Verfügung. 90 Bestellern wurde aufgrund ihrer Reklamation der volle Kaufpreis zurückerstattet. Durch den Verkauf des Badezusatzmittels an mindestens 750 Verbraucher, die den in der Werbeanzeige gemachten Wunderversprechungen allzu unkritisch Glauben schenkten, erzielte A einen Reingewinn von ca. € 70.000.

Aufgabe Strafbarkeit des A gem. § 263 I StGB?

B. Hecker (✉)
Lehrstuhl für Deutsches und Europäisches Strafrecht, Strafprozessrecht sowie Umwelt- und Wirtschaftsstrafrecht, Eberhard Karls Universität Tübingen, Tübingen, Deutschland
E-Mail: bernd.hecker@uni-tuebingen.de

Hinweis Auf die Bestimmungen der RL 2005/29/EG v. 11.5.2005 über unlautere Geschäftspraktiken (ABlEU 2005 Nr. L 194, S. 22) in Anhang 3 wird hingewiesen.

9.2 Lösung

9.2.1 Prüfungsaufbau

Strafbarkeit des A
Betrug (§ 263 I StGB)

A. Tatbestandsmäßigkeit
   I. Objektiver Tatbestand
      1. Täuschung über Tatsachen
         Problem: „Übertreibende Werbung" tatbestandsrelevant?
      2. Irrtum
         Problem: Richtlinienkonforme Auslegung? – Relevanz des europäischen Verbraucherleitbildes im Lichte der RL 2005/29/EG über unlautere Geschäftspraktiken?
      3. Vermögensverfügung
      4. Vermögensschaden
         Problem: Steht das vertraglich vereinbarte Rücktrittsrecht der Annahme eines Vermögensschadens entgegen?
   II. Subjektiver Tatbestand
      1. Vorsatz bezüglich I. 1.–4.
      2. Absicht, sich rechtswidrig zu bereichern

B. Rechtswidrigkeit
C. Schuld
D. Besonders schwerer Fall
   I. Gewerbsmäßigkeit (§ 263 III S. 2 Nr. 1 StGB)
   II. Absicht, durch fortgesetzten Betrug eine große Zahl von Menschen in die Gefahr des Verlustes von Vermögenswerten zu bringen (§ 263 III S. 2 Nr. 2 StGB)

E. Konkurrenzen: 750 Einzeltaten oder eine Tat?

9.2.2 Lösungsvorschlag

Strafbarkeit des A
Betrug (§ 263 I StGB)
  A. Tatbestandsmäßigkeit
  I. Objektiver Tatbestand
  1. Täuschung über Tatsachen

Gegenstand der Täuschung können nur Tatsachen sein. Tatsachen sind dem Beweis zugängliche Ereignisse oder Zustände der Gegenwart oder Vergangenheit.[1] Da es sich bei den in der Zeitungsanzeige versprochenen Wunderwirkungen um übertreibende Werbeanpreisungen in Form von „marktschreierischer Reklame"[2] handelt, könnte man bereits bezweifeln, ob A überhaupt über „Tatsachen" getäuscht hat. Die rhetorische Darbietung einer Werbebotschaft lässt jedoch letztlich keine zuverlässigen Rückschlüsse auf das Vorliegen bzw. Nichtvorliegen einer Tatsachenbehauptung zu. Zwar mag der in einer Produktanpreisung enthaltene Tatsachenkern durch maßlos übertreibende („marktschreierische") Formulierungen fast bis zur Unkenntlichkeit verschleiert werden. Er verliert hierdurch jedoch nicht seine Existenz.[3] A spiegelt durch seine Produktanpreisung die medizinische Wirksamkeit des beworbenen Produkts als ein zur Gewichtsreduktion geeignetes Schlankheitsmittel vor. Er täuscht damit über eine dem Wahrheitsbeweis prinzipiell zugängliche Tatsache.[4]

2. Irrtum
Infolge der Täuschung muss ein Irrtum, d. h. eine Fehlvorstellung über Tatsachen, hervorgerufen werden. Durch die Täuschung über die Wirksamkeit des „Schlankheitsmittels" hat A bei den Bestellern die Fehlvorstellung erregt, dass das Produkt „Schlankbad" im Kern die versprochene Wirkung habe, zumal ein wissenschaftlicher Hintergrund, eine erfolgreiche Benutzung durch Testpersonen und eine „100-prozentige Garantie" vorgespiegelt wurde. Die Täuschung und der darauf beruhende Irrtum wurden durch das Rückgaberecht mit der „Geldzurückgarantie" noch verstärkt, weil die Wahrscheinlichkeit des Versprochenen hierdurch mit wirtschaftlichen Konsequenzen glaubhaft gemacht und die Besteller in den Glauben versetzt wurden, dass sich der Aufwand für den Verkäufer nicht lohnen und das Geschäft wegen der allgemeinen Rückgabe gar nicht florieren könne, wenn das Mittel nicht wenigstens im Normalfall wirken würde. Nach h. M. steht der Annahme eines Irrtums im vorliegenden Fall nicht entgegen, dass die Käufer des Produkts den Wunderversprechungen des A allzu unkritisch Glauben schenkten.[5] Die tradierte deutsche Betrugsdogmatik zielt gerade darauf ab, auch unerfahrene, unvernünftige, abergläubische, leichtgläubige oder andere leicht verführbare Personen vor „an sich" leicht durchschaubaren Täuschungsmanövern zu schützen.

---

[1] BGHSt 47, 1 (3); Schönke/Schröder-*Perron*, § 263 Rn. 8; *Rengier*, BT I, § 13 Rn. 4.
[2] Vgl. hierzu BGH wistra 1992, 255 (256); *Fischer*, § 263 Rn. 10; AnwK-*Gaede*, § 263 Rn. 20; Lackner/Kühl-*Kühl*, § 263 Rn. 5; Schönke/Schröder-*Perron*, § 263 Rn. 9
[3] Vgl. hierzu ausführlich *Hecker*, Produktwerbung, 220 ff.
[4] Im Ergebnis ebenso BGHSt 34, 199; *Bottke*, JR 1987, 428 (429); *Müller-Christmann*, JuS 1988, 108 (109 f.); *Rengier*, BT I, § 13 Rn. 230.
[5] BGHSt 34, 199 (201 f.); BGH NJW 2014, 2595 (2596); BGH NStZ-RR 2004, 110 (111); BGH wistra 1992, 95 (97); Schönke/Schröder-*Perron*, § 263 Rn. 32a; *Rengier*, BT I, § 13 Rn. 55; *Wessels/Hillenkamp/Schuhr*, BT 2, Rn. 541.

Fraglich ist, ob die tradierte betrugsstrafrechtliche Schutzkonzeption im Lichte des Unionsrechts Bestand haben kann.[6] Zu beachten ist nämlich, dass die *RL 2005/29/EG v. 11.5.2005 über unlautere Geschäftspraktiken (RLuG)*[7] einen *unionsrechtlichen Täuschungsschutzstandard* festlegt, der sich ausweislich ihres 18. Erwägungsgrundes an dem vom EuGH entwickelten *europäischen Verbraucherleitbild* orientiert. Maßstabsfigur für die Beurteilung der Irreführungseignung einer produktbezogenen Tatsachenangabe ist demnach der *„durchschnittlich informierte, aufmerksame und verständige Verbraucher"*. Wie sich aus Art. 2 lit. a–d RLuG ergibt, ist der persönliche und sachliche Anwendungsbereich der Richtlinie eröffnet. Da das in Art. 5 IV, 6 RLuG statuierte Verbot unlauterer, insbesondere irreführender Geschäftspraktiken vollharmonisierend wirkt, darf der unionsrechtlich vorgegebene Täuschungsschutzstandard nicht über- und nicht unterschritten werden. Geschäftspraktiken, die nach den Vorgaben der RLuG nicht unlauter sind, dürfen vom nationalen Recht nicht verboten oder gar mit Strafe bedroht werden.[8] Die innerstaatlichen Stellen (Gerichte, Staatsanwaltschaften, Behörden) sind im Hinblick auf das unionsrechtliche Loyalitätsgebot (Art. 4 III UA 2, 3 EUV) sowie aufgrund der in Art. 288 UA 3 AEUV getroffenen Bestimmung verpflichtet, den Zielen von EU-Richtlinien zu innerstaatlicher Durchsetzung zu verhelfen.[9] Die hieraus folgende *Pflicht zur richtlinienkonformen Auslegung* nationaler Rechtsbestimmungen erstreckt sich nicht nur auf das speziell zum Zwecke der Umsetzung von Richtlinien erlassene, sondern auch auf das sonstige nationale Recht.[10] Somit muss auch der schon lange vor Inkrafttreten der RLuG existierende § 263 I StGB richtlinienkonform ausgelegt werden. Auch der BGH erkennt im Grundsatz ausdrücklich an, dass das unionsrechtlich fundierte Gebot, im Wege der Auslegung Richtlinienkonformität zu erzielen, nicht nur die unmittelbar der Umsetzung einer Richtlinie dienenden Bestimmungen, sondern darüber hinaus auch alle sonstigen nationalen Rechtsvorschriften betrifft, mögen sie vor oder unabhängig von dem Erlass der Richtlinie erlassen worden sein.[11] Mit seiner allzu apodiktischen These, die RLuG verfolge nicht den Zweck, Geschäftspraktiken straffrei zu stellen, die zu einer Verletzung von Rechtsgütern der Verbraucher führen, und Verhaltensweisen zu privilegieren, die auf die Täuschung unterdurchschnittlich aufmerksamer und verständiger Verbraucher gerichtet sind,[12] entzieht er das Betrugsstrafrecht jedoch von

---

[6] Vgl. hierzu *Dannecker*, ZStW 117 (2005), 697 (707 ff.); *Esser*, IntStR, § 2 Rn. 26; AnwK-*Gaede*, § 263 Rn. 6, 23; *Hecker*, Produktwerbung, 282 ff.; *ders.*, EuStR, Kap. 9 Rn. 33 ff.; *Ruhs*, Rissing-v. Saan-FS, 567 (567 ff.); *Scheinfeld*, wistra 2008, 167 (172); *Soyka*, wistra 2007, 127 (128 ff.). Auch OLG Frankfurt a. M. NJW 2011, 398 („Abo-Falle" im Internet), legt das europäische Verbraucherleitbild als Irreführungsmaßstab zugrunde; vgl. hierzu *Hecker*, JuS 2011, 470.
[7] ABlEU 2005 Nr. L 194, S. 22.
[8] AnwK-*Gaede*, § 263 Rn. 6; *Hecker*, JuS 2014, 385 (390); *Soyka*, wistra 2007, 127 (129).
[9] EuGH NJW 2006, 2465 (2467); *Hecker*, EuStR, Kap. 10 Rn. 6; *ders.*, JuS 2014, 385 (386).
[10] EuGHE 1990, 4135 (4159); EuGH EuZW 2021, 164 (467); *Hecker*, EuStR, Kap. 10 Rn. 10; *ders.*, JuS 2014, 385 (387); *Rönnau/Wegner*, GA 2013, 561 (564); *Soyka*, wistra 2007, 127 (128).
[11] BGH NJW 2014, 2595 (2597).
[12] Zust. *Rönnau/Wegner*, JZ 2014, 1064 (1067); krit. hierzu *Cornelius*, NStZ 2015, 310 (312 ff.); *Hecker*, Jus 2014, 1043; *ders./Müller*, ZWH 2014, 329 (333 ff.).

vornherein und unter Missachtung seiner Vorlagepflicht nach Art. 267 III AEUV[13] den Wertungsvorgaben der RLuG. Nach hier vertretener Auffassung ist eine an den Wertungen der RLuG orientierte normative Auslegung des Irreführungsmerkmals vorzunehmen. Für die Bejahung eines betrugsrelevanten Irrtums reicht daher entgegen der tradierten Betrugsdogmatik nicht die bloße Feststellung, dass es auf Seiten des Verbrauchers zu irgendeiner faktischen Fehlvorstellung über Tatsachen gekommen ist. Erforderlich ist zusätzlich, dass diese Fehlvorstellung auch bei einem als Maßstabsfigur heranzuziehenden Durchschnittsverbraucher i. S. d. Art. 5 II, III RLuG eingetreten wäre. Eine an das allgemeine Publikum gerichtete Produktwerbung, die eine Gewichtsabnahme ohne Diät und Sport verspricht, wobei der Körper „im Blitztempo von nur zwölf Bädern wieder schlank, straff und jung" geformt werden soll, ist demnach mangels Irreführungseignung grundsätzlich nicht betrugsrelevant. Denn ein durchschnittlich informierter, aufmerksamer und verständiger Verbraucher würde solchen sensationellen Wunderversprechungen keinen Glauben schenken. Der Zugrundelegung des europäischen Verbraucherleitbildes als Irreführungsmaßstab im Betrugsstrafrecht steht nicht etwa Art. 6 I RLuG entgegen, welcher u. a. bestimmt, dass eine Geschäftspraxis als irreführend gilt, „wenn sie falsche Angaben enthält und somit unwahr ist". Auch wenn Art. 6 I RLuG zwischen *„unwahren"* und *„zur Täuschung geeigneten Angaben"* differenziert, muss die Angabe in beiden Varianten geeignet sein, den Durchschnittsverbraucher zu einer Entscheidung zu veranlassen, die er ansonsten nicht getroffen hätte.[14] Dementsprechend gestaltet auch das deutsche Lauterkeitsrecht die unwahre Angabe in § 5 I S. 2 UWG nicht als eigenständigen Irreführungsfall aus, sondern behandelt sie als bloßen Unterfall der täuschenden Angabe („... *unwahre Angaben ... oder sonstige zur Täuschung geeignete Angaben ...* "), sodass stets die Irreführungseignung zu prüfen ist.

Nach Art. 5 III RLuG sind Geschäftspraktiken, die voraussichtlich in einer für den Gewerbetreibenden vernünftigerweise vorhersehbaren Art und Weise das wirtschaftliche Verhalten einer eindeutig identifizierbaren Gruppe von Verbrauchern wesentlich beeinflussen, welche aufgrund von geistigen oder körperlichen Gebrechen, Alter oder Leichtgläubigkeit im Hinblick auf diese Praktiken oder die ihnen zugrunde liegenden Produkte besonders schutzbedürftig sind, aus der Perspektive eines durchschnittlichen Mitglieds dieser Gruppe zu beurteilen. Im Lichte des Art. 5 III RLuG könnte die konkrete Beurteilung der Irreführungseignung somit anders ausfallen. Im Ausgangsfall kann diese Frage jedoch dahingestellt bleiben. Denn nach Art. 5 V RLuG gelten die in Anhang I (sog. „schwarze Liste") aufgeführten Geschäftspraktiken unter allen Umständen als unlauter bzw. irreführend.

---

[13] Vgl. hierzu *Hecker,* EuStR, Kap. 10 Rn. 23; *ders./Müller,* ZWH 2014, 329 (333); *Heger,* HRRS 2014, 467 (471 ff.); *Satzger,* v. Heintschel-Heinegg-FS, 391 (393 ff.).
[14] EuGH GRUR 2014, 196 (Tz. 23 ff.); EuGH GRUR 2012, 639 (Tz. 40, 47); *Sosnitza,* WRP 2008, 1014 (1028); *ders.,* GRUR 2007, 462 (466 f.); *Soyka,* wistra 2007, 127 (129); a. A. *Dreyer,* in: *Harte-Bavendamm/Henning-Bodewig,* UWG, § 5 Rn. 174, 181, und *Vergho,* Der Maßstab der Verbrauchererwartung im Verbraucherschutzstrafrecht, 85 f., die Art. 6 I RLuG so verstehen, dass objektiv falsche Angaben stets als irreführend einzustufen sind, was jedoch nicht in Einklang mit Wortlaut und Teleologie der Richtlinie steht.

Hierzu gehört gem. Ziffer 17 „*die falsche Behauptung, ein Produkt könne Krankheiten, Funktionsstörungen oder Missbildungen heilen.*" Die Behauptung des A, das von ihm vertriebene Produkt entfalte sogar bei krankhafter Fettleibigkeit (Adipositas) eine medizinische Wirkung, ist somit aus unionsrechtlicher Sicht zwingend als irreführende Geschäftspraktik einzustufen, zu deren wirksamer Bekämpfung bzw. Sanktionierung die Mitgliedstaaten verpflichtet sind (Art. 13 RLuG). Somit bestehen im Ergebnis keine Bedenken, das richtlinienkonform auszulegende Irreführungsmerkmal im Ausgangsfall als erfüllt anzusehen.

3. Vermögensverfügung
Die Besteller haben aufgrund dieses Irrtums eine Vermögensverfügung getroffen, indem sie das Geld für die Nachnahmesendung ausgehändigt haben.

4. Vermögensschaden
Hierdurch haben sie einen Vermögensschaden erlitten, weil sie für ihr Geld ein den Zusicherungen nicht entsprechendes, sondern wirkungsloses und damit wirtschaftlich wertloses Produkt erhielten. Das vereinbarte und für die Besteller, die davon Gebrauch gemacht haben, hinsichtlich des Kaufpreises vollwertige Rücktrittsrecht ändert an dem durch die Geldhingabe eingetretenen Schaden nichts.[15] Das den Bestellern eingeräumte Rücktrittsrecht stellt schon deshalb keine vollwertige Kompensation für die bereits erfolgte Vermögensminderung dar, weil – gerade im Fall völligen Verbrauchs des Produkts – ähnlich wie bei einer Anfechtung wegen arglistiger Täuschung letztlich ausschließlich den Konsumenten das Risiko aufgebürdet wird, vom Vertrag loszukommen. Im Übrigen scheitert die Einbeziehung des vertraglichen Rücktrittsrechts in die Saldierung schon daran, dass sein Inhalt nicht über das gesetzliche Gewährleistungsrecht hinausgeht. Die tatsächliche Kaufpreiserstattung des A bei 90 reklamierenden Käufern ist lediglich eine Schadenswiedergutmachung.

II. Subjektiver Tatbestand
1. Vorsatz bezüglich I. 1.–4.
A handelte im Hinblick auf die Erfüllung des objektiven Tatbestands vorsätzlich.

2. Absicht, sich rechtswidrig zu bereichern
Seine Absicht, sich rechtswidrig zu bereichern, ergibt sich daraus, dass er aus dem Abschluss anfechtbarer Kaufverträge (§ 123 BGB) ihm rechtlich nicht zustehende Vermögensvorteile erzielen wollte.[16]

B. Rechtswidrigkeit
Die Rechtswidrigkeit ist unproblematisch zu bejahen.

---

[15] BGHSt 34, 199 (201 f.); *Rengier*, BT I, § 13 Rn. 229; *Wessels/Hillenkamp/Schuhr*, BT 2, Rn. 578.
[16] BGHSt 42, 268 (271 f.); AnwK-*Gaede*, § 263 Rn. 160; *Rengier*, BT I, § 13 Rn. 336.

C. Schuld
A handelte auch schuldhaft.

D. Besonders schwerer Fall
1. Gewerbsmäßigkeit (§ 263 III S. 2 Nr. 1 StGB)
Das Regelbeispiel des gewerbsmäßigen Handelns (§ 263 III S. 2 Nr. 1 StGB) setzt nicht etwa voraus, dass der Täter ein kriminelles „Gewerbe" betreibt oder dass die von ihm erstrebten Tatgewinne seine Haupteinnahmequelle darstellen. Gewerbsmäßig handelt bereits, wer sich durch wiederholte Tatbegehung eine nicht nur vorübergehende Einnahmequelle von einigem Umfang und einiger Dauer verschaffen will.[17] Da diese Zielsetzung auf A zutrifft, hat er das Regelbeispiel des § 263 III S. 2 Nr. 1 StGB erfüllt.

2. Absicht, durch fortgesetzten Betrug eine große Zahl von Menschen in die Gefahr des Verlustes von Vermögenswerten zu bringen (§ 263 III S. 2 Nr. 2 StGB)
Da das unlautere Geschäftsgebaren des A darauf ausgerichtet war, dass möglichst viele Verbraucher das von ihm angebotene Produkt kaufen, was immerhin ca. 750 Verbraucher auch getan haben, ist auch die für die Erfüllung des Regelbeispiels des § 263 III S. 2 Nr. 2 StGB erforderliche große Geschädigtenanzahl, die jedenfalls im zweistelligen Bereich anzusetzen ist,[18] von der Absicht des A umfasst gewesen.

E. Konkurrenzen: 750 Einzeltaten oder eine Tat?
Fraglich ist, ob A sich des gewerbsmäßigen Betruges in 750 Fällen oder lediglich eines gewerbsmäßigen Betruges schuldig gemacht hat. Die Rechtsfigur der sog. „fortgesetzten Tat", durch welche gleichartige Begehungsweisen, die von einem Gesamtvorsatz getragen wurden, rechtlich als eine Tat gewertet wurden, ist seit dem Beschluss des Großen Senats des BGH v. 3.5.1994[19] auch im Anwendungsfeld des § 263 StGB nicht mehr anwendbar.[20] Nach ständiger Rechtsprechung werden jedoch die von einem Täter im Rahmen eines Geschäftsbetriebes eigenhändig verwirklichten Einzeldelikte weitgehend zu einem – uneigentlichen – Organisationsdelikt zusammengefasst, durch welches mehrere Einzelhandlungen rechtlich verbunden und zu einer einheitlichen Tat zusammengeführt werden. Die von A bewirkten 750 Warenbestellungen sind somit nur als eine Tat zu bewerten.[21] Ergebnis: A ist strafbar gem. § 263 I, III S. 2 Nr. 1, 2 StGB.

---

[17] BGH NJW 2004, 2840 (2841); BGH NStZ 2008, 282; BGH NJW 2009, 3798; OLG Frankfurt a. M. NJW 2011, 398 (403); *Fischer*, Vor § 52 Rn. 61; *Rengier*, BT I, § 3 Rn. 34.
[18] OLG Frankfurt a. M. NJW 2011, 398 (404); vgl. auch Schönke/Schröder-*Perron*, § 263 Rn. 188d (mind. 20 Personen).
[19] BGHGrSSt 40, 138 = NJW 1994, 1663.
[20] Vgl. hierzu und zum Nachfolgenden BGH NJW 2004, 2840 (2841).
[21] BGH NJW 1998, 767 (769); BGH NJW 2004, 375 (378); BGH NJW 2021, 90 (95); BGH NStZ-RR 2020, 213.

Hinweise auf Rechtsprechung und Literatur

BGHSt 34, 199 („Haarverdicker-Fall") mit Bespr. v. *Müller-Christmann,* JuS 1988, 108
BGH NJW 2014, 2595 („Abofalle" im Internet) mit Bespr. v. *Hecker,* Jus 2014, 1043, *Heger,* HRRS 2014, 467, u. *Rönnau/Wegner,* JZ 2014, 1064
OLG Frankfurt a. M. NJW 2011, 398 („Abo-Falle" im Internet) mit Bespr. v. *Hecker,* JuS 2011, 470
Cornelius, Europäisches Verbraucherleitbild und nationales Betrugsstrafrecht am Beispiel von Kostenfallen im Internet, NStZ 2015, 310
Dannecker, Die Dynamik des materiellen Strafrechts unter dem Einfluss europäischer und internationaler Entwicklungen, ZStW 117 (2005), 697
Hecker, Europäisches Strafrecht, 6. Aufl., 2021, Kap. 10
Ders., Die richtlinienkonforme und die verfassungskonforme Auslegung im Strafrecht, JuS 2014, 385
Ders./Müller, Europäisches Verbraucherleitbild u. Schutz vor irreführenden Geschäftspraktiken am Beispiel sog. Internet-Kostenfallen aus lauterkeits- u. betrugsstrafrechtlicher Sicht, ZWH 2014, 329
Herrmann/Michl, Die Wirkung von EU-Richtlinien, JuS 2009, 1065
Rengier, Europäisches Verbraucherleitbild und Betrugsstrafrecht, Festschrift für Fezer, 2016, 365
Ruhs, Neue Wege für das Betrugsstrafrecht, Festschrift für Rissing-van Saan, 2011, 567
Soyka, Einschränkungen des Betrugstatbestandes durch sekundäres Gemeinschaftsrecht am Beispiel der Richtlinie 2005/29/EG über unlautere Geschäftspraktiken, wistra 2007, 127
Vergho, Das Leitbild eines verständigen Durchschnittsverbrauchers und das Strafrecht – ein inkongruentes Verhältnis, wistra 2010, 86

Klausur 10
Selbstgemachte EU-Bescheinigungen

Urkundenfälschung (§ 267 StGB) – unionsrechtskonforme Auslegung – Konkurrenzen – Strafanwendungsrecht

Mark A. Zöller

10.1 Fall

Der deutsche Bauunternehmer U, ein im Handelsregister eingetragener Kaufmann aus München, plant, sich an der Ausschreibung eines Auftrags für den Bau eines großen Gebäudekomplexes der belgischen Regierung in Lüttich zu beteiligen. Er verspricht sich von einem Erfolg im Rahmen dieser Ausschreibung keinen großen Gewinn, möchte aber sein Personal und seine Maschinen auslasten. Nach den belgischen Ausschreibungsbedingungen ist neben anderen Unterlagen insbesondere eine EU-Bescheinigung über die bislang ausgeübten Tätigkeiten von U erforderlich. In Anwendung der einschlägigen, bereits umgesetzten EU-Richtlinien auf dem Gebiet der Niederlassungsfreiheit und des freien Dienstleistungsverkehrs werden solche Bescheinigungen in Deutschland von den Handwerkskammern im Auftrag der EU ausgestellt. Die angegebenen Tätigkeiten müssen diesen hierfür anhand von aussagekräftigen Dokumenten nachgewiesen werden. Da U angesichts seines unsteten, teilweise auch kriminellen Lebenswandels Bedenken hat, eine solche EU-Bescheinigung auf regulärem Weg erhalten zu können, kommt er auf folgende Idee: Er bittet den mit ihm befreundeten Bauunternehmer F, der regelmäßig erfolgreich an internationalen Projektausschreibungen teilnimmt, ihm einmal ein Muster für eine solche EU-Bescheinigung zur Ansicht auszuleihen. Dieses Schriftstück kopiert U zunächst für sich mit Hilfe des hochwertigen Kopiergeräts in seinem Büro, bevor er es an F zurückgibt. Mit Hilfe seines PCs, eines Grafikprogramms und eines Laserdruckers druckt U sodann in derselben Schriftart und -größe wie auf der Originalbescheinigung des F seinen Namen, schneidet diesen aus und überklebt

---

M. A. Zöller (✉)
Lehrstuhl für Deutsches, Europäisches und Internationales Strafrecht und Strafprozessrecht, Wirtschaftsstrafrecht und das Recht der Digitalisierung, Ludwig-Maximilians-Universität München, München, Deutschland
E-Mail: mark.zoeller@jura.uni-muenchen.de

© Springer-Verlag GmbH Deutschland, ein Teil von Springer Nature 2022
B. Hecker, M. A. Zöller, *Fallsammlung zum Europäischen und Internationalen Strafrecht*, Juristische ExamensKlausuren,
https://doi.org/10.1007/978-3-662-65140-7_10

damit unter Verwendung eines handelsüblichen Klebestiftes den Namen des F auf der Kopie der EU- Bescheinigung. Schließlich kopiert U die auf diese Weise hergestellte Vorlage in einem Copyshop in der Innenstadt von München mit einem besonders leistungsfähigen Farbkopiergerät auf qualitativ hochwertiges Papier, so dass man die auf diese Weise hergestellte Kopie leicht für ein Originaldokument halten kann. Wie von Anfang an beabsichtigt, schickt U sodann das von ihm gefertigte Schriftstück per Post mit seinen Unterlagen bei der für die Ausschreibung zuständigen belgischen Behörde in Lüttich ein. Der dort zuständige belgische Sachbearbeiter S bemerkt jedoch im Zuge einer sehr sorgfältigen Prüfung der von U eingereichten Unterlagen die fehlende Authentizität der EU-Bescheinigung und informiert die deutschen Strafverfolgungsbehörden über diesen Vorgang. Schließlich erhebt die Staatsanwaltschaft München I Anklage zum zuständigen Gericht.

Aufgabe Wird das zuständige Gericht einen Eröffnungsbeschluss erlassen?

Hinweis Die Richtigkeit der im Sachverhalt genannten Zuständigkeiten und Verfahrensweisen für die Erteilung der EU-Bescheinigungen über bisher ausgeübte Tätigkeiten ist für die Bearbeitung zu unterstellen. Im Übrigen ist davon auszugehen, dass das belgische Strafrecht dem deutschen Strafrecht im Wesentlichen entspricht. Betrugsdelikte (§§ 263 ff. StGB) sowie die §§ 271, 274, 303 und 348 StGB sind nicht zu prüfen.

10.2 Lösung

10.2.1 Prüfungsaufbau

Voraussetzungen des Erlasses eines Eröffnungsbeschlusses nach § 203 StPO

Teil 1: Hinreichender Tatverdacht
Teil 2: Materiell-rechtlicher Bezugspunkt des hinreichenden Tatverdachts

    A. § 267 I Var. 1 StGB (Kopieren der Bescheinigung des F)

        I. Objektiver Tatbestand
        II. Ergebnis

    B. § 267 I Var. 1 StGB (Herstellung der Kopiervorlage)

        I. Objektiver Tatbestand
        II. Ergebnis

    C. § 267 I Var. 1 StGB (Ablichtung der hergestellten Kopiervorlage)

        I. Tatbestand

            1. Objektiver Tatbestand
            2. Subjektiver Tatbestand

II. Rechtswidrigkeit und Schuld
III. Strafzumessung
IV. Ergebnis

D. § 267 I Var. 3 StGB (Absenden der Ausschreibungsunterlagen an die belgische Behörde)
   I. Tatbestand
      1. Objektiver Tatbestand
      2. Subjektiver Tatbestand
   II. Rechtswidrigkeit und Schuld
   III. Ergebnis

E. Konkurrenzen

Teil 3: Prozessualer Bezugspunkt des hinreichenden Tatverdachts
Teil 4: Endergebnis

10.2.2 Lösungsvorschlag

Voraussetzungen des Erlasses eines Eröffnungsbeschlusses nach § 203 StPO
Teil 1: Hinreichender Tatverdacht
Das Gericht beschließt die Eröffnung des Hauptverfahrens, wenn der Angeschuldigte nach den Ergebnissen des bisherigen Verfahrens hinreichend verdächtig erscheint (§ 203 StPO). Damit prüft das Gericht, ob ein sogenannter *hinreichender Tatverdacht* vorliegt. Der Richter klärt also, ob nach der Aktenlage eine Verurteilung wahrscheinlicher ist als ein Freispruch.[1] Bei dieser Beschlussfassung ist das Gericht gemäß § 206 StPO nicht an die Anträge der Staatsanwaltschaft gebunden.

Teil 2: Materiell-rechtlicher Bezugspunk des hinreichenden Tatverdachts
Vorliegend kommt die Annahme hinreichenden Tatverdachts im Hinblick auf eine Strafbarkeit des U wegen Urkundenfälschung in Betracht.

A. § 267 I Var. 1 StGB (Kopieren der Bescheinigung des F)
Indem U die EU-Bescheinigung seines Freundes F kopierte, könnte er sich wegen Urkundenfälschung in der Variante des Herstellens einer unechten Urkunde nach § 267 I Var. 1 StGB strafbar gemacht haben.

I. Objektiver Tatbestand
Eine Strafbarkeit des U würde im objektiven Tatbestand zunächst voraussetzen, dass es sich bei der von ihm gefertigten Kopie um eine *Urkunde* i. S. v. § 267 I StGB

---
[1] KK-*Moldenhauer*, § 170 Rn. 3; HK-*Zöller*, § 170 Rn. 3.

handelt. Unter einer Urkunde ist eine verkörperte, sinnlich wahrnehmbare Gedankenerklärung *(Perpetuierungsfunktion)* zu verstehen, die zum Beweis im Rechtsverkehr geeignet und bestimmt ist *(Beweisfunktion)* und ihren Aussteller (wenigstens für die Beteiligten) erkennen lässt *(Garantiefunktion)*.[2] Allerdings ist umstritten, ob auch Fotokopien unter diesen Urkundenbegriff fallen. Nach teilweise vertretener Auffassung[3] sei dies zu befürworten, da Kopien im allgemeinen Rechts- und Geschäftsverkehr mittlerweile ohnehin den Platz von Originalen eingenommen hätten. Ihnen komme insoweit auch die entsprechende Garantiefunktion zu. Eine Unterscheidung von Urschrift und Kopie sei in der Praxis häufig kaum möglich. Demgegenüber wird die Urkundeneigenschaft von Fotokopien von der h. M.[4] zu Recht grundsätzlich abgelehnt. Dafür spricht, dass es bei näherer Betrachtungsweise regelmäßig an sämtlichen Begriffsmerkmalen fehlt. Bei einer schlichten Fotokopie wird keine eigenständige Gedankenerklärung perpetuiert, sondern lediglich die Gedankenerklärung des Originaldokuments abgebildet. Allenfalls wird auf das Vorhandensein eines (anderweitigen) Originals bzw. einer Vorlage hingewiesen. Außerdem kommt einer (unbeglaubigten) Fotokopie angesichts ihrer leichten Fälschbarkeit nicht die Beweiskraft einer Urkunde zu. Insofern war auch die von U hergestellte Kopie der Bescheinigung des F vorliegend weder objektiv geeignet, noch subjektiv dazu bestimmt, im Rechtsverkehr Beweis für die ausgeübten Tätigkeiten von F zu erbringen. Und schließlich fehlt es auch an der erforderlichen Garantiefunktion, da aus einer Kopie nicht ohne Weiteres ersichtlich ist, wer diese hergestellt hat. Schließlich bekennt sich der Aussteller eines Originals nicht auch zum Inhalt später hergestellter Vervielfältigungen. Insofern sind Fotokopien grundsätzlich einfachen Abschriften gleichzustellen, die ebenfalls keine Urkunden i. S. v. § 267 I StGB darstellen.

Eine Ausnahme von dem Grundsatz, dass einfache Fotokopien keine Urkundenqualität besitzen, ist lediglich dann anzuerkennen, wenn eine Fotokopie als angeblich vom Aussteller herrührende Urschrift hergestellt wird und durch eine geschickte, bei durchschnittlicher Aufmerksamkeit nicht erkennbare Manipulation der Anschein einer Originalurkunde erweckt werden soll.[5] Aber auch die Berücksichtigung dieser Ausnahme führt vorliegend nicht zur Bejahung der Urkundeneigenschaft. Zwar hat U die Fotokopie der EU-Bescheinigung von F in seinem Büro an einem hochwertigen Kopiergerät gefertigt, mit der Folge, dass diese durch Dritte im Rechtsverkehr möglicherweise mit der Urschrift verwechselt werden konnte. Sie war von U jedoch nicht mit dem Bestreben hergestellt worden, den Anschein einer Originalurkunde zu erwecken. Somit war sie jedenfalls nicht dazu bestimmt, im Rechtsverkehr Beweis zu erbringen.

---

[2] LK-*Zieschang*, § 267 Rn. 4; AnwK-*Krell*, § 267 Rn. 4 ff.; *Zöller/Mavany*, BT II, Rn. 826.
[3] Vgl. etwa NK-*Puppe/Schumann*, § 267 Rn. 50.
[4] BGHSt 24, 140 (141); *Beckemper*, JuS 2000, 123 (124 f.); *Fischer*, § 267 Rn. 19; *Rengier*, BT II, § 32 Rn. 38 ff.; *Wessels/Hettinger/Engländer*, BT 1, Rn. 797; *Zöller/Mavany*, BT II, Rn. 848 f.
[5] BGH NStZ 2003, 543, 544; OLG Stuttgart NJW 2006, 2869 f.; MüKo-*Erb*, § 267 Rn. 97; *Fischer*, § 267 Rn. 20; Schönke/Schröder-*Heine/Schuster*, § 267 Rn. 42b; LK-*Zieschang*, § 267 Rn. 117.

Da die von U hergestellte Kopie der EU-Bescheinigung des F keine Urkundenqualität besitzt, ist sein damit verbundenes Verhalten mangels Existenz eines tauglichen Tatobjekts schon nicht als objektiv tatbestandsmäßig einzustufen.

II. Ergebnis
U hat sich durch die Kopie der EU-Bescheinigung des F nicht wegen Urkundenfälschung in der Tatvariante des Herstellens einer unechten Urkunde nach § 267 I Var. 1 StGB strafbar gemacht.

B. § 267 I Var. 1 StGB (Herstellung der Kopiervorlage)
Allerdings könnte U sich dadurch wegen Urkundenfälschung in der Variante des Herstellens einer unechten Urkunde nach § 267 I Var. 1 StGB[6] strafbar gemacht haben, dass er seinen mit Hilfe von PC, Grafikprogramm und Drucker gefertigten Namensschriftzug ausschnitt und damit den Namen des F auf der Kopie der EU-Bescheinigung überklebte.

I. Objektiver Tatbestand
Dann müsste aber die auf diese Weise hergestellte Kopiervorlage ein taugliches Tatobjekt, d. h. eine *Urkunde* i. S. v. § 267 I StGB darstellen. Der Kopiervorlage war die Gedankenerklärung zu entnehmen, dass U in der Vergangenheit die in der Bescheinigung aufgeführten Tätigkeiten erbracht hatte. Die Verkörperung dieser Gedankenerklärung wurde durch das Aufkleben des selbst hergestellten Namensschriftzugs auf die Kopie der Bescheinigung des F bewirkt (Perpetuierungsfunktion). Diese verkörperte Gedankenerklärung ließ auch die zuständige Handwerkskammer im Auftrag der EU als ihren Aussteller erkennen (Garantiefunktion).[7] Die selbst gebastelte Kopiervorlage war jedoch aufgrund der erkennbaren Manipulation zum Beweis im Rechtsverkehr schon objektiv völlig ungeeignet. Zudem fehlt es an der Beweisbestimmung, da sie lediglich als Vorlage für eine Kopie dienen sollte. Mangels Erfüllung der Beweisfunktion ist damit auch die Kopiervorlage keine strafrechtlich relevante Urkunde.

---

[6] Auf den ersten Blick mag für den ein oder anderen Bearbeiter möglicherweise eher die Tatvariante des Verfälschens (§ 267 I Var. 2 StGB) einschlägig sein, bei der es im Gegensatz zu § 267 I Var.1 StGB nicht um eine Täuschung über die Identität des Urkundenausstellers, sondern um eine nachträgliche Inhaltsänderung der verkörperten Gedankenerklärung geht. Allerdings setzt eine Strafbarkeit nach § 267 I Var. 2 StGB das Vorhandensein einer „echten" Urkunde voraus, die – wie unter A. festgestellt – in Gestalt der Kopie der EU-Bescheinigung des F gerade nicht gegeben ist. An der Originalbescheinigung von F sind keinerlei Manipulationen vorgenommen worden. Infolgedessen kommt als Tatvariante im vorliegenden Kontext nur das (neue) Herstellen einer unechten Urkunde in Betracht.

[7] Vertretbar erscheint es auch, die Garantiefunktion mit dem Hinweis darauf zu verneinen, es sei nicht unmittelbar erkennbar, wer den Streifen mit dem Namen des U nachträglich angebracht hat.

II. Ergebnis
U hat sich auch durch die Erstellung der Kopiervorlage nicht wegen Urkundenfälschung in der Tatvariante des Herstellens einer unechten Urkunde strafbar gemacht.

C. § 267 I Var. 1 StGB (Ablichtung der hergestellten Kopiervorlage)
U könnte sich jedoch wegen Urkundenfälschung in der Tatvariante des Herstellens einer unechten Urkunde strafbar gemacht haben, indem er von der zuvor erstellten Kopiervorlage wiederum eine hochwertige Farbkopie fertigte.

I. Tatbestand
1. Objektiver Tatbestand
Die von U im Copyshop auf einem besonders leistungsstarken Kopiergerät und auf hochwertigem Papier hergestellte Farbkopie ist nach einhelliger Auffassung als „*Urkunde*" i. S. v. § 267 I StGB anzusehen, da sie jedenfalls als angeblich vom Aussteller herrührende Urschrift von U erstellt wurde und den Anschein eines Originals erwecken sollte.[8] Sie verkörpert die Gedankenerklärung, dass U die im Einzelnen aufgezählten beruflichen Tätigkeiten in der Vergangenheit nach den Kriterien der einschlägigen EU-Richtlinien erbracht hat. Sie ist infolge der Verwechslungsgefahr mit einer Originalbescheinigung zum Beweis im Rechtsverkehr objektiv geeignet und von U auch subjektiv hierzu bestimmt. Zudem lässt sie in Anwendung der sog. Geistigkeitstheorie,[9] die nicht auf den körperlichen Herstellungsakt, sondern darauf abstellt, wem die Urkunde im Rechtsverkehr zuzurechnen ist und wer als Garant hinter der Erklärung steht, die zuständige Handwerkskammer im Auftrag der EU als Aussteller erkennen.

Die Urkunde ist auch *unecht*, da sie nicht von der als Ausstellerin erkennbaren zuständigen Handwerkskammer herrührt, sondern von U als tatsächlichem Aussteller. Damit liegt die für § 267 I Var. 1 StGB charakteristische Identitätstäuschung vor. Da für das Merkmal des *Herstellens* jede täterschaftlich zurechenbare Verursachung der Existenz der unechten Urkunde genügt, hat U durch das Erstellen der Kopiervorlage und den Start des anschließenden Kopiervorgangs im Copyshop auch dieses Tatbestandsmerkmal erfüllt.

Fraglich ist jedoch, wie es sich auswirkt, dass es sich vorliegend um eine nach *EU-Recht* erforderliche Urkunde handelt, die noch dazu durch die Vorlage in Belgien *im ausländischen Rechtsverkehr* Anwendung findet. Der Tatbestand der Urkundenfälschung (§ 267 StGB) schützt zwar die Sicherheit und Zuverlässigkeit des Beweisverkehrs mit Urkunden.[10] Dieser Schutz bezieht sich aber von seinem Ausgangspunkt her zunächst einmal nur auf den *inländischen,* d. h. deutschen Be-

---

[8] Vgl. dazu die Ausführungen zum Urkundenbegriff unter Teil 2 A. I.
[9] Hierzu etwa BGHSt 13, 382 (385); MüKo-*Erb,* § 267 Rn. 124 f.; *Wessels/Hettinger/Engländer,* BT 1, Rn. 787.
[10] BGHSt 2, 50 (52); LK-*Zieschang,* § 267 Rn. 1; AnwK-*Krell,* § 267 Rn. 1 (kritisch dazu); Lackner/Kühl-*Heger,* § 267 Rn. 1; *Rengier,* BT II, § 33 Rn. 1; *Wessels/Hettinger/Engländer,* BT 1, Rn. 775; *Zöller/Mavany,* BT II, Rn. 823; a. A. NK-*Puppe/Schumann,* § 267 Rn. 1 ff.

weisverkehr. Sofern deutsche Straftatbestände wie § 267 StGB überindividuelle, jedoch nicht staatsbezogene Allgemeininteressen schützen, ist im Wege der Auslegung zu klären, ob und inwieweit sich der Schutzbereich auch auf ausländische bzw. supranationale Rechtsgüter bezieht.[11] Es stellt sich somit die Frage, ob als „Urkunde" i. S. v. § 267 I StGB auch nach EU-Recht erforderliche Urkunden im ausländischen Rechtsverkehr anzusehen sind. Der EuGH leitet aus dem allgemeinen Loyalitätsgebot des Art. 4 III UA 2, 3 EUV und – wenn es um die Umsetzung von Richtlinien geht – aus der Umsetzungsverpflichtung des Art. 288 UA 3 AEUV die grundsätzliche Verpflichtung zu einer *unionsrechtskonformen Auslegung* der nationalen Rechtsnormen ab.[12] Insofern obliegt es nicht nur den EU-Mitgliedstaaten allgemein, sondern allen auf nationaler Ebene existierenden Trägern öffentlicher Gewalt, insbesondere den Gerichten, Strafverfolgungs- und Verwaltungsbehörden, die der Umsetzung von Richtlinien dienenden Transformationsvorschriften, aber auch das sonstige nationale Rechts so weit wie möglich unionsrechts- bzw. richtlinienkonform auszulegen. Die Pflicht zur unionsrechtskonformen Auslegung bezieht sich damit explizit auch auf die Auslegung von nationalen Straftatbeständen. Praktisch bedeutet dies, dass dabei von mehreren nach nationaler Dogmatik und Verfassungsrecht möglichen Auslegungsergebnissen dasjenige zu wählen ist, das den unionsrechtlichen Wertungsvorgaben, wie sie etwa in einer Richtlinie zum Ausdruck kommen, am besten entspricht. Die Verpflichtung zur unionsrechtskonformen Auslegung findet ihre *Grenzen* allerdings einerseits im deutschen Verfassungsrecht (Art. 103 II GG) und andererseits in den allgemeinen Rechtsgrundsätzen des Unionsrechts, insbesondere dem Grundsatz der Rechtssicherheit (Bestimmtheitsgebot) und dem Rückwirkungsverbot.[13] Auf diese Weise wird nicht nur eine unionsrechtskonforme Auslegung eines deutschen Strafgesetzes gegen den ausdrücklichen Gesetzeswortlaut, sondern auch die strafbarkeitsbegründende Wirkung einer nicht (fristgerecht) ins nationale Recht umgesetzten Richtlinie ausgeschlossen.

Der Tatbestand der Urkundenfälschung (§ 267 StGB), insbesondere der darin verwendete Begriff der „Urkunde", ist vor diesem Hintergrund offen für eine unionsrechtskonforme Auslegung.[14] Insofern unterscheidet er sich von Bestimmungen wie § 271 StGB[15] oder § 348 StGB, die von „öffentlichen Urkunden" sprechen bzw. die Tatbegehung durch deutsche „Amtsträger" i. S. v. § 11 I Nr. 2 StGB fordern. Eine Einbeziehung von EU-Urkunden im ausländischen Rechtsverkehr ist vor dem Hintergrund von Art. 4 III EUV auch geboten, da der Schutz des inter- und supranationalen Beweisverkehrs eine mit der nationalen Situation zumindest vergleichbare Bedeutung besitzt und die EU mangels Kompetenz zum Erlass supranationaler Straftatbestände die Sicherheit und Zuverlässigkeit des Beweisverkehrs mit von ihr

---

[11] Vgl. *Hecker*, EuStR, Kap. 2 Rn. 4 ff.; *Satzger*, IntStR, § 6 Rn. 1.
[12] EuGHE 1986, 1651 (1690); 1987, 3969 (3986); 1988, 4635 (4662); 1992, 131 (148); 2004, 8835; EuGH NJW 2006, 2465 (2467); 2010, 427 (429).
[13] *Ambos*, IntStR, § 11 Rn. 49 ff.; *Hecker*, EuStR, Kap. 10 Rn. 33 ff.
[14] *Hecker*, EuStR, Kap. 10 Rn. 68.
[15] Zu dieser im Rahmen des vorliegend nicht zu prüfenden § 271 StGB durchaus umstrittenen Frage vgl. nur MüKo-*Erb*, § 271 Rn. 7 m. w. N.

zu verantwortenden Urkunden nicht selbst strafrechtlich absichern kann. Daher wird mittlerweile auch im deutschen Schrifttum[16] zu Recht davon ausgegangen, dass § 267 StGB vor dem Hintergrund geltenden EU-Rechts so auszulegen ist, dass damit nicht nur der inländische, sondern auch der ausländische und supranationale Rechtsverkehr geschützt wird. Infolgedessen sind auch die von den deutschen Handwerkskammern im Auftrag der EU ausgestellten Bescheinigungen über ausgeübte Tätigkeiten „Urkunden" i. S. v. § 267 I StGB.

2. Subjektiver Tatbestand
U handelte *vorsätzlich* sowie *zur Täuschung im Rechtsverkehr*, da er den zuständigen Sachbearbeiter bei der belgischen Behörde mit Hilfe der gefälschten Bescheinigung zu einer Auftragsvergabe zu seinen Gunsten, mithin zu einem rechtserheblichen Verhalten, veranlassen wollte.[17]

II. Rechtswidrigkeit und Schuld
U handelte auch rechtswidrig und schuldhaft.

III. Strafzumessung
Anhaltspunkte für die Annahme eines *besonders schweren Falls der Urkundenfälschung* i. S. v. § 267 III S. 2 StGB sind vorliegend nicht gegeben. Insbesondere hat U, da seine Täuschung durch S rechtzeitig entdeckt wurde, schon *in objektiver Hinsicht* keinen Vermögensverlust großen Ausmaßes (ab 50.000 Euro[18]) herbeigeführt. Er wollte dieses Regelbeispiel aber auch *in subjektiver Hinsicht* nicht verwirklichen, da es ihm bei seinem Verhalten nicht um einen großen Gewinn, sondern primär darum ging, sein Personal und seine Maschinen auszulasten. Insofern braucht die dogmatisch umstrittene Frage, ob schon die subjektive Verwirklichung eines Regelbeispiels die Bestrafung aus dem im Vergleich zum Grunddelikt höheren Strafrahmen rechtfertigt,[19] vorliegend nicht erörtert zu werden.

IV. Ergebnis
Indem U von der zuvor erstellten Kopiervorlage wiederum eine hochwertige Farbkopie herstellte, hat er sich somit wegen Urkundenfälschung in Gestalt des Herstellens einer unechten Urkunde nach § 267 I Var. 1 StGB strafbar gemacht.

---

[16] *Hecker*, EuStR, Kap. 10 Rn. 68; Schönke/Schröder-*Heine/Schuster*, § 267 Rn. 1b; Lackner/Kühl-*Heger*, § 267 Rn. 1; *Satzger*, Europäisierung, 579; *Vormbaum*, Schutz der EU-Rechtsgüter, 124.

[17] Für das subjektive Merkmal des Handelns „zur Täuschung im Rechtsverkehr" genügt nach h. M. bereits dolus directus 2. Grades, also das sichere Wissen um den Eintritt des vorgestellten Täuschungserfolges; vgl. etwa BayObLG NJW 1998, 2917; Schönke/Schröder-*Heine/Schuster*, § 267 Rn. 91; AnwK-*Krell*, § 267 Rn. 41; Lackner/Kühl-*Heger*, § 267 Rn. 25; *Wessels/Hettinger/Engländer*, BT 1, Rn. 823; a. A. SK-*Hoyer*, § 267 Rn. 91.

[18] Vgl. nur BGHSt 48, 360 (zu § 263 III S. 2 Nr. 2 StGB: *Zöller/Mavany*, BT II, Rn. 886).

[19] Vgl. dazu nur *Rengier*, BT I, § 3 Rn. 48 ff.; *Wessels/Hillenkamp/Schuhr*, BT 2, Rn. 213 ff.; *Zöller*, BT I, Rn. 55 ff.

D. § 267 I Var. 3 (Absenden der Ausschreibungsunterlagen an die belgische Behörde)

Durch das Absenden der gefälschten EU-Bescheinigung gemeinsam mit den übrigen Bewerbungsunterlagen an die ausschreibende belgische Stelle könnte U sich darüber hinaus aber auch wegen Gebrauchens einer unechten Urkunde nach § 267 I Var. 3 StGB strafbar gemacht haben.

I. Tatbestand
1. Objektiver Tatbestand

Bei der von U auf der Grundlage der selbst gefertigten Kopiervorlage hergestellten, hochwertigen Farbkopie handelt es sich um eine *unechte Urkunde*.[20] Diese müsste U auch gebraucht haben. Von einem *Gebrauchen* i. S. d. § 267 I Var. 3 StGB ist immer schon dann auszugehen, wenn die Urkunde dem zu Täuschenden in der Weise zugänglich gemacht wird, dass er die Möglichkeit der Kenntnisnahme hat.[21] Vorliegend waren die Bewerbungsunterlagen der die Ausschreibung betreuenden belgischen Behörde bereits zugegangen. Der als Behördenvertreter fungierende, zuständige Sachbearbeiter S besaß deshalb nicht nur die Möglichkeit der Kenntnisnahme von der gefälschten EU-Bescheinigung, sondern hatte bei der Prüfung der Unterlagen bereits tatsächlich von ihr Kenntnis genommen. Insofern hat U unzweifelhaft den objektiven Tatbestand des § 267 I Var. 3 StGB erfüllt.

2. Subjektiver Tatbestand

U handelte auch vorsätzlich sowie zur Täuschung im Rechtsverkehr.

II. Rechtswidrigkeit und Schuld

Darüber hinaus erfolgte der Gebrauch der unechten Urkunde auch rechtswidrig und schuldhaft.

III. Ergebnis

U hat sich durch das Absenden der gefälschten EU-Bescheinigung gemeinsam mit den übrigen Bewerbungsunterlagen an die ausschreibende belgische Stelle somit auch wegen Gebrauchens einer unechten Urkunde nach § 267 I Var. 3 StGB strafbar gemacht.

E. Konkurrenzen

Vorliegend hat U die unechte Urkunde bereits in der Absicht hergestellt, sie anschließend zu gebrauchen. Für diese Fälle besteht weitgehend Einigkeit darüber, dass hier im Ergebnis nur wegen *einer* Urkundenfälschung zu bestrafen ist. Unterschiedlich wird lediglich die Frage beurteilt, auf welche Art und Weise dieses Ergebnis zu erzielen ist. Teilweise wird hier auf den Gedanken der deliktischen Einheit

---

[20] Vgl. dazu die Ausführungen unter Teil 2 C. I. 1.
[21] BGHSt 2, 50 ff.; 36, 64 (65); *Rengier*, BT II, § 33 Rn. 57; *Wessels/Hettinger/Engländer*, BT 1, Rn. 837; *Zöller/Mavany*, BT II, Rn. 876.

abgestellt,[22] mit der Folge, dass § 267 I Var. 1 StGB als materielle Vorbereitungshandlung hinter das Gebrauchen nach § 267 I Var. 3 StGB zurück tritt. Da in § 267 I StGB aber beide Tatvarianten gleichberechtigt nebeneinander genannt werden, erscheint es vorzugswürdig, das Herstellen einer unechten Urkunde als *mitbestrafte Vortat* des Gebrauchens einzustufen und im Ergebnis nur wegen § 267 I Var. 3 StGB zu bestrafen.[23]

Teil 3: Prozessualer Bezugspunkt des hinreichenden Tatverdachts

Der hinreichende Tatverdacht könnte jedoch deshalb zu verneinen sein, weil möglicherweise ein *nicht behebbares Prozesshindernis* einer Verurteilung von vornherein entgegensteht. Als solches käme vorliegend die *fehlende Anwendbarkeit deutschen Strafrechts* in Betracht. Allerdings ergibt sich die Anwendbarkeit deutschen Strafrechts vorliegend aus § 3 i. V. m. § 9 I Var. 1 StGB (deutscher Handlungsort), da U die unechte Urkunde in München, d. h. auf deutschem Staatsgebiet hergestellt und auch von hier aus an die belgische Behörde abgeschickt hat. Insofern lässt es sich auch gut vertreten, wenn man davon ausgeht, dass sogar ein *deutscher Erfolgsort* nach § 3 i. V. m. § 9 I Var. 3 StGB begründet wurde, da die Sicherheit und Zuverlässigkeit des Beweisverkehrs mit Urkunden schon beeinträchtigt worden ist, bevor die gefälschte Bescheinigung nach Belgien abgeschickt wurde. Aber selbst wenn man – entgegen der hier vertretenen Auffassung – eine Anwendbarkeit deutschen Strafrechts auf der Grundlage des Territorialitätsprinzips verneint, würde sich diese dann zwingend aus § 7 II Nr. 1 StGB ergeben, da U (als Täter des § 267 StGB) deutscher Staatsbürger ist und laut Bearbeitungsvermerk davon ausgegangen werden kann, dass das belgische Strafrecht der deutschen Rechtslage entspricht. Für das Vorliegen weiterer, nicht behebbarer Prozesshindernisse sind keine Anhaltspunkte ersichtlich. Insofern ist die von U begangene Urkundenfälschung auch prozessual verfolgbar.

Teil 4: Endergebnis

Das zuständige Gericht wird das Vorliegen eines hinreichenden Tatverdachts bejahen und im Strafverfahren gegen U einen Eröffnungsbeschluss erlassen.

Hinweise auf Rechtsprechung und Literatur

Beck, Kopien und Telefaxe im Urkundenstrafrecht, JA 2007, 423 ff.
Brand/Blatter, Europarecht in der strafrechtlichen Fallbearbeitung, JuS 2016, 983 ff.
Esser, Europäisches und Internationales Strafrecht, 2. Aufl., 2018, § 2 Rn. 64–100b (unionsrechtskonforme Auslegung)
Hecker, Europäisches Strafrecht, 6. Aufl., 2021, Kap. 10 (unionsrechtskonforme Auslegung)

---

[22] BGHSt 5, 291 (293); BGH NStZ 2006, 100; Schönke/Schröder-*Heine/Schuster,* § 267 Rn. 79; *Rengier,* BT II, § 33 Rn. 64.
[23] SK-*Hoyer,* § 267 Rn. 114; *Rengier,* BT II, § 33 Rn. 64; für die Einstufung des Gebrauchens als mitbestrafte Nachtat demgegenüber OLG Nürnberg MDR 1951, 53.

Holterhus/Mittwoch/El-Ghazi, Die Einwirkung internationalen und ausländischen Recht in die deutsche Rechtsordnung, JuS 2018, 313 ff.
Knaupe, Die unionsrechtskonforme Auslegung des bundesdeutschen Strafrechts, 2020
Nestler, Zur Urkundenqualität von Fotokopien und (Computer-)Faxen, ZJS 2010, 608 ff.
Satzger, Internationales und Europäisches Strafrecht, 9. Aufl., 2020, § 5 (Strafanwendungsrecht)
Satzger, Der Begriff der „Urkunde" im Strafgesetzbuch, Jura 2012, 306 ff.
Zöller/Mavany, Strafrecht Besonderer Teil II, 2. Aufl., 2020, Rn. 825–881 (Urkundenbegriff des § 267 StGB)

Klausur 11
Grenzüberschreitende Luftverunreinigung

Umweltstrafrecht – Strafrechtliche Harmonisierungskompetenz der EU – Vorrang des Unionsrechts – Richtlinienkonforme Auslegung – Strafanwendungsrecht

Bernd Hecker

11.1 Fall

Auf dem Gebiet eines EU-Mitgliedstaates werden in dem nahe der deutschen Landesgrenze gelegenen Betrieb des A u. a. Insektizide und Pestizide hergestellt. Die dort anfallenden toxischen Nebenprodukte werden von Betriebsmitarbeitern unter grobem Verstoß gegen umweltrechtliche Bestimmungen auf offenen Halden innerhalb des Betriebsgeländes gelagert. Dem hiergegen nicht einschreitenden Anlagenbetreiber A ist insoweit zwar kein Vorsatz, aber grobe Fahrlässigkeit anzulasten. Der Wind weht den giftigen Staub in das Umland einschließlich des deutschen Staatsgebiets, was zu einer Kontamination landwirtschaftlich genutzter Böden führt. Auf diese Weise gelangen gesundheitsschädliche Substanzen in die Milch der dort weidenden Kühe. Zum Tatzeitpunkt war das rechtswidrige Verhalten des A nach dem Umweltstrafrecht des Mitgliedstaates mit Kriminalstrafe bedroht. Noch bevor die Tat des A gerichtlich verhandelt wird, tritt in dem Mitgliedstaat jedoch eine Gesetzesänderung in Kraft, die das Freisetzen gesundheitsschädigender Stoffe nur noch bei vorsätzlichem Handeln mit Kriminalstrafe bedroht. Fahrlässiges Handeln soll nach dem neuen Gesetz nur noch mit einer Verwaltungssanktion (Geldbuße) geahndet werden. Es ist davon auszugehen, dass diese Gesetzgebung gegen Art. 3 lit. a der Richtlinie über den strafrechtlichen Schutz der Umwelt v. 19.11.2008 (ABlEU Nr.

B. Hecker (✉)
Lehrstuhl für Deutsches und Europäisches Strafrecht, Strafprozessrecht sowie Umwelt- und Wirtschaftsstrafrecht, Eberhard Karls Universität Tübingen, Tübingen, Deutschland
E-Mail: bernd.hecker@uni-tuebingen.de

L 328, S. 28) verstößt. Dort ist vorgeschrieben, dass die Mitgliedstaaten eine rechtswidrige Luftverunreinigung unter Strafe stellen, wenn diese vorsätzlich oder grob fahrlässig begangen wird.

Fragen zum Ausgangsfall (bitte jede Antwort begründen und soweit möglich mit Rechtsnormen belegen):

Frage 1

a) Verfügte die EU vor Inkrafttreten des Vertrags von Lissabon (1.12.2009) überhaupt über eine Kompetenz zur Harmonisierung des Umweltstrafrechts? – Falls ja, wie weit reichte diese (Angleichung von Tatbestand und Rechtsfolge)?

b) Verfügt die EU nach Inkrafttreten des Vertrags von Lissabon über eine Kompetenz zur Harmonisierung des Umweltstrafrechts? – Falls ja, wie weit reicht diese (Angleichung von Tatbestand und Rechtsfolge)?

c) Können auf der Grundlage der bestehenden europäischen Verträge supranationale Umweltstraftatbestände erlassen werden (z. B. eine EU-Verordnung, durch die rechtswidrige und schuldhafte Zuwiderhandlungen gegen Umweltrecht der Union mit Kriminalstrafe bedroht werden)?

Frage 2

Kann die EU wegen der mit der Richtlinie nicht vereinbaren Umweltgesetzgebung gegen den Mitgliedstaat vorgehen?

Frage 3

a) Führt der Grundsatz des Vorranges des Unionsrechts im Ausgangsfall zur Nichtanwendung (Neutralisierung) des aktuellen (nicht richtlinienkonformen) Strafgesetzes und zum Wiederaufleben des früheren (aufgehobenen) Strafgesetzes?

b) Kann die Strafbarkeit des A auf eine unmittelbare Anwendung der Richtlinie über den strafrechtlichen Schutz der Umwelt gestützt werden?

c) Kann die Strafbarkeit des A auf eine mit Art. 3 lit. a der Richtlinie über den strafrechtlichen Schutz der Umwelt vereinbare, d. h. richtlinienkonforme Auslegung der aktuellen mitgliedstaatlichen Strafvorschrift gestützt werden, indem in diese nach dem Wort „vorsätzlich" die Worte „oder grob fahrlässig" hineingelesen werden?

Frage 4

Steht die Charta der Grundrechte der Europäischen Union (GRCh) der Bestrafung des A nach dem zur Tatzeit geltenden mitgliedstaatlichen Strafgesetz entgegen?

Frage 5

Nach deutschem Recht erfüllt das Verhalten des A den Straftatbestand des § 325 I StGB i. V. m. § 325 IV StGB. Unterfällt diese Tat nach den Regeln des internationalen Strafrechts der deutschen Strafgewalt?

11.2 Lösung

11.2.1 Lösungsvorschlag: Antworten zu 1

a) Ja. Nach der Judikatur des EuGH bestand bereits vor Inkrafttreten des Lissabonner Vertrages eine strafrechtliche Annexkompetenz der EG, das Umweltstrafrecht im Rahmen der sog. „ersten Säule" durch Richtlinien anzugleichen.[1] Diese strafrechtliche „Anweisungskompetenz" wurde aus den umweltrechtlichen Kompetenztiteln des früheren EGV (hier: ex-Art. 175 EGV) abgeleitet. Angleichungsfähig waren aber nur die Strafbarkeitsvoraussetzungen, nicht die Rechtsfolgenseite (Art und Maß der Sanktionen).[2]

b) Ja. Art. 83 II AEUV normiert eine *strafrechtliche Annexkompetenz* der EU. Danach können auf einem Gebiet, auf dem Harmonisierungsmaßnahmen erfolgt sind – hierzu gehört das Umweltrecht –, durch Richtlinien Mindestvorschriften für die Festlegung von *Straftaten und Strafen* festgelegt werden.[3] Die in Art. 83 II AEUV verankerte strafrechtliche Annexkompetenz reicht also weiter als die vor Inkrafttreten des Lissabonner Vertrages bestehende strafrechtliche Anweisungskompetenz der EG, die sich nicht auf die Rechtsfolgenseite erstreckte.

c) Nein. Die Union verfügt – wie auch der EuGH mehrfach bestätigte – grundsätzlich über keine Kompetenz zum Erlass supranationaler Strafgesetze.[4] Eine solche Befugnis müsste sich nach dem *Prinzip der begrenzten Einzelermächtigung* (Art. 5 I, II EUV) aus Primärrecht ableiten lassen. In den europäischen Verträgen sind aber nur Kompetenzen zur Schaffung punitiver Sanktionen, die gerade kein echtes Kriminalstrafrecht darstellen, vorgesehen. Vor Inkrafttreten des Vertrags von Lissabon wurde die Angleichung des Kriminalstrafrechts der sog. „dritten Säule" (ex-Art. 29 ff. EUV) zugewiesen, was den Willen der Mitgliedstaaten bestätigte, der früheren EG keine Kompetenzen zur Setzung von Strafnormen einzuräumen. Die durch den Reformvertrag erfolgte Überführung der „dritten Säule" in den einheitlichen Rahmen des Unionsrechts ändert hieran nichts. Eine – für das Umweltstrafrecht nicht relevante – Ausnahme von der fehlenden Strafrechtssetzungskompetenz bildet Art. 325 IV AEUV, der im Hinblick auf den Wegfall der früheren Vorbehaltsklausel (vgl. ex-Art. 280 IV S. 2 EGV: „*Die Anwendung des Strafrechts der Mitgliedstaaten ... [bleibt] ... unberührt*") als eine Kompetenzgrundlage anzusehen ist, welche nach zutr. h. L. die Setzung supranationaler Straftatbestände zur Bekämpfung des EU-Betrugs gestattet.[5]

---

[1] EuGHE 2005, 7879 = ZIS 2006, 179; bestätigt durch EuGHE 2007, 9097 = NStZ 2008, 703; vgl. hierzu ausführlich *Hecker*, EuStR, Kap. 8 Rn. 11 ff., 22 ff. m. w. N.
[2] EuGHE 2007, 9097 = NStZ 2008, 703; *Heger*, ZIS 2009, 406 (413); *Zimmermann*, NStZ 2008, 662 (665).
[3] *Hecker*, EuStR, Kap. 8 Rn. 2 ff., 22 ff. m. w. N.
[4] EuGHE 2005, 7879 = ZIS 2006, 179; EuGHE 2007, 9097 = NStZ 2008, 703; EuGH BeckRS 2019, 2087 (Rz. 57); EuGH BeckRS 2020, 31283 (Rz. 27); Hecker, EuStR, Kap. 4 Rn. 58 ff.; *Satzger,undefined* IntStR, § 8 Rn. 18 ff.
[5] *Ambos*, IntStR, § 9 Rn. 22; *Esser*, IntStR, § 2 Rn. 125; *Hecker*, EuStR, Kap. 4 Rn. 68 ff.; *Heger*,

11.2.2 Lösungsvorschlag: Antwort zu 2

Ja. Die Kommission kann ein Vertragsverletzungsverfahren (Art. 258, 260 AEUV) gegen den Mitgliedstaat anstrengen.

11.2.3 Lösungsvorschlag: Antworten zu 3

a) Nein. Eine Nichtanwendung (Neutralisierung) des nationalen Strafgesetzes kommt nur bei einer *echten Kollision* mit unmittelbar anwendbarem Unionsrecht in Betracht.[6] Die Richtlinie über den strafrechtlichen Schutz der Umwelt ist nicht unmittelbar anwendbar. Im Übrigen führt die Richtlinienwidrigkeit des aktuellen Umweltstrafgesetzes nicht zum Wiederaufleben des alten (aufgehobenen) Umweltstrafgesetzes.[7] Das Prinzip des Anwendungsvorranges des Unionsrechts ist von vornherein nicht darauf gerichtet, die durch Unanwendbarkeit nationalen Rechts entstehende Lücke durch hinzugedachtes nationales Recht zu schließen. Dies käme einer Strafgesetzgebungsbefugnis der Union gleich, die dieser vom Lissabonner Vertrag gerade nicht zuerkannt wird.

b) Nein. Zwar ist nach der EuGH-Judikatur in Ausnahmefällen eine unmittelbare Anwendung nicht fristgerecht umgesetzter Richtlinien möglich, aber immer nur zugunsten des Bürgers. Die Strafbarkeit des Einzelnen kann niemals unmittelbar aus einer Richtlinie abgeleitet werden.[8] Denn auch dies käme einer vom Reformvertrag nicht zugestandenen Strafgesetzgebungsbefugnis der Union gleich.

c) Nein. Das aus Art. 4 III UA 2, 3 EUV i. V. m. Art. 288 UA 3 AEUV abzuleitende unionsrechtliche Gebot zur richtlinienkonformen Auslegung nationalen Strafrechts[9] findet seine Grenze im *Gesetzlichkeitsprinzip*. Letzteres ist seit jeher als allgemeiner Rechtsgrundsatz des Unionsrechts (Art. 6 III EUV) anerkannt und auch in Art. 49 I der seit 1.12.2009 rechtsverbindlichen GRCh verankert (Art. 6 I EUV). Eine Auslegung, die den äußersten Wortsinn der Strafnorm überschreitet, ist somit nicht zulässig.[10]

ZIS 2009, 406 (416); *Mansdörfer*, HRRS 2010, 11 (18); *Safferling*, IntStR, § 10 Rn. 41; *Satzger*, IntStR, § 8 Rn. 21 f.; *Weißer*, GA 2014, 433 (439); *Zimmermann*, Jura 2009, 844 (845 f.); a. A. *Böse*, Krey-FS, 7 (16); *Sturies*, HRRS 2012, 273 (276 ff.); *Zöller*, Schenke-FS, 579 (582 ff.).

[6] *Ambos*, IntStR, § 11 Rn. 44 f.; *Esser*, IntStR, § 2 Rn. 17; *Hecker*, EuStR, Kap. 9 Rn. 10 ff., 15; *Satzger*, IntStR, § 9 Rn. 92 ff.

[7] *Dannecker*, ZIS 2006, 309 (313 f.); *Hecker*, EuStR, Kap. 9 Rn. 20; *Satzger*, JZ 2005, 998 (1000); vgl. aber die gegenteilige Auffassung der Generalanwältin *Kokott* in dem Verfahren EuGHE 2005, 3565 = JZ 2005, 997 (Rz. 165).

[8] EuGHE 1987, 3969 (3985); *Ambos*, IntStR, § 9 Rn. 46; *Esser*, IntStR, § 2 Rn. 98; *Hecker*, EuStR, Kap. 10 Rn. 43 ff.; *Satzger*, Europäisierung, 538 ff.

[9] *Hecker*, EuStR, Kap. 10 Rn. 6 f.; *ders.*, JuS 2014, 385 (386); *Satzger*, IntStR, § 9 Rn. 104.

[10] EuGHE 1996, 6609 (6637); *Esser*, IntStR, § 2 Rn. 87 ff.; *Hecker*, EuStR, Kap. 10 Rn. 31 ff., 40, 43 f.; *ders.*, JuS 2014, 385 (388 f.); *Satzger*, IntStR, § 9 Rn. 105.

11.2.4 Lösungsvorschlag: Antwort zu 4

Ja. Der in Art. 49 I S. 3 GRCh verankerte *Lex-mitior-Grundsatz* verlangt die Anwendung des mildesten Gesetzes.[11] Das nach der Tat erlassene Gesetz erfordert für eine Bestrafung vorsätzliches Handeln. Folglich kann A wegen grober Fahrlässigkeit nicht mehr bestraft werden, auch wenn dies den Zielen der Richtlinie zuwiderläuft. Die GRCh ist gem. Art. 6 I EUV seit Inkrafttreten des Lissabonner Vertrages geltendes Unionsrecht (Primärrecht). Sie entfaltet gem. Art. 51 I S. 1 GRCh eine *Bindungswirkung* für die Organe, Einrichtungen und sonstigen Stellen der Union sowie für die *Mitgliedstaaten bei der Durchführung von Unionsrecht* (hier: Anwendung von harmonisiertem Umweltstrafrecht durch einen Mitgliedstaat).[12]

11.2.5 Lösungsvorschlag: Antwort zu 5

Da die tatgegenständliche Anlage im Ausland betrieben wurde, vermag der Handlungsort (§§ 3, 9 I Alt. 1 StGB) die Anwendung deutschen Umweltstrafrechts nicht zu legitimieren. Es kommt daher aus internationalstrafrechtlicher Sicht entscheidend darauf an, ob die von § 325 I StGB geforderte Schädigungseignung als „Erfolg" i. S. d. § 9 I Alt. 3 StGB gewertet werden kann. Nach weit verbreiteter Meinung weisen potenzielle und rein abstrakte Gefährdungsdelikte keinen „zum Tatbestand gehörenden Erfolg" auf, der bei Distanztaten einen inländischen Tatort begründen könnte. Als Hauptargument wird angeführt, im Rahmen des § 9 StGB meine der Begriff „Erfolg" eine von der tatbestandsmäßigen Handlung räumlich und/oder zeitlich abtrennbare Veränderung der Außenwelt in Form der Verletzung oder konkreten Gefährdung des geschützten Rechtsgutes. Bei den abstrakten Gefährdungsdelikten existiere ein derartiger Außenwelterfolg nicht, weil hier bereits der bloße Vollzug der tatbestandsmäßigen Handlung unrechtsbegründend wirke, ohne dass es auf den Eintritt einer gesondert festzustellenden Gefahrenlage ankomme.[13] Auf der Basis dieser dogmatischen Prämisse ist § 325 I StGB auf einen im Ausland stattfindenden Anlagenbetrieb nicht anwendbar. Nach der vorzugswürdigen und früher auch vom BGH[14] zugrunde gelegten Auffassung kann zumindest den

---

[11] *Ambos*, IntStR, § 10 Rn. 162; *Hecker*, EuStR, Kap. 4 Rn. 43.
[12] *Ambos*, IntStR, § 10 Rn. 156; *Esser*, IntStR, § 6 Rn. 7 f.; *Hecker*, EuStR, Kap. 4 Rn. 35 f. Zur Bindungswirkung der GRCh vgl. EuGH NJW 2013, 1415 ff.; EuGH BeckRS 2019, 22822 (Rz. 39 ff.); EuGH NJW 2020, 35, 37; *Hecker*, EuStR, Kap. 4 Rn. 35 ff.; *Honer*, JuS 2017, 409 (413).
[13] BGH NStZ 2017, 146 (147); KG NJW 1999, 3500 (3501 f.); MüKo-*Ambos*, § 9 Rn. 31; NK-*Böse*, § 9 Rn. 12 f. (anders aber bei potenziellen Gefährdungsdelikten); Schönke/Schröder-*Eser/Weißer*, § 9 Rn. 6 a; *Esser*, IntStR, § 16 Rn. 34; Lackner/Kühl-*Heger*, § 9 Rn. 2; *Hilgendorf*, NJW 1997, 1873 (1875 f.); *Satzger*, Jura 2010, 108 (113). So auch BGH NStZ 2015, 81 (zu § 86a I StGB), m. abl. Bespr. v. *Becker*, NStZ 2015, 83 und *Hecker*, JuS 2015, 274.
[14] BGHSt 46, 212 = NJW 2001, 624; dem folgend LG Regensburg BeckRS 2014, 15900; anders aber BGH NStZ 2017, 146 (147) sowie OLG Hamm NStZ-RR 2018, 292 (293).

potenziellen Gefährdungsdelikten („Eignungsklausel") ein „Erfolg" i. S. d. § 9 I Alt. 3 StGB zugeschrieben werden.[15] Der Wortlaut der Norm lässt durchaus eine Auslegung des Erfolgsbegriffes zu, die den „zum Tatbestand gehörenden Erfolg" bereits in dem Hervorrufen einer von dem Tatbestand vorausgesetzten abstrakten Gefahrenlage (hier: Eignung zur Gesundheitsschädigung) sieht. Nach dieser Ansicht, die den „Erfolg" i. S. d. § 9 I Alt. 3 StGB als die Wirkung versteht, die von dem tatbestandlichen Ereignis ausgeht, sind alle Orte, die sich im räumlichen Gefahrenkreis der Anlage befinden, Erfolgsorte. Die Frage ist daher dahingehend zu beantworten, dass der Territorialitätsgrundsatz (§ 3 StGB) die Erstreckung der deutschen Strafgewalt auf die Auslandstat des A legitimiert.

Hinweise auf Rechtsprechung und Literatur

EuGHE 2005, 7879 = ZIS 2006, 179 (Anweisungskompetenz der EG auf dem Gebiet des Umweltstrafrechts)
EuGHE 2007, 9097 = NStZ 2008, 703 (Anweisungskompetenz der EG auf dem Gebiet des Verkehrsstrafrechts – Meeresverschmutzung durch Schiffsverkehr)
EuGH NJW 2013, 1415 (Bindungswirkung der GRCh; Rs. „*Fransson*")
EuGH BeckRS 2019, 22822 (Bindungswirkung der GRCh; Präzisierung der in Rs. „*Fransson*" dargelegten Grundsätze)
BVerfG NJW 2009, 2267 (Vertrag von Lissabon)
BGHSt 46, 212 = NJW 2001, 624 (Erfolgsbegriff des § 9 I Alt. 3 StGB)
BGH NStZ 2015, 81 (Erfolgsbegriff des § 9 I Alt. 3 StGB)
BGH NStZ 2017, 146 (Erfolgsbegriff des § 9 I Alt. 3 StGB)
Hecker, Europäisches Strafrecht, 6. Aufl., 2021, Kap. 8, Kap. 9
Ders., Grenzüberschreitende Luftverunreinigungen, ZStW 113 (2001), 880
Honer, Die Geltung der EU-Grundrechte für die Mitgliedstaaten nach Art. 51 I 1 GRCh, JuS 2021, 409
Satzger, Internationales und Europäisches Strafrecht, 10. Aufl., 2022, § 5 Rn. 27–34; § 8 Rn. 18–28; § 9 Rn. 35–62
Ders., Die Anwendung des deutschen Strafrechts auf grenzüberschreitende Gefährdungsdelikte, NStZ 1998, 112
Weißer, Strafgesetzgebung in der EU – Nicht nur ein Recht, sondern eine Pflicht?, GA 2014, 433
Zöller, Europäische Strafgesetzgebung, ZIS 2009, 340 ff.
Ders., Neue unionsrechtliche Strafgesetzgebungskompetenzen nach dem Vertrag von Lissabon, *Schenke-FS,* 2011, S. 579 ff.

---

[15] Grundlegend *Martin,* Strafbarkeit grenzüberschreitender Umweltbeeinträchtigungen, 17 ff., 48 ff., 79 ff.; ihm folgend *Hecker,* ZStW 115 (2003), 880 (885 ff.); *ders.,* EuStR, Kap. 2 Rn. 38 f.; *Heinrich,* GA 1999, 72 (77); *Rath,* JA 2006, 435 (438); *Rengier,* AT, § 6 Rn. 17; *Safferling,* IntStR, § 3 Rn. 23; LK-*Werle/Jeßberger,* § 9 Rn. 33 f., 89; AnwK-*Zöller,* § 9 Rn. 10, 22.

Klausur 12
Abtreibungstourismus

§§ 218, 218a, 5 Nr. 9 Buchst. b StGB – Vorrang des Unionsrechts – Neutralisierung von Strafnormen

Bernd Hecker

12.1 Fall

In der 16. Woche ihrer Schwangerschaft entschließt sich S, ohne vorherige Inanspruchnahme einer Beratung (§ 219 StGB) in einer niederländischen Klinik eine Abtreibung ihrer Leibesfrucht vornehmen zu lassen. Arzt A nimmt den Eingriff nach Maßgabe niederländischen Rechts legal vor. Bei S handelt es sich um eine deutsche Staatsbürgerin, die ihren ständigen Wohnsitz in Deutschland hat. Auch A ist deutscher Staatsangehöriger, der mit Ehefrau und zwei Kindern in einer grenznahen deutschen Stadt wohnt und jeden Tag über die Staatsgrenze pendelt, um in der niederländischen Klinik einer selbstständigen Tätigkeit als Arzt nachzugehen.

Strafbarkeit von S und A?

12.2 Lösung

12.2.1 Prüfungsaufbau

Strafbarkeit der S

Schwangerschaftsabbruch (§ 218 I, III StGB)

A. Tatbestandsmäßigkeit

    I. Objektiver Tatbestand

B. Hecker (✉)
Lehrstuhl für Deutsches und Europäisches Strafrecht, Strafprozessrecht sowie Umwelt- und Wirtschaftsstrafrecht, Eberhard Karls Universität Tübingen, Tübingen, Deutschland
E-Mail: bernd.hecker@uni-tuebingen.de

1. Abbruch einer Schwangerschaft
2. Nichtvorliegen der Voraussetzungen des § 218a I Nr. 1–3 StGB

   a) Schwangere verlangt den Abbruch und weist dem Arzt durch eine Bescheinigung nach § 219 II S. 2 StGB nach, dass sie sich mindestens drei Tage vor dem Eingriff hat beraten lassen;
   b) Schwangerschaftsabbruch wird von einem Arzt vorgenommen;
   c) seit der Empfängnis sind nicht mehr als zwölf Wochen vergangen

   II. Subjektiver Tatbestand (Vorsatz bezüglich I. 1.–2.)

B. Rechtswidrigkeit
C. Schuld
D. Persönlicher Strafausschließungsgrund: § 218a IV S. 1 StGB
E. Strafanwendungsrecht: § 5 Nr. 9 Buchst. b StGB
F. Unanwendbarkeit der §§ 218 I, III, 5 Nr. 9 Buchst. b StGB wegen Vorrangs des Unionsrechts?

   I. Eingriff in den persönlichen und sachlichen Schutzbereich der Dienstleistungsfreiheit (Art. 56 ff. AEUV)

   1. Diskriminierungsverbot
   2. Beschränkungsverbot

   II. Rechtfertigung des Eingriffs (zwingender Grund des Allgemeininteresses und Wahrung der Verhältnismäßigkeit)

Strafbarkeit des A
Schwangerschaftsabbruch (§ 218 I StGB)

A. Tatbestandsmäßigkeit

   I. Objektiver Tatbestand

   1. Abbruch einer Schwangerschaft
   2. Nichtvorliegen der Voraussetzungen des § 218a I Nr. 1–3 StGB

   II. Subjektiver Tatbestand (Vorsatz bezüglich I. 1.–2)

B. Rechtswidrigkeit
C. Schuld
D. Strafanwendungsrecht: § 5 Nr. 9 Buchst. b StGB
E. Unanwendbarkeit der §§ 218 I, 5 Nr. 9 StGB wegen Vorrangs des Unionsrechts?

   I. Eingriff in den persönlichen und sachlichen Schutzbereich der Niederlassungsfreiheit (Art. 49 ff. AEUV)

   1. Diskriminierungsverbot
   2. Beschränkungsverbot

   II. Rechtfertigung des Eingriffs

12.2.2 Lösungsvorschlag

Strafbarkeit der S
Schwangerschaftsabbruch (§ 218 I, III StGB)
  A. Tatbestandsmäßigkeit
  I. Objektiver Tatbestand
  1. Abbruch einer Schwangerschaft
Der von S veranlasste und geduldete Schwangerschaftsabbruch, welcher von dem Arzt A in einer niederländischen Klinik durchgeführt wurde, erfüllt in objektiver Hinsicht den Tatbestand des § 218 I StGB.

2. Nichtvorliegen der Voraussetzungen des § 218a I Nr. 1–3 StGB
Die Voraussetzungen für eine Straffreistellung nach § 218a I Nr. 1–3 StGB liegen nicht vor:[1] S hat nicht – wie von § 218a I Nr. 1 StGB gefordert – durch Vorlage einer Bescheinigung nach § 219 II S. 2 StGB gegenüber A den Nachweis geführt, dass sie sich mindestens drei Tage vor dem Eingriff hat beraten lassen. Außerdem sind seit der Empfängnis bereits mehr als zwölf Wochen (vgl. § 218a I Nr. 3 StGB) vergangen.

II. Subjektiver Tatbestand (Vorsatz bezüglich I. 1.–2.)
S handelte im Hinblick auf die Verwirklichung des objektiven Tatbestandes mit Vorsatz. Insbesondere war ihr auch bekannt, dass die in § 218a I Nr. 1–3 StGB normierten Voraussetzungen für einen straffreien Abbruch der Schwangerschaft nicht vorliegen.

B. Rechtswidrigkeit
Eine den Schwangerschaftsabbruch rechtfertigende Indikation nach § 218a II bzw. III StGB liegt nicht vor. Die Tat der S ist daher rechtswidrig.

C. Schuld
Auch ist gegen S ein Vorsatzschuldvorwurf zu erheben.

D. Persönlicher Strafausschließungsgrund: § 218a IV S. 1 StGB
Auf den persönlichen Strafausschließungsgrund des § 218a IV S. 1 StGB kann sich S nicht berufen. Zwar befand sich S zum Zeitpunkt des Schwangerschaftsabbruches noch nicht in der 22. Woche ihrer Schwangerschaft. Jedoch hat sie sich vor dem Eingriff nicht – wie von § 218a IV S. 1 StGB gefordert – gem. § 219 StGB beraten lassen.[2]

---

[1] Zu der Problematik der Einstufung dieser Straffreistellungsgründe als Elemente des objektiven Tatbestandes vgl. nur Schönke/Schröder-*Eser/Weißer*, § 218a Rn. 13 ff; s. a. *Berghäuser,* Das Ungeborene im Widerspruch, 2015, S. 541 ff.
[2] Schönke/Schröder-*Eser/Weißer*, § 218 a Rn. 71.

E. Strafanwendungsrecht: § 5 Nr. 9 Buchst. b StGB
Da der Schwangerschaftsabbruch in den Niederlanden vorgenommen wurde, ist weiter zu prüfen, ob auf den in Rede stehenden Sachverhalt überhaupt deutsches Strafrecht Anwendung findet. Im vorliegenden Fall ist § 5 Nr. 9 Buchst. b StGB einschlägig, der durch das Anknüpfen an die deutsche Staatsangehörigkeit des Täters dem sog. „aktiven Personalitätsprinzip" Ausdruck verleiht.[3] Danach gilt deutsches Strafrecht für im Ausland begangene Taten i. S. d. § 218 I StGB, wenn der Täter zur Zeit der Tat Deutscher ist und seine Lebensgrundlage im Inland hat. Beide Voraussetzungen treffen auf S zu. Folglich unterliegt die Tat der S der deutschen Strafgewalt.

F. Unanwendbarkeit der §§ 218 I, III, 5 Nr. 9 Buchst. b StGB wegen Vorrangs des Unionsrechts?
Falls sich aus unmittelbar anwendbarem Unionsrecht ein Recht der S ableiten lässt, in den Niederlanden von einem Arzt einen medizinischen Eingriff an sich vornehmen zu lassen, der zum Abbruch ihrer Schwangerschaft führt, besteht eine direkte Kollision zwischen Unionsrecht und deutschem Strafrecht. In diesem Fall führt der *Anwendungsvorrang des Unionsrechts* zu einer *Neutralisierung der nationalen Strafnorm*[4] mit der Folge, dass eine Strafbarkeit der S gem. § 218 I, III StGB i. V. m. § 5 Nr. 9 Buchst. b StGB ausgeschlossen ist.[5]

I. Eingriff in den persönlichen und sachlichen Schutzbereich der Dienstleistungsfreiheit (Art. 56 ff. AEUV)
Als Angehörige eines EU-Mitgliedstaates ist S in den persönlichen Schutzbereich der Dienstleistungsfreiheit einbezogen. Die in Art. 56 ff. AEUV enthaltenen Vorschriften erfassen nach ihrem Wortlaut nur die Fälle, in denen sich der Dienstleister in den Staat des Dienstleistungsempfängers begibt, um dort seine Dienstleistung zu erbringen. Nach der Rechtsprechung des EuGH ist jedoch auch die sog. „passive Dienstleistungsfreiheit" unionsrechtlich garantiert, bei welcher der Dienstleistungsempfänger die Dienstleistung in einem anderen Mitgliedstaat als seinem Heimatstaat in Anspruch nimmt.[6] Zu den geschützten Dienstleistungen gehört auch ein ärztlicher Schwangerschaftsabbruch, der im Einklang mit dem Recht des Staates steht, in dem er vorgenommen wird.[7]

---
[3] MüKo-*Ambos*, § 5 Rn. 28; *ders.*, IntStR, § 3 Rn. 40 ff., 58; NK-*Böse*, § 5 Rn. 26; LK-*Werle/Jeßberger*, § 9 Rn. 128 ff.; AnwK-*Zöller*, § 5 Rn. 14.
[4] EuGH BeckRS 2020, 31283 (Rz. 27); BGH NJW 2020, 2282 (2286); OLG München NJW 2006, 3588 (3591); OLG München NJW 2008, 3151 (3151 f.); *Ambos*, IntStR, § 11 Rn. 44 ff.; *Esser*, IntStR, § 2 Rn. 7 ff.; *Hecker*, EuStR, Kap. 9 Rn. 10 ff.; *Satzger*, IntStR, § 9 Rn. 93.
[5] Zur strafrechtsdogmatischen Einordnung der Neutralisierungswirkung (Tatbestandsausschluss oder Rechtfertigungsgrund) vgl. *Hecker*, EuStR, Kap. 9 Rn. 11 f.; *Heger*, in: *Böse* (Hrsg.), EuStR, Kap. 5 Rn. 86 ff.; *Satzger*, IntStR, § 9 Rn. 93.
[6] EuGHE 1989, 195 (222); EuGHE 1999, 11 (28); EuGH NJW 2009, 3221 (3223); *Herdegen*, Europarecht, § 17 Rn. 1; Grabitz/Hilf/Nettesheim-*Randelzhofer/Forsthoff*, Art. 56, 57 AEUV Rn. 53; *Streinz*, JuS 2010, 460.
[7] EuGH NJW 1993, 776 (777) – Society for the protection of unborn children/Grogan u. a.

1. Diskriminierungsverbot

Die Dienstleistungsfreiheit beinhaltet nach Art. 57 III AEUV ein Verbot der unterschiedlichen Behandlung aus Gründen der Staatsangehörigkeit bei der Erbringung von Dienstleistungen.[8] Die von § 5 Nr. 9 Buchst. b StGB angeordnete Unterwerfung deutscher Staatsbürger unter den Geltungsbereich des deutschen Strafrechts stellt indes keine unionsrechtlich verbotene Diskriminierung aus Gründen der Staatsangehörigkeit dar. Zwar bewirkt § 5 Nr. 9 Buchst. b StGB in den Fällen des Abtreibungstourismus, dass deutsche Staatsangehörige (wie S im Ausgangsfall) nicht im gleichen Umfang wie Ausländer eine medizinische Dienstleistung empfangen dürfen. Diese faktische Schlechterstellung von Inländern gegenüber Ausländern resultiert aber daraus, dass das Abtreibungsstrafrecht zu den nicht harmonisierten Regelungsmaterien der nationalen Rechtsordnungen gehört mit der Folge, dass der strafrechtliche Schutz des ungeborenen Lebens in den Mitgliedstaaten zwangsläufig unterschiedlich ausgestaltet ist. Auf Unterschiede dieser Art, die sich als Resultat eines Gefälles autonomer Rechtsordnungen darstellen, sind die unionsrechtlichen Diskriminierungsverbote nicht anwendbar. Die aus § 218 I, III StGB i. V. m. § 5 Nr. 9 Buchst. b StGB folgende Strafandrohung gegenüber S stellt somit keine unionsrechtlich verbotene Diskriminierung der S aufgrund ihrer Staatsangehörigkeit dar.

2. Beschränkungsverbot

Die Gewährleistung der Dienstleistungsfreiheit beinhaltet nicht nur ein Diskriminierungsverbot, sondern auch ein allgemeines Beschränkungsverbot. So verlangt Art. 56 AEUV die Aufhebung jeder Beschränkung des freien Dienstleistungsverkehrs, sofern sie geeignet ist, die Tätigkeiten des Dienstleistenden, der in einem anderen Mitgliedstaat ansässig ist, in dem er rechtmäßig ähnliche Dienstleistungen erbringt, zu unterbinden, zu behindern oder weniger attraktiv zu machen.[9] Dieser Grundsatz gilt entsprechend auch für die passive Dienstleistungsfreiheit. Die auf § 218 I, III StGB i. V. m. § 5 Nr. 9 Buchst. b StGB beruhende Strafandrohung ist geeignet, deutsche Patientinnen wie die S davon abzuhalten, einen Schwangerschaftsabbruch im Ausland durchführen zu lassen. Der nationale Strafanspruch behindert auf diese Weise die grenzüberschreitende Inanspruchnahme einer in einem anderen Mitgliedstaat legal angebotenen medizinischen Dienstleistung und stört damit den freien Dienstleistungsverkehr innerhalb des europäischen Binnenmarktes.[10]

---

[8] *Herdegen*, Europarecht, § 17 Rn. 2; Calliess/Ruffert-*Kluth*, Art. 57 Rn. 54; Grabitz/Hilf/Nettesheim-*Randelzhofer/Forsthoff*, EUV/AEUV, Art. 56, 57 Rn. 80 ff.
[9] EuGHE 2004, 9761; EuGHE 2005, 3177; EuGH NJW 2009, 3221 (3223); EuGH EuZW 2010, 668 (669); EuGH EuZW 2010, 900 (902); Grabitz/Hilf/Nettesheim-*Randelzhofer/Forsthoff*, EUV/AEUV, Art. 56, 57 Rn. 97 ff.; *Streinz*, JuS 2010, 460 (461).
[10] *Hecker*, EuStR, Kap. 9 Rn. 39; *Kreis*, Grundfreiheiten, 70 ff.

II. Rechtfertigung des Eingriffs

Der im konkreten Fall bejahte Eingriff in die passive Dienstleistungsfreiheit der S ist nur zulässig, wenn er einem zwingenden Grund des Allgemeininteresses zu dienen bestimmt ist und dem Verhältnismäßigkeitserfordernis genügt.[11]

Als zwingender Grund des Allgemeininteresses ist der in Deutschland mit Verfassungsrang ausgestattete Schutz des ungeborenen Lebens gem. Art. 2 II 1, Art. 1 I GG[12] anzuerkennen,[13] dem die Strafbestimmung über Abtreibungstourismus zu dienen bestimmt ist. Auch die zur Wahrung eines zwingenden Grundes des Allgemeininteresses bestimmten Regelungen müssen sich an den Kriterien des unionsrechtlichen Verhältnismäßigkeitsgrundsatzes messen lassen. Die Entscheidung, ob die Strafandrohung gegenüber S mit dem unionsrechtlichen Verhältnismäßigkeitsgrundsatz vereinbar ist, hängt von einer Abwägung der Auswirkungen dieser Strafandrohung auf die Binnenmarktordnung einerseits und den Interessen des Mitgliedstaates an der Ausdehnung seiner Strafgewalt andererseits ab. Unverhältnismäßig wäre es demnach, wenn deutschen Staatsangehörigen *schlechthin* untersagt würde, sich zum Zwecke eines Schwangerschaftsabbruches in einen Mitgliedstaat zu begeben, in dem dieser Eingriff als legale ärztliche Dienstleistung angeboten wird. Denn von der passiven Dienstleistungsfreiheit der Schwangeren bliebe dann nichts übrig. Der im deutschen Recht vorgesehene strafrechtliche Schutz des ungeborenen Lebens beinhaltet indes gerade *kein absolutes Verbot*, im Ausland einen Schwangerschaftsabbruch durchführen zu lassen. Für die Schwangere bleibt der bis zur 22. Woche seit der Empfängnis durch einen Arzt vorgenommene Schwangerschaftsabbruch – falls nicht ohnehin bereits die Voraussetzungen der § 218a I–III StGB vorliegen – gem. § 218a IV S. 1 StGB straflos, wenn sie zuvor eine Beratung durch eine anerkannte Beratungsstelle (§ 219 StGB) in Anspruch genommen hat. Die genannten Bestimmungen tragen auf diese Weise dem legitimen Interesse der deutschen Rechtsordnung Rechnung, einen mit Verfassungsrang ausgestatteten Grundwert zu schützen, ohne hierdurch die unionsrechtlich garantierte Dienstleistungsfreiheit abtreibungswilliger Frauen vollständig auszuhöhlen. Es erscheint nicht unverhältnismäßig, wenn ein Staat seinen Angehörigen, die ihre Lebensgrundlage im Inland haben, zumutet, dass sie die im Inland geltenden Bestimmungen zum Schutze des ungeborenen Lebens auch im Ausland beachten, sofern ihnen noch ein ausreichender Raum für die Wahrnehmung ihrer Grundfreiheiten verbleibt. Im Ergebnis steht somit die deutsche Regelung zur Strafbarkeit des Abtreibungstourismus von Schwangeren (§ 218 I, III StGB i. V. m. § 5 Nr. 9 Buchst. b StGB) im Einklang mit Unionsrecht. S wird durch die Strafandrohung nicht in ihrer aus der passiven Dienstleistungsfreiheit folgenden Rechtsstellung verletzt.[14]

---

[11] EuGH EuZW 2010, 900 (902); EuGH EuZW 2010, 821 (823); *Herdegen*, Europarecht, § 17 Rn. 2; Lenz/Borchardt-*Seyr,* Art. 56, 57 Rn. 23.
[12] BVerfGE 39, 1; BVerfGE 88, 203.
[13] Vgl. Generalanwalt *v. Gerven* in EuGHE 1991, 4685 (4715 ff.); *Hecker*, EuStR, Kap. 9 Rn. 43.
[14] *Hecker*, EuStR, Kap. 9 Rn. 45; *Kreis*, Grundfreiheiten, 72; AnwK-*Zöller*, § 5 Rn. 14; a. A. *Brand/Blatter*, JuS 2016, 983 (987).

Ergebnis S ist strafbar gem. § 218 I, III StGB i. V. m. § 5 Nr. 9 Buchst. b StGB.

Strafbarkeit des A
Schwangerschaftsabbruch (§ 218 I StGB)
  A. *Tatbestandsmäßigkeit*
  I. *Objektiver Tatbestand*
  1. *Abbruch einer Schwangerschaft*

Der von A am Körper der S vorgenommene Schwangerschaftsabbruch erfüllt in objektiver Hinsicht den Tatbestand des § 218 I StGB.

2. Nichtvorliegen der Voraussetzungen des § 218a 1 Nr. 1-3 StGB
Die Voraussetzungen für eine Straffreistellung nach § 218a I Nr. 1-3 StGB liegen nicht vor (vgl. insoweit die oben zur Strafbarkeit der S gemachten Ausführungen).

II. Subjektiver Tatbestand (Vorsatz bezüglich I. 1.-2.)
A handelte im Hinblick auf die Verwirklichung des objektiven Tatbestandes mit Vorsatz. Insbesondere war ihm auch bekannt, dass die in § 218a I Nr. 1-3 StGB normierten Voraussetzungen für einen straffreien Abbruch der Schwangerschaft nicht vorliegen.

B. Rechtswidrigkeit
Eine den Schwangerschaftsabbruch rechtfertigende Indikation nach § 218a II StGB bzw. § 218a III StGB liegt nicht vor. Die Tat des A ist daher rechtswidrig.

C. Schuld
Auch ist gegen A ein Vorsatzschuldvorwurf zu erheben.

D. Strafanwendungsrecht: § 5 Nr. 9 Buchst. b StGB
Da der Schwangerschaftsabbruch in den Niederlanden vorgenommen wurde, ist weiter zu prüfen, ob auf den in Rede stehenden Sachverhalt deutsches Strafrecht Anwendung findet. Nach § 5 Nr. 9 Buchst. b StGB gilt deutsches Strafrecht für im Ausland begangene Taten i. S. d. § 218 I StGB, wenn der Täter zur Zeit der Tat Deutscher ist und seine Lebensgrundlage[15] im Inland hat. Beide Voraussetzungen treffen auf den deutschen Staatsbürger A, der seinen Wohn- und Familiensitz in Deutschland hat, zu. Folglich unterliegt die Tat des A der deutschen Strafgewalt.

E. Unanwendbarkeit der §§ 218 I, 5 Nr. 9 Buchst. b StGB wegen Vorrangs des Unionsrechts?
Falls sich aus unmittelbar anwendbarem Unionsrecht ein Recht des A ableiten lässt, in den Niederlanden einen medizinischen Eingriff an S vorzunehmen, der zum Abbruch ihrer Schwangerschaft führt, besteht eine direkte Kollision zwischen Unionsrecht und deutschem Strafrecht. In diesem Fall führt der Anwendungsvorrang des

---
[15] MüKo-*Ambos*, § 5 Rn. 15; AnwK-*Zöller*, § 5 Rn. 6.

Unionsrechts zu einer Neutralisierung der nationalen Strafnorm mit der Folge, dass eine Strafbarkeit des A gem. § 218 I StGB i. V. m. § 5 Nr. 9 Buchst. b StGB ausgeschlossen ist.

I. Eingriff in den persönlichen und sachlichen Schutzbereich der Niederlassungsfreiheit (Art. 49 ff. AEUV)

Ein deutscher Arzt mit Wohnsitz in einer deutsch-niederländischen Grenzregion, der seinen familiären Lebensmittelpunkt im Inland behält, jedoch täglich in die benachbarten Niederlande pendelt, um dort einer dauerhaft angelegten Berufstätigkeit in einer Abtreibungsklinik nachzugehen, kann sich auf die Garantie der Niederlassungsfreiheit (Art. 49 ff. AEUV) berufen. Diese Grundfreiheit stellt sicher, dass die grenzüberschreitende Erbringung einer Dienstleistung in einem Mitgliedstaat unter den gleichen Voraussetzungen ermöglicht wird, welche dieser Staat für seine eigenen Angehörigen vorschreibt (Art. 49 II AEUV).[16]

1. Diskriminierungsverbot

Die Vertragsbestimmungen über die Niederlassungsfreiheit enthalten zunächst ein das allgemeine Diskriminierungsverbot des Art. 18 AEUV konkretisierendes Verbot ungleicher Behandlung aufgrund der Staatsangehörigkeit.[17] Die von § 5 Nr. 9 Buchst. b StGB angeordnete Unterwerfung des deutschen Staatsbürgers A unter den Geltungsbereich des deutschen Strafrechts stellt indes keine unionsrechtlich verbotene Diskriminierung aus Gründen der Staatsangehörigkeit dar. Zwar bewirkt § 5 Nr. 9 Buchst. b StGB in den Fällen des Abtreibungstourismus, dass der deutsche Arzt A eine medizinische Dienstleistung nicht im gleichen Umfang erbringen darf wie seine niederländischen Kollegen. Diese faktische Schlechterstellung eines Inländers gegenüber Ausländern resultiert aber daraus, dass das Abtreibungsstrafrecht zu den nicht harmonisierten Regelungsmaterien der nationalen Rechtsordnungen gehört mit der Folge, dass der strafrechtliche Schutz des ungeborenen Lebens in den Mitgliedstaaten zwangsläufig unterschiedlich ausgestaltet ist. Auf Unterschiede dieser Art, die sich als Resultat eines Gefälles autonomer Rechtsordnungen darstellen, sind die unionsrechtlichen Diskriminierungsverbote nicht anwendbar. Die aus § 218 I StGB i. V. m. § 5 Nr. 9 Buchst. b StGB folgende Strafandrohung gegenüber A stellt somit keine unionsrechtlich verbotene Diskriminierung des A aufgrund seiner Staatsangehörigkeit dar.

2. Beschränkungsverbot

Die Gewährleistung der Niederlassungsfreiheit beinhaltet nicht nur ein bloßes Diskriminierungsverbot, sondern auch ein allgemeines Beschränkungsverbot.[18] Art. 49 AEUV steht grundsätzlich jeder Beschränkung der Niederlassungsfreiheit – selbst

---

[16] EuGHE NJW 1996, 579; Lenz/Borchardt-*Fischer,* Art. 49 Rn. 9; *Herdegen,* Europarecht, § 16 Rn. 32.

[17] Calliess/Ruffert-*Bröhmer,* Art. 49 Rn. 47; Grabitz/Hilf/Nettesheim-*Forsthoff,* EUV/AEUV, Art. 49 Rn. 75 ff.

[18] Zu dieser in der Literatur lange Zeit umstrittenen Frage vgl. EuGHE 2005, 3177; Calliess/Ruffert-*Bröhmer,* Art. 49 Rn. 49 ff.; *Everling,* Knobbe-Keuk-GS, 607; Grabitz/Hilf/Nettesheim-*Randelzhofer/Forsthoff,* EUV/AEUV, Art. 56, 57 Rn. 88 ff.; *Herdegen,* Europarecht, § 16 Rn. 33.

wenn sie unterschiedslos für In- und Ausländer gilt – entgegen.[19] Die auf § 218 I, III StGB i. V. m. § 5 Nr. 9 Buchst. b StGB beruhende Strafandrohung ist geeignet, den in den Niederlanden praktizierenden deutschen Arzt A von der Erbringung einer legalen medizinischen Dienstleistung abzuhalten. Zumindest wird A in der Ausübung seiner selbstständigen Erwerbstätigkeit behindert, weil er bei der Erbringung einer medizinischen Dienstleistung nicht nur die im Niederlassungsstaat geltenden Bestimmungen, sondern auch die deutschen Strafvorschriften einhalten muss. Der nationale Strafanspruch greift auf diese Weise in die Niederlassungsfreiheit des A ein.

II. Rechtfertigung des Eingriffs
Der im konkreten Fall bejahte Eingriff in die Niederlassungsfreiheit des A ist nur zulässig, wenn er einem zwingenden Grund des Allgemeininteresses zu dienen bestimmt ist und dem Verhältnismäßigkeitserfordernis genügt.[20]

Als zwingender Grund des Allgemeininteresses ist der in Deutschland mit Verfassungsrang ausgestattete Schutz des ungeborenen Lebens anzuerkennen, dem die Strafbestimmungen zum Abtreibungstourismus zu dienen bestimmt sind. Auch die zur Wahrung eines zwingenden Grundes des Allgemeininteresses bestimmten Regelungen müssen sich an den Kriterien des unionsrechtlichen Verhältnismäßigkeitsgrundsatzes messen lassen.

Die deutschen Strafbestimmungen zwingen den A, bei jedem medizinischen Eingriff – gleich, ob es sich bei seiner Patientin um eine deutsche oder um eine ausländische Staatsangehörige handelt – das deutsche Abtreibungsstrafrecht zu beachten. Gerade von nicht deutschen Patientinnen wird man schwerlich erwarten dürfen, dass sie die vom deutschen Recht in § 218a StGB statuierten Verfahrens- und Fristbestimmungen einhalten. Dies aber bedeutet für A, dass er eine Vielzahl von Eingriffen nicht durchführen darf, sei es, weil die Zwölf-Wochenfrist (§ 218a I Nr. 3 StGB) verstrichen ist oder weil seine Patientin keine Beratung bei einer nach deutschem Recht anerkannten Beratungsstelle in Anspruch genommen hat. Die von § 5 Nr. 9 Buchst. b StGB angeordnete Unterwerfung des im Ausland praktizierenden deutschen Arztes unter deutsches Abtreibungsstrafrecht stellt damit eine unverhältnismäßige Beschränkung seiner Niederlassungsfreiheit dar.[21] Zwar sind die Strafbestimmungen geeignet, den Schutz des ungeborenen Lebens – ein zwingender Grund des Allgemeininteresses – zu sichern. Sie sind jedoch nicht erforderlich, weil diesem Ziel bereits die den medizinischen Dienstleistungsbereich reglementierenden Vorschriften des Niederlassungsstaates, in dem A praktiziert, Rechnung tragen. In zahlreichen Richtlinien wird etwa die Anerkennung der im Heimatstaat erworbenen Abschlüsse und Befähigungsnachweise geregelt, um die grenzüber-

---

[19] EuGH EuZW 2009, 298 (300); Lenz/Borchardt-*Fischer,* Art. 49 Rn. 10; *Streinz,* JuS 2010, 272 ff.
[20] EuGH NVwZ 2010, 1409 (1413); EuGH EuZW 2011, 149 (153); Lenz/Borchardt-*Fischer,* Art. 49 Rn. 15 ff.; Grabitz/Hilf/Nettesheim-*Randelzhofer/Forsthoff,* EUV/AEUV, Art. 56, 57 Rn. 172; *Herdegen,* Europarecht, § 16 Rn. 34.
[21] *Ambos,* IntStR, § 3 Rn. 59; NK-*Böse,* § 5 Rn. 26; *Dannecker,* ZStW 117 (2005), 697 (716); *Hecker,* EuStR, Kap. 9 Rn. 47; AnwK-*Zöller,* § 5 Rn. 14; a. A. *Kreis,* Grundfreiheiten, 72 f.

schreitende Mobilität der betroffenen Berufsgruppen zu fördern und den Übergang von einem Mitgliedstaat zum anderen zu erleichtern. Das in diesen Richtlinien zum Ausdruck kommende Prinzip der gegenseitigen Anerkennung muss deshalb zum Tragen kommen, wenn es um nationale Reglementierungen medizinischer Dienstleistungen geht. Angesichts des in diesem Regelungsbereich erzielten Harmonisierungsgrades muss das in einem Mitgliedstaat bestehende Schutzniveau von den anderen Mitgliedstaaten prinzipiell als ausreichend betrachtet werden. Das deutsche Recht konterkariert hingegen mit seiner Strafandrohung gegenüber dem Arzt, der in einem anderen Mitgliedstaat legal einen Schwangerschaftsabbruch durchführt, die von der Unionsrechtsordnung intendierte Liberalisierung des Niederlassungs- und Dienstleistungsverkehrs im Bereich der medizinischen Berufe. Nach der hier getroffenen Wertung verstößt das deutsche Recht insoweit gegen Unionsrecht, als es gem. § 218 I StGB i. V. m. § 5 Nr. 9 Buchst. b StGB einen Arzt mit Strafe bedroht, der im Ausland einen legalen Schwangerschaftsabbruch durchführt. Die nationale Strafnorm darf infolge ihrer direkten Kollision mit Unionsrecht nach dem Prinzip des Anwendungsvorranges nicht angewendet werden.[22]

Ergebnis A ist nicht strafbar gem. § 218 I, III StGB i. V. m. § 5 Nr. 9 Buchst. b StGB.

Hinweise auf Rechtsprechung und Literatur

EuGHE 1991, 4685 („Society for the protection of unborn children/Grogan u. a.")
EuGH BeckRS 2020, 31283 (Anwendungsvorrang des Unionsrechts)
Brand/Blatter, Europarecht in der strafrechtlichen Fallbearbeitung, JuS 2016, 983
Esser, Europäisches und Internationales Strafrecht, 2. Aufl., 2018, § 2 Rn. 6–33
Hecker, Europäisches Strafrecht, 6. Aufl., 2021, Kap. 2 Rn. 24–28; Kap. 9 Rn. 37–48
Kreis, Die verbrechenssystematische Einordnung der EG-Grundfreiheiten, 2008, S. 70–73
Satzger, Internationales und Europäisches Strafrecht, 10. Aufl., 2022, § 9 Rn. 91–101
Zöller, in: AnwaltKommentar StGB, 3. Aufl., 2020, § 5 Rn. 14

---

[22] Diskutabel erscheint allenfalls der von der Lit. bisher nicht aufgegriffene Vorschlag von *Dannecker*, ZStW 117 (2005), 697 (716), wonach sich eine direkte Kollision mit unmittelbar anwendbarem Unionsrecht durch eine unionsrechtskonforme Auslegung des § 5 Nr. 9 Buchst. b StGB vermeiden lässt, wenn bei der Prüfung der „inländischen Lebensgrundlage" des Täters auf den Ort der Berufsausübung abgestellt wird. An dem gefundenen Ergebnis – Straflosigkeit des A – ändert sich hierdurch nichts.

Klausur 13
Lenkzeitüberschreitung durch Lkw-Fahrer

Unionsrechtsakzessorische Blankettgesetze – Lex-mitior-Grundsatz

Bernd Hecker

13.1 Fall

Der Lkw-Fahrer B hat im Zeitraum vom 3.7.–8.7.2006 mehrfach vorsätzlich die in der VO (EWG) 3820/85 festgelegte Tageslenkzeit überschritten. Das zuständige AG verhängte daher am 22.2.2007 wegen Ordnungswidrigkeit gem. § 8 I Nr. 2 Fahrpersonalgesetz (FPersG) i. V. m. Art. 6 I VO (EWG) Nr. 3820/85 ein Bußgeld in Höhe von € 760,- gegen ihn. Über die hiergegen form- und fristgerecht eingelegte Beschwerde des B hatte das zuständige OLG am 11.5.2007 zu entscheiden.

I. Europäisches Recht
1. **Art. 6 I VO (EWG) Nr. 3820/85 (AblEG 1985 Nr. L 370, S. 1), der mit Wirkung vom 10.4.2007** aufgehoben und durch die VO (EG) Nr. 561/2006 ersetzt wurde, bestimmte in der bis zum **9.4.2007** geltenden Fassung: *„Die nachstehend ‚Tageslenkzeit' genannte Gesamtlenkzeit zwischen zwei täglichen Ruhezeiten oder einer täglichen und einer wöchentlichen Ruhezeit darf 9 Stunden nicht überschreiten."*
2. **Art. 6 I S. 1 der am 11.4.2007 in Kraft getretenen VO (EG) Nr. 561/2006** (ABlEU 2006 Nr. L 102, S. 1) bestimmt: *„Die tägliche Lenkzeit darf 9 Stunden nicht überschreiten."*
3. **Art. 19 I S. 1 u. 2 der am 11.4.2007 in Kraft getretenen VO (EG) Nr. 561/2006** bestimmt: *„Die Mitgliedstaaten legen für Verstöße gegen die vorliegende Verordnung ... Sanktionen fest und treffen alle erforderlichen Maßnahmen, um deren Durchführung zu gewährleisten. Diese Sanktionen müssen wirksam, verhältnismäßig, abschreckend und nicht diskriminierend sein."*

II. Nationales Recht
1. **§ 8 I Nr. 2 lit. b FPersG** in der **bis zum 13.7.2007** geltenden Fassung bestimmte: „*Ordnungswidrig handelt, wer vorsätzlich oder fahrlässig als Fahrer einer Vorschrift der ... VO (EWG) Nr. 3820/85, ... zuwiderhandelt, soweit eine Rechtsverordnung ... für einen bestimmten Tatbestand auf diese Bußgeldvorschrift verweist, ...*"
2. **§ 8a II Nr. 1 FPersG** bestimmt seit dem **14.7.2007**: „*Ordnungswidrig handelt, wer als Fahrer gegen die VO (EG) Nr. 561/2006 verstößt, indem er vorsätzlich oder fahrlässig eine in Art. 6 I S. 1 ... genannte Lenkzeit ... nicht einhält.*"
3. **§ 8 III FPersG** in der seit dem **14.7.2007 bis zum 6.3.2015** geltenden Fassung bestimmte: „*Ordnungswidrigkeiten gemäß § 8 des Fahrpersonalgesetzes, die bis zum 10.4.2007 unter Geltung der VO (EWG) Nr. 3820/85 begangen wurden, werden abweichend von § 4 III des Gesetzes über Ordnungswidrigkeiten nach den zum Zeitpunkt der Tat geltenden Bestimmungen geahndet.*"

Historie des Ausgangsfalles
3.7.–8.7.2006: Zuwiderhandlungen des B gegen Art. 6 I VO (EWG) Nr. 3820/85
22.2.2007: Verurteilung des B durch AG gem. § 8 I Nr. 2 FPersG i. V. m. VO (EWG) Nr. 3820/85
10.4.2007: Aufhebung der VO (EWG) Nr. 3820/85
11.4.2007: Inkrafttreten der VO (EG) Nr. 561/2006
11.5.2007: Entscheidung des OLG über die Rechtsbeschwerde des B
14.7.2007: Inkrafttreten des an die VO (EG) Nr. 561/2006 angepassten FPersG

Aufgabe: Bitte beantworten Sie die folgenden Fragen
Frage 1: Welche gesetzestechnische Regelungsstruktur hat § 8a II Nr. 1 FPersG?
Frage 2: Muss sich die von § 8a II Nr. 1 FPersG in Bezug genommene VO (EG) Nr. 561/2006 am Maßstab des GG messen lassen?
Frage 3: Bestehen gegen § 8a II Nr. 1 FPersG im Hinblick auf seine Regelungsstruktur Bedenken wegen des Bestimmtheitsgrundsatzes und des Parlamentsvorbehaltes (Art. 103 II, 104 I GG)?
Frage 4: Wie muss das OLG am 11.5.2007 über die Rechtsbeschwerde des B entscheiden?
Frage 5: Hätte das OLG in der Sache anders entscheiden müssen, wenn der Verhandlungstermin am 14.7.2007 oder später stattgefunden hätte? – Verstößt die Annahme der Ahndbarkeit des B gem. § 8 I Nr. 2 FPersG i. V. m. Art. 6 I VO (EWG) Nr. 3820/85 gegen

  a) das verfassungsrechtliche Rückwirkungsverbot (Art. 103 II GG),
  b) den rechtsstaatlichen Vertrauensgrundsatz oder
  c) den Gleichheitsgrundsatz (Art. 3 I GG)?

Frage 6: Welches europastrafrechtliche Prinzip gelangt in Art. 19 I VO (EG) Nr. 561/2006 zum Ausdruck?

13.2 Lösung

13.2.1 Lösungsvorschlag zu Frage 1

§ 8a II Nr. 1 FPersG ist ein *unionsrechtsakzessorisches Blankettgesetz*.[1] Charakteristisch für diese Gesetzgebungstechnik ist, dass die Sanktionsnorm auf ein in einer blankettausfüllenden EU-Verordnung[2] enthaltenes Verhaltensverbot oder -gebot verweist und für den Fall der vorsätzlichen oder fahrlässigen Zuwiderhandlung eine bestimmte Sanktion androht. Der vollständige Tatbestand ergibt sich somit erst durch das Zusammenlesen des Straf- bzw. Bußgeldblanketts und der unionsrechtlichen Ausfüllungsnorm. Bei § 8a II Nr. 1 FPersG handelt es sich um eine Blankettnorm mit *statischer Verweisung,* da die Bußgeldbestimmung auf eine bestehende Rechtsvorschrift in einer bestimmten Fassung verweist (hier: Art. 6 I S. 1 VO (EG) Nr. 561/2006).[3]

13.2.2 Lösungsvorschlag zu Frage 2

Unionsrechtsakzessorische Blanketttatbestände müssen sich in allen ihren Bestandteilen am Maßstab des deutschen Verfassungsrechts messen lassen.[4] Dies gilt auch für die von dem Bußgeldblankett in Bezug genommene EU-Verordnung in ihrer Funktion als blankettausfüllendes Verweisungsobjekt. Denn durch ihre Inkorporation in ein innerstaatliches Blankettgesetz wird sie formal zu deutschem Bundesrecht. Sollte sich eine blankettausfüllende EU-Verordnung z. B. als mit dem deutschen GG unvereinbar erweisen, zöge dieser Befund aber lediglich die Verfassungswidrigkeit und Nichtigkeit des Blankettgesetzes nach sich. Davon unberührt bliebe im Hinblick auf den Vorrang des Unionsrechts die EU-Verordnung in ihrem originären Anwendungsbereich als Bestandteil des materiellen Unionsrechts.

---

[1] *Ambos,* IntStR, § 11 Rn. 28 ff.; *Bülte,* JuS 2015, 769 ff.; *Esser,* EuStR, § 2 Rn. 101 ff.; *Hecker,* EuStR, Kap. 7 Rn. 59 ff.; *Heger,* in: *Böse* (Hrsg.), EuStR, Kap. 5 Rn. 55 ff.; *Satzger,* IntStR, § 9 Rn. 65 ff.
[2] Bestehende EG-Verordnungen sind gem. Art. 1 UA 3 S. 3 EUV der Union als Rechtsnachfolgerin der EG zuzurechnen.
[3] *Hecker,* EuStR, Kap. 7 Rn. 61; *Satzger,* IntStR, § 9 Rn. 78.
[4] BGHSt 42, 219 = NJW 1996, 3220; *Ambos,* IntStR, § 11 Rn. 31 f.; *Hecker,* EuStR, Kap. 7 Rn. 62; *Heger,* in: *Böse* (Hrsg.), EuStR, Kap. 5 Rn. 61 f.; *Satzger,* IntStR, § 9 Rn. 69.

13.2.3 Lösungsvorschlag zu Frage 3

Art. 103 II GG verpflichtet den Gesetzgeber, die Voraussetzungen der Straf- bzw. Ahndbarkeit so genau zu umschreiben, dass Tragweite und Anwendungsbereich der Straf- bzw. Bußgeldtatbestände für den Normadressaten schon aus dem Gesetz selbst zu erkennen sind und sich durch Auslegung ermitteln und konkretisieren lassen.[5] Art. 103 II GG sorgt i. V. m. Art. 104 I GG zugleich dafür, dass im Bereich des Straf- und Ordnungswidrigkeitenrechts nur der Gesetzgeber durch Parlamentsgesetz abstrakt-generell über die Straf- bzw. Ahndbarkeit entscheidet. Die Blankettbestimmung des § 8a II Nr. 1 FPersG ist im Hinblick auf Art. 103 II GG unbedenklich, da sie die in Bezug genommene EU-Verordnung durch eine statische Verweisung genau bezeichnet und die Art des Verstoßes hinreichend deutlich beschreibt.[6] Unter dem Gesichtspunkt des Parlamentsvorbehalts macht es keinen Unterschied, ob die Ausfüllung des Bußgeldblanketts durch nationales oder unmittelbar geltendes Unionsrecht erfolgt, da der nationale Gesetzgeber – und nicht etwa die EU – die Grundentscheidung getroffen hat, welche Verhaltensweise (hier: die im Blankettgesetz beschriebene Zuwiderhandlung gegen ein bestimmtes Gebot der genau bezeichneten EU-Verordnung) bußgeldrechtlich relevant sein soll.

13.2.4 Lösungsvorschlag zu Frage 4

Fraglich ist, ob das OLG bei seiner am 11.5.2007 zu treffenden Entscheidung wie das AG von dem zum Zeitpunkt der Tat des B geltenden Recht (Tatzeitrecht) ausgehen darf. Dies ist nicht der Fall. Die vom AG herangezogene Bußgeldnorm (§ 8 I Nr. 2 FPersG) verweist auf Art. 6 I VO (EWG) Nr. 3820/85, der am 10.4.2007 aufgehoben wurde. Erst am 14.7.2007 trat § 8 III FPersG in Kraft, der für Verstöße gegen § 8 FPersG, die bis zum 10.4.2007 unter der Geltung der VO (EWG) Nr. 3820/85 begangen wurden, die Anwendung von Tatzeitrecht anordnet. Somit ist das in § 8 I Nr. 2 FPersG enthaltene Bußgeldblankett jedenfalls zum Zeitpunkt der Beschwerdeentscheidung mangels in Kraft befindlicher Ausfüllungsnorm unvollständig. Nach der Lex-mitior-Regel des § 4 III OWiG gilt für die Aburteilung der Tat stets das mildere Gesetz, wenn sich „vor der Entscheidung" das Gesetz geändert hat. Diesen Grundsatz überträgt § 354a StPO, auf den § 79 III OWiG verweist, auf das bußgeldrechtliche Beschwerdeverfahren. Das OLG muss somit, vorbehaltlich der in § 4 IV OWiG für sog. „Zeitgesetze" getroffenen Sonderregelung, auch die in der Zeit vom Erlass des tatrichterlichen Urteils bis zur Beschwerdeentscheidung

---

[5] BVerfGE 143, 38 = NJW 2016, 3648; BVerfG NVwZ 2012, 504 (505); NJW 2009, 2370 (2371); BVerfGE 105, 135 = NJW 2002, 1779. Zur Anwendbarkeit des Art. 103 II GG im Ordnungswidrigkeitenrecht vgl. BVerfG NJW 2016, 1229.
[6] *Ambos*, IntStR, § 11 Rn. 32; *Hecker*, EuStR, Kap. 7 Rn. 63; *Heger*, in: *Böse* (Hrsg.), EuStR, Kap. 5 Rn. 63.

eingetretenen Milderungen des Gesetzes berücksichtigen.[7] Die mildeste aller Rechtslagen ist die Sanktionslosigkeit.[8] War die Tat in der Zeit zwischen Begehung und gerichtlicher Entscheidung auch nur kurzzeitig nicht mit Geldbuße bedroht, so ist diese Zwischenregelung als mildestes Gesetz anzuwenden und eine Ahndung unzulässig.[9] Eine Ahndung des B ist auch nicht etwa gem. § 4 IV OWiG möglich, wonach ein Gesetz, das nur für eine bestimmte Zeit gelten soll, auch dann anzuwenden ist, wenn es außer Kraft getreten und gesetzlich nichts anderes bestimmt ist. Denn die aufgehobene Verordnung (EWG) Nr. 3820/85 war kein Zeitgesetz.[10] Sie enthält weder eine Bestimmung über die Zeitdauer ihrer Gültigkeit noch sollte sie nach ihrem Zweck nur eine vorübergehende Geltung haben. Das OLG muss den B unter Aufhebung des Urteils des AG freisprechen.

13.2.5 Lösungsvorschlag zu Frage 5

Am 14.7.2007 trat § 8 III FPersG in Kraft. Diese Bestimmung ordnet an, dass Ordnungswidrigkeiten gemäß § 8 des FPersG, die bis zum 10.4.2007 unter Geltung der VO (EWG) Nr. 3820/85 begangen wurden, abweichend von § 4 III OWiG nach den zum Zeitpunkt der Tat geltenden Bestimmungen geahndet werden. Da demnach für die Beurteilung der von B im Zeitraum vom 3.7.–8.7.2006 begangenen Lenkzeitverstöße Tatzeitrecht anzuwenden ist, hat sich B nach § 8 I Nr. 2 FPersG i. V. m. Art. 6 I VO (EWG) Nr. 3820/85 ahndbar gemacht.

a) Ein Verstoß gegen das auch für Bußgeldtatbestände geltende Rückwirkungsverbot des Art. 103 II GG ist hierin nicht zu sehen.[11] Das Rückwirkungsverbot verbietet lediglich die rückwirkende Anwendung neuen materiellen Rechts zu Ungunsten des Täters, besagt aber nichts über die Dauer des Zeitraums, während dessen eine in verfassungsgemäßer Weise für straf- bzw. ahndbar erklärte Tat verfolgt werden darf. Dies entspricht auch seinem Zweck, nämlich zu verhindern, dass jemand aufgrund eines Gesetzes bestraft bzw. geahndet wird, das zur Zeit der Tat noch nicht in Kraft war, so dass dem Täter die Straf- bzw. Bußgeldandrohung nicht bekannt sein konnte. Das in § 4 III OWiG verankerte Lex-mitior-Prinzip ist nicht wegen Art. 103 II GG geboten, so dass sein Ausschluss durch § 8 III FPersG auch keinen Verfassungsverstoß begründen kann. Die Regelung bewirkt weder eine Sanktionsschärfung noch eine neue

---
[7] OLG Koblenz NJW 2007, 2344.
[8] BGH NStZ 1992, 535 (536); OLG Köln NJW 1988, 657; *Hecker*, EuStR, Kap. 7 Rn. 68; *Satzger*, IntStR, § 9 Rn. 82; *ders.*, Jura 2006, 746 (751 f.).
[9] OLG Hamburg NZV 2007, 372; OLG Koblenz NJW 2007, 2344; Schönke/Schröder-*Hecker*, § 2 Rn. 27.
[10] OLG Koblenz NJW 2007, 2344; OLG Köln NJW 1988, 657 (659); Schönke/Schröder-*Hecker*, § 2 Rn. 35; a. A. *Harms/S. Heine*, Amelung-FS, 393 (401 ff.).
[11] BVerfGE 81, 132 = NJW 1990, 1103; BVerfG NJW 2008, 3769; Schönke/Schröder-*Hecker*, § 2 Rn. 14.

Sanktionsbegründung, sondern lediglich, dass durch die im Zeitraum zwischen dem 11.4.2007 und dem 13.7.2007 bestehende Ahndungslücke die Verfolgung von vor diesem Zwischenzeitraum begangenen Taten nicht ausgeschlossen wird.

b) In der von § 8 III FPersG angeordneten Derogation des § 4 III OWiG und der damit einhergehenden Anwendbarkeit von Tatzeitrecht ist auch kein Verstoß gegen den aus dem Rechtsstaatsprinzip abgeleiteten Vertrauensgrundsatz zu sehen.[12] Lkw-Fahrer, die bis zum 10.4.2007 Verstöße gegen Lenk- und Ruhezeitvorschriften der Verordnung (EWG) Nr. 3820/85 begangen hatten, mussten mit deren Ahndung rechnen. Diese Verordnung wurde am 11.4.2007 durch die Verordnung (EG) Nr. 561/2006 ersetzt, zu deren sanktionsrechtlicher Bewehrung der deutsche Gesetzgeber verpflichtet ist. Es war daher für den Normadressaten der Verordnung nicht zu erwarten, dass der nationale Gesetzgeber unionsrechtswidrig eine Sanktionierung der Verstöße entfallen lassen und etwa die Bußgeldbewehrung aufheben werde. Soweit der interessierte Normadressat in Publikationen auf die entstandene Ahndungslücke aufmerksam gemacht worden war, konnte er sich zeitgleich auch darüber informieren, dass der Gesetzgeber die nachträgliche Schließung der Ahndungslücke beabsichtigte. Auf ein Fortbestehen der durch ein bloßes Versehen des Gesetzgebers entstandenen Ahndungslücke durfte der Normadressat daher nicht vertrauen. Ein Betroffener konnte weder angesichts der relativ kurzen Zeitspanne seit Entstehen der Ahndungslücke erwarten noch bei objektiver Beurteilung aus dem Verhalten des Gesetzgebers den Schluss ziehen, dass ihn der staatliche Sanktionsanspruch künftig nicht mehr treffen werde.

c) B kann auch nicht deshalb einen Verstoß gegen den verfassungsrechtlichen Gleichheitsgrundsatz (Art. 3 I GG) geltend machen, weil sein Verfahren nicht in dem Zwischenzeitraum der Straflosigkeit entschieden wurde.[13] Art. 3 I GG verbietet es, gleiche Sachverhalte ohne sachliche Rechtfertigung unterschiedlich zu behandeln. Die Dauer eines Gerichtsverfahrens hängt von einer Vielzahl von Faktoren ab, die von sämtlichen Beteiligten und den objektiven Umständen bestimmt werden. Mangels einer vergleichbaren Ausgangssituation kann sich B daher nicht mit Erfolg darauf berufen, dass die Bußgeldverfahren von anderen Betroffenen in kürzerer Zeit mit dem Ergebnis eines Freispruchs abgehandelt worden seien.

---

[12] BVerfG NJW 2008, 3769; OLG Düsseldorf NJW 2008, 930 (931); OLG Koblenz NZV 2008, 311 (312 f.); Schönke/Schröder-*Hecker*, § 2 Rn. 14; a. A. LK-*Dannecker*, § 2 Rn. 67 ff.; *Satzger*, IntStR, § 9 Rn. 85.

[13] BVerfG NJW 2008, 3769 (3770); a. A. *Harms/S. Heine*, Amelung-FS, 393 (401).

13.2.6 Lösungsvorschlag zu Frage 6

Das Assimilierungsprinzip. Die Mitgliedstaaten sind bereits aufgrund des in Art. 4 III UA 2, 3 EUV (ex-Art. 10 EGV) verankerten Grundsatzes der Unionstreue verpflichtet, ihr Sanktionenrecht in den Dienst der effektiven Durchsetzung der Unionspolitiken zu stellen.[14] Nach der sog. „Mais-Judikatur" des EuGH müssen die angedrohten Sanktionen jedenfalls wirksam, verhältnismäßig und abschreckend sein.

Hinweise auf Rechtsprechung und Literatur

BVerfG NJW 2008, 3769 (Ahndung von Fahrpersonalrechtsverstößen nach EG-Rechtsänderung und Lex-mitior-Prinzip)
BVerfGE 143, 38 = NJW 2016, 3648 (Bestimmtheitsgrundsatz des Art. 103 II GG)
OLG Koblenz NJW 2007, 2344 (Ahndbarkeitslücke bei Fahrpersonalrechtsverstößen nach EG-Rechtsänderung)
OLG Koblenz NZV 2008, 311 (Vereinbarkeit des § 8 III FPersG mit dem GG)
Harms/S. Heine, EG-Verordnung und Blankettgesetz, Amelung-FS, 2009, S. 393
Hecker, Europäisches Strafrecht, 6. Aufl., 2021, Kap. 7 Rn. 59–77
Satzger, Die zeitliche Geltung des Strafgesetzes – ein Überblick über das „intertemporale Strafrecht", Jura 2006, 746
Ders., Internationales und Europäisches Strafrecht, 10. Aufl., 2022, § 9 Rn. 65–90

---

[14] EuGHE 1989, 2965 = NJW 1990, 2245 („Griechischer Mais"); *Ambos,* IntStR, § 11 Rn. 22 ff.; *Hecker,* EuStR, Kap. 7 Rn. 1 ff., 23 ff.; *Satzger,* IntStR, § 9 Rn. 25 ff.

Klausur 14
Kindesentziehung innerhalb der EU

Freizügigkeitsrecht und Diskriminierungsverbot – Vorrang des Unionsrechts – unionsrechtskonforme Auslegung – tätlicher Angriff gegen einen nacheilenden ausländischen Amtsträger – Gleichstellungsbestimmung des Art. 42 SDÜ – Verletzung des Art. 101 I S. 2 GG bei unterlassener Vorlage nach Art. 267 III AEUV

Bernd Hecker

14.1 Fall

Die rumänische Staatsangehörige A ist die Mutter von K, einem in Rumänien geborenen minderjährigen Kind. A ist vom Kindsvater V getrennt, der in Rumänien lebt. Nach rumänischem Recht sind A und V gemeinsam für K sorgeberechtigt. Im Jahr 2019 zog A mit K nach Deutschland. Im Dezember 2020 wurde K aufgrund von Verhaltensauffälligkeiten mit Zustimmung seiner Eltern in einer Jugendhilfeeinrichtung untergebracht. Das AG entzog ihnen das Aufenthaltsbestimmungsrecht für K und übertrug dieses Recht im Rahmen einer Ergänzungspflegschaft auf einen Pfleger. Im Juli 2021 wurde der zehnjährige K, nachdem seine Unterbringung in verschiedenen Jugendhilfeeinrichtungen gescheitert und er deswegen wieder in den Haushalt der A zurückgekehrt war, von V mit Zustimmung der A nach Rumänien verbracht. Zunächst sollte K nur die Schulferienzeit bei V verbringen. Nach dem Ferienende trafen A und V jedoch die Vereinbarung, dass K dauerhaft bei seinem Vater in Rumänien verbleiben sollte. Hierüber wurde der Pfleger des K nicht informiert. Dieser erstattete Strafanzeige, woraufhin die Staatsanwaltschaft ein Ermittlungsverfahren gegen A wegen Verdachts der Entziehung Minderjähriger einleitete.

Am 2. August 2021 hielt sich V in Österreich im österreichisch-deutschen Grenzgebiet auf. Dort wurde er von dem österreichischen Polizeibeamten P bei der Abwicklung eines illegalen Drogengeschäfts beobachtet. P nahm die Verfolgung des V auf, wobei er ihm über die Grenze bis zu einem auf deutschem Gebiet liegenden Parkplatz nacheilte. Als er sich dort gegenüber V als Polizeibeamter zu erkennen gab und den V bis zum Eintreffen der deutschen Polizei durch Anlegen von Handfesseln festhalten wollte, versetzte ihm der geübte Kampfsportler V einen heftigen Faustschlag ins Gesicht, woraufhin P benommen zu Boden ging. V ergriff die Flucht, konnte aber noch am selben Tag von deutschen Polizeibeamten festgenommen werden.

Die deutsche Generalstaatsanwaltschaft betreibt die Auslieferung des V nach Rumänien auf der Grundlage eines dort wegen anderer Straftaten ausgestellten formell und materiell rechtmäßigen Europäischen Haftbefehls. Der Verteidiger des V wendet sich gegen die Auslieferung seines Mandanten unter Hinweis auf die in rumänischen Haftanstalten bestehenden menschenunwürdigen Haftbedingungen. Das zuständige OLG erklärt die Auslieferung des V trotz gewisser eigener Bedenken für zulässig. In seiner Begründung führt das OLG aus, dass die Mitgliedstaaten grundsätzlich zur Vollstreckung eines Europäischen Haftbefehls verpflichtet seien. Zwar bestünden auch aus Sicht des Senats substanziierte Anhaltspunkte für das Vorliegen von gravierenden systemischen Mängeln im rumänischen Strafvollzug. Allerdings sei auch zu berücksichtigen, dass die zum Teil insuffizienten Platzverhältnisse in der Zelle durch ausreichende Aufschlusszeiten erheblich abgemildert würden. Den Antrag des Verteidigers, den EuGH im Rahmen eines Vorabentscheidungsverfahrens gem. Art. 267 III AEUV mit der Frage zu befassen, welche Mindestanforderungen gem. Art. 4 GRCh an die Haftbedingungen in den EU-Mitgliedstaaten zu stellen sind, lehnt das OLG ab, obwohl der EuGH bislang noch nicht über diese Frage entschieden hat.

Aufgabe Bitte prüfen Sie die Strafbarkeit der A gem. §§ 235 II Nr. 2, 25 II StGB und des V gem. § 114 I StGB.

Hinweis Es ist davon auszugehen, dass die grenzüberschreitende Nacheile des P einschließlich des Festhaltens des V im Einklang mit Art. 41 SDÜ erfolgte.

Zusatzfragen
(1) In welchen Fallgruppen erblickt das BVerfG in der unterlassenen Einholung einer Vorabentscheidung des EuGH eine Verletzung des grundrechtsgleichen Rechts auf den gesetzlichen Richter (Art. 101 I S. 2 GG)?
(2) Hat das OLG im konkreten Fall Art. 101 I S. 2 GG verletzt?

14.2 Lösung

14.2.1 Prüfungsaufbau

1. HA: Strafbarkeit der A
Gemeinschaftlich begangene Entziehung Minderjähriger (§ 235 II Nr. 2, 25 II StGB)

A. Tatbestandsmäßigkeit
  I. Objektiver Tatbestand
    1. Entziehungsopfer: ein Kind (vgl. §§ 19, 176 I StGB: Person unter 14 Jahren)
    2. Täter: Jedermann (Angehörige und außenstehende Dritte)
    3. Tathandlung: Gemeinschaftlich (§ 25 II StGB) begangenes Vorenthalten des Kindes im Ausland, nachdem es dorthin verbracht worden ist oder es sich dorthin begeben hat
    4. Betroffene Schutzpersonen: Eltern, ein Elternteil, Vormund und Pfleger
  II. Subjektiver Tatbestand (Vorsatz bezüglich I. 1.–4.)
B. Rechtswidrigkeit
C. Schuld
D. Objektive Bedingung der Strafbarkeit: Strafanwendungsrecht
  I. Schutzbereich des § 235 II Nr. 2 StGB
  II. Internationalstrafrechtlicher Anknüpfungspunkt
    1. §§ 3, 9 I Var. 3 StGB
    2. § 5 Nr. 6 Buchst. b StGB
E. Vereinbarkeit des § 235 II Nr. 2 StGB mit Unionsrecht
  I. Eingriff in den persönlichen und sachlichen Schutzbereich des Art. 21 I AEUV
  II. Rechtfertigung des Eingriffs
    1. Zwingender Grund des Allgemeininteresses
    2. Verhältnismäßigkeit des Eingriffs
F. Unionsrechtskonforme Auslegung des § 235 II Nr. 2 StGB

2. HA: Strafbarkeit des V
Tätlicher Angriff auf Vollstreckungsbeamte (§ 114 I StGB)

A. Tatbestandsmäßigkeit
  I. Objektiver Tatbestand
    1. Tathandlung: Tätliches Angreifen des Tatopfers
    2. Tatopfer: Ein zur Vollstreckung berufener Amtsträger i. S. d. § 11 I Nr. 2 StGB, der eine Diensthandlung vornimmt; Gleichstellungsbestimmung des Art. 42 SDÜ
  II. Subjektiver Tatbestand (Vorsatz bezüglich I. 1.–2.)

B. Rechtmäßigkeit der Diensthandlung (§ 114 III StGB i. V. m. § 113 III StGB)
C. Rechtswidrigkeit
D. Schuld
E. Objektive Bedingung der Strafbarkeit: Strafanwendungsrecht
   I. Schutzbereich des § 114 I StGB
   II. Internationalstrafrechtlicher Anknüpfungspunkt
      §§ 3, 9 I Var. 1 StGB

14.2.2 Lösungsvorschlag

14.2.2.1 Erster Handlungsabschnitt

Strafbarkeit der A
Gemeinschaftlich begangene Entziehung Minderjähriger (§ 235 II Nr. 2, 25 II StGB)
  A. Tatbestandsmäßigkeit
  I. Objektiver Tatbestand
  1. Entziehungsopfer: ein Kind (vgl. §§ 19, 176 I StGB: Person unter 14 Jahren)
Als zehnjähriges Kind ist K mögliches Opfer einer Kindesentziehung i. S. d. § 235 II Nr. 2 StGB.

2. Täter: Jedermann (Angehörige und außenstehende Dritte)
Der objektive Tatbestand des § 235 II Nr. 2 StGB kann von Jedermann – auch von Angehörigen (§ 11 I Nr. 1 Buchst. a StGB) des Entziehungsopfers – verwirklicht werden. A ist daher als Mutter des K taugliche Täterin einer Kindesentziehung.

3. Tathandlung und betroffene Schutzperson
Die Tathandlung des § 235 II Nr. 2 StGB (sog. „passive Entführung") besteht in dem Vorenthalten eines Kindes im Ausland, nachdem es dorthin verbracht worden ist oder es sich dorthin begeben hat. Erfasst werden somit Fälle, in denen sich das Entziehungsopfer bereits im Ausland befindet und sich der Täter weigert, dieses wieder in die Obhut der im Inland ansässigen Schutzperson zurückkehren zu lassen.[1] Im vorliegenden Fall ist der vom AG bestellte Pfleger, dem das Aufenthaltsbestimmungsrecht für K übertragen wurde, als betroffene Schutzperson einzustufen.[2] A hat den Tatbestand der gemeinschaftlichen Kindesentziehung (§§ 235 II Nr. 2, 25 II StGB) erfüllt, indem sie im bewussten und gewollten Zusammenwirken mit V den in Rumänien aufhältigen K nicht wieder nach Deutschland zurückführte und den K auf diese Weise dauerhaft der Obhut seines Pflegers entzogen hat.

II. Subjektiver Tatbestand
A handelte hierbei vorsätzlich.

---
[1] Schönke/Schröder-*Eisele*, § 235 Rn. 15; *Fischer,* § 235 Rn. 11b.
[2] Schönke/Schröder-*Eisele*, § 235 Rn. 4; *Fischer,* § 235 Rn. 3.

B. Rechtswidrigkeit
Die Tat ist rechtswidrig, da keine Rechtfertigungsgründe ersichtlich sind. Eine etwaige Einwilligung des minderjährigen K mit seinem Verbleib bei V ist unerheblich.[3]

C. Schuld
A handelte auch schuldhaft.

D. Objektive Bedingung der Strafbarkeit: Strafanwendungsrecht
I. Schutzbereich des § 235 II Nr. 2 StGB
Der Schutzbereich des § 235 II Nr. 2 StGB weist insoweit eine tatbestandsimmanente Beschränkung auf innerstaatliche Rechtsgüter auf, als er neben der körperlichen und seelischen Integrität der minderjährigen Person das nach deutschem Recht begründete Personensorgerecht schützt.[4] Da das Aufenthaltsbestimmungsrecht über K im Rahmen einer Ergänzungspflegschaft auf den in Deutschland bestellten Pfleger übertragen wurde, berührt das diesem gegenüber begangene Vorenthalten des K den Schutzbereich der Norm.

II. Internationalstrafrechtlicher Anknüpfungspunkt
1. §§ 3, 9 I Var. 3 StGB
Das in § 235 II Nr. 2 StGB genannte Tatbestandsmerkmal des Vorenthaltens knüpft an ein Handeln des Täters an, das einen tatbestandsmäßigen Erfolg, nämlich die durch räumliche Trennung bedingte wesentliche Beeinträchtigung der Personensorge, bewirkt. Der zum Tatbestand der Kindesentziehung gehörende Erfolg tritt demnach an dem Ort ein, an dem die Schutzperson ihren Wohnsitz oder gewöhnlichen Aufenthalt hat.[5] Da mangels anderweitiger Angaben im Sachverhalt davon auszugehen ist, dass der für K bestellte Pfleger seinen gewöhnlichen Aufenthalt in Deutschland hat, lässt sich die Anwendbarkeit deutschen Strafrechts auf einen inländischen Erfolgsort (§§ 3, 9 I Var. 3 StGB) stützen.

2. § 5 Nr. 6 Buchst. b StGB
Nach § 5 Nr. 6 Buchst. b StGB gilt deutsches Strafrecht, unabhängig vom Recht des Tatorts, für Straftaten in den Fällen des § 235 II Nr. 2 StGB, wenn die Tat sich gegen eine Person richtet, die zur Zeit der Tat ihren Wohnsitz oder gewöhnlichen Aufenthalt im Inland hat. Dies trifft auf den von der Kindesvorenthaltung betroffenen Pfleger zu.[6] Die Anwendbarkeit deutschen Strafrechts lässt sich daher auch auf § 5 Nr. 6 Buchst. b StGB stützen.

E. Vereinbarkeit des § 235 II Nr. 2 StGB mit Unionsrecht
Zu prüfen ist, ob die aus § 235 II Nr. 2 StGB resultierende Strafdrohung gegen die Unionsbürgerin A mit ihrem Freizügigkeitsrecht aus Art. 21 I AEUV vereinbar ist. Im Falle einer direkten Kollision des § 235 II Nr. 2 StGB mit unmittelbar anwend-

---
[3] Schönke/Schröder-*Eisele*, § 235 Rn. 20; *Fischer*, § 235 Rn. 14.
[4] Schönke/Schröder-*Eisele*, § 235 Rn. 1; Fischer, § 235 Rn. 2.
[5] BGH BeckRS 2015, 06206 (Rz. 22 ff.).
[6] Schönke/Schröder-*Eser/Weißer*, § 5 Rn. 17.

barem Unionsrecht wird die Strafbestimmung nach dem Prinzip des Anwendungsvorrangs neutralisiert, falls keine (vorrangig heranzuziehende) unionsrechtskonforme Auslegung möglich ist.[7]

I. Eingriff in den persönlichen und sachlichen Schutzbereich des Art. 21 I AEUV

Nach Art. 21 I AEUV genießt jeder Unionsbürger (Art. 20 AEUV) das Recht, sich im Hoheitsgebiet der Mitgliedstaaten vorbehaltlich der in den Verträgen und in den Durchführungsvorschriften vorgesehenen Beschränkungen und Bedingungen frei zu bewegen und aufzuhalten.[8] Art. 21 AEUV berechtigt nicht nur dazu, sich im Hoheitsgebiet der Mitgliedstaaten frei zu bewegen und aufzuhalten, sondern verbietet auch jede Diskriminierung aus Gründen der Staatsangehörigkeit. Eine nationale Regelung, durch die bestimmte Angehörige eines Mitgliedstaats allein deswegen benachteiligt werden, weil sie von ihrer Freiheit, sich in einen anderen Mitgliedstaat zu begeben und sich dort aufzuhalten, Gebrauch gemacht haben, stellt eine Beschränkung der Freiheiten dar, die Art. 21 I AEUV jedem Unionsbürger zuerkennt. Eine Gesetzesbestimmung wie § 235 II Nr. 2 StGB, nach der es strafbar ist, wenn ein Elternteil sein Kind dem bestellten Pfleger in einem anderen Mitgliedstaat schlicht (ohne Gewalt usw.) vorenthält, während ein entsprechendes Vorenthalten im Hoheitsgebiet des ersten Mitgliedstaats nur dann strafbar ist, wenn dies mit Gewalt, durch Drohung mit einem empfindlichen Übel oder durch List geschieht (siehe § 235 I Nr. 1 StGB), greift in den Schutzbereich des Art. 21 I AEUV – hier in seiner Funktion als Diskriminierungsverbot – ein. Denn soweit die Strafvorschrift des § 235 II Nr. 2 StGB – wie hier – den Fall eines Kindes betrifft, das von einem Elternteil in einem anderen Mitgliedstaat als der Bundesrepublik Deutschland vorenthalten wird, betrifft sie de facto hauptsächlich Staatsangehörige anderer Mitgliedstaaten (Unionsbürger), die von ihrem Freizügigkeitsrecht Gebrauch gemacht haben und in Deutschland wohnen.

II. Rechtfertigung des Eingriffs

Eine Beschränkung der Freizügigkeit der Unionsbürger kann gerechtfertigt sein, wenn sie auf objektiven Erwägungen des Allgemeininteresses beruht und in einem angemessenen Verhältnis zu dem mit der fraglichen nationalen Regelung legitimerweise verfolgten Ziel steht.[9] Eine Maßnahme ist verhältnismäßig, wenn sie zur Erreichung des verfolgten Ziels geeignet ist und nicht über das hinausgeht, was dazu notwendig ist. Fraglich ist demnach, ob die in den Schutzbereich des Art. 21 I AEUV eingreifende Strafbestimmung des § 235 II Nr. 2 StGB auf einem zwingenden Grund des Allgemeininteresses beruht und den Verhältnismäßigkeitsgrundsatz wahrt.

---

[7] EuGH BeckRS 2019, 12042 (Rz. 58); EuGH BeckRS 2018, 23557 (Rz. 61); *Brandundefined/Blatter*, JuS 2016, 983 (984); *Esser*, IntStR, § 2 Rn. 19, 68; *Hecker*, EuStR, Kap. 9 Rn. 10; *Satzger*, IntStR, § 9 Rn. 97, 103.

[8] Vgl. hierzu EuGH BeckRS 2020, 31283 (Rz. 30–35); *Hecker*, JuS 2021, 467 ff.; *Herdegen*, Europarecht, § 12 Rn. 7 ff.

[9] Vgl. hierzu und zum Nachfolgenden EuGH BeckRS 2020, 31283 (Rz. 36).

1. Zwingender Grund des Allgemeininteresses
Aus den Gesetzesmaterialien zu § 235 II StGB[10] geht hervor, dass diese Strafbestimmung aufgrund der erhöhten praktischen Schwierigkeiten eingeführt wurde, eine deutsche Gerichtsentscheidung über die Sorge für das Kind in einem anderen Staat durchzusetzen.[11] Insoweit ist eine Strafdrohung zur Ahndung der internationalen Kindesentführung – auch durch einen Elternteil – grundsätzlich geeignet, den Schutz von Kindern vor Entführungen und die Gewährleistung ihrer Rechte sicherzustellen. Der Schutz der Personensorge stellt mithin ein berechtigtes Interesse dar, das grundsätzlich geeignet ist, eine Beschränkung des Art. 21 I AEUV zu rechtfertigen.

2. Verhältnismäßigkeit des Eingriffs
Die Strafbestimmung darf jedoch nicht über das hinausgehen, was zur Erreichung des mit ihr verfolgten legitimen Ziels erforderlich ist.[12] Eine Strafvorschrift wie § 235 II Nr. 2 StGB, nach der es für die strafrechtliche Ahndung genügt, dass ein Elternteil eines in einem anderen Mitgliedstaat zurückgehaltenen Kindes dieses dem Pfleger auch ohne Gewalt, Drohung mit einem empfindlichen Übel oder List vorenthält, geht über das zur Erreichung des verfolgten Ziels Erforderliche hinaus, wenn gleichzeitig der Fall, dass ein Kind von einem Elternteil im Hoheitsgebiet des betreffenden Mitgliedstaats zurückgehalten wird, nur strafbar ist, wenn dies mit Gewalt, durch Drohung mit einem empfindlichen Übel oder durch List geschieht (siehe § 235 I Nr. 1 StGB). Die unterschiedliche strafrechtliche Behandlung der internationalen Entführung eines Kindes lässt sich nicht mit dem Argument rechtfertigen, dass in diesen Fällen die Rückführung des Kindes in besonderer Weise erschwert ist. Eine solche strafrechtliche Bewertung läuft nämlich darauf hinaus, die Mitgliedstaaten mit Drittstaaten gleichzusetzen und steht damit im Widerspruch zu den Grundgedanken der Brüssel IIa-VO.[13] Diese ist auf den für die Schaffung eines echten Rechtsraums unabdingbaren Grundsatz der gegenseitigen Anerkennung gerichtlicher Entscheidungen sowie auf den Grundsatz des gegenseitigen Vertrauens gestützt. Letzterer verlangt von jedem Mitgliedstaat, dass er, abgesehen von außergewöhnlichen Umständen, davon ausgeht, dass alle anderen Mitgliedstaaten das Unionsrecht und insbesondere die dort anerkannten Grundrechte beachten. Der mit § 235 II Nr. 2 StGB einhergehende Eingriff in den von Art. 21 I AEUV verbürgten Grundsatz der Gleichbehandlung von Unionsbürgern lässt sich somit nicht mit Blick auf die von dieser Strafbestimmung bezweckte Verfolgung eines legitimen Allgemeininteresses rechtfertigen.

---

[10] Vgl. hierzu BT-Drs. 13/8587, 39.
[11] Vgl. hierzu und zum Nachfolgenden EuGH BeckRS 2020, 31283 (Rz. 37–43).
[12] Vgl. hierzu und zum Nachfolgenden EuGH BeckRS 2020, 31283 (Rz. 44–50).
[13] ABlEU 2004 Nr. L 229, S. 35. Die Brüssel IIa-VO regelt das Verfahren zwischen den EU-Mitgliedstaaten, wenn Eltern oder ein Elternteil ein Kind von einem EU-Land in ein anderes entführen.

F. Unionsrechtskonforme Auslegung des § 235 II Nr. 2 StGB

Bevor § 235 II Nr. 2 StGB nach dem Prinzip des Anwendungsvorrangs neutralisiert wird, ist zu prüfen, ob sich die Durchsetzung des Unionsrechts mit Hilfe einer unionsrechtskonformen Auslegung auf schonendere Weise erreichen lässt. Das Gebot, nationales (Straf)Recht unionsrechtskonform auszulegen, entspringt der Verpflichtungswirkung des Art. 288 III AEUV sowie dem allgemeinen Loyalitätsgebot des Art. 4 III EUV.[14] Die unionsrechtskonforme Auslegung verpflichtet den Rechtsanwender, von mehreren nach nationalem Verständnis vertretbaren Auslegungsergebnissen dasjenige zu wählen, das mit den unionsrechtlichen Vorgaben am besten korrespondiert. Eine Kollision des § 235 II Nr. 2 StGB mit dem Diskriminierungsverbot des Freizügigkeitsrechts aus Art. 21 I AEUV lässt sich in Form einer täterbegünstigenden und daher mit Art. 103 II GG vereinbaren Tatbestandsreduktion vermeiden, indem das in § 235 II Nr. 2 StGB genannte Tatbestandsmerkmal „Ausland" als „Drittstaat" („Nicht-EU-Mitgliedstaat") gelesen wird, wenn eine tatbestandsmäßige Handlung durch einen Unionsbürger in Rede steht, der Angehöriger des vorenthaltenen Kindes ist.[15] Demnach unterfällt die „schlichte" (gewaltlose usw.) Kindesvorenthaltung innerhalb der EU durch Unionsbürger, die Angehörige des einem Pfleger vorenthaltenen Kindes sind, nicht (mehr) dem objektiven Tatbestand des § 235 II Nr. 2 StGB. Entsprechendes gilt für den Entziehungstatbestand § 235 II Nr. 1 StGB. Von Angehörigen des Kindes begangene transnationale Kindesentführungen in das EU-Ausland sind demnach nur noch strafbar, wenn sie mit Gewalt, durch Drohung mit einem empfindlichen Übel oder durch List vollzogen werden (§ 235 I Nr. 1 StGB). Unberührt bleibt – unabhängig von der Staatsangehörigkeit und Angehörigeneigenschaft des Täters – die Strafbarkeit der internationalen Kindesentführung wegen Entziehens eines Kindes, um es in einen Drittstaat zu verbringen (§ 235 II Nr. 1 StGB) bzw. Vorenthaltens eines Kindes in einem Drittstaat (§ 235 II Nr. 2 StGB). Auf dem Boden der hier vorgeschlagenen unionsrechtskonformen Auslegung des § 235 II Nr. 2 StGB hat A den objektiven Tatbestand der genannten Strafbestimmung nicht erfüllt.

Ergebnis A bleibt straflos.

14.2.2.2 Zweiter Handlungsabschnitt

Strafbarkeit des V
Tätlicher Angriff auf Vollstreckungsbeamte (§ 114 I StGB)
   A. Tatbestandsmäßigkeit
   I. Objektiver Tatbestand
   1. Tätliches Angreifen des Tatopfers

---

[14] *Esser*, IntStR, § 2 Rn. 67 ff.; *Hecker*, EuStR, Kap. 10 Rn. 6 ff.; ders., JuS 2014, 385 ff.; *Satzger*, IntStR, § 9 Rn. 93 ff.
[15] *Hecker*, EuStR, Kap. 10 Rn. 17; ders., JuS 2021, 467 (469).

Unter einem tätlichen Angriff versteht man jede mit feindseligem Willen unmittelbar auf den Körper des Vollstreckungsbeamten zielende Einwirkung, unabhängig von ihrem Körperverletzungserfolg.[16] V hat den P daher i. S. d. § 114 I StGB tätlich angegriffen, als er ihm einen heftigen Faustschlag ins Gesicht versetzte.

2. Tatopfer: Ein zur Vollstreckung berufener Amtsträger i. S. d. § 11 I Nr. 2 StGB, der eine Diensthandlung vornimmt; Gleichstellungsbestimmung des Art. 42 SDÜ

Der objektive Tatbestand des § 114 I StGB erfasst als taugliche Tatopfer grundsätzlich nur Vollstreckungsbeamte, die deutsche Amtsträger i. S. d. § 11 I Nr. 2 StGB sind. Bei P handelt es sich jedoch um einen österreichischen Polizeibeamten, der nach Maßgabe der in Art. 41 SDÜ normierten Befugnis zur grenzüberschreitenden Nacheile die polizeiliche Verfolgung des von ihm in Österreich auf frischer Tat (BtM-Delikt) betroffenen V auf deutschem Hoheitsgebiet fortsetzte. Die Vertragsparteien des SDÜ haben die Möglichkeit grenzüberschreitender polizeilicher Zusammenarbeit geschaffen, um den mit dem Wegfall der Kontrollen an den Binnengrenzen befürchteten Sicherheitsverlust auszugleichen. Es sollte verhindert werden, dass mutmaßliche Straftäter sich durch eine ungehinderte Flucht über die offene Grenze den gegen sie gerichteten Ermittlungsmaßnahmen entziehen können. Durch Art. 41 SDÜ soll der „nationale Souveränitätspanzer" aufgebrochen werden und die Ausübung originärer Hoheitsgewalt des Entsendestaates auch auf dem Hoheitsgebiet des angrenzenden Vertragsstaates ermöglicht werden. Demzufolge hat P österreichische Hoheitsgewalt ausgeübt, als er V auf dem in Deutschland gelegenen Parkplatz bis zum Eintreffen der deutschen Polizei festhalten wollte.[17] Ausländische Amtsträger sind nicht allein schon deshalb durch die Widerstandsdelikte der §§ 113, 114 StGB geschützt, weil ihnen nach Art. 41 SDÜ die Befugnis eingeräumt ist, im Rahmen der grenzüberschreitenden Nacheile fremde Hoheitsgewalt auf deutschem Gebiet auszuüben.[18] Eine analoge Anwendung des in § 11 I Nr. 2 StGB legaldefinierten Amtsträgerbegriffs auf ausländische Amtsträger kommt mit Blick auf Art. 103 II GG (keine Strafe ohne Gesetz) nicht in Betracht, weil es sich bei dem Amtsträgerbegriff um ein strafbarkeitsbegründendes Tatbestandsmerkmal handelt. Jedoch existiert mit Art. 42 SDÜ eine den Bestimmtheitsanforderungen des Art. 103 II GG genügende gesetzliche Bestimmung, nach der die Beamten, die während eines Einschreitens nach Maßgabe der Art. 40 und 41 SDÜ im Hoheitsgebiet einer anderen Vertragspartei eine Aufgabe erfüllen, den Beamten dieser Vertragspartei in Bezug auf die Straftaten gleichgestellt werden, denen diese Beamten zum Opfer fallen. Vor der Einbeziehung des Schengen-Besitzstands in den Rahmen des Unionsrechts[19] handelte es sich bei Art. 42 SDÜ um eine völkervertragsrechtliche Be-

---

[16] BGH NJW 2020, 2347; Schönke/Schröder-*Eser*, § 114 Rn. 4; *Rengier*, BT II, § 53 Rn. 47.
[17] *Ambos*, IntStR, § 12 Rn. 6; *Gleß/Lüke*, JURA 2000, 400, 403; *Hecker*, EuStR, Kap. 5 Rn. 31.
[18] *Heger*, in: *Böse* (Hrsg.), EuStR, Kap. 5 Rn. 41; *Lenk*, GA 2019, 455 (464 f.); LK-*Rosenau*, § 113 Rn. 13; anders BeckOK-*Dallmeyer*, § 113 Rn. 32.
[19] Vgl. hierzu *Hecker*, EuStR, Kap. 5 Rn. 43 m. w. N.

stimmung. Diese steht seit dem Inkrafttreten des deutschen Zustimmungsgesetzes v. 15.7.1993[20] im Rang eines deutschen Bundesgesetzes.

II. Subjektiver Tatbestand

V handelte vorsätzlich. Ihm war insbesondere auch bewusst, dass sein tätlicher Angriff sich gegen einen Polizeibeamten während der Vornahme einer Diensthandlung richtete.

B. Rechtmäßigkeit der Diensthandlung (§ 114 III StGB i. V. m. § 113 III StGB)

Fraglich ist, ob § 114 III StGB der Strafbarkeit des V nach § 114 I StGB entgegensteht. Nach § 114 III StGB gilt § 113 III StGB entsprechend.[21] Der tätliche Angriff des V auf P ist demnach nicht nach § 114 I StGB strafbar, wenn die Diensthandlung des P eine Vollstreckungshandlung i. S. d. § 113 I StGB ist und im konkreten Fall rechtswidrig. Das als Vollstreckungshandlung zu qualifizierende Festhalten[22] des V stand im Einklang mit Art. 41 SDÜ und ist daher als rechtmäßig zu bewerten. Folglich steht § 114 III StGB der Strafbarkeit des V gem. § 114 I StGB nicht entgegen.

C. Rechtswidrigkeit

Die Tat des V war rechtswidrig.

D. Schuld

V handelte auch schuldhaft.

E. Objektive Bedingung der Strafbarkeit: Strafanwendungsrecht

I. Schutzbereich des § 114 I StGB

Grundsätzlich weist § 114 I StGB eine tatbestandsimmanente Beschränkung auf den Schutz der inländischen Staatsgewalt und ihrer Vollstreckungsorgane auf. Jedoch bewirkt Art. 42 SDÜ eine Ausdehnung des tatbestandlichen Schutzbereichs des § 114 I StGB auf ausländische Amtsträger, die während einer grenzüberschreitenden Nacheile unter Mitnahme ausländischer Hoheitsgewalt im deutschen Hoheitsgebiet eine polizeiliche Aufgabe erfüllen.[23]

II. Internationalstrafrechtlicher Anknüpfungspunkt

Da V die tatbestandsmäßige Handlung des § 114 I StGB, den tätlichen Angriff auf P, im Inland begangen hat, ist deutsches Strafrecht gem. §§ 3, 9 I Var. 1 StGB anwendbar.

Ergebnis V ist strafbar gem. § 114 I StGB.

---

[20] BGBl. II 1993, 1010.

[21] Zur umstrittenen dogmatischen Einordnung des § 113 III StGB vgl. Schönke/Schröder-*Eser*, § 113 Rn. 18 ff.; *Rengier*, BT II, § 53 Rn. 15.

[22] BGH NJW 2020, 2347; *Rengier*, BT II, § 53 Rn. 6 f.

[23] NK-*Böse*, Vor § 3 Rn. 57; *Fischer*, § 113 Rn. 3; *Hecker*, EuStR, Kap. 5 Rn. 32 ff.; *Möhrenschlager*, in: *Wabnitz/Janovski* (Hrsg.), Hb. WiStR, Kap. 3 Rn. 19; krit. hierzu angesichts unklarer Kompetenzen der nacheilenden Beamten MüKoStGB/Bosch, § 113 Rn. 8.

14.2.2.3 Antworten auf die Zusatzfrage

(1) Das BVerfG hat *drei Fallgruppen* entwickelt, in denen es Art. 101 I S. 2 GG als verletzt ansieht.[24] Die Vorlagepflicht nach Art. 267 III AEUV wird offensichtlich unhaltbar und daher in verfassungswidriger Weise gehandhabt, wenn ein letztinstanzlich zuständiges Gericht eine Vorlage trotz der seiner Auffassung nach bestehenden Entscheidungserheblichkeit der unionsrechtlichen Frage überhaupt nicht in Erwägung zieht, obwohl es selbst Zweifel hinsichtlich der richtigen Beantwortung der Frage hegt (*Grundsätzliche Verkennung der Vorlagepflicht*). Von einer Verletzung des Art. 101 I S. 2 GG ist auch auszugehen, wenn das Gericht in seiner Entscheidung bewusst von der Judikatur des EuGH zu entscheidungserheblichen Fragen abweicht und gleichwohl nicht oder nicht neuerlich vorlegt (*Bewusstes Abweichen ohne Vorlagebereitschaft*). Liegt zu einer entscheidungserheblichen Frage des Unionsrechts einschlägige Judikatur des EuGH noch nicht vor bzw. hat dieser die entscheidungserhebliche Frage noch nicht erschöpfend beantwortet, so wird Art. 101 I S. 2 GG verletzt, wenn das Gericht den ihm in solchen Fällen zukommenden Beurteilungsrahmen in unvertretbarer Weise überschreitet (*Unvollständigkeit der Rechtsprechung*).

(2) Gem. Art. 51 I GRCh sind die Mitgliedstaaten bei der Durchführung des Unionsrechts an die in der Charta niedergelegten Grundrechte gebunden. Fragen zu deren Inhalt und Reichweite müssen gem. Art. 267 III AEUV von dem letztinstanzlich zuständigen Gericht dem EuGH vorgelegt werden. Dies ist in dem unionsrechtlich determinierten Verfahren der Auslieferung im Anwendungsbereich des Rahmenbeschlusses über den Europäischen Haftbefehl der Fall. Das OLG ist ein zur Vorlage verpflichtetes Gericht i. S. d. Art. 267 III AEUV, weil seine Entscheidungen im Auslieferungsverfahren nicht mehr mit Rechtsmitteln des innerstaatlichen Rechts angefochten werden können. Die Fragen nach dem Schutzumfang des Art. 4 GRCh im unionsrechtlich determinierten Verfahren einer Auslieferung auf Grundlage eines Europäischen Haftbefehls und nach den unionsgrundrechtlich gebotenen Ausnahmen von der im Rahmenbeschluss angelegten Verpflichtung zur Befolgung eines Auslieferungsgesuchs sind angesichts defizitärer Haftbedingungen im Zielstaat (Rumänien) auch entscheidungserheblich. Dem OLG obliegt es, sich hinsichtlich des materiellen Unionsrechts hinreichend kundig zu machen und insbesondere einschlägige Rechtsprechung des EuGH auszuwerten. Auf dieser Grundlage muss es die vertretbare Überzeugung bilden, dass die Rechtslage entweder von vornherein eindeutig (*acte clair*) oder durch die Rechtsprechung des EuGH in einer Weise geklärt ist, die keinen vernünftigen Zweifel offenlässt (*acte éclairé*).[25] Die Entscheidung des OLG verletzt das grundrechtsgleiche Recht des V auf den gesetzlichen Richter (Art. 101 I S. 2 GG), denn der Senat hat angesichts einer unvollständigen Rechtsprechung des EuGH mit der unterbliebenen Vorlage seinen

---

[24] Vgl. hierzu und zum Nachfolgenden BVerfG NJW 2021, 1005 ff.; *Hecker*, EuStR, Kap. 6 Rn. 7 ff.
[25] BVerfG NJW 2021, 1005 (1007); BVerfG BeckRS 2021, 5960 (Rz. 55).

Beurteilungsrahmen in unvertretbarer Weise überschritten.[26] Eine Vorlage nach Art. 267 III AEUV war zwingend geboten, da der EuGH den Schutzumfang des Art. 4 GRCh noch nicht abschließend geklärt hat. Insbesondere bedarf der Klärung, inwieweit Art. 4 GRCh unter Rückgriff auf die Rechtsprechung des EGMR zu Art. 3 EMRK (vgl. Art. 52 III GRCh) auszulegen ist und welche Mindestanforderungen an die Haftbedingungen aus Art. 4 GRCh konkret abzuleiten sind.

Hinweise auf Rechtsprechung und Literatur

EuGH BeckRS 2020, 31283 (§ 235 II Nr. 2 StGB und Freizügigkeitsrecht des Art. 21 AEUV) mit Besprechung von *Hecker*, JuS 2021, 467

EuGH BeckRS 2019, 12042 (Vorrang der unionsrechtskonformen Auslegung gegenüber der Neutralisierung einer Strafnorm kraft Anwendungsvorrangs des Unionsrechts)

EuGH BeckRS 2018, 23557 (Vorrang der unionsrechtskonformen Auslegung gegenüber der Neutralisierung einer Bußgeldnorm kraft Anwendungsvorrangs des Unionsrechts)

BVerfGE 147, 364 = NJW 2018, 686 (Pflicht zur Anrufung des EuGH – aus Art. 4 GRCh abzuleitende Mindestanforderungen an Haftbedingungen)

BVerfG NJW 2021, 1005 (Verletzung des grundrechtsgleichen Rechts auf den gesetzlichen Richter durch unterbliebene Vorlage nach Art. 267 III AEUV)

Brand/Blatter, Europarecht in der strafrechtlichen Fallbearbeitung, JuS 2016, 983

Esser, Europäisches und Internationales Strafrecht, 2. Aufl., 2018, § 2 Rn. 6–33 (Vorrang des Unionsrechts); § 2 Rn. 64–100b (Unionsrechtskonforme Auslegung)

Hecker, Europäisches Strafrecht, 6. Aufl., 2021, Kap. 5 Rn. 32–34 (Gleichstellungsbestimmung des Art. 42 SDÜ); Kap. 6 (Vorabentscheidungsverfahren); Kap. 9 (Vorrang des Unionsrechts); Kap. 10 (Unionsrechtskonforme Auslegung)

Heger, in: *Böse* (Hrsg.), Europäisches Strafrecht, 2. Aufl., 2021, Kap. 5 Rn. 40–43 (Gleichstellungsbestimmung des Art. 42 SDÜ); Kap. 5 Rn. 83–102 (Vorrang des Unionsrechts); Kap. 5 Rn. 103–130 (Unionsrechtskonforme Auslegung)

Lenk, Der Widerstand gegen Vollstreckungsbeamte im grenzüberschreitenden Kontext – exemplifiziert am Schengener Durchführungsübereinkommen und am deutsch-schweizerischen Polizeivertrag –, GA 2019, 455

Satzger, Internationales und Europäisches Strafrecht, 10. Aufl., 2022, § 9 Rn. 78–88 (Vorrang des Unionsrechts); § 9 Rn. 89–115 (Unionsrechtskonforme Auslegung)

---

[26] BVerfGE 147, 364 = NJW 2018, 686.

Klausur 15
Verhängnisvoller „Suchtdruck"

Transnationales Doppelbestrafungsverbot (Art. 54 SDÜ) – Erledigungswirkung eines Verfahrensabschlusses mit beschränkter materieller Rechtskraft

Bernd Hecker

15.1 Fall

Dem in Trier wohnhaften deutschen Staatsangehörigen D wird von der Staatsanwaltschaft Trier mit Anklageschrift v. 30.3.2021 vorgeworfen, am 3.12.2020 gegen 11:00 Uhr auf dem Bahnhofsvorplatz der Stadt Luxemburg den Franzosen F im Verlaufe eines zunächst verbal und dann tätlich ausgetragenen Streits mit mehreren Faustschlägen zum Kopf traktiert zu haben. Außerdem soll er mit beschuhtem Fuß mehrfach auf den Kopf des am Boden liegenden F eingetreten haben. F soll hierbei näher beschriebene Verletzungen erlitten haben, die im Krankenhaus behandelt werden mussten. Der Verteidiger des D reicht beim AG Trier ein Schreiben des P ein, in welchem dieser als Abteilungsleiter der Amazon-Filiale Luxemburg bestätigt, dass D zum Tatzeitpunkt als Mitarbeiter der Direktversandlogistik im Betrieb beschäftigt gewesen sei. Seine Anwesenheit auf dem Betriebsgelände könne von ihm und weiteren Mitarbeitern bestätigt werden. P bestätigt seine Angaben bei einer protokollierten Vernehmung durch die luxemburgische Polizei. Außerdem legt er einen Ausdruck des Kartenleseterminals vor, aus dem sich ergibt, dass D am 3.12.2020 um 8:30 Uhr ein- und um 17:00 Uhr ausgecheckt hat. Das Protokoll wird dem AG Trier zugeleitet und zu den Akten genommen. Der zuständige Richter des AG Trier gelangt nach Aktenlage zu der Einschätzung, dass offensichtlich eine Per-

---

B. Hecker (✉)
Lehrstuhl für Deutsches und Europäisches Strafrecht, Strafprozessrecht sowie Umwelt- und Wirtschaftsstrafrecht, Eberhard Karls Universität Tübingen, Tübingen, Deutschland
E-Mail: bernd.hecker@uni-tuebingen.de

© Springer-Verlag GmbH Deutschland, ein Teil von Springer Nature 2022
B. Hecker, M. A. Zöller, *Fallsammlung zum Europäischen und Internationalen Strafrecht*, Juristische ExamensKlausuren,
https://doi.org/10.1007/978-3-662-65140-7_15

sonenverwechslung vorliegt. D habe ein Alibi und könne daher nicht der Täter sein, der am 3.12.2020 gegen 11:00 Uhr auf dem Bahnhofsvorplatz in Luxemburg den F geschlagen hat. Er erlässt daher am 1.6.2021 einen Nichteröffnungsbeschluss. Am 20.7.2021 meldet sich ein Mitarbeiter M der Amazon-Filiale Luxemburg bei der luxemburgischen Polizei und gibt an, er müsse jetzt endlich sein Gewissen erleichtern. Er habe am 3.12.2020 bemerkt, dass sein Arbeitskollege D gegen 10:30 Uhr seinen Arbeitsplatz ohne ordnungsgemäße Abmeldung am Kartenleseterminal für ca. 2 Stunden verlassen habe. D habe dies in der Vergangenheit bereits mehrfach getan, um sich am Bahnhofsvorplatz bei einem Dealer Kokain zu beschaffen. Offenbar habe D auch an diesem Tag „Suchtdruck verspürt". Die luxemburgische Polizei nimmt D daraufhin fest. Ein luxemburgischer Richter ordnet Untersuchungshaft an, weil er D für dringend verdächtig hält, am 3.12.2020 eine gefährliche Körperverletzung zum Nachteil des F begangen zu haben und weil im Hinblick auf die hohe Straferwartung Fluchtgefahr bestehe. Der Verteidiger des D beantragt, seinen Mandanten unverzüglich auf freien Fuß zu setzen.

Aufgabe Bitte prüfen Sie in einem Rechtsgutachten, ob der luxemburgische Haftbefehl aufzuheben ist.

Hinweis Gehen Sie davon aus, dass die in Rede stehende Tat des D nach luxemburgischem Recht eine strafbare gefährliche Körperverletzung darstellt. Gehen Sie ferner davon aus, dass die luxemburgischen Vorschriften über die Anordnung der Untersuchungshaft inhaltlich den deutschen Vorschriften entsprechen.

15.2 Lösung

15.2.1 Prüfungsaufbau

Voraussetzungen der Untersuchungshaft

  I. Dringender Tatverdacht bezüglich einer gefährlichen KV
 II. Verfahrenshindernis im Hinblick auf Art. 54 SDÜ

  1. Räumlicher Anwendungsbereich
  2. Rechtskräftige Aburteilung
  3. Dieselbe Tat
  4. Vollstreckungselement
  5. Erledigungswirkung trotz neuer Beweismittel im Zweitverfolgerstaat

III. Ergebnis

15.2.2 Lösungsvorschlag

I. Dringender Tatverdacht bezüglich einer gefährlichen KV
Da das Alibi des D für den Tatzeitpunkt (3.12.2020 gegen 11:00 Uhr) wegen der Zeugenaussage des M „geplatzt ist", besteht nach aktueller Beweislage der dringende Verdacht, dass D eine gefährliche Körperverletzung begangen hat, die nach luxemburgischem Recht strafbar ist. Der Annahme dringenden Tatverdachts könnte jedoch ein Verfahrenshindernis aus Art. 54 SDÜ entgegenstehen (vgl. Anhang 4). Eine nicht verfolgbare Tat vermag keinen dringenden Tatverdacht zu begründen. Der luxemburgische Richter müsste den Haftbefehl somit aufheben, wenn der vom AG Trier erlassene Nichteröffnungsbeschluss (§ 204 I StPO) eine „rechtskräftige Aburteilung" darstellt, die eine erneute strafrechtliche Verfolgung des D wegen derselben Tat in einem anderen Vertragsstaat (hier: Luxemburg) sperrt.

Erforderlich ist nach Art. 54 SDÜ das Vorliegen folgender *Voraussetzungen:*[1]
1. Sowohl der Erstverfolgerstaat als auch ein nachfolgend verfolgender Staat müssen Vertragsparteien des SDÜ sein.
2. Die fragliche (prozessuale) Tat muss nach dem Recht des Erstverfolgerstaates rechtskräftig abgeurteilt worden sein.
3. Für den Fall, dass es im Erstverfolgerstaat zu einer rechtskräftigen Aburteilung gekommen ist, ist zudem das sog. „Vollstreckungselement" zu prüfen. Die festgesetzte Sanktion muss bereits vollstreckt sein, gerade vollstreckt werden oder nach dem Recht des Erstverfolgerstaates nicht mehr vollstreckt werden können.

II. Verfahrenshindernis im Hinblick auf Art. 54 SDÜ
1. Räumlicher Anwendungsbereich
Der räumliche Anwendungsbereich des Art. 54 SDÜ erstreckt sich derzeit auf insgesamt 31 europäische Staaten (27 EU-Mitgliedstaaten sowie Island, Norwegen, die Schweiz und Liechtenstein als assoziierte Staaten).[2] Deutschland und Luxemburg sind demnach *Vertragsparteien* des Art. 54 SDÜ.

2. Rechtskräftige Aburteilung
Fraglich ist jedoch, ob der gem. § 204 I StPO aus tatsächlichen Gründen erlassene Nichteröffnungsbeschluss des AG Trier als *„rechtskräftige Aburteilung"* i. S. d. Art. 54 SDÜ anzusehen ist. Einigkeit besteht darüber, dass jedenfalls freisprechende oder verurteilende *Gerichtsurteile* die Strafklage nach Art. 54 SDÜ verbrauchen. Allerdings kennen die Rechtsordnungen aller Vertragsparteien auch eine Fülle anderer strafprozessualer Erledigungsarten. Infolgedessen musste sich der EuGH immer wieder mit der Frage befassen, ob auch andere Formen der Verfahrenserledigung unter den Begriff der rechtskräftigen Aburteilung fallen.[3] Der Gerichtshof stellt in ständiger Rechtsprechung maßgeblich darauf ab, ob die im *Erstverfolgerstaat* ergangene Entscheidung *nach dem Recht dieses Staates* die *Strafklage* auf

---
[1] *Esser,* IntStR, § 7 Rn. 12 ff.; *Hecker,* EuStR, Kap. 12 Rn. 11 ff.; Zöller, Krey-FS, 501 (509).
[2] *Hecker,* EuStR, Kap. 12 Rn. 12.
[3] *Ambos,* IntStR, § 10 Rn. 174 ff.; *Esser,* IntStR, § 7 Rn. 14 ff.; Hecker, EuStR, Kap. 12 Rn. 19 ff.; *Satzger,* IntStR, § 10 Rn. 72 ff.

nationaler Ebene *endgültig* verbraucht.[4] Das in Art. 54 SDÜ aufgestellte Doppelbestrafungsverbot impliziere unabhängig davon, ob es auf zum Strafklageverbrauch führende Erledigungsakte unter oder ohne Mitwirkung eines Gerichts angewandt werde, dass ein gegenseitiges Vertrauen der Mitgliedstaaten in ihre jeweiligen Strafjustizsysteme besteht und dass jeder Mitgliedstaat die Anwendung des in den anderen Mitgliedstaaten geltenden Strafrechts akzeptiert, auch wenn die Anwendung seines eigenen nationalen Rechts zu einem anderen Ergebnis führen würde. Auf dieser Beurteilungsgrundlage stuft der EuGH namentlich die niederländische „transactie",[5] die staatsanwaltliche Verfahrenseinstellung gem. § 153a I StPO,[6] den Freispruch aus Mangel an Beweisen[7] bzw. wegen Verfolgungsverjährung[8] sowie ein Abwesenheitsurteil[9] als „rechtskräftige Aburteilung" i. S. d. Art. 54 SDÜ ein, während eine staatsanwaltliche[10] oder polizeiliche[11] Verfahrenseinstellung ohne Sachprüfung kein transnationales Doppelbestrafungsverbot auszulösen vermag. Auch der mit dem deutschen Nichteröffnungsbeschluss (§ 204 I StPO) vergleichbare *„arrêt de non lieu motiveé par des raisons de fait"*[12] des belgischen Rechts (Einstellungsbeschluss wegen nicht hinreichenden Tatverdachts aus tatsächlichen Gründen), der die Strafverfolgung bereits vor Eröffnung der gerichtlichen Hauptverhandlung de facto beendet, jedoch bei Vorliegen neuer Belastungstatsachen auf Antrag der Staatsanwaltschaft aufgehoben werden kann, stellt nach Auffassung des EuGH eine „rechtskräftige Aburteilung" i. S. d. Art. 54 SDÜ dar.[13] Da der Nichteröffnungsbeschluss gem. § 211 StPO immerhin eine beschränkte materielle Rechtskraft entfaltet, die eine neue Anklage gegen dieselbe Person wegen derselben Sache nur gestattet, wenn die Nova so erheblich sind, dass sie zusammen mit den „alten" Tatsachen und Beweismitteln dem zuvor erlassenen Nichteröffnungsbeschluss die Grundlage entziehen,[14] ist er nach den Kriterien des EuGH als „rechtskräftige Aburteilung" i. S. d. Art. 54 SDÜ einzustufen.

3. Dieselbe Tat
Nach h. M. ist das einzig maßgebende Kriterium für die Anwendung des in Art. 54 SDÜ normierten Tatbegriffs das der Identität der materiellen Tat, verstanden als das Vorhandensein eines Komplexes unlösbar miteinander verbundener Tatsachen, unabhängig von der rechtlichen Qualifizierung dieser Tatsachen oder von dem recht-

---

[4] Vgl. hierzu die Leitlinien seiner bisherigen Judikatur zusammenfassend EuGH NJW 2021, 2348 ff.; EuGH NStZ 2011, 466 (467).
[5] EuGH NJW 2003, 1173. Vgl. hierzu bereits Klausur Nr. 3.
[6] EuGH NJW 2021, 2348; EuGH NJW 2003, 1173.
[7] EuGH StV 2007, 57.
[8] EuGH NJW 2006, 3403.
[9] EuGH NJW 2009, 3149.
[10] EuGH NJW 2005, 1337; EuGH BeckRS 2016, 81397.
[11] EuGH NStZ-RR 2009, 109.
[12] Vgl. hierzu ausführlich *Kniebühler,* Transnationales „ne bis in idem", 50 ff.
[13] EuGH NJW 2014, 3010 mit zust. Bespr. v. *Gaede,* NJW 2014, 2990 (2992), und *Hecker,* v. Heintschel-Heinegg-FS, 175 (175 ff.); krit. *Burchard,* HRRS 2015, 26 (31 f.); *Satzger,* IntStR, § 10 Rn. 80.
[14] *Meyer-Goßner/Schmitt,* § 211 Rn. 3 m. w. N.

lich geschützten Interesse.[15] Bei dem hier in Rede stehenden Vorgang, der nunmehr Gegenstand des luxemburgischen Strafverfahrens ist, handelt es sich unzweifelhaft um dieselbe Tat des D, die bereits Gegenstand des Strafverfahrens beim AG Trier war.

4. Vollstreckungselement
Die Vollstreckungsklausel ist nur „im Fall einer Verurteilung" von Bedeutung.[16]

5. Erledigungswirkung trotz neuer Beweismittel im Zweitverfolgerstaat
Man könnte zu der Einschätzung gelangen, dass der luxemburgische Richter durch den deutschen Nichteröffnungsbeschluss nicht daran gehindert ist, die Strafsache an sich zu ziehen, weil in Luxemburg *neue* Beweismittel aufgetaucht sind, die die Sperrwirkung dieses Beschlusses nach dem Recht des Erstverfolgerstaates (vgl. § 211 StPO) entfallen lassen. Der von Art. 54 SDÜ ausgelöste transnationale Strafklageverbrauch wäre demnach von vornherein nach Maßgabe des Rechts des Erstverfolgerstaates beschränkt und würde einem auf Nova gestützten Verfahren im Zweitverfolgerstaat nicht entgegenstehen. Im Einklang mit der Rechtsprechung des EuGH[17] ist jedoch davon auszugehen, dass der mit beschränkter Rechtskraft ausgestattete Nichteröffnungsbeschluss eine *Zuständigkeitskonzentration* im Erstverfolgerstaat bewirkt.[18] Das Recht auf Freizügigkeit wäre nicht hinreichend gewährleistet, wenn der Beschuldigte befürchten müsste, dass er trotz einer auf detaillierter Sachprüfung beruhenden Verfahrenseinstellung im Erstverfolgerstaat in einem anderen Vertragsstaat unter Hinweis auf die Wiederaufnahmemöglichkeit des Strafverfahrens wegen „neuer" Tatsachen oder Beweismittel erneut verfolgt wird. Die Novität der gegebenenfalls geltend gemachten Belastungsmomente muss daher aus der Perspektive des Erstverfolgerstaates heraus beurteilt werden, solange das Straf- und Strafverfahrensrecht nicht vollends harmonisiert ist. Andernfalls wären transnationale Wertungsfriktionen schon aufgrund der unterschiedlichen Ausgestaltung der Straftatbestände vorprogrammiert. Diese Auslegung des Art. 54 SDÜ sichert nicht nur die Freizügigkeit des potenziell von mehrfacher Strafverfolgung wegen derselben Sache bedrohten Individuums, sondern zugleich auch die kollektive Rechtssicherheit ab. Wenn ein Zweitverfolgerstaat die nach dem Recht des Aburteilungsstaates eröffnete Möglichkeit der Wiederaufnahme eines Strafverfahrens[19] bei Vorliegen von Nova zum Anlass für eine erneute Verfolgung derselben Person wegen derselben Sache nehmen dürfte, so bestünde eine permanente Unsicherheit über

---

[15] EuGH NJW 2006, 3406; EuGH NJW 2006, 1781 (1783); EuGH NJW 2007, 3412 (3413 f.); EuGH NJW 2007, 3416 (3417); EuGH NJW 2011, 983 (985); BGHSt 52, 275 (275 ff.); BGH NStZ-RR 2019, 259 ff.; BGH BeckRS 2021, 2253 (Rz. 4); *Hecker*, EuStR, Kap. 12 Rn. 54 ff.; *Satzger*, IntStR, § 10 Rn. 81 ff.; a. A. *Ambos*, IntStR, § 10 Rn. 183 f. (rechtsgutorientierter oder interessensgeleiteter Tatbegriff).

[16] Vgl. hierzu nur *Hecker*, EuStR, Kap. 12 Rn. 37 m. w. N.

[17] Vgl. die Nachweise in Fn. 13.

[18] Vgl. hierzu nur *Hecker*, EuStR, Kap. 12 Rn. 61 m. w. N.; krit. hierzu *Satzger*, IntStR, § 10 Rn. 80 (Verfestigung des Prioritätsprinzips „wer zuerst aburteilt, schließt alle anderen Staaten von einer Verurteilung aus").

[19] Vgl. zur Vielfalt und Unterschiedlichkeit des Wiederaufnahmerechts in den europäischen Staaten *Swoboda*, HRRS 2009, 188 (188 ff.).

die Beständigkeit des im Erstverfolgerstaat ergangenen Verfahrensabschlusses. Auch wäre damit die Gefahr von sich widersprechenden Entscheidungen verbunden, weil die Novität einer Tatsache oder die Beweiskraft eines Beweismittels von den Gerichten des Zweitverfolgerstaates anders beurteilt werden könnte als von den Justizorganen des Aburteilungsstaates. Der Aburteilungsstaat könnte die erneute Aufnahme des Strafverfahrens gar als „unfreundlichen Akt" des Zweitverfolgerstaates auffassen, der darauf abzielt, seine abweichenden kriminalpolitischen Vorstellungen durchzusetzen. Dass allein schon dieser Eindruck der im Rechtsraum der Vertragsparteien anzustrebenden vertrauensvollen Zusammenarbeit abträglich wäre, liegt auf der Hand.[20]

III. Ergebnis

Art. 54 SDÜ sperrt die erneute Strafverfolgung des D wegen der am 3.12.2020 gegen 11:00 Uhr auf dem Bahnhofsvorplatz der Stadt Luxemburg begangenen Tat. Der von einem Richter in Luxemburg erlassene Haftbefehl muss aufgehoben werden.[21]

Hinweise auf Rechtsprechung und Literatur

EuGH NJW 2014, 3010 (Konzentrationswirkung einer Verfahrenserledigung mit beschränkter materieller Rechtskraft)
EuGH NJW 2021, 2348 (Staatsanwaltliche Verfahrenseinstellung gem. § 153a I StPO ist eine „rechtskräftige Aburteilung" i. S. d. Art. 54 SDÜ)
Ambos, Internationales Strafrecht, 5. Aufl., 2018, § 10 Rn. 163–198
Esser, Europäisches und Internationales Strafrecht, 2. Aufl. 2018, § 7
Hecker, Europäisches Strafrecht, 6. Aufl., 2021, Kap. 12 (Transnationales Doppelbestrafungsverbot)
Ders., Schließt Art. 54 SDÜ die Strafverfolgung in einem anderen Vertragsstaat aus, wenn die Verfahrenserledigung im Aburteilungsstaat nur eine beschränkte materielle Rechtskraft entfaltet?, v. Heintschel-Heinegg-FS, 2015, S. 175
Satzger, Internationales und Europäisches Strafrecht, 10. Aufl. 2022, § 10 Rn. 60–88

---

[20] *Hecker,* v. Heintschel-Heinegg-FS, 175 (182 ff.).
[21] D kann wegen dieser Tat nur vor dem zuständigen Gericht in Deutschland erneut verfolgt werden.

Klausur 16
Griechische Verfolgungsjagd

Recht auf Leben nach Art. 2 EMRK – Eingriff durch Unterlassen und *positive obligations* – Entschädigungszahlungen nach Art. 41 EMRK – Wirkung und Überwachung von Entscheidungen des EGMR

Mark A. Zöller

16.1 Fall

Im September 1995, einer Zeit, die in Griechenland durch ein von terroristischen Anschlägen gegen ausländische Interessen geprägtes Klima gekennzeichnet war, überfuhr der griechische Staatsangehörige G mit seinem Pkw nachts eine rote Ampel an einer Kreuzung im Zentrum von Athen nahe der US-Botschaft. Als er auf die Aufforderung einer dort befindlichen Polizeistreife hin nicht anhielt, sondern seine Fahrt mit erhöhter Geschwindigkeit fortsetzte, nahm diese die Verfolgung auf. Kurz darauf beteiligten sich weitere Polizisten in Pkws und auf Motorrädern an der Verfolgungsjagd durch Athen, während derer der flüchtende G mit anderen Wagen kollidierte, wobei zwei an der Verfolgungsjagd unbeteiligte Straßenverkehrsteilnehmer leicht verletzt wurden. Nachdem G insgesamt fünf Straßensperren der Polizei durchbrochen oder umfahren hatte, schossen die Polizeibeamten auf seinen Wagen, um ihn auf diese Weise zum Anhalten zu bringen. Zuvor hatten sie von ihrem Kontrollzentrum den Hinweis erhalten, dass G möglicherweise bewaffnet und gefährlich sei. Schließlich stoppte G an einer Tankstelle, wo er von den ihn verfolgenden Polizeieinheiten umzingelt wurde. Da er nicht aus seinem Wagen ausstieg und stattdessen verdächtige Bewegungen machte, die auf den Umgang mit einer – tatsäch-

M. A. Zöller (✉)
Lehrstuhl für Deutsches, Europäisches und Internationales Strafrecht und Strafprozessrecht, Wirtschaftsstrafrecht und das Recht der Digitalisierung, Ludwig-Maximilians-Universität München, München, Deutschland
E-Mail: mark.zoeller@jura.uni-muenchen.de

lich nicht vorhandenen – Waffe schließen ließen, wurden aus den Reihen der mittlerweile mehr als 30 Personen umfassenden Polizisten weitere Schüsse abgefeuert, die aber wegen der Explosionsgefahr der in der Nähe befindlichen Benzinpumpen primär in die Luft abgegeben wurden. Schließlich gelang es einem der Polizisten, die Scheibe eines Seitenfensters des Wagens von G aufzubrechen und G festzunehmen. Bei der Festnahme wurden Schussverletzungen des G am rechten Arm, am rechten Fuß, an der linken Gesäßhälfte und an der rechten Brust festgestellt. G wurde sofort in ein Krankenhaus gebracht, wo er neun Tage lang behandelt wurde. Eine Kugel befindet sich bis heute in seinem Gesäß. Bereits damals labil, hat sich sein Gesundheitszustand seither erheblich verschlechtert. Der Pkw des G besaß ausweislich eines ballistischen Gutachtens insgesamt 16 Einschusslöcher, bezüglich derer die Projektile eine horizontale oder aufwärts weisende Flugbahn in Höhe des Fahrers aufwiesen.

Die griechischen Strafverfolgungsbehörden führten nach dem Vorfall eine Untersuchung durch. Dabei wurden 29 Polizisten, die offiziell an der Verfolgung teilgenommen hatten, identifiziert und ihre Dienstwaffen untersucht. Allerdings hatten sich darüber hinaus noch weitere Polizisten von sich aus beteiligt und den Tatort wieder verlassen, ohne sich zu erkennen zu geben und ohne ihre Waffen für die erforderliche Untersuchung im Polizeilabor abzugeben. Die griechischen Behörden hatten keinerlei Anstrengungen unternommen, etwa durch Einsichtnahme in Dienstpläne oder Einsatzberichte der örtlichen Polizeidienststellen, sämtliche Bedienstete zu ermitteln, die an den Schüssen und Verletzungen des G beteiligt waren. Die zuständige griechische Staatsanwaltschaft erhob zwar Anklage gegen sieben Polizisten wegen schwerer Körperverletzung und ungerechtfertigten Waffengebrauchs. Diesem Verfahren trat G auch als Nebenkläger bei und verlangte Schadensersatz. Es endete jedoch im Dezember 1997 mit Freisprüchen durch das Strafgericht Athen. Nach Ansicht des Gerichts konnte es nicht nachgewiesen werden, dass einer der sieben Angeklagten die Verletzungen des G verursacht hatte, da die im Körper von G gefundenen Projektile nicht zu den Waffen der 29 namentlich identifizierten Polizisten passten. Die Polizisten hätten ihre Waffen im Übrigen dazu benutzt, den Wagen des G anzuhalten, den sie vernünftigerweise für einen gefährlichen Verbrecher halten konnten. G stand gegenüber diesem Urteil kein Rechtsmittel zu. Demgegenüber wurde G selbst durch das Strafgericht Athen wegen der von ihm im Rahmen seiner Flucht vor der Polizei verursachten Körperverletzungen und Sachbeschädigungen rechtskräftig zu einer Freiheitsstrafe von 40 Tagen verurteilt.

Zum Zeitpunkt der Verfolgungsjagd galt in Griechenland für die Ausbildung von Polizisten und den Gebrauch von Schusswaffen durch Polizisten noch das Gesetz Nr. 29/1943, das aus der Zeit des Zweiten Weltkriegs und der Besetzung Griechenlands durch deutsche Truppen stammte.[1] Dieses Gesetz zählte lediglich ganz allge-

---

[1] Der Gebrauch von Schusswaffen durch Polizeibeamte wurde in Griechenland inzwischen durch das am 24.7.2003 in Kraft getretene Gesetz Nr. 3169/2003 mit dem erklärten Ziel, den internationalen Menschenrechtsstandards zu entsprechen, neu geregelt.

16 Griechische Verfolgungsjagd   153

mein eine Vielzahl von Fällen auf, in denen ein Polizist von seiner Schusswaffe Gebrauch machen konnte, ohne für die Folgen zu haften. Durch einen Erlass des griechischen Präsidenten aus dem Jahr 1991 wurden diese Fälle des Schusswaffengebrauchs auf solche beschränkt, in denen dies absolut notwendig war und alle weniger einschneidenden Maßnahmen erschöpft waren. Weitere rechtliche Bestimmungen, die den Schusswaffengebrauch bei Polizeieinsätzen regelten oder gar Leitlinien für die Planung und Kontrolle von Polizeioperationen aufstellten, kannte das griechische Recht nicht.

Aufgabe 1 Ist G durch das Verhalten der griechischen Behörden in seinem Recht auf Leben aus Art. 2 I EMRK verletzt?

Hinweis Es ist für die Bearbeitung davon auszugehen, dass die zum Tatzeitpunkt geltenden griechischen Vorschriften über Notwehr und Nothilfe der deutschen Rechtslage entsprechen. Art. 3, 13 EMRK sind nicht zu prüfen.

Aufgabe 2 Könnte G im Falle einer erfolgreichen Individualbeschwerde durch den Europäischen Gerichtshof für Menschenrechte eine Entschädigung erhalten, sofern Griechenland ihm gegenüber keine umfassende Wiedergutmachung geleistet hat?

Aufgabe 3 Welche rechtliche Wirkung haben Urteile des EGMR und wer überwacht ihre Vollstreckung?

16.2 Lösung

16.2.1 Aufgabe 1

16.2.1.1 Prüfungsaufbau

Verletzung von Art. 2 I EMRK

I. Eröffnung des Schutzbereichs
II. Eingriff

    1. Allgemeines
    2. Eingriff durch aktives Tun
    3. Eingriff durch Unterlassen bei bestehender Schutzpflicht

        a) Defizitäre Gesetzeslage für den polizeilichen Schusswaffengebrauch
        b) Defizitäre staatliche Ermittlungen

III. Rechtfertigung

    1. Aktives Tun
    2. Staatliches Unterlassen

IV. Ergebnis

16.2.1.2 Lösungsvorschlag

Verletzung von Art. 2 I EMRK

G ist durch das Verhalten der griechischen Behörden in seinem Recht auf Leben verletzt, wenn ein Eingriff in den Schutzbereich dieser menschenrechtlichen Gewährleistung zu bejahen und dieser nicht gerechtfertigt ist.

I. Eröffnung des Schutzbereichs

Insofern müsste zunächst der Schutzbereich des Art. 2 I S. 1 EMRK eröffnet sein. Mit dem Schutzbereich ist der Anwendungsbereich der menschenrechtlichen Gewährleistung nach der EMRK gemeint. Art. 2 I S. 1 EMRK schützt jedenfalls das *geborene menschliche Leben* absolut, d. h. ohne Rücksicht auf Alter, Gesundheitszustand, Staatsangehörigkeit oder sonstige Faktoren.[2]

Allerdings könnte die Eröffnung des Schutzbereichs dieser Fundamentalgarantie der EMRK im vorliegenden Fall zweifelhaft sein, da G durch die auf ihn gerichteten Schüsse zwar verletzt worden ist, diese Verletzungen aber überlebt hat, so dass im Ergebnis keine erfolgreiche Beeinträchtigung des Rechtsguts Leben in Bezug auf seine Person vorliegt. Allerdings ist zu berücksichtigen, dass Art. 2 EMRK nach der Rechtsprechung des EGMR in Ausnahmefällen auch dann angewendet werden kann, wenn das Opfer nicht zu Tode gekommen ist.[3] Danach können insbesondere das Ausmaß und die Art der angewendeten Gewalt und die mit ihr verfolgte Absicht oder das damit verfolgte Ziel für die Entscheidung bedeutsam sein, ob Handlungen staatlicher Bediensteter, die Körperverletzungen, nicht aber den Tod verursacht haben, unter Berücksichtigung von Ziel und Zweck von Art. 2 I EMRK in den Anwendungsbereich dieser Vorschrift fallen. Im vorliegenden Fall, in dem Bedienstete des griechischen Staates an der Verwundung des G beteiligt waren, kommt es deswegen darauf an, ob die diesem gegenüber angewendete Gewalt sein Leben gefährdete und welche Folgen das Verhalten der an der Verfolgungsjagd beteiligten Polizisten nicht nur für die physische Integrität des G, sondern auch für die weiteren Interessen hatte, die das Recht auf Leben schützen will.

Vor diesem Hintergrund ist zunächst festzustellen, dass G von zahlreichen Polizisten verfolgt wurde, die wiederholt Gebrauch von ihren verschiedensten Waffen machten, um seinen Wagen zum Stehen zu bringen und ihn festzunehmen. Angesichts des tatsächlichen Geschehensablaufs ist es letztlich nur als glücklicher Zufall einzustufen, dass G nicht getötet worden ist. Nach dem ballistischen Gutachten waren 16 Löcher in dem Wagen durch Schüsse mit waagerechtem Verlauf oder zur

---

[2] *Grabenwarter/Pabel*, EMRK, § 20 Rn. 2; *Kreicker*, in: Sieber/Brüner/Satzger/v. Heintschel-Heinegg (Hrsg.), Europäisches Strafrecht, § 51 Rn. 65; *Schübel-Pfister*, in: Karpenstein/Mayer (Hrsg.), EMRK, Art. 2 Rn. 6; *Satzger*, IntStR, § 11 Rn. 31; *Schilling*, Menschenrechtsschutz, Rn. 134; *Zöller*, Kühne-FS, S. 629 (630).
[3] EGMR v. 20.12.2004, 50385/99 Nr. 49 ff., NJW 2005, 3405 (3406) – Makaratzis/Griechenland; EGMR v. 24.2.2005, 57950/00 Nr. 175, EuGRZ 2006, 41 – Isayeva/Russland; EGMR v. 14.6.2011, 30812/07 Nr. 56, NVwZ 2012, 1017 – Trévalec/Belgien; *Meyer-Ladewig/Huber*, in: Meyer-Ladewig/Nettesheim/v. Raumer, EMRK, Art. 2 Rn. 4.

Fahrerhöhe ansteigenden Schussbahnen verursacht worden. G war am rechten Arm, am rechten Fuß, am linken Gesäß und an der rechten Brust verletzt. Er wurde neun Tage im Krankenhaus behandelt. In Anbetracht dieser Umstände und insbesondere des Ausmaßes und der Art der angewendeten Gewalt war G somit unabhängig davon, ob die Polizei ihn töten wollte, Opfer eines Verhaltens, das seiner Natur nach sein Leben gefährdete, wenn er auch letztlich überlebt hat.[4] Deswegen ist Art. 2 I S. 1 EMRK im vorliegenden Fall anwendbar und sein Schutzbereich eröffnet.

II. Eingriff
1. Allgemeines
Mit der Bejahung eines *Eingriffs* in den Schutzbereich eines Abwehrrechts wird festgestellt, dass eine bestimmte Maßnahme eine Gewährleistung der EMRK oder eines ihrer Zusatzprotokolle beschränkt. Die Prüfung eines Eingriffs erfolgt allerdings nicht isoliert, sondern immer zugleich bezogen auf den Schutzbereich der jeweils zu untersuchenden menschenrechtlichen Gewährleistung. Die Beantwortung der Frage, ob ein Eingriff vorliegt, dient damit auch der näheren Bestimmung des Schutzbereichs.[5] Schutzbereich und Eingriff sind also stets wechselseitig aufeinander bezogen. Allerdings setzt ein Eingriff in den Schutzbereich eines Abwehrrechts der EMRK oder eines ihrer Zusatzprotokolle begriffsnotwendig voraus, dass dieser *durch Staatsorgane* erfolgt oder diesen zumindest zuzurechnen ist. Dabei genügt es allerdings, wenn die staatlichen Behörden in das konventionswidrige Verhalten in qualifizierter Weise involviert sind.[6] Vor diesem Hintergrund kommt im vorliegenden Fall sowohl ein Eingriff durch aktives Tun als auch durch Unterlassen von Staatsbediensteten der Republik Griechenland in Betracht.

2. Eingriff durch aktives Tun
Als Abwehrrecht verbietet Art. 2 I S. 1 EMRK zunächst alle *aktiven staatlichen Tötungshandlungen*. Die Frage, ob eine von staatlicher Seite veranlasste Tötung absichtlich oder unabsichtlich erfolgt, ist für die Bejahung des Eingriffs ohne Bedeutung, sondern kann allenfalls für eine mögliche Rechtfertigung eine Rolle spielen.[7] Ausreichend ist bereits ein staatlicher Angriff auf die Person mit der Gefahr eines tödlichen Ausgangs oder von schweren Körperverletzungen.[8] Im vorliegenden Fall hatte eine erhebliche Zahl von griechischen Polizeibeamten sowohl während der Verfolgungsjagd als auch nach dem Anhalten von G an der Tankstelle eine Vielzahl von Schüssen auf den Wagen des G abgegeben. Diese Schüsse hatten ausweislich des ballistischen Gutachtens einen waagerechten, teilweise sogar eine zur Fahrerhöhe ansteigende Schussbahn. Sie waren somit nicht ausschließlich auf die Reifen oder den unteren, für die Insassen weniger gefährlichen Fahrzeugbereich abgegeben worden. Ihre besondere Gefährlichkeit für Leib und Leben von G hat sich auch in dessen Verletzungen an Arm, Fuß, Gesäß und Brust konkretisiert. Infolgedessen verdankt G es letztlich nur einem glücklichen Zufall, dass er den von der

---
[4] EGMR v. 20.12.2004, 50385/99 Nr. 55, NJW 2005, 3405 (3407) – Makaratzis/Griechenland.
[5] *Grabenwarter/Pabel*, EMRK, § 18 Rn. 6.
[6] *Grabenwarter/Pabel*, EMRK, § 18 Rn. 6.
[7] *Grabenwarter/Pabel*, EMRK, § 20 Rn. 5.
[8] *Peters/Altwicker*, EMRK, § 5 Rn. 2.

Polizei entfachten Kugelhagel lebend überstanden hat. Das Verhalten der Polizeibeamten als Staatsbedienstete, die die Schüsse während der Ausübung ihres Dienstes abgaben, muss sich die Republik Griechenland auch zurechnen lassen. Insofern liegt ein Eingriff in das Recht auf Leben des G durch die von den Polizeibeamten auf ihn abgegebenen Schüsse durch aktives Tun vor.

3. Eingriff durch Unterlassen bei bestehender Schutzpflicht
Die Gewährleistungen der EMRK und ihrer Zusatzprotokolle beschränken sich allerdings nicht auf den Schutz vor Eingriffen des Staates in die Freiheitssphäre des Einzelnen. Vielmehr werden die Konventionsstaaten auch verpflichtet, durch positive Maßnahmen die Grundrechtsausübung für den Einzelnen überhaupt erst zu ermöglichen. Der EGMR verwendet hierfür den Begriff der „positive obligations", der sich in Entsprechung zur deutschen staatsrechtlichen Dogmatik auch mit „staatlichen Schutzpflichten" übersetzen lässt.[9] Sie betreffen Fälle, in denen der Staat nicht zu Unterlassungen, sondern zum Handeln, z. B. zur Schaffung oder Aufrechterhaltung bestimmter Zustände oder Organisationsstrukturen, verpflichtet ist. Schutzpflichten treffen nicht nur den Staat in seiner Rolle als Gesetzgeber, sondern alle drei staatlichen Gewalten, d. h. auch die Exekutive und die Judikative.

a) Defizitäre Gesetzeslage für den polizeilichen Schusswaffengebrauch
Speziell durch Art. 2 I EMRK werden die Konventionsstaaten nicht nur dazu verpflichtet, ungerechtfertigte Tötungen zu unterlassen, sondern auch dazu, in ihrer Rechtsordnung die erforderlichen Vorschriften zum Schutz des Lebens der Personen unter seiner Hoheitsgewalt zu treffen.[10] Gesetzgeberische Schutzpflichten kommen generell immer dann zum Tragen, wenn die geltende Rechtslage zu einem unzulässigen Eingriff in menschenrechtliche Gewährleistungen führt und deshalb geändert werden muss. Gerade für das Recht auf Leben haben die gesetzlichen Schutzpflichten in der Rechtsprechung des EGMR besondere Bedeutung erlangt. Die Schutzpflicht gegenüber Tötungen durch Staatsorgane umfasst somit zunächst die Pflicht des Gesetzgebers, angemessene Vorschriften für ihre Sanktionierung zu erlassen. Dazu gehört, dass alle Mitgliedstaaten in ihrem nationalen Rechtssystem ein allgemeines Tötungsverbot aufstellen müssen.[11] Speziell für vorsätzliche Tötungen verlangt der Gerichtshof zudem nicht nur die Schaffung abschreckender Strafvorschriften, sondern auch den Aufbau eines angemessenen Polizei- und Gerichtsapparates für die Verfolgung solcher Tötungsdelikte. Die Schutzpflicht hat also nicht nur eine materiell-rechtliche, sondern auch eine verfahrensrechtliche Seite. Im

---

[9] Teilweise wird auch von „Gewährleistungspflichten" gesprochen; vgl. *Grabenwarter/Pabel*, EMRK, § 19 Rn. 2.

[10] Zur mittlerweile stark ausdifferenzierten Kasuistik des EGMR vgl. nur *Grabenwarter/Pabel*, EMRK, § 20 Rn. 16 ff.; *Meyer-Ladewig/Huber*, in: Meyer-Ladewig/Nettesheim/v. Raumer, EMRK, Art. 2 Rn. 8 f.; *Schübel-Pfister*, in: Karpenstein/Mayer (Hrsg.), EMRK, Art. 2 Rn. 30 ff.; *Zöller*, Kühne-FS, S. 629 (632 ff.).

[11] LR-*Esser*, Art. 2 EMRK/Art. 6 IPbpR Rn. 26; *Grabenwarter/Pabel*, EMRK, § 20 Rn. 19; *Zöller*, Kühne-FS, S. 629 (632); im Einzelfall kann es nach ständiger Rspr. des EGMR – insbesondere im Zusammenhang mit fahrlässigen Tötungsfällen – jedoch ausreichend sein, wenn Tötungshandlungen nach dem Recht des jeweiligen Konventionsstaats nur zivilrechtlich oder disziplinarrechtlich geahndet werden.

vorliegenden Fall waren insgesamt sieben griechische Polizeibeamte wegen der Schüsse auf G wegen schwerer Körperverletzung und ungerechtfertigten Waffengebrauchs von der zuständigen griechischen Staatsanwaltschaft angeklagt worden. Insofern ist davon auszugehen, dass die Republik Griechenland sowohl ihren in Art. 2 I EMRK wurzelnden Pönalisierungspflichten als auch dem Gebot des Aufbaus eines angemessenen Strafverfolgungsapparats Genüge getan hat.

Aus Art. 2 I EMRK folgt aber auch die staatliche Verpflichtung, das Recht auf Leben dadurch zu sichern, dass der Staat in einer angemessenen Regelung die Grenzen für den Einsatz tödlicher Gewalt, insbesondere den Schusswaffengebrauch für Polizeibeamte, festlegt. Zwar ergibt sich bereits aus dem Wortlaut von Art. 2 II EMRK, dass der Gebrauch tödlicher Gewalt durch Polizisten unter bestimmten Voraussetzungen gerechtfertigt sein kann. Unvereinbar mit dieser Vorschrift ist es aber, keine Regeln für das Verhalten von Staatsbediensteten vorzusehen und damit Willkür zu ermöglichen. Polizeioperationen müssen also vom nationalen Recht zugelassen und mit angemessenen und wirksamen Garantien gegen Willkür und Missbrauch von Gewalt sowie gegen vermeidbare Unfälle versehen sein.[12] Im Zeitpunkt der Verfolgungsjagd auf G galt diesbezüglich lediglich das Gesetz Nr. 29/1943, das aus der Zeit des Zweiten Weltkriegs stammte, als Griechenland von deutschen Truppen besetzt war. Es enthielt nicht mehr als eine abstrakte Aufzählung von Fällen, in denen ein Polizist folgenlos von seiner Schusswaffe Gebrauch machen konnte und war auch durch den Präsidentenerlass aus dem Jahr 1991 nicht in einem nennenswerten Maße für den modernen praktischen Polizeieinsatz konkretisiert worden. Die griechische Rechtslage bot für Polizeibeamte somit keine klaren Richtlinien bezüglich des Einsatzes von Gewalt. Es war daher unvermeidbar, dass die Polizisten, die G verfolgten und schließlich festnahmen, einen (zu) großen Handlungsspielraum besaßen und zu unüberlegten Handlungen verleitet werden konnten, die sie voraussichtlich nicht an den Tag gelegt hätten, wenn sie zuvor durch entsprechende Schulungsmaßnahmen und Anweisungen ausgebildet worden wären. Das Fehlen klarer Richtlinien dürfte auch die Tatsache erklären, dass einige Polizisten an dem Einsatz teilnahmen, ohne sich bei einer zentralen Einsatzleitstelle zu melden und zu identifizieren. Auch das Fehlen einer klaren Kommandostruktur erhöht generell die Gefahr, dass Polizisten im Rahmen von chaotisch ablaufenden Einsätzen unüberlegt zur Schusswaffe greifen. Da zum Zeitpunkt der Verfolgungsjagd lediglich ein für eine moderne demokratische Gesellschaft überholtes und unvollständiges Gesetz den Schusswaffengebrauch durch Bedienstete des griechischen Staates regelte, gab es keine klaren Richtlinien und Kriterien für die Gewaltanwendung in Friedenszeiten.[13] Damit sind die griechischen Behörden ihrer aus Art. 2 EMRK fließenden Verpflichtung, einen angemessenen rechtlichen und verwaltungsmäßigen Rahmen für den polizeilichen Einsatz von Schusswaffen zu schaffen, nicht in ausreichender Weise nachgekommen. Infolgedessen ist ein Eingriff in das Recht auf Leben auch unter dem Gesichtspunkt des staatlichen Unterlassens bei bestehender Schutzpflicht zu bejahen.

---

[12] EGMR v. 20.12.2004, 50385/99 Nr. 58, NJW 2005, 3405 (3407) – Makaratzis/Griechenland.
[13] EGMR v. 20.12.2004, 50385/99 Nr. 70, NJW 2005, 3405 (3407) – Makaratzis/Griechenland.

b) Defizitäre staatliche Ermittlungen

Nach der Rechtsprechung des EGMR ergibt sich aus der allgemeinen Pflicht aus Art. 2 I EMRK, das Leben zu schützen, in Verbindung mit der allgemeinen Pflicht der Mitgliedstaaten aus Art. 1 EMRK, allen ihrer Hoheitsgewalt unterstehenden Personen die in der Konvention bestimmten Rechte und Freiheiten zuzusichern, die weitere Verpflichtung, *angemessene und wirksame amtliche Ermittlungen* durchzuführen, wenn ein Mensch infolge von Gewaltanwendung getötet worden ist.[14] Auf diese Weise soll letztlich gewährleistet werden, dass Bedienstete oder Organe des Staates für von ihnen verschuldete Todesfälle zur Verantwortung gezogen werden können. Weil in solchen Fällen die staatlichen Bediensteten oder Organe praktisch häufig die Einzigen sind, denen die wirklichen Umstände des Todes bekannt sind, sind angemessene amtliche Ermittlungen, die unabhängig und unparteiisch sein müssen, Voraussetzung für Strafverfahren, Disziplinarverfahren und Verfahren, in denen Opfer und ihre Familien ihre Rechte geltend machen können. Diese Ermittlungspflicht gilt auch für Fälle, in denen die Gewaltanwendung durch staatliche Bedienstete oder Organe das Leben einer Person nur gefährdet hat.[15] Der EGMR prüft deshalb, ob die nach den Umständen erforderlichen Ermittlungs- und Untersuchungsmaßnahmen vorgenommen wurden. Diese Maßnahmen müssen geeignet sein, die Tatumstände zu klären und die Verantwortlichen zu ermitteln und zu bestrafen.[16] Die Behörden müssen somit angemessene Mittel einsetzen, um Beweise zu sichern, insbesondere Zeugen vernehmen und Sachverständigengutachten einholen.[17] Bei Einsätzen von Sicherheitskräften können auch Einsatzpläne und -berichte von Bedeutung sein.[18] Das schließt das Erfordernis zügiger Ermittlungen ein, um durch die staatliche Demonstration einer sofortigen Reaktion das Vertrauen der Bevölkerung in die Rechtsinstitutionen zu wahren und nicht den Anschein einer Kollusion oder Duldung rechtswidriger Handlungen zu erwecken.[19]

Vorliegend haben die griechischen Strafverfolgungsbehörden zwar eine Untersuchung durchgeführt, in deren Rahmen u. a. 29 der an den Schüssen auf G beteiligten Polizisten ermittelt und die Einschussstellen am Wagen des G sowie die Waffen der identifizierten Polizeibeamten labortechnisch untersucht wurden. Diese Untersuchung litt aber an dem wesentlichen Mangel, dass die Behörden nicht *alle* Polizisten

---

[14] EGMR v. 8.7.1999, 23657/94 Nr. 86, ÖJZ 2000, 474 – Cakici/Türkei; EGMR v. 20.12.2004, 50385/99 Nr. 73, NJW 2005, 3405 (3408) – Makaratzis/Griechenland; *Grabenwarter/Pabel*, EMRK, § 20 Rn. 31 ff.; *Meyer-Ladewig/Huber*, in: Meyer-Ladewig/Nettesheim/v. Raumer, EMRK, Art. 2 Rn. 21 ff.; *Schilling*, Menschenrechtsschutz, Rn. 162; *Schübel-Pfister*, in: Karpenstein/Mayer (Hrsg.), EMRK, Art. 2 Rn. 41 ff.

[15] EGMR v. 20.12.2004, 50385/99 Nr. 73, NJW 2005, 3405 (3409) – Makaratzis/Griechenland.

[16] EGMR v. 7.7.2011, 55721/07 Nr. 166, NJW 2012, 283 (288 f.) – Al-Skeini u. a./Vereinigtes Königreich; EGMR v. 8.7.2021, 33056/17 – Tkhelidze/Georgien, Rn. 50; EGMR v.13.4.2017, 26562/07 – Tagayeva/Russland, Rn. 496.

[17] EGMR v. 10.4.2001, 26129/95 Nr. 147, Slg. 2001-III – Tanli/Türkei; EGMR v. 20.12.2004, 50385/99 Nr. 74, NJW 2005, 3405 (3409) – Makaratzis/Griechenland.

[18] *Meyer-Ladewig/Huber*, in: Meyer-Ladewig/Nettesheim/v. Raumer, EMRK, Art. 2 Rn. 24.

[19] Vgl. EGMR v. 5.10.1999, 33677/96, NJW 2001, 1989 – Grams/Deutschland.

identifiziert haben, die an der Verfolgung teilgenommen hatten. Insbesondere wurde nicht der Versuch unternommen, bei den zuständigen griechischen Polizeidienststellen eine Liste der Beamten zu erlangen, die im Bereich des Geschehens zur Zeit des Vorfalls Dienst hatten. Diese Unterlassung hat die staatlichen Gerichte letztlich daran gehindert, die Tatsachen vollständig zu ermitteln, was insbesondere die Freisprüche der sieben angeklagten Polizisten vor dem Athener Strafgericht belegen. Insofern ist auch unter dem Gesichtspunkt der Unvollständigkeit und Unangemessenheit der behördlichen Ermittlungen ein Eingriff in den Schutzbereich von Art. 2 I S. 1 EMRK zu bejahen.

III. Rechtfertigung

Im Hinblick auf eine mögliche Rechtfertigung der Gefährdung des Lebens von G ist zwischen der Abgabe der Schüsse durch die Polizeibeamten als Eingriff durch aktives Tun auf der einen und der defizitären Rechtslage für Polizeieinsätze insgesamt sowie der defizitären staatlichen Ermittlungen als staatliches Unterlassen auf der anderen Seite zu unterscheiden.

1. Aktives Tun

Staatliche Tötungshandlungen stellen grundsätzlich eine Verletzung von Art. 2 I EMRK dar. Etwas anderes gilt lediglich dann, wenn einer der in Art. 2 II EMRK ausdrücklich enthaltenen Ausnahmetatbestände eingreift. Diese sind ihrerseits jedoch abschließend formuliert. Eine Rechtfertigung von staatlichen Tötungen außerhalb ihres Anwendungsbereichs ist damit nicht möglich. Gemäß Art. 2 II lit. a) EMRK wird eine Tötung nicht als Verletzung von Art. 2 EMRK betrachtet, wenn sie durch eine Gewaltanwendung verursacht wird, die unbedingt erforderlich ist, um jemanden gegen rechtswidrige Gewalt zu verteidigen. Insofern gelten Notwehr und Nothilfe als Rechtfertigungsgrund selbst für absichtliche Tötungen, die von staatlicher Seite veranlasst sind. Laut Bearbeitervermerk ist davon auszugehen, dass die griechische Rechtslage in Bezug auf Notwehr und Nothilfe dem deutschen Recht, also § 32 StGB, entspricht. Eine den Bürgern *zugängliche und ausreichend bestimmte Rechtsgrundlage* war somit für das Handeln der Polizeibeamten in Nothilfe gegeben. Diese gaben die Schüsse auf den Wagen des G ab, um ihn zum Anhalten zu bringen und ihn festzunehmen. Auf diese Weise sollte insbesondere verhindert werden, dass weitere Verkehrsteilnehmer durch seine Fahrt mit hoher Geschwindigkeit durch die Athener Innenstadt verletzt werden. Insofern wurde durch den Eingriff in das Recht auf Leben des G auch ein *legitimes Ziel* verfolgt. Schließlich eskalierten die von G auf seiner Flucht verursachten Schäden, so dass er durch sein rechtswidriges Verhalten zu einer tödlichen Gefahr für unbeteiligte Personen wurde. Isoliert betrachtet war der Schusswaffeneinsatz der Polizeibeamten auf G auch *verhältnismäßig*. Zweifellos ist die Abgabe von Schüssen, insbesondere wenn sie auf die Reifen und das Fahrwerk abgegeben werden, ein *geeignetes Mittel*, um einen in einem Pkw fliehenden Straftäter zum Anhalten zu veranlassen. In der vorliegenden Situation lässt sich auch die von Art. 2 II EMRK geforderte *„unbedingte Erforderlichkeit"* der Gewaltanwendung bejahen. Schließlich kommt es hierfür nach Ansicht des EGMR lediglich auf die Ex-ante-Sicht der handelnden Staatsbediensteten an, da eine andere Bewertung den Staat und die staatlichen Vollzugsorgane unzumutbar belasten würde.[20] Vorliegend hatte die griechische Polizei zunächst ohne Erfolg mit anderen Maßnahmen versucht, G zum Anhalten zu bringen. Auf seiner Flucht, bei der er bereits fünf Straßensperren durchbrochen bzw. umfahren hatte, drohte G weitere Personenschäden anzurichten. Außerdem waren die ihn verfolgenden Polizeibeamten durch ihr Kontrollzentrum darüber unterrichtet worden, dass G möglicherweise bewaffnet und gefährlich sei. Hinzu kommt, dass der Vorfall nachts und in der Nähe der US-Botschaft begonnen hatte. Da zum fraglichen Zeitpunkt in Griechenland ein von terroristischen Anschlägen gegen ausländische Interessen geprägtes Klima herrschte, konnten die Beamten in der konkreten Situation auch einen terroristischen Hintergrund nicht ausschließen. Aus diesen Gründen durften die Polizisten angesichts der Umstände vernünftigerweise annehmen, dass sie von ihren Schusswaffen Gebrauch machen mussten, um den Wagen zum Stehen zu bringen und die von G als Fahrer ausgehende Gefahr zu beseitigen. Insofern sind die von den Polizeibeamten auf G abgegebenen Schüsse isoliert betrachtet als gerechtfertigt anzusehen.

2. Staatliches Unterlassen

Demgegenüber kommt in Bezug auf die durch den griechischen Staat zu verantwortenden Eingriffe in Art. 2 I S. 1 EMRK durch Unterlassung keine Rechtfertigung in Betracht. Infolge einer überholten, unvollständigen und damit auch unbestimmten Gesetzeslage fehlten klare Richtlinien, Kriterien und Organisationsstrukturen für Polizeioperationen unter Einsatz von möglicherweise tödlicher Gewalt. Mangels angemessener Ausbildung und Instruktion der Polizeibeamten konnten diese weitgehend frei handeln und unüberlegte Entscheidungen treffen. Außerdem blieben die von den Strafverfolgungsbehörden nachträglich aufgenommenen Ermittlungen unzureichend, da insbesondere nicht alle Polizisten identifiziert wurden, die an den Schüssen und den Verletzungen des G beteiligt waren. Insofern waren die Eingriffe in Art. 2 I EMRK durch das staatliche Unterlassen unverhältnismäßig und damit nicht gerechtfertigt.

IV. Ergebnis

G ist durch die zum Zeitpunkt des Vorfalls geltende, defizitäre griechische Gesetzeslage für den polizeilichen Schusswaffengebrauch sowie durch die defizitäre nachträgliche Untersuchung der griechischen Strafverfolgungsbehörden in seinem Recht auf Leben aus Art. 2 I S. 1 EMRK verletzt worden.

---

[20] EGMR v. 27.9.1995, 18984/91 Nr. 200, ÖJZ 1996, 233 – McCann u. a./Vereinigtes Königreich; EGMR v. 20.12.2004, 50385/99 Nr. 66, NJW 2005, 3405 (3408) – Makaratzis/Griechenland; *Esser*, IntStR, § 9 Rn. 140.

16.2.2 Aufgabe 2: Lösungsvorschlag

Neben der Feststellung eines Konventionsverstoßes kann der Gerichtshof in seinem das Verfahren abschließenden Urteil eine dem Beschwerdeführer vom verurteilten Vertragsstaat zu gewährende *gerechte Entschädigung* festsetzen (Art. 41 EMRK).[21] Dies erfolgt jedoch nicht automatisch, sondern nur in den Fällen, in denen das nationale Recht keine vollständige Wiedergutmachung der eingetretenen Schäden ermöglicht. Zweck der Entschädigungsregelung ist es, den Beschwerdeführer nach Möglichkeit so zu stellen, wie er im Fall des Unterbleibens der Konventionsverletzung stünde.[22] Die Entschädigung nach Art. 41 EMRK umfasst den materiellen Schaden *(pecuniary damage)*, den immateriellen Schaden *(non-pecuniary damage)* sowie den Ersatz der Kosten und Auslagen *(costs and expenses)* für die Rechtsverfolgung vor den nationalen Gerichten und vor dem EGMR, insbesondere die Rechtsanwaltsgebühren. Neben der Festsetzung der Entschädigungssumme kann der EGMR auch beschließen, dass der Betrag zu verzinsen ist, wenn die Zahlung nicht innerhalb einer bestimmten Frist – meist drei Monate nach der endgültigen Entscheidung – erfolgt.

Für die Festsetzung einer Entschädigung gem. Art. 41 EMRK ist grundsätzlich ein entsprechender *Antrag des Beschwerdeführers* erforderlich. Dieser ist regelmäßig erst dann zu stellen, nachdem der Gerichtshof die Beschwerde für zulässig erklärt hat.[23] Im Übrigen trifft den Beschwerdeführer die Darlegungs- und Beweislast für den ihm entstandenen Schaden und die Kausalität zwischen der Konventionsverletzung und dem behaupteten Schaden.[24] Außerdem hat der Beschwerdeführer seine Schadensersatzforderung im Einzelnen aufzuschlüsseln.[25]

Sofern G diesen Obliegenheiten nachkommt, kommt die Gewährung einer gerechten Entschädigung nach Art. 41 EMRK zu seinen Gunsten in Betracht. Im Fall Makaratzis gegen Griechenland,[26] dem der vorliegende Sachverhalt nachgebildet ist, hat die Große Kammer des EGMR den Ersatz eines materiellen Schadens mit dem Hinweis darauf abgelehnt, dass der von G geltend gemachte Einkommensverlust nicht nachgewiesen und weitgehend spekulativ sei. Ihm wurden aber 15.000 Euro zuzüglich Verzugszinsen für den von ihm erlittenen Nichtvermögensschaden zugesprochen, da dieser nach Ansicht des Gerichtshofs nicht nur durch die Feststellung der Konventionsverletzung ausgeglichen werden konnte. Ersatz für Kosten und Auslagen war nicht zu gewähren, da G im Verfahren vor dem EGMR Prozesskostenhilfe erhalten hatte.

---

[21] Zu Einzelheiten *Esser*, in: Ahlbrecht/Böhm/Esser/Eckelmans, Internationales Strafrecht, Rn. 481 ff.; *Frowein/Peukert*, EMRK, Art. 41 Rn. 4 ff.; *Meyer-Ladewig/Huber*, in: Meyer-Ladewig/Nettesheim/v. Raumer, EMRK, Art. 41 Rn. 18 ff.; *Wenzel*, in: Karpenstein/Mayer (Hrsg.), EMRK, Art. 41 Rn. 1 ff.
[22] *Grabenwarter/Pabel*, EMRK, § 15 Rn. 4.
[23] *Esser*, in: Ahlbrecht/Böhm/Esser/Eckelmans, Internationales Strafrecht, Rn. 406.
[24] *Esser*, in: Ahlbrecht/Böhm/Esser/Eckelmans, Internationales Strafrecht, Rn. 495; *Frowein/Peukert*, EMRK, Art. 41 Rn. 11 ff.; *Grabenwarter/Pabel*, EMRK, § 15 Rn. 7.
[25] *Esser*, in: Ahlbrecht/Böhm/Esser/Eckelmans, Internationales Strafrecht, Rn.408; *Grabenwarter/Pabel*, EMRK, § 15 Rn. 6.
[26] EGMR v. 20.12.2004, 50385/99 Nr. 87 ff., NJW 2005, 3405 (3409) – Makaratzis/Griechenland.

16.2.3 Aufgabe 3: Lösungsvorschlag

Der EGMR fällt lediglich ein *Feststellungsurteil* mit einer *völkerrechtlichen Bindungswirkung inter partes* für die am Verfahren beteiligten Parteien. Es hat also weder eine kassatorische noch eine unmittelbar gestaltende, die Rechtskraft der nationalen gerichtlichen Entscheidungen beseitigende Wirkung. Damit bleibt die als konventionswidrig beanstandete Maßnahme rechtlich wirksam.[27] Allerdings ist der jeweilige Konventionsstaat nach Art. 46 I EMRK verpflichtet, endgültige Urteile des EGMR zu befolgen. Er muss die im Urteil festgestellte Konventionsverletzung beenden, Wiederholungen ausschließen und Wiedergutmachung leisten. Die Wahl der Mittel bleibt dem Mitgliedstaat überlassen. Innerstaatlicher Adressat der den verurteilten Konventionsstaat im Außenverhältnis treffenden Pflicht sind dessen Behörden und Gerichte. Die EMRK sieht jedoch kein Verfahren zur Vollstreckung der Urteile des EGMR vor. Das endgültige Urteil des Gerichtshofs (Art. 44 EMRK) ist lediglich gem. Art. 46 II EMRK dem Ministerkomitee als Organ des Europarates zuzuleiten, das, insbesondere bei Verurteilungen zu einer gerechten Entschädigung nach Art. 41 EMRK, die dem jeweiligen Konventionsstaat obliegende Durchführung des Urteils überwacht. Hält das Ministerkomitee die Urteilsdurchführung durch den Konventionsstaat für unzureichend, kann es durch eine sog. „interim resolution" politischen Druck ausüben, aber seit dem Inkrafttreten des 14. Zusatzprotokolls zur EMRK auch den EGMR mit der Frage befassen, ob der Staat seiner Urteilsbefolgungspflicht nach Art. 46 I EMRK nachgekommen ist (vgl. Art. 46 IV, V EMRK).[28]

Hinweise auf Rechtsprechung und Literatur

EGMR NJW 2005, 3405 (Makaratzis/Griechenland)
EGMR NJW 2021, 1291 (Hanan/Deutschland; Luftschlag von Kundus)
Ahlbrecht/Böhm/Esser/Eckelmans, Internationales Strafrecht, 2018, Rn. 404 ff., 463 ff., 481 ff. (Antrag auf Festsetzung einer gerechten Entschädigung, Bindungswirkung eines EGMR-Urteils und Entscheidung über eine gerechte Entschädigung)
Grabenwarter/Pabel, Europäische Menschenrechtskonvention, 7. Aufl., 2021, §§ 18–20 (Struktur der Grundrechtsprüfung, positive obligations und Recht auf Leben)
Peters/Altwicker, Europäische Menschenrechtskonvention, 2. Aufl. 2012, §§ 5, 37 (Recht auf Leben und Inhalt und Wirkung eines EGMR-Urteils)
Schilling, Internationaler Menschenrechtsschutz, 3. Aufl., 2016, § 7 (Recht auf Leben)
Zöller, Die Bedeutung staatlicher Schutzpflichten für das Recht auf Leben nach Art. 2 EMRK, Kühne-FS, 2013, 629 ff.

---

[27] *Esser,* IntStR, § 9 Rn. 108; vgl. für deutsche Strafurteile den Wiederaufnahmegrund des § 359 Nr. 6 StPO.
[28] *Grabenwarter/Pabel,* EMRK, § 16 Rn. 18, 20; *Peters/Altwicker,* EMRK, § 37 Rn. 28.

Klausur 17
Sicher ist sicher

Rückwirkende Verlängerung der Sicherungsverwahrung – Rechtfertigung von Eingriffen in Art. 5 EMRK – autonome Auslegung des Begriffs der Strafe in Art. 7 EMRK

Mark A. Zöller

17.1 Fall

Der 54-jährige M hatte seit seiner Strafmündigkeit wegen verschiedenster Tötungs-, Körperverletzungs- und Raubdelikte den überwiegenden Teil seines Lebens in Haftanstalten verbracht. Zuletzt war er im Jahr 1986 rechtskräftig wegen versuchten Mordes in Tateinheit mit Raub durch das zuständige Landgericht zu einer Freiheitsstrafe von fünf Jahren verurteilt und seine Unterbringung in der Sicherungsverwahrung angeordnet worden. Nach Verbüßung der fünfjährigen Freiheitsstrafe befand er sich seit 1991 im Maßregelvollzug einer hessischen Justizvollzugsanstalt. Die dortigen Unterbringungsbedingungen für Personen, die sich in der Sicherungsverwahrung befinden, ähnelten weitestgehend denen des Strafvollzugs. Generell waren die Sicherungsverwahrten in der Bundesrepublik Deutschland zwar in separaten Abteilungen, aber doch in regulären Strafanstalten untergebracht. Die ihnen gegenüber den gewöhnlichen Strafgefangenen gewährten Privilegien waren ihrer praktischen Ausgestaltung nach so marginal, dass es insoweit keine wesentlichen Unterschiede gab. Darüber hinaus fehlte es bei Sicherungsverwahrten wie M im Vergleich zu Langzeitstrafgefangenen an Maßnahmen, Instrumenten oder Einrichtungen, die zu einer Reduzierung der von ihnen und gerade von M ausgehenden Gefahr beitragen konnten. M selbst erhielt einige Male im Jahr Ausführungen sowie regelmäßige Besuche seiner Lebensgefährtin.

M. A. Zöller (✉)
Lehrstuhl für Deutsches, Europäisches und Internationales Strafrecht und Strafprozessrecht, Wirtschaftsstrafrecht und das Recht der Digitalisierung, Ludwig-Maximilians-Universität München, München, Deutschland
E-Mail: mark.zoeller@jura.uni-muenchen.de

Als im Jahr 1986 die Unterbringung von M im Maßregelvollzug angeordnet wurde, bestimmte der damals geltende § 67d I StGB a. F., dass deren Dauer bei erstmaliger Unterbringung zehn Jahre nicht überschreiten durfte. Diese Höchstfrist ist durch das Gesetz zur Bekämpfung von Sexualdelikten und anderen gefährlichen Straftaten vom 26.1.1998[1] gestrichen worden. Außerdem sah Art. 1a III EGStGB a. F. vor, dass der neu gefasste § 67d StGB uneingeschränkt und damit auch auf bereits zu Sicherungsverwahrung verurteilte Personen Anwendung finden sollte. Mehrere Anträge auf Entlassung aus der Sicherungsverwahrung, die M noch 1991 gestellt hatte, wurden durch die zuständigen deutschen Gerichte unter Verweis auf Ausbruchsversuche, Straftaten im Gefängnis sowie negative Prognosen in Gutachten zurückgewiesen. Mit Beschluss der Strafvollstreckungskammer des LG Marburg vom 10.4.2001 wurde die Aussetzung der gegen M vollstreckten Sicherungsverwahrung zur Bewährung auch nach Ablauf von zehn Jahren abgelehnt, da nach wie vor die Gefahr bestehe, dass M schwere Straftaten begehe. Dabei befand das Gericht allerdings auch, dass M nicht mehr an einer krankhaften psychischen Störung litt. Diese Entscheidung wurde durch das OLG Frankfurt am Main am 26.10.2001 bestätigt. Auf eine Verfassungsbeschwerde des M entschied das BVerfG, dass der zum Zeitpunkt seiner Entscheidung geltende § 67d StGB i. V. m. § 1a III EGStGB mit dem Grundgesetz vereinbar sei.[2]

Aufgabe 1 Ist M bei Zugrundelegung der vorstehend beschriebenen Rechtslage durch das Verhalten der zuständigen Behörden der Bundesrepublik Deutschland in seinen durch die EMRK garantierten Rechten verletzt worden? Es ist – gegebenenfalls in einem Hilfsgutachten – auf alle aufgeworfenen Rechtsfragen einzugehen.

Aufgabe 2 Angestoßen durch die Rechtsprechung des EGMR, der über den in Aufgabe 1 skizzierten Sachverhalt zu entscheiden hatte, sind die rechtlichen und tatsächlichen Rahmenbedingungen für die Anordnung und den Vollzug der Sicherungsverwahrung mittlerweile durch den deutschen Gesetzgeber erheblich reformiert worden. In einem ersten Schritt trat das Gesetz zur Neuordnung des Rechts der Sicherungsverwahrung und zu begleitenden Regelungen vom 22.12.2010[3] in Kraft. Damit wurde der Anwendungsbereich der Sicherungsverwahrung beschränkt, der für die Gefährlichkeitsprognose maßgebliche Zeitpunkt klargestellt und die Rückfallverjährungsfrist bei Straftaten gegen die sexuelle Selbstbestimmung auf 15 Jahre angehoben. Außerdem hat man die vorbehaltene Sicherungsverwahrung für Neufälle ausgebaut und die nachträgliche Sicherungsverwahrung beschränkt. Gleichzeitig wurde das Gesetz zur Therapierung und Unterbringung psychisch gestörter Gewalttäter (Therapieunterbringungsgesetz – ThUG) verabschiedet. Das ThUG bietet die Rechtsgrundlage für eine sichere und konventionsgerechte Unterbringung psychisch gestörter Gewalttäter.[4] Es ist therapieorientiert und soll die ziel-

---

[1] BGBl. I, 160.
[2] BVerfGE 109, 133 ff.
[3] BGBl. I, 2300; dazu *Kinzig,* NJW 2011, 177 ff.
[4] Vgl. BT-Drs. 17/3403, S. 20.

gerichtete, intensive Behandlung der Betroffenen in einer geeigneten geschlossenen Einrichtung ermöglichen und den untergebrachten Personen eine Entlassungsperspektive eröffnen. In einer Entscheidung vom 4.5.2011[5] hat das BVerfG jedoch die Vorschriften des StGB und des JGG über die Anordnung und Dauer der Sicherungsverwahrung für verfassungswidrig erklärt. In besonderem Maße kritisierten die Karlsruher Richter die Nichtbeachtung des sog. Abstandsgebotes, d. h. der Unterscheidung von Strafen und Maßregeln bei der Ausgestaltung der Regelungen zur Sicherungsverwahrung und beim Vollzug freiheitsbeschränkender Maßnahmen.[6] Allerdings sollten sämtliche von der Unvereinbarkeit mit dem GG betroffenen Vorschriften[7] bis zu einer Neuregelung des Gesetzgebers unter bestimmten Voraussetzungen längstens bis zum 31.5.2013 weiter fortgelten. Auf den Reformauftrag des BVerfG an Bund und Länder, gemeinsam ein verfassungsmäßiges Regelungssystem zu schaffen, hat speziell der Bundesgesetzgeber mit dem Gesetz zur bundesrechtlichen Umsetzung des Abstandsgebotes im Recht der Sicherungsverwahrung vom 5.12.2012[8] reagiert, das am 1.6.2013 in Kraft getreten ist. Dieses Gesetz soll gem. Art. 316f I EGStGB für alle Anlasstaten Anwendung finden, die nach dem 31.5.2013 begangen worden sind. Für Altfälle gilt § 316f II EGStGB. Inhaltlich wurde die Dreiteilung der Sicherungsverwahrung in die primäre (§ 66 StGB), die vorbehaltene (§ 66a StGB) und die nachträgliche (§ 66b StGB) Sicherungsverwahrung beibehalten. Im Zentrum der Neuerungen steht die Einführung des neuen § 66c StGB, der detaillierte bundesrechtliche Vorgaben für den Vollzug der Sicherungsverwahrung und des vorhergehenden Strafvollzugs enthält. Hinzu kommt eine Reihe von weiteren Regelungen zur Sicherung der Umsetzung des in § 66c StGB enthaltenen Abstandsgebots.

Diese gesetzlichen Neuregelungen haben insgesamt dazu geführt, dass die Lebensbedingungen für Sicherungsverwahrte im Vergleich zu Strafgefangenen deutlich besser sind. Die Sicherungsverwahrung wird heute in eigenen Einrichtungen bzw. vom regulären Strafvollzug getrennten Gebäudeteilen vollzogen. Sicherungsverwahrte Personen erhalten regelmäßig individuelle und intensive psychiatrische, psychotherapeutische oder soziotherapeutische Behandlungsangebote, die ihnen helfen sollen, ihr Gefährdungspotenzial für die Allgemeinheit so weit zu reduzieren, dass sie irgendwann wieder entlassen werden können. Zudem leben sie in besser ausgestatteten Wohneinheiten mit Gemeinschaftsräumen und Beschäftigungsmöglichkeiten, die ihnen insgesamt mehr individuelle Freiheiten ermöglichen.

Ist die in Aufgabe 1 gestellte Frage infolge der zwischenzeitlich erfolgten Änderungen der rechtlichen und tatsächlichen Rahmenbedingungen für die Anordnung

---

[5] BVerfGE 128, 326; dazu *Esser*, JA 2011, 727 (732 ff.); *Hörnle*, NStZ 2011, 488 ff.; *Mitsch*, JuS 2011, 785 ff.; *Payandeh/Sauer*, Jura 2012, 289 ff.; *Peglau*, NJW 2011, 1924 ff.; *Schöch*, GA 2012, 14 ff.; *Streng*, JZ 2011, 827 ff.; *Zabel*, JR 2011, 467 ff.
[6] BVerfGE 128, 326 (375).
[7] Dazu *Mosbacher*, HRRS 2011, 229 (237 ff.); SK-*Sinn*, Vor §§ 66 ff. Rn. 30.
[8] BGBl. I, 2425; zu dessen Inhalt etwa *Dessecker*, BewHi 2013, 309 ff.; *Lesting/Feest*, StV 2013, 278 ff.; *Peglau*, JR 2013, 249 ff.; *Pollähne*, StV 2013, 249 ff.; *Renzikowski*, NJW 2013, 1638 ff.; *Zimmermann*, HRRS 2013, 164 ff.; s. auch *Schäfersküpper/Grote*, NStZ 2016, 197 ff.

und den Vollzug der Sicherungsverwahrung in der Bundesrepublik Deutschland in Bezug auf M abweichend zu beurteilen?

17.2 Lösung

17.2.1 Aufgabe 1

17.2.1.1 Prüfungsaufbau

I. Verletzung von Art. 5 I S. 1 EMRK

1. Eröffnung des Schutzbereichs
2. Eingriff
3. Rechtfertigung
   a) Gesetzliche Grundlage
   b) Einhaltung des innerstaatlich vorgeschriebenen Verfahrens
   c) Beachtung des Willkürverbots
   d) Haftgrund

      aa) Inhaftierung nach Verurteilung (Art. 5 I S. 2 lit. a EMRK)
      bb) Gefahr der Begehung einer Straftat (Art. 5 I S. 2 lit. c EMRK)
      cc) Psychische Krankheit (Art. 5 I S. 2 lit. e EMRK)
4. Ergebnis

II. Verletzung von Art. 7 I EMRK

1. Eröffnung des Schutzbereichs
2. Einhaltung der Vorgaben des Art. 7 I EMRK durch die staatlichen Organe

III. Ergebnis

17.2.1.2 Lösungsvorschlag

I. Verletzung von Art. 5 I S. 1 EMRK
M könnte durch die Fortdauer der Sicherungsverwahrung über die zur Tat- und Urteilszeit vorgesehene Höchstdauer von zehn Jahren hinaus[9] in seinem Recht auf Freiheit[10] aus Art. 5 I S. 1 EMRK verletzt worden sein.

---

[9] Die zeitlich vorausgehende Haftstrafe und Sicherungsverwahrung stellen zwar ebenfalls Eingriffe in das Recht des M auf Freiheit dar, wären aber gem. Art. 5 I S. 2 lit. a EMRK gerechtfertigt. Vgl. dazu auch die Ausführungen unter 3. d) aa).

[10] Nach dem Wortlaut des Art. 5 I S. 1 EMRK sind mit dem Recht auf Freiheit und Sicherheit eigentlich zwei verschiedene Schutzgüter zu unterscheiden. Das Recht auf Sicherheit hat aber in der Rechtsprechung des EGMR bislang kaum eigenständige Bedeutung erlangt. Lediglich bei völkerrechtswidrigen Maßnahmen eines Staates außerhalb seines Hoheitsgebiets, etwa bei Festnahmen

1. Eröffnung des Schutzbereichs

Insofern müsste zunächst der Schutzbereich des in Art. 5 I S. 1 EMRK verankerten *Rechts auf Freiheit* eröffnet sein. Art. 5 EMRK gewährleistet den Schutz des Einzelnen vor einer willkürlichen und ungerechtfertigten Freiheitsentziehung durch staatliche Stellen.[11] Im Vergleich zu anderen Menschenrechten der EMRK zeichnet sich diese Bestimmung durch deutlich präzisere und detailliertere Formulierungen aus. Die in Art. 5 EMRK getroffenen Regelungen sind zudem abschließend. Darüber hinausgehende Fälle zulässiger Freiheitsentziehungen existieren nicht. Im Übrigen ist zu beachten, dass mit dem Recht auf Freiheit nicht die allgemeine Handlungsfreiheit gemeint ist,[12] sondern nur die *Freiheit, in beliebiger Weise Ortsveränderungen vorzunehmen (sog. körperliche Fortbewegungsfreiheit).*[13] Art. 5 EMRK schützt also das Recht, seinen körperlichen Aufenthaltsort festzulegen und damit auch das Recht, diesen an einen anderen Ort zu verlegen.[14] Begünstigt sind alle natürlichen Personen und damit auch Minderjährige.

Zu unterscheiden ist das Recht auf Freiheit allerdings vom *Recht auf Freizügigkeit,* das durch Art. 2 ZP 4 EMRK gewährleistet wird und als Teilgarantie auch die Bewegungsfreiheit (Art. 2 I Alt. 1 ZP 4 EMRK) enthält.[15] Die Schutzbereiche beider menschenrechtlichen Gewährleistungen lassen sich nicht ohne Rückgriff auf die individuelle Ausgestaltung des jeweiligen Eingriffs voneinander abgrenzen, da sie sich letztlich vor allem durch die *Schwere der Beeinträchtigung* unterscheiden.[16] Insofern sind die Grenzen naturgemäß fließend. Maßgeblich ist die konkrete Situation, bei der folgende Aspekte eine Rolle spielen können: die Dauer der beschränkenden Maßnahme, die räumliche Ausdehnung des Gebiets, auf das der Betroffene beschränkt ist, die Intensität der Aufsicht, der er unterliegt sowie die Möglichkeit, soziale Kontakte zu pflegen.[17] Im vorliegenden Fall befand M sich auf unbestimmte Dauer in einer Justizvollzugsanstalt. Dort war er in räumlicher Hinsicht auf seinen Haftraum sowie zeitweise auf die den Häftlingen zur Verfügung stehenden Gemein-

---

und Entführungen von Personen im Ausland ohne Zustimmung des anderen Staates, soll es einen gewissen Schutz bewirken; vgl. *Grabenwarter/Pabel,* EMRK, § 21 Rn. 3; *Meyer-Ladewig/Harrendorf/König,* in Meyer-Ladewig/Nettesheim/v. Raumer, EMRK, Art. 5 Rn. 6, 23 m. w. N.

[11] *Esser,* IntStR, § 9 Rn. 165; *Meyer-Ladewig/Harrendorf/König,* in: Meyer-Ladewig/Nettesheim/v. Raumer, EMRK, Art. 5 Rn. 1; *Schilling,* Menschenrechtsschutz, Rn. 232.

[12] *Grabenwarter/Pabel,* EMRK, § 21 Rn. 2 f.

[13] *Elberling,* in: Karpenstein/Mayer (Hrsg.), EMRK, Art. 5 Rn. 4; *Peters/Altwicker,* EMRK § 18 Rn. 3.

[14] *Satzger,* IntStR, § 11 Rn. 54; *Trechsel,* EuGRZ 1980, 514 (515). Art. 5 EMRK schützt den Einzelnen nur vor einer willkürlichen Festnahme und Freiheitsentziehung, nicht aber auch vor einer unangemessenen Behandlung während seines Freiheitsentzuges. Will ein Beschwerdeführer vor dem EGMR etwa unangemessene Haftbedingungen rügen, so muss er für seine Argumentation auf die in Art. 3 oder 8 EMRK verankerten Menschenrechte Bezug nehmen.

[15] Weitere Teilgarantien sind die Niederlassungsfreiheit (Art. 2 I Alt. 2 ZP 4 EMRK) sowie das Recht, das Land zu verlassen (Art. 2 II ZP 4 EMRK).

[16] Insofern ist es dogmatisch ebenfalls gut vertretbar, die Abgrenzung zwischen Art. 5 I EMRK und Art. 2 ZP 4 EMRK erst auf der Prüfungsstufe des Eingriffs vorzunehmen.

[17] *Grabenwarter/Pabel,* EMRK, § 21 Rn. 8; *Peters/Altwicker,* EMRK, § 18 Rn. 5.

schaftsräume beschränkt und unterlag naturgemäß einer intensiven Kontrolle durch die Anstaltsleitung und das Vollzugspersonal. Ebenso wie bei regulären Strafgefangenen war bei ihm die Möglichkeit, soziale Kontakte zu pflegen, auf ein Minimum (z. B. Briefkontakte oder gelegentliche Besuche der Lebensgefährtin) beschränkt. Infolge seines Aufenthalts in der Justizvollzugsanstalt war M der Möglichkeit beraubt, seinen physischen Aufenthaltsort frei zu wählen. Infolgedessen handelt es sich bei der Sicherungsverwahrung aufgrund ihrer Intensität nicht nur um eine bloße Beschränkung der von Art. 2 I Alt. 1 ZP 4 EMRK garantierten Bewegungsfreiheit, sondern um einen *Freiheitsentzug* i. S. d. Art. 5 I S. 1 EMRK.

2. Eingriff
Durch die Fortdauer der Sicherungsverwahrung über die ursprünglich gesetzlich vorgesehene Höchstdauer von zehn Jahren hinaus müsste in den Schutzbereich des Rechts auf Freiheit auch eingegriffen worden sein. Als *Eingriff* ist jede Freiheitsentziehung durch staatliche Organe zu verstehen.[18] Freiheitsentziehungen wiederum sind Maßnahmen der staatlichen Gewalt, durch die jemand an einem bestimmten, begrenzten Ort für eine nicht unerhebliche Dauer festgehalten wird.[19] In diese Maßnahmen darf der Betroffene nicht eingewilligt haben.[20]

M durfte sich während seiner Sicherungsverwahrung, die gegen seinen Willen für unbeschränkte Zeit fortgeführt wurde, lediglich in seinem Haftraum sowie eingeschränkt auf dem Gelände der Justizvollzugsanstalt aufhalten. Diese Maßnahme war durch die zuständigen deutschen Gerichte angeordnet worden und wurde durch die zuständigen deutschen Justizvollzugsbehörden ausgeführt. Insofern handelte es sich um eine von staatlicher Seite veranlasste Freiheitsentziehung und damit um einen Eingriff in den Schutzbereich von Art. 5 I S. 1 EMRK.

3. Rechtfertigung
Eine Verletzung von Art. 5 I S. 1 EMRK liegt aber dann nicht vor, wenn der Eingriff in das Recht des M auf Freiheit *gerechtfertigt* war. Dies wäre dann der Fall, wenn die allgemeinen für Freiheitsentziehungen geltenden Voraussetzungen vorliegen und darüber hinaus (mindestens) einer der Haftgründe des Art. 5 I S. 2 lit. a bis f EMRK gegeben ist.

a) Gesetzliche Grundlage
Aus der Formulierung „in der gesetzlich vorgeschriebenen Weise" in Art. 5 I S. 2 EMRK folgt, dass für den Eingriff überhaupt eine *gesetzliche Grundlage* nach dem jeweiligen innerstaatlichen Recht bestehen muss. Diese innerstaatliche Rechtsgrundlage muss ihrerseits den Vorgaben der EMRK entsprechen, also die in Art. 5 EMRK vorgesehenen Zulässigkeitsvoraussetzungen ordnungsgemäß umgesetzt haben. Aus der vom Konventionstext verlangten „Rechtmäßigkeit" folgt insbeson-

---

[18] *Esser*, IntStR, § 9 Rn. 168; *Satzger*, IntStR, § 11 Rn. 54.
[19] Vgl. *Frowein/Peukert*, EMRK, Art. 5 Rn. 10; *Grabenwarter/Pabel*, EMRK, § 21 Rn. 8.
[20] EGMR v. 16.6.2005, 61603/00 Nr. 75 ff., NJW-RR 2006, 308 (310) – Storck/Deutschland; Meyer-Ladewig/Harrendorf/König, in: Meyer-Ladewig/Nettesheim/v. Raumer, EMRK, Art. 5 Rn. 9.

dere, dass alle Rechtsvorschriften so *ausreichend bestimmt* gefasst sein müssen, dass eine Person – notfalls mit sachkundiger Beratung – vorhersehen können muss, welche Folgen eine bestimmte Handlung haben kann.[21] Die nationale gesetzliche Grundlage für die Fortdauer der Unterbringung des M in der Sicherungsverwahrung in der Bundesrepublik Deutschland stellte der für die vorliegende Betrachtung zugrunde zu legende, durch das Gesetz zur Bekämpfung von Sexualdelikten und anderen gefährlichen Straftaten vom 26.1.1998 geänderte (mittlerweile wieder aufgehobene) § 67d StGB a. F. i. V. m. Art. 1a III EGStGB a. F. dar. Sofern zehn Jahre der Unterbringung in der Sicherungsverwahrung vollzogen worden waren, hatte das Gericht danach grundsätzlich die Maßregel für erledigt zu erklären. Etwas anderes galt lediglich dann, wenn die Gefahr bestand, dass der Untergebrachte infolge seines Hanges erhebliche Straftaten begehen würde, durch welche die Opfer seelisch oder körperlich schwer geschädigt werden. Insofern bestehen auch unter dem Gesichtspunkt der Rechtssicherheit keine Bedenken hinsichtlich der deutschen gesetzlichen Grundlage.[22] Für denjenigen, der sich wie M bereits in laufender Sicherheitsverwahrung befindet, wird schon durch die Gesetzeslektüre deutlich, dass auch nach zehnjährigem Vollzug der Sicherungsverwahrung die Möglichkeit besteht, nicht aus dem Vollzug der Unterbringung entlassen zu werden. Eine ausreichende gesetzliche Grundlage für den damit verbundenen Eingriff in die persönliche Freiheit des M lag mithin vor.

b) Einhaltung des innerstaatlich vorgeschriebenen Verfahrens
Im Einzelfall muss auch das *nach dem nationalen Recht* für die Freiheitsentziehung *vorgeschriebene Verfahren* tatsächlich *eingehalten* worden sein. Die Überprüfung dieser gesetzlichen Voraussetzungen für die Freiheitsentziehung obliegt zunächst den nationalen Gerichten. Da die EMRK aber in Art. 5 I S. 2 selbst auf das innerstaatliche Recht („auf die gesetzlich vorgeschriebene Weise") verweist, bedeutet eine Verletzung des nationalen Rechts stets regelmäßig auch eine Konventionsverletzung.[23] Anhaltspunkte dafür, dass die zuständigen Strafgerichte und Strafvollzugsbehörden bei der Fortdauer des Vollzugs der Sicherungsverwahrung gegenüber M nicht in Übereinstimmung mit dem nach dem damals geltendem deutschen Recht vorgeschriebenen Verfahren handelten, sind vorliegend jedoch nicht ersichtlich.

---

[21] Vgl. EGMR v. 23.9.1998, 24838/94 Nr. 54 – Steel u. a./Vereinigtes Königreich; EGMR v. 28.3.2000, 28358/95 Nr. 56 – Baranowski/Polen; EGMR v. 17.12.2009, 19359/04 Nr. 90, NJW 2010, 2495 (2496) – M./Deutschland; EGMR v. 26.6.2012, 33376/07 Nr. 79 ff. – Piruzyan/Armenien; *Grabenwarter/Pabel*, EMRK, § 21 Rn. 14; *Satzger,* IntStR, § 11 Rn. 55.
[22] Die Gegenauffassung ist bei entsprechender Argumentation ebenfalls gut vertretbar; zweifelnd insoweit auch EGMR v. 17.12.2009, 19359/04 Nr. 104, NJW 2010, 2495 (2497) – M./Deutschland.
[23] EGMR v. 27.11.1997, 25629/94 Nr. 72, NJW 1999, 775 ff. – K. und F./Deutschland; EGMR v. 4.8.1999, 31464/96 Nr. 44 ff., NJW 2000, 2888 f. – Douiyeb/Niederlande; *Meyer-Ladewig/Harrendorf/König*, in: Meyer-Ladewig/Nettesheim/v. Raumer, EMRK, Art. 5 Rn. 16; *Schilling*, Menschenrechtsschutz, Rn. 236; zurückhaltend *Esser,* IntStR, § 9 Rn. 173.

c) Beachtung des Willkürverbots

Schließlich leitet der EGMR aus dem Sinn und Zweck von Art. 5 EMRK auch ein ungeschriebenes *Willkürverbot* ab.[24] Als willkürlich in diesem Sinne gilt dabei eine solche Freiheitsentziehung, bei der die Behörden des Konventionsstaats zwar formal in Übereinstimmung mit dem Wortlaut des nationalen Gesetzes gehandelt haben, dabei aber in bösem Glauben oder mit Täuschung vorgegangen sind.[25] In Bezug auf die einzelnen in Art. 5 I S. 2 EMRK aufgezählten Haftgründe hat der EGMR teilweise stark differenzierte Kriterien für die jeweilige Beachtung des Willkürverbots aufgestellt.[26] Dies kann jedoch für den vorliegenden Fall dahinstehen, da nicht ersichtlich ist, dass die deutschen Behörden im Hinblick auf die Fortdauer der Sicherungsverwahrung in bösem Glauben oder über ihre wahren Absichten täuschend vorgegangen sind.

d) Haftgrund

Insofern stellt sich die Frage, ob (mindestens) einer der in Art. 5 I S. 2 EMRK abschließend aufgezählten *Haftgründe* einschlägig ist. Das Erfordernis eines Haftgrundes stellt sicher, dass die Haft auch *materiell rechtmäßig* ist.[27]

aa) Inhaftierung nach Verurteilung (Art. 5 I S. 2 lit. a EMRK)

In Betracht kommt zunächst eine Rechtfertigung auf der Grundlage von Art. 5 I S. 2 lit. a EMRK. Dazu müsste eine rechtmäßige Freiheitsentziehung nach einer Verurteilung durch ein zuständiges Gericht vorliegen.

Der Begriff der „*Verurteilung*" i. S. v. Art. 5 I S. 2 lit. a EMRK ist *autonom*, d. h. unabhängig vom nationalen Recht *auszulegen* und so zu verstehen, dass er sowohl eine Schuldfeststellung meint, nachdem das Vorliegen einer Straftat in der gesetzlich vorgesehenen Weise festgestellt wurde, als auch die Auferlegung einer Strafe oder einer anderen freiheitsentziehenden Maßnahme.[28] Für den Begriff der Verurteilung sind damit zwei Elemente konstituierend: *Erstens* muss sie ein gesetzmäßiges Verfahren abschließen, in dem über die Schuld des Angeklagten an der Begehung einer Strafe entschieden wurde, und *zweitens* muss sie die Anordnung einer Strafe oder einer anderen Maßnahme der Freiheitsentziehung beinhalten.[29] Nicht gemeint ist demgegenüber die Inhaftierung oder Ingewahrsamnahme zu präventiven Zwecken. Es geht im Rahmen von Art. 5 I S. 2 lit. a EMRK somit lediglich um Fälle der

---

[24] EGMR v. 27.11.1997, 25629/94 Nr. 63, NJW 1999, 775 ff. – K. und F./Deutschland; *Grabenwarter/Pabel*, EMRK, § 21 Rn. 17; *Peters/Altwicker*, EMRK, § 18 Rn. 23.

[25] Vgl. *Grabenwarter/Pabel*, EMRK, § 21 Rn. 17; *Meyer-Ladewig/Harrendorf/König*, in: Meyer-Ladewig/Nettesheim/v. Raumer, EMRK, Art. 5 Rn. 20; *Schilling*, Menschenrechtsschutz, Rn. 238.

[26] Näher dazu *Grabenwarter/Pabel*, EMRK, § 21 Rn. 17 f.; *Meyer-Ladewig/Harrendorf/König*, in: Meyer-Ladewig/Nettesheim/v. Raumer, EMRK, Art. 5 Rn. 21 ff. jeweils m. w. N.

[27] Die abschließende Regelung im Katalog des Art. 5 I S. 2 lit. a bis f EMRK ist dabei restriktiv auszulegen. Allerdings kann eine Freiheitsentziehung auch nach mehreren der dort geregelten Ausnahmetatbestände gerechtfertigt sein, so dass im Gutachten alle einschlägigen Haftgründe zu prüfen sind.

[28] EGMR v. 17.12.2009, 19359/04 Nr. 88, NJW 2010, 2495 (2496) – M./Deutschland.

[29] *Laue*, JR 2010, 198 (200).

Sanktionierung aufgrund von strafrechtlichen oder disziplinarrechtlichen Tatbeständen und die Feststellung einer Schuld.[30] Diese Verurteilung muss auch durch ein zuständiges Gericht erfolgt sein. Ein Gericht i. S. v. Art. 5 I S. 2 lit. a EMRK meint eine Instanz, die den Anforderungen des Art. 6 I EMRK entspricht. Es muss also insbesondere unabhängig und unparteiisch sein. Ausreichend ist im Übrigen, dass überhaupt formal nach nationalem Recht eine Verurteilung ergangen ist. Der EGMR überprüft nicht, ob diese Verurteilung auch berechtigterweise ergangen ist. Insofern liegt auch dann keine rechtswidrige Freiheitsentziehung i. S. v. Art. 5 I EMRK vor, wenn die von einem Gericht verhängte Strafe später von einem Obergericht wieder aufgehoben wird.

Vor diesem Hintergrund ist zu berücksichtigen, dass die Sicherungsverwahrung als Konsequenz des *zweispurigen deutschen Sanktionensystems* nach dem nationalen Begriffsverständnis keine Strafe, sondern eine *Maßregel der Besserung und Sicherung* darstellt.[31] Diese haben vorbeugenden Charakter und werden auf Grund der vom Täter ausgehenden Gefahr für die Allgemeinheit unabhängig von seiner persönlichen Schuld festgesetzt. Nicht die Schuld, sondern die in der Tat zutage getretene Gefährlichkeit ist somit bestimmend für die Anordnung, Ausgestaltung und zeitliche Dauer einer Maßregel. Allerdings setzt die Anordnung der Sicherungsverwahrung nach § 66 I StGB immer die gerichtliche Feststellung voraus, dass der Betroffene einer Straftat schuldig ist und wird mit dieser zusammen angeordnet. Insofern war zwar die ursprüngliche Sicherungsverwahrung des M Folge seiner Verurteilung durch das zuständige deutsche Landgericht im Jahr 1986, das ihn des versuchten Mordes schuldig gesprochen und seine anschließende Sicherungsverwahrung als freiheitsentziehende Maßnahme angeordnet hatte. Demgegenüber erfüllen die Entscheidungen der Strafvollstreckungsgerichte[32] aus dem Jahr 2001, den M auch über die ursprüngliche Höchstfrist von zehn Jahren hinaus weiterhin in der Sicherungsverwahrung zu belassen, nicht das Erfordernis einer „Verurteilung" i. S. v. Art. 5 I S. 2 lit. a EMRK, da sie keine Schuldfeststellung mehr zum Inhalt haben.[33]

Hinzu kommt, dass der EGMR die Formulierung „nach" Verurteilung in ständiger Rechtsprechung eng auslegt.[34] Danach genügt es nicht, dass die Freiheitsentziehung der Verurteilung nur zeitlich nachfolgt. Vielmehr muss zwischen der Verurteilung und der Freiheitsentziehung auch ein ausreichender *Kausalzusammenhang* bestehen.[35] Die Freiheitsentziehung muss sich also gerade aus der Verurteilung er-

---

[30] *Grabenwarter/Pabel*, EMRK, § 21 Rn. 20; *Trechsel*, EuGRZ 1980, 514 (523 f.).

[31] Näher zu den Unterschieden zwischen Strafen und Maßregeln der Besserung und Sicherung *Pösl*, ZJS 2011, 132 (133 f.).

[32] Die Zuständigkeit der Strafvollstreckungskammern folgt aus §§ 463 I, 462a I StPO i. V. m. § 78a GVG.

[33] EGMR v. 17.12.2009, 19359/04 Nr. 88, NJW 2010, 2495 (2496) – M./Deutschland.

[34] Vgl. etwa EGMR v. 2.3.1987, 9787/82 Nr. 42, NJW 1989, 647 f. – Weeks/Vereinigtes Königreich; EGMR v. 12.2.2008, 21906/04 Nr. 117 – Kafkaris/Zypern; EGMR v. 17.12.2009, 19359/04 Nr. 88, NJW 2010, 2495 (2496) – M./Deutschland.

[35] *Grabenwarter/Pabel*, EMRK, § 21 Rn. 21; *Peters/Altwicker*, EMRK, § 18 Rn. 13; *Satzger*, Int-

geben. Dabei wird die Verbindung zwischen beiden mit zunehmendem Zeitablauf typischerweise immer schwächer. Der nach Art. 5 I S. 2 lit. a EMRK erforderliche Kausalzusammenhang kann schließlich auch ganz durchbrochen werden, wenn sich die Entscheidung, keine Freilassung bzw. eine neue Unterbringung anzuordnen, auf Gründe stützt, die mit den Zielen der ursprünglichen Entscheidung durch das verurteilende Gericht unvereinbar sind, oder auf eine Einschätzung, die für diese Ziele unangemessen ist. Dann kann sich eine zu Beginn rechtmäßige Freiheitsentziehung in einen willkürlichen, mit Art. 5 I EMRK nicht mehr zu vereinbarenden Eingriff verwandeln.[36]

Unter Anwendung dieser Maßstäbe lässt sich der erforderliche Kausalzusammenhang zwischen einer gerichtlichen Verurteilung und der von M erlittenen Freiheitsentziehung lediglich für die Verurteilung durch das Strafgericht aus dem Jahr 1986 bejahen, durch die M für schuldig befunden und seine (sich an die Vollstreckung der fünfjährigen Freiheitsstrafe anschließende) Sicherungsverwahrung angeordnet wurde. Die Unterbringung des M war nach damaliger Rechtslage nur für einen Zeitraum von maximal zehn Jahren möglich. Ohne die Änderung der Rechtslage im Jahr 1998 und der Einbeziehung von Altfällen hätte M somit nach diesem Zeitraum, d. h. spätestens im Jahr 2001, unabhängig von seiner möglicherweise nach wie vor bestehenden Gefährlichkeit für die Allgemeinheit entlassen werden müssen. Und ohne diese Gesetzesänderung wären die Vollstreckungsgerichte dann auch nicht befugt gewesen, seine Freiheitsentziehung im Rahmen der Sicherungsverwahrung über den Zeitraum von zehn Jahren hinaus anzuordnen. Letztlich beruht die Fortdauer der Sicherungsverwahrung in Bezug auf M über das Jahr 2001 hinaus primär auf der gesetzlichen Reform von 1998 und nicht auf der strafgerichtlichen Verurteilung von 1986. Insofern existiert kein ausreichender Kausalzusammenhang zwischen der strafgerichtlichen Verurteilung und der Fortdauer der Freiheitsentziehung nach Ablauf der zehn Jahre in der Sicherungsverwahrung.[37] Der Haftgrund des Art. 5 I S. 2 lit. a EMRK greift mithin nicht ein.

bb) Gefahr der Begehung einer Straftat (Art. 5 I S. 2 lit. c Alt. 2 EMRK)
Die Festnahme oder Freiheitsentziehung zur Vorführung vor das zuständige Gericht kann nach Art. 5 I S. 2 lit. c Alt. 2 EMRK auch dann gerechtfertigt sein, wenn begründeter Anlass zu der Annahme besteht, dass es notwendig ist, den Betroffenen an der Begehung einer Straftat zu hindern. Insofern müssen aber konkrete Hinweise auf die künftige Begehung einer strafbaren Handlung schließen lassen. Eine allgemeine Verdachtslage genügt hierfür noch nicht.[38] Art. 5 I S. 2 lit. c Alt. 2 EMRK

StR, § 11 Rn. 57; ders., StV 2013, 243 (247).
[36] EGMR v. 17.12.2009, 19359/04 Nr. 88, NJW 2010, 2495 (2496) – M./Deutschland.
[37] EGMR v. 17.12.2009, 19359/04 Nr. 88, NJW 2010, 2495 (2497) – M./Deutschland. Vertretbar erscheint auch die Gegenauffassung mit dem Argument, dass das erstinstanzliche Strafgericht im Jahr 1986 nicht über die Dauer der Sicherungsverwahrung entschieden hat, da dies Sache der Strafvollstreckungskammern ist. Diesen Standpunkt hatte auch die Bundesregierung im Verfahren M./Deutschland vertreten. Dagegen spricht allerdings, dass die Vollstreckungsgerichte hinsichtlich der Dauer der Sicherungsverwahrung an den zum Zeitpunkt der Entscheidung des erkennenden Gerichts geltenden Rechtsrahmen gebunden sind.
[38] EGMR v. 13.1.2011, 6587/04 Nr. 90 – H./Deutschland.

ermöglicht zwar die Anordnung von Präventivhaft.[39] Allerdings müssen konkrete Anhaltspunkte für eine bevorstehende und nach Tatort, Tatzeit und Opfer bestimmte schwere Tat mit Gefahr für Leib oder Leben oder erhebliche Sachschäden vorliegen, die eine Inhaftierung erfordert.[40] Insofern ist es ausgeschlossen, auf allgemeine Weise gefährliche Personen in Haft zu nehmen, wenn nur ein allgemeiner Verdacht besteht, sie könnten strafbare Handlungen begehen.[41] Die nicht näher spezifizierte Einschätzung der deutschen Gerichte, es bestehe nach wie vor die Gefahr, dass M nicht näher konkretisierte, schwere Straftaten begeht, ermöglicht somit nicht die Annahme eines Haftgrundes nach Art. 5 I S. 2 lit. c Alt. 2 EMRK.

cc) Psychische Krankheit (Art. 5 I S. 2 lit. e EMRK)
Nach Art. 5 I S. 2 lit. e EMRK kann u. a. auch die Freiheitsentziehung von psychisch Kranken gerechtfertigt sein. Eine feststehende, autonome Definition des Begriffs „psychisch Kranke" hat der EGMR zwar bislang mit dem Hinweis darauf abgelehnt, dass sich seine Bedeutung mit dem Fortschreiten der psychiatrischen Forschung ständig verändert. Zugleich hat er aber *drei Mindestvoraussetzungen* formuliert:[42] *Erstens* muss die psychische Krankheit zuverlässig nachgewiesen sein, d. h. eine tatsächliche psychische Störung muss auf Grund eines objektiven ärztlichen Gutachtens von einer zuständigen Behörde festgestellt werden; *zweitens* muss die psychische Störung nach Art oder Schwere eine Zwangsunterbringung notwendig machen; *drittens* ist eine Fortdauer der Unterbringung nur zulässig, wenn die Störung fortbesteht. Im Übrigen ist eine Freiheitsentziehung auf der Grundlage von Art. 5 I S. 2 lit. e EMRK nur „rechtmäßig", wenn sie in einem Krankenhaus, einer Klinik oder einer anderen geeigneten Einrichtung vollzogen wird.[43] Allerdings haben die zuständigen deutschen Gerichte im Rahmen der Entscheidung über die Fortdauer der Sicherungsverwahrung explizit festgestellt, dass M jedenfalls im Jahr 2001 nicht (mehr) an einer krankhaften seelischen Störung litt. Infolgedessen scheidet auch der Haftgrund des Art. 5 I S. 2 lit. e EMRK von vornherein aus.

Der durch die Fortdauer der Sicherungsverwahrung über die Frist von zehn Jahren hinaus erfolgte Eingriff in das Recht auf Freiheit des M nach Art. 5 I S. 1 EMRK war somit insgesamt nicht gerechtfertigt.

4. Zwischenergebnis
Durch die Freiheitsentziehung des M im Rahmen der Sicherungsverwahrung nach Ablauf der ursprünglichen gesetzlichen Höchstfrist von zehn Jahren hat die Bun-

---

[39] EGMR v. 22.10.2018 (GK), 35553/12, 36678/12, 36711/12, NVwZ 2019, 135 ff. – S., V. u. A./Dänemark, Rn. 116.
[40] EGMR v. 22.10.2018 (GK), 35553/12, 36678/12, 36711/12, NVwZ 2019, 135 ff. – S., V. u. A./Dänemark, Rn. 89, 91, 127, 161; *Elberling*, in: Karpenstein/Mayer, EMRK, Art. 5 Rn. 56.
[41] *Grabenwarter/Pabel*, EMRK, § 21 Rn. 33.
[42] EGMR v. 24.10.1979, 6001/73 Nr. 39 – Winterwerp/Niederlande; EGMR v. 19.1.2012, 21906/09 Nr. 70, NJW 2013, 1791 (1793) – Kronfelder/Deutschland.
[43] EGMR v. 13.1.2011, 6587/04 Nr. 78, NJW 2011, 3423 ff. – Haidn/Deutschland; EGMR v. 19.1.2012, 21906/09 Nr. 72, NJW 2013, 1791 (1794) – Kronfelder/Deutschland

desrepublik Deutschland das Recht des M auf Freiheit aus Art. 5 I S. 1 EMRK verletzt.

II. Verletzung von Art. 7 I EMRK
Durch die rückwirkende Verlängerung der Sicherungsverwahrung in Bezug auf M könnte die Bundesrepublik Deutschland zudem Art. 7 I EMRK verletzt haben.

1. Eröffnung des Schutzbereichs
Dazu müsste zunächst der Schutzbereich des Art. 7 I EMRK eröffnet sein. Art. 7 I S. 1 EMRK kodifiziert den Grundsatz „nulla poena sine lege". Aus dem Wortlaut von Art. 7 I S. 1 EMRK folgt zunächst ein *Rückwirkungsverbot*.[44] Danach darf niemand wegen einer Handlung oder Unterlassung verurteilt werden, die zur Zeit ihrer Begehung nicht strafbar war. Dieses Rückwirkungsverbot erstreckt sich nach Art. 7 I S. 2 EMRK auch auf den Schutz vor rückwirkender Straferhöhung. In der nachträglichen Verlängerung der Sicherungsverwahrung des M über die ursprünglich vorgesehene Höchstfrist von zehn Jahren hinaus könnte eine solche nachträgliche Straferhöhung zu sehen sein.

Das zuständige Vollstreckungsgericht hatte im Jahr 2001 auf der Grundlage des im Jahr 1998 geänderten § 67d III S. 1 StGB a. F. in Verbindung mit Art. 1a III EGStGB a. F. die Sicherungsverwahrung über die Dauer von zehn Jahren hinaus auf unbegrenzte Zeit für zulässig erachtet. Somit wurde die Freiheitsentziehung des M in der Sicherungsverwahrung rückwirkend verlängert und dies auf der Grundlage eines Gesetzes, das erst in Kraft getreten war, nachdem M die eigentlichen Anlassstraftaten (versuchter Mord und Raub) begangen hatte, hierfür abgeurteilt worden war und bereits geraume Zeit in der Sicherungsverwahrung zugebracht hatte. Diese Verhaltensweise der deutschen Behörden betrifft aber nur dann den Schutzbereich des Art. 7 I EMRK, wenn es sich bei der Sicherungsverwahrung um eine „Strafe" i. S. d. Konvention handelt.

Eben dieser Begriff der „Strafe" wird vom EGMR *autonom*, also unabhängig von den Kategorien der jeweiligen nationalen Strafrechtsordnung ausgelegt.[45] Für die Klärung der Frage, ob eine bestimmte Sanktion des nationalen Strafrechts als Strafe zu qualifizieren ist, hat der Gerichtshof insofern folgenden Kriterienkatalog entwickelt:[46] Er fragt, ob die Maßnahme nach Verurteilung wegen einer Straftat verhängt worden ist, nach der Einstufung durch das nationale Recht, nach Art und Zweck der Maßnahme, dem bei der Anordnung und dem Vollzug angewendeten Verfahren sowie der Schwere der Maßnahme. Allerdings soll die Schwere der Maß-

---

[44] Darüber hinaus werden Art. 7 EMRK als weitere Teilgewährleistungen auch ein Bestimmtheitsgebot sowie ein Analogieverbot entnommen; vgl. *Esser*, IntStR, § 9 Rn. 281 ff.; *Grabenwarter/Pabel*, EMRK, § 24 Rn. 145 ff.; *Satzger*, IntStR, § 11 Rn. 96 ff.

[45] EGMR v. 17.12.2009, 19359/04 Nr. 120, NJW 2010, 2495 (2497) – M./Deutschland; *Esser*, IntStR, § 9 Rn. 281. Die autonome Auslegung zentraler Begrifflichkeiten der EMRK ist für den Schutz der menschenrechtlichen Gewährleistungen von besonderer Bedeutung. Mit ihrer Hilfe wird verhindert, dass sich einzelne Konventionsstaaten durch bloße terminologische „Umetikettierung" nationaler Rechtsinstitute dem Anwendungsbereich der EMRK entziehen können.

[46] EGMR v. 17.12.2009, 19359/04 Nr. 120, NJW 2010, 2495 (2497) – M./Deutschland.

nahme nicht alleine entscheidend sein, da auch Maßnahmen präventiver Art erhebliche Auswirkungen auf die betroffene Person haben können. Insofern ist zunächst festzustellen, dass die Sicherungsverwahrung im Anschluss an die strafrechtliche Verurteilung des M wegen versuchten Mordes in Tateinheit mit Raub im Jahr 1986 angeordnet wurde. Generell wird die Sicherungsverwahrung in Deutschland von den erkennenden Strafgerichten angeordnet und ihre Vollstreckung von den Strafvollstreckungsgerichten, die ebenfalls Teil der Strafrechtspflege sind, in einem gesonderten Verfahren festgelegt. Allerdings wird die Sicherungsverwahrung nach deutschem Recht nicht als Strafe angesehen, für die ein absolutes Rückwirkungsverbot gilt.[47] Nach dem StGB wird sie als Maßregel der Besserung und Sicherung eingestuft. Im Unterschied zur Strafe wird der Zweck der Sicherungsverwahrung nicht darin gesehen, eine strafrechtliche Schuld zu sühnen, sondern sie gilt als reine Präventionsmaßnahme, welche die Allgemeinheit vor einem gefährlichen Täter schützen soll. Allerdings ist im Rahmen einer autonomen Begriffsbestimmung auf dem Boden von Art. 7 I EMRK zu beachten, dass die Sicherungsverwahrung ebenso wie eine Freiheitsstrafe eine Freiheitsentziehung zur Folge hat.[48] Außerdem gab es nach der für die Entscheidung zugrunde zu legenden (früheren) Vollstreckungspraxis in der Bundesrepublik Deutschland keine wesentlichen Unterschiede zwischen dem Vollzug einer Freiheitsstrafe und dem Vollzug einer Sicherungsverwahrung.[49] Die Sicherungsverwahrung wurde zwar in separaten Abteilungen, aber letztlich doch in regulären Strafvollzugsanstalten vollzogen. Die Privilegien, die Sicherungsverwahrten im Vergleich zu Strafgefangenen bislang gewährt wurden (z. B. das Recht, eigene Kleider zu tragen, oder die zusätzliche Ausstattung der Haftzellen), blieben in der Praxis eher marginal. Dieser Befund lässt sich auch rechtlich dadurch belegen, dass es im deutschen Strafvollzugsgesetz (StVollzG) nur wenige Vorschriften gab, die sich speziell mit dem Vollzug der Sicherungsverwahrung befassten. Und die wenigen existierenden Vorschriften ordneten überwiegend die entsprechende Geltung der Vorschriften über den Vollzug der Freiheitsstrafe an (vgl. §§ 129 bis 135 StVollzG a. F.). Auch waren die §§ 2 und 129 StVollzG a. F., die sich mit dem Vollzugsziel der Freiheitsstrafe bzw. mit dem Ziel der Unterbringung in der Sicherungsverwahrung beschäftigten, aus inhaltlicher Sicht weitgehend identisch, da beide Bestimmungen Elemente des Schutzes der Allgemeinheit, aber auch der Resozialisierung enthielten.[50] Diese Gesichtspunkte rechtfertigen die Annahme, die Sicherungsverwahrung unterscheide sich nicht deutlich genug von der Freiheitsstrafe, um ihren Strafcharakter zu verneinen und damit eine Ausnahme vom Rückwirkungsverbot zu begründen.[51]

---

[47] Vgl. insoweit auch § 2 VI StGB.
[48] EGMR v. 17.12.2009, 19359/04 Nr. 127, NJW 2010, 2495 (2498) – M./Deutschland.
[49] EGMR v. 17.12.2009, 19359/04 Nr. 127, NJW 2010, 2495 (2498 f.) – M./Deutschland.
[50] EGMR v. 17.12.2009, 19359/04 Nr. 130, NJW 2010, 2495 (2499) – M./Deutschland. Für die Annahme, die Sicherungsverwahrung enthalte auch Elemente der Abschreckung, lässt sich anführen, dass die Sicherungsverwahrung nach der gängigen Praxis der Strafvollstreckungsgerichte überwiegend vor ihrer Anordnung zunächst angedroht wurde; vgl. *Kinzig*, NStZ 2010, 233 (237); *Post*, ZJS 2011, 132 (137).
[51] *Müller*, StV 2010, 207 (210).

Hinzu kommt die besondere Schwere der Sicherungsverwahrung als Sanktion gegenüber den Untergebrachten. Sie lässt sich ohne weiteres als eine der schwersten, wenn nicht als die schwerste Sanktion des StGB einstufen.[52] Sie stellt eine Freiheitsentziehung dar, für die es nach der gesetzlichen Neuregelung von 1998 keine Höchstfrist mehr gab. Außerdem stellte der deutsche Gesetzgeber an die Aussetzung der Unterbringung in der Sicherungsverwahrung zur Bewährung besonders hohe Anforderungen. Insbesondere wurde nach § 67d StGB a. F. die gerichtliche Feststellung verlangt, dass keine Gefahr mehr bestand, dass der Untergebrachte weitere (erhebliche) Straftaten begehen würde. In Ermangelung speziell abgestimmter Therapieangebote ließ sich diese Feststellung praktisch nur selten treffen.[53] Schließlich fehlte es in der Bundesrepublik Deutschland für Sicherungsverwahrte gegenüber Langzeitgefangenen an zusätzlichen therapeutischen Maßnahmen, Instrumenten und Einrichtungen (z. B. psychologischer Hilfe oder Resozialisierungsprogrammen), die zu einer Reduzierung der von ihnen ausgehenden Gefahr beitragen konnten.[54] Insgesamt ist die Sicherungsverwahrung nach früherer deutscher Rechtslage somit als „Strafe" i. S. v. Art. 7 I EMRK anzusehen. Infolgedessen ist der Schutzbereich dieses Verfahrensrechts betroffen.

2. Einhaltung der Vorgaben des Art. 7 I EMRK durch die staatlichen Organe
Durch die Zulassung der Fortdauer der Sicherungsverwahrung über die ursprüngliche Höchstdauer von zehn Jahren hinaus wurden die verfahrensrechtlichen Anforderungen des Art. 7 I EMRK, gegenüber M keine schwerere als die zur Tatzeit angedrohte Strafe zu verhängen, durch die zuständigen Gerichte und Strafvollzugsbehörden der Bundesrepublik Deutschland missachtet. Eine Verletzung von Art. 7 I EMRK liegt damit vor.

III. Ergebnis
Durch die Freiheitsentziehung des M im Rahmen der Sicherungsverwahrung nach Ablauf der ursprünglichen gesetzlichen Höchstfrist von zehn Jahren hinaus hat die Bundesrepublik Deutschland Art. 5 I S. 1 sowie Art. 7 I EMRK verletzt.

17.2.2 Aufgabe 2: Lösungsvorschlag

Für die Feststellung einer *Verletzung des Rechts auf Freiheit* nach Art. 5 I S. 1 EMRK ergeben sich im Vergleich zu Aufgabe 1 keine nennenswerten Unterschiede. Nach wie vor greift der Haftgrund des Art. 5 I S. 2 lit. a EMRK nicht ein, da kein ausreichender Kausalzusammenhang zwischen der strafgerichtlichen Verurteilung von M und der Fortdauer seiner Freiheitsentziehung nach Ablauf der zehn Jahre in der Sicherungsverwahrung existiert.[55] Eine Rechtfertigung der Freiheitsentziehung

---
[52] EGMR v. 17.12.2009, 19359/04 Nr. 132, NJW 2010, 2495 (2499) – M./Deutschland.
[53] *Pösl*, ZJS 2011, 132 (137).
[54] EGMR v. 17.12.2009, 19359/04 Nr. 128, NJW 2010, 2495 (2499) – M./Deutschland.
[55] EGMR v. 7.1.2016, 23279/14 Nr. 114, NJW 2017, 1007 ff. – Bergmann/Deutschland.

nach Art. 5 I S. 2 lit. e EMRK kommt mit Blick auf M nicht in Betracht, da M nicht (mehr) an einer krankhaften psychischen Störung leidet.[56] Für das Eingreifen weiterer Haftgründe des Art. 5 I S. 2 EMRK bestehen keine Anhaltspunkte.

Etwas anderes könnte jedoch im Hinblick auf eine mögliche *Verletzung von Art. 7 I EMRK* gelten. Zwar stuft der EGMR die Sicherungsverwahrung auch nach den neuen gesetzlichen Rahmenbedingungen nach wie vor als „Strafe" i. S. d. Art. 7 I EMRK ein.[57] Dafür spreche, dass diese Maßnahme nach wie vor nach Verurteilung wegen einer Straftat verhängt wird.[58] Zwar nimmt der Gerichtshof zur Kenntnis, dass die Sicherungsverwahrung nach dem nationalen deutschen Recht nicht als Strafe eingestuft wird, auf die das verfassungsrechtliche Rückwirkungsverbot (vgl. Art. 103 II GG) Anwendung findet.[59] Außerdem erkennt er an, dass sich die Art und Weise des Vollzugs der Sicherungsverwahrung und damit die Lebensbedingungen für die sicherheitsverwahrten Personen erheblich verändert haben.[60] Insbesondere habe der deutsche Gesetzgeber in Umsetzung der Vorgaben des BVerfG aus dem Jahr 2011[61] den präventiven und therapeutischen Aspekt der Sicherungsverwahrung weiterentwickelt und verstärkt. In den entsprechenden Einrichtungen werde den Sicherungsverwahrten eine Vielzahl von spezifischen Behandlungsangeboten gemacht, um ihnen bei der Reduzierung ihrer Gefährlichkeit zu helfen, so dass sie entlassen werden können.[62] Andererseits wird die Sicherungsverwahrung aber nach wie vor von Strafgerichten angeordnet und ist nicht an eine eindeutige Höchstdauer gebunden.[63] Insofern führt die Reform der Sicherungsverwahrung in der Bundesrepublik Deutschland trotz ihres deutlich präventiveren Charakters nicht dazu, dass sie generell nicht mehr vom autonom zu bestimmenden Begriff der „Strafe" nach Art. 7 I EMRK erfasst wird. Allerdings soll eine Ausnahme für solche Fälle gelten, in denen die Sicherungsverwahrung fortgeführt wird, um eine psychische Krankheit des Sicherungsverwahrten zu behandeln.[64] Hier habe sich der Charakter und der Zweck der Sicherungsverwahrung so erheblich geändert, dass das bestrafende Element und die Verbindung zu einer strafgerichtlichen Verurteilung derart weit in den Hintergrund getreten sind, dass nicht mehr von einer Strafe i. S. v. Art. 7 I EMRK

---

[56] Insofern unterscheidet sich der vorliegende Sachverhalt von der Konstellation in EGMR v. 7.1.2016, 23279/14 Nr. 124 – Bergmann/Deutschland, in der eine psychische Krankheit des Beschwerdeführers festgestellt worden war.
[57] EGMR v. 7.1.2016, 23279/14 Nr. 192, NJW 2017, 1007 ff. – Bergmann/Deutschland.
[58] EGMR v. 7.1.2016, 23279/14 Nr. 170, NJW 2017, 1007 ff. – Bergmann/Deutschland.
[59] EGMR v. 7.1.2016, 23279/14 Nr. 172, NJW 2017, 1007 ff. – Bergmann/Deutschland.
[60] EGMR v. 7.1.2016, 23279/14 Nr. 177, NJW 2017, 1007 ff. – Bergmann/Deutschland.
[61] BVerfGE 128, 326.
[62] EGMR v. 7.1.2016, 23279/14 Nr. 185, NJW 2017, 1007 ff. – Bergmann/Deutschland.
[63] EGMR v. 7.1.2016, 23279/14 Nr. 189 f., NJW 2017, 1007 ff. – Bergmann/Deutschland.
[64] EGMR v. 6.10.2016, 55594/13, Nr. 76 ff. – W.P./Deutschland; EGMR v. 6.7.2017, 79457/13, Nr. 41 ff. – Becht/Deutschland; EGMR v. 4.12.2018 (GK), 10211/12, Nr. 202 ff., NJOZ 2019, 1445 ff. – Ilnseher/Deutschland; *Sinner*, in: Karpenstein/Mayer, EMRK, Art. 7 Rn. 26; vgl. auch *Peglau*, JR 2016, 491 (497 f.); krit. *Lohse/Jakobs*, in: KK, EMRK Art. 7 Rn. 6.

gesprochen werden kann.[65] Für die Beurteilung, ob eine Maßnahme eine Strafe i. S. v. Art. 7 I EMRK darstellt oder nicht, kommt es auf den Zeitraum des Vollzugs, nicht jedoch auf den Zeitpunkt der Anordnung an.[66] Diese Ausnahme trifft jedoch auf M, der jedenfalls zum gegenwärtigen Zeitpunkt nicht an einer psychischen Krankheit leidet, nicht zu. Insofern wäre er auch nach der geltenden Rechtslage durch die Fortdauer der Sicherungsverwahrung über die ursprüngliche Höchstdauer von zehn Jahren hinaus in seinem Recht aus Art. 7 I EMRK verletzt.

Damit ist die in Aufgabe 1 gestellte Frage auf der Grundlage des in der Bundesrepublik Deutschland geltenden Rechts der Sicherungsverwahrung in Bezug auf M im Ergebnis nicht abweichend zu beurteilen.

Hinweise auf Rechtsprechung und Literatur

EGMR NJW 2010, 2495 ff. (M./Deutschland)
EGMR NJW 2013, 1791 ff. (Kronfeldner/Deutschland)
EGMR NJW 2017, 1007 ff. (Bergmann/Deutschland)
EGMR NJOZ 2019, 1445 ff. (Ilnseher/Deutschland)
Dessecker, Das neue Recht des Vollzugs der Sicherungsverwahrung: ein erster Überblick, BewHi 2013, 309 ff.
Kinzig, Das Recht der Sicherungsverwahrung nach dem Urteil des EGMR in Sachen M. gegen Deutschland, NStZ 2010, 233 ff.
Pösl, Die Sicherungsverwahrung im Fokus von BVerfG, EGMR und BGH, ZJS 2011, 132 ff.
Esser, Internationales und Europäisches Strafrecht, 2. Aufl., 2018, § 9 Rn. 165-201, 280-291
Esser, Sicherungsverwahrung, JA 2011, 727 ff.
Grabenwarter/Pabel, Europäische Menschenrechtskonvention, 7. Aufl., 2021, § 21, § 24 Rn. 145–161
Graebsch, Die Gefährder des Rechtsstaats und die Europäische Menschenrechtskonvention. Von Sicherungsverwahrung und „unsound mind" zum Pre-Crime-Gewahrsam?, Eisenberg-FS, 2019, S. 311 ff.
Groh, Die Zulässigkeit präventiven Gewahrsams nach Artikel 5 EMRK, Fastenrath-FS, 2019, S. 89 ff.
Mitsch, Was ist Sicherungsverwahrung und was wird aus ihr?, JuS 2011, 785 ff.
Peglau, Das Gesetz zur bundesrechtlichen Umsetzung des Abstandsgebots im Recht der Sicherungsverwahrung, JR 2013, 249 ff.
Peglau, Die Sicherungsverwahrung im „Dialog" zwischen EGMR und BVerfG, JR 2016, 491 ff.
Satzger, Internationales und Europäisches Strafrecht, 10. Aufl., 2022, § 11 Rn. 53-66, 95–107
Schäferskopper/Grote, Neues aus der Sicherungsverwahrung – Eine aktuelle Bestandsaufnahme, NStZ 2016, 197 ff.
Schilling, Internationaler Menschenrechtsschutz, 3. Aufl., 2016, § 10
Zimmermann, Das neue Recht der Sicherungsverwahrung, HRRS 2013, 164 ff.

---

[65] EGMR v. 7.1.2016, 23279/14 Nr. 193, NJW 2017, 1007 ff. – Bergmann/Deutschland.
[66] EGMR v. 4.12.2018 (GK), 10211/12, Nr. 209, NJOZ 2019, 1445 ff. – Ilnseher/Deutschland.

Klausur 18
Der Zweck heiligt die Mittel

Zulässigkeit und Begründetheit einer
Individualbeschwerde vor dem EGMR –
Opfereigenschaft – Folterverbot des Art. 3 EMRK –
Recht auf ein faires Verfahren nach Art. 6 EMRK

Mark A. Zöller

18.1 Fall

Im Jahr 2002 lockte der deutsche Staatsangehörige G den elfjährigen Bankierssohn J unter einem Vorwand in seine Wohnung in Frankfurt a. M. und erstickte ihn dort. Anschließend deponierte er ein Schreiben am Wohnort der Eltern des J, in dem es hieß, J sei von mehreren Personen entführt worden. Sie würden ihren Sohn nur wiedersehen, wenn die Entführer eine Million Euro erhielten und es ihnen gelinge, das Land zu verlassen. G fuhr dann zu einem außerhalb von Frankfurt a. M. gelegenen Weiher und versteckte die Leiche des J dort unter einem Steg. Drei Tage später holte er das Lösegeld an einer Straßenbahnhaltestelle ab und wurde von diesem Zeitpunkt an von der Polizei observiert und kurze Zeit später auch festgenommen. Dabei wurde er über seine Rechte als Beschuldigter, insbesondere sein Schweigerecht und das Recht, einen Anwalt hinzuzuziehen, belehrt. Im Rahmen seiner polizeilichen Vernehmung schwieg G aber zunächst und beschuldigte später dritte Personen aus seinem sozialen Umfeld, J entführt und in einer Hütte an einem See versteckt zu haben. Die Ermittler glaubten infolgedessen, dass J nach wie vor am Leben sei, sich aber mittlerweile aufgrund des Nahrungsmangels und der niedrigen Außentemperaturen in akuter Lebensgefahr befand. Um das Leben des Kindes zu retten und ausdrücklich nicht zur Förderung des Strafverfahrens gegen G, ordnete der Frankfurter Polizeivizepräsident D deshalb an, dass der Kriminalpolizeibeamte

---

M. A. Zöller (✉)
Lehrstuhl für Deutsches, Europäisches und Internationales Strafrecht und Strafprozessrecht, Wirtschaftsstrafrecht und das Recht der Digitalisierung, Ludwig-Maximilians-Universität München, München, Deutschland
E-Mail: mark.zoeller@jura.uni-muenchen.de

E den G unter ärztlicher Aufsicht unter Androhung von Schmerzen, die nicht zu Verletzungen führen würden, befragen solle. Daraufhin teilte E dem G mit, dass ihm von einer speziell für diese Zwecke ausgebildeten Person massive Schmerzen zugefügt würden, wenn er den Aufenthalt des Kindes nicht preisgebe. Aus Angst vor den ihm angedrohten Schmerzen nannte G daraufhin nach wenigen Minuten den Ort, an dem sich J befand. Neben der Leiche fand die Polizei in der Nähe des Weihers auch Reifenspuren, die vom Fahrzeug des G stammten. Außerdem wurden auf einen Hinweis des G hin in einem Müllcontainer Kleidung und Rucksack des J sowie die für den Erpresserbrief verwendete Schreibmaschine sichergestellt. In der Wohnung des G wurden zudem ein Großteil des Lösegeldes sowie Aufzeichnungen zur Planung der Tat aufgefunden. Auf dem Rückweg von dem Weiher zur Polizeiwache gestand G gegenüber den ihn befragenden Polizeibeamten, J entführt und getötet zu haben. Dieses Geständnis wiederholte er in der Folgezeit im Rahmen weiterer polizeilicher, staatsanwaltschaftlicher und ermittlungsrichterlicher Vernehmungen.

In der Hauptverhandlung vor dem zuständigen Landgericht Frankfurt a. M. lehnte das erkennende Gericht einen unter Verweis auf Verstöße gegen § 136a StPO und Art. 3 EMRK begründeten Antrag des anwaltlich vertretenen G auf Einstellung des Verfahrens ab. Es entschied allerdings, dass die Drohung, G Schmerzen zuzufügen, um eine Aussage von ihm zu erlangen, nicht nur eine nach § 136a StPO verbotene Vernehmungsmethode, sondern auch einen Verstoß gegen Art. 3 EMRK dargestellt habe. Insofern unterfielen die vorausgegangenen Geständnisse und Aussagen des G nach § 136a III S. 2 StPO einem Verwertungsverbot. Dieses Beweisverwertungsverbot wurde allerdings nicht auf sämtliche, aufgrund des Verstoßes gegen § 136a I StPO erlangten Beweise, beispielsweise die Leiche und die Obduktionsergebnisse, erstreckt. Der Vorsitzende Richter hatte G vor seiner Vernehmung zur Sache in der Hauptverhandlung qualifiziert belehrt, ihn also auf sein Schweigerecht als Angeklagter sowie auf das Beweisverwertungsverbot bezüglich seiner früheren Aussagen hingewiesen. Dennoch hat sich G dazu entschlossen, zur Sache auszusagen und die Entführung und Tötung des J erneut gestanden. Seine Aussagen in der Hauptverhandlung waren die wesentliche Grundlage für die Tatsachenfeststellung durch das Gericht, auch wenn sie durch weitere Beweise gestützt wurden. Im Juli 2003 verurteilte das LG Frankfurt a. M. G u. a. wegen Mordes in Tateinheit mit erpresserischem Menschenraub mit Todesfolge zu lebenslanger Freiheitsstrafe und stellte die besondere Schwere der Schuld fest. Die hiergegen gerichtete Revision des G wurde im Mai 2004 vom Bundesgerichtshof als unbegründet verworfen. Das Bundesverfassungsgericht lehnte es im Dezember 2004 ab, seine Verfassungsbeschwerde zur Entscheidung anzunehmen.[1] Diese Entscheidung wurde G im Januar 2005 zugestellt.

Im Dezember 2004 wurden in einem anderen Verfahren vor dem LG Frankfurt a. M. E wegen Nötigung im Amt und D wegen Verleitung eines Untergebenen zu einer Nötigung im Amt schuldig gesprochen. Das Gericht verwarnte beide Angeklagten und behielt sich die Verurteilung zu einer Geldstrafe von 60 bzw. 90 Tagessätzen vor, falls diese während der festgesetzten Bewährungsfrist weitere Straftaten begehen sollten. Diese Entscheidung ist rechtskräftig. D und E wurden zudem

---

[1] Nach Ansicht des BVerfG war die Möglichkeit einer Grundrechtsverletzung nicht schlüssig dargelegt worden; vgl. BVerfG NJW 2005, 656 f.

schon während des laufenden Ermittlungsverfahrens auf Dienstposten versetzt, auf denen sie keine direkte Verbindung mehr zur Tätigkeit der Strafverfolgung hatten. D wurde einige Zeit später sogar zum Leiter des Polizeipräsidiums für Technik, Logistik und Verwaltung ernannt.

Am 15. Juni 2005 wandte G sich an den EGMR und rügte, dass er bei seiner polizeilichen Vernehmung unter Verstoß gegen Art. 3 EMRK gefoltert worden sei. Außerdem sei er in seinem durch Art. 6 I EMRK garantierten Recht auf ein faires Verfahren verletzt worden, da er gefoltert wurde, um die Entführung des J zu gestehen. Aufgrund seines Geständnisses und der Beweismittel, die nur infolge dieser Aussagen von den Behörden sichergestellt werden konnten und die in dem gegen ihn geführten Strafverfahren verwertet worden seien, sei ihm sein Recht auf Verteidigung auf unumkehrbare Weise entzogen worden. Außerdem sei ihm bei seiner polizeilichen Vernehmung absichtlich der Kontakt zu seinem Anwalt verweigert worden, bis er seine Tat gestanden und alle entscheidenden Beweismittel offenbart habe.

Aufgabe Hat die Individualbeschwerde des G vor dem EGMR Aussicht auf Erfolg?

Hinweise Für den Fall, dass die Bearbeitung zur Unzulässigkeit der Beschwerde kommt, ist im Rahmen eines Hilfsgutachtens zu den übrigen Prüfungspunkten Stellung zu nehmen. Im Übrigen ist zu unterstellen, dass das zuständige deutsche Gericht bislang nicht über die von G eingereichte Amtshaftungsklage gegen das Land Hessen wegen der von ihm erlittenen Traumatisierung in der Sache entschieden hat.[2]

18.2 Lösung

18.2.1 Prüfungsaufbau

I. Zulässigkeit

  1. Zuständigkeit des EGMR
     a) Sachliche Anwendbarkeit der EMRK (ratione materiae)
     b) Zeitliche Anwendbarkeit der EMRK (ratione temporis)
     c) Örtliche Anwendbarkeit der EMRK (ratione loci)

  2. Parteifähigkeit
  3. Beschwerdebefugnis

     a) Selbstbetroffenheit
     b) Gegenwärtige Betroffenheit

         aa) Art. 3 EMRK
         bb) Art. 6 I EMRK

     c) Unmittelbare Betroffenheit

---

[2] Ergänzender Hinweis: Tatsächlich wurden Magnus Gäfgen zwischenzeitlich 3000 Euro Schadensersatz zugesprochen (LG Frankfurt a. M. 4.8.2011 – 2/4 O 521/05, NJOZ 2012, 54 ff.; OLG Frankfurt a. M. 10.10.2012 – 1 U 201/11, NJW 2013, 75 ff.).

4. Erschöpfung der innerstaatlichen Rechtsbehelfe
   a) Vertikale Rechtswegerschöpfung
   b) Horizontale Rechtswegerschöpfung
5. Frist
6. Form
7. Außergewöhnliche Unzulässigkeitsgründe
8. Zwischenergebnis

II. Begründetheit
   1. (Kein) Vorbehalt gem. Art. 57 EMRK
   2. Rechtsverletzung
      a) Verletzung von Art. 3 EMRK

         aa) Eröffnung des Schutzbereichs
         bb) Eingriff in den Schutzbereich
         cc) Rechtfertigung
         dd) Zwischenergebnis

      b) Verletzung von Art. 6 I EMRK

         aa) Eröffnung des Schutzbereichs
         bb) Einhaltung der speziellen Vorgaben des Art. 6 EMRK

III. Ergebnis

18.2.2 Lösungsvorschlag

Die Individualbeschwerde des G vor dem EGMR hat Aussicht auf Erfolg, wenn sie zulässig und begründet ist.

I. Zulässigkeit
Die von G erhobene Individualbeschwerde müsste zunächst zulässig sein.

1. Zuständigkeit des EGMR
Der EGMR ist nach Art. 34 S. 1 EMRK für die Entscheidung über Individualbeschwerden zuständig.

a) Sachliche Anwendbarkeit der EMRK (ratione materiae)
Über das Zulässigkeitskriterium der *sachlichen Zuständigkeit* filtert der EGMR solche Beschwerden heraus, deren Gegenstand offensichtlich nicht in den Schutzbereich einer menschenrechtlichen Gewährleistung der EMRK oder eines ihrer Zusatzprotokolle fällt.[3] Tauglicher Beschwerdegegenstand ist insofern lediglich ein staatliches oder zumindest dem Staat zurechenbares Verhalten. Dabei kommt sowohl ein aktives Tun als auch ein Unterlassen (Verstoß gegen Schutzpflicht) als

---
[3] *Esser*, IntStR, § 9 Rn. 41.

Anknüpfungspunkt in Betracht.[4] Vorliegend wendet G sich mit seiner Beschwerde gegen die Vorgehensweise der hessischen Polizeibeamten während des Ermittlungsverfahrens sowie gegen die Verurteilung durch die deutsche Strafjustiz. In beiden Fällen handelt es sich um hoheitliche Akte, die der Bundesrepublik Deutschland zuzurechnen sind. Zudem sind sachlich die menschenrechtlichen Gewährleistungen der Art. 3 und 6 I EMRK betroffen, sodass an der Zuständigkeit des EGMR ratione materiae keine Zweifel bestehen.

b) Zeitliche Anwendbarkeit der EMRK (ratione temporis)
Die *Zuständigkeit* des EGMR *in zeitlicher Hinsicht* setzt voraus, dass das gerügte Verhalten nach dem Inkrafttreten der EMRK bzw. des jeweiligen Zusatzprotokolls in dem als Beschwerdegegner in Betracht kommenden Konventionsstaat stattgefunden hat.[5] Vorliegend rügt G mit Art. 3 und 6 EMRK die Verletzung von menschenrechtlichen Gewährleistungen aus dem „Kernbestand" der EMRK. Dieser ist in der Bundesrepublik Deutschland bereits im Jahr 1952 ratifiziert worden.[6] Stichtag für die Geltung der EMRK im (alten) Bundesgebiet ist der 3.9.1953. Auf dem Gebiet der ehemaligen DDR gilt die Konvention seit dem 3.10.1990.[7] Für hoheitliche Verhaltensweisen ab dem Jahr 2002 ist die Zuständigkeit des EGMR ratione temporis mithin unproblematisch gegeben.

c) Örtliche Anwendbarkeit der EMRK (ratione loci)
Daneben muss die EMRK auch in örtlicher Hinsicht anwendbar sein. Dies ist wichtig für die Bestimmung des richtigen Beschwerdegegners. Dabei ist zu beachten, dass die in der Konvention verankerten Rechte und Freiheiten nach Art. 1 EMRK allen der Hoheitsgewalt der Konventionsstaaten unterstehenden Personen zugesichert werden. Damit ist der Anwendungsbereich der EMRK nicht auf das Staatsgebiet der Vertragsstaaten beschränkt. Die Verantwortlichkeit der Konventionsstaaten kann in Ausnahmefällen vielmehr auch durch Rechtsakte ausgelöst werden, die ihre Wirkung außerhalb des eigenen Staatsgebiets entfalten.[8] An der Zuständigkeit des EGMR ratione loci fehlt es aber dann, wenn eine Beschwerde Vorfälle betrifft, die außerhalb des Staatsgebiets stattgefunden haben und es keine Verbindung zwischen diesen und der Staatsgewalt des Konventionsstaats gibt.[9] Vorliegend geht es jedoch um die Durchführung der polizeilichen Vernehmung durch Angehörige der hessischen Polizei in Frankfurt a. M. und in der näheren Umgebung sowie um Fragen der möglicherweise unzulässigen Verwertung von Beweismitteln durch deut-

---
[4] *Esser*, in: Ahlbrecht/Böhm/Esser/Eckelmans, Internationales Strafrecht, Rn. 77.
[5] *Grabenwarter/Pabel*, EMRK, § 13 Rn. 57.
[6] Vgl. BGBl. II 1952, 685.
[7] Vgl. *Esser*, IntStR, § 9 Rn. 51 m. w. N. zum Inkrafttreten der Zusatzprotokolle.
[8] Bisher wurden durch die Rechtsprechung des EGMR vor allem zwei Kategorien für solche Ausnahmefälle anerkannt: die Ausübung effektiver Kontrolle über ein fremdes Gebiet bei militärischen Aktionen (vgl. zur Besetzung von Nordzypern durch die Türkei EGMR v. 23.3.1995, 15318/96 Nr. 64, ÖJZ 1995, 629 ff. – Loizidou/Türkei) und die Auslieferung oder Ausweisung gefährdeter Personen in einen Drittstaat (vgl. z. B. EGMR v. 7.7.1989, 14038/88 Nr. 86, NJW 1990, 2183 (2184) – Soering/Vereinigtes Königreich).
[9] *Grabenwarter/Pabel*, EMRK, § 13 Rn. 56.

sche Gerichte. In beiden Fällen handelt es sich um die Ausübung deutscher Hoheitsgewalt auf deutschem Staatsgebiet. Die Zuständigkeit des EGMR ratione loci ist somit gegeben.

2. Parteifähigkeit

Darüber hinaus müsste G als Beschwerdeführer auch *parteifähig* sein. Nach Art. 34 S. 1 EMRK kann der EGMR von jeder natürlichen Person, nichtstaatlichen Organisation oder Personengruppe befasst werden. Erforderlich ist allerdings, dass diese überhaupt Träger der von der EMRK gewährleisteten Rechte sein können. Dies ist bei natürlichen Personen wie G, die unabhängig von ihrem Alter, ihrer Geschäftsfähigkeit und ihrer Staatsangehörigkeit parteifähig sind,[10] in Bezug auf Art. 3 und 6 EMRK unproblematisch der Fall. Besondere Anforderungen an die *Prozessfähigkeit* i. S. der Fähigkeit, das Individualbeschwerdeverfahren selbst oder durch einen Bevollmächtigten zu führen, ergeben sich weder aus der EMRK noch aus der Verfahrensordnung (VerfO) des EGMR.[11] Insbesondere besteht für die Einlegung einer Individualbeschwerde kein Anwaltszwang (vgl. Art. 36 VerfO).[12] Insofern kann G die Individualbeschwerde auch selbst einlegen.

3. Beschwerdebefugnis

Als Beschwerdeführer muss G seine *Opfereigenschaft* darlegen. Hierfür muss er geltend machen, durch das von ihm gerügte, der Bundesrepublik Deutschland zuzurechnende Verhalten selbst, gegenwärtig und unmittelbar in einem in der EMRK oder in einem ihrer Zusatzprotokolle anerkannten Recht betroffen zu sein.

a) Selbstbetroffenheit

Der Beschwerdeführer muss folglich zunächst geltend machen, *selbst* durch das Handeln oder Unterlassen eines Konventionsstaats in einem durch die EMRK oder ihren Zusatzprotokollen anerkannten Recht verletzt, also Opfer einer Konventionsverletzung zu sein (vgl. Art. 34 S. 1 EMRK). Demgegenüber sind im Rahmen von Art. 34 EMRK weder Prozessstandschaft noch Popularklage oder eine abstrakte Normenkontrolle möglich.[13] Im vorliegenden Fall war die Androhung von massiven Schmerzen für den Fall, dass G sich weiterhin weigern sollte, den Aufenthaltsort von J preiszugeben, von E unmittelbar an ihn gerichtet worden. Auch die Frage der Verwertung der in der Folge erlangten Beweismittel betraf unmittelbar das Strafverfahren gegen G vor dem Landgericht Frankfurt a. M. An der Selbstbetroffenheit des G bestehen mithin keine Zweifel.

---

[10] *Grabenwarter/Pabel*, EMRK, § 13 Rn. 7; Schilling, Menschenrechtsschutz, Rn. 781.

[11] *Esser*, IntStR, § 9 Rn. 57.

[12] Im Verfahren vor dem EGMR besteht lediglich für die mündliche Verhandlung Anwaltszwang (vgl. Art. 36 III VerfO).

[13] Auf eine Selbstbetroffenheit der als Beschwerdeführer auftretenden Person verzichtet der EGMR allerdings insbesondere dann, wenn es um Verstöße gegen das Recht auf Leben (Art. 2 EMRK) oder das Folterverbot (Art. 3 EMRK) geht. Dann kann auch ein naher Angehöriger im eigenen Namen die Beschwerde einlegen und die Verletzung der fremden Rechte des von einer staatlichen Maßnahme Betroffenen geltend machen; vgl. *Esser*, IntStR, § 9 Rn. 61, 69.

b) Gegenwärtige Betroffenheit

Fraglich ist allerdings, ob G auch *gegenwärtig betroffen* ist. Hierzu ist zu prüfen, ob die Opfereigenschaft im Zeitpunkt der Einlegung der Beschwerde weggefallen ist. In der Vergangenheit liegende, bereits abgeschlossene Verletzungen scheiden als Beschwerdegegenstand aus, wenn sie bereits geheilt wurden. Dazu müssen die nationalen Behörden die nicht mehr andauernde Konventionsverletzung ausdrücklich oder zumindest dem Grunde nach anerkannt und sämtliche mit dem Konventionsverstoß verbundenen Nachteile aufgehoben haben.[14] Schließlich obliegt es primär den innerstaatlichen Behörden, Wiedergutmachung für Konventionsverstöße zu leisten.

aa) Art. 3 EMRK

Die Opfereigenschaft und damit die Beschwerdebefugnis des G könnte im Hinblick auf Art. 3 EMRK dadurch weggefallen sein, dass die deutschen Behörden einen Verstoß gegen Art. 3 EMRK anerkannt und in ausreichender Weise Wiedergutmachung geleistet haben. Das LG Frankfurt a. M. hat im Rahmen des Strafverfahrens gegen G ausdrücklich festgestellt, dass die Drohung, ihm Schmerzen zuzufügen, um eine Aussage von ihm zu erlangen, nicht nur eine nach § 136a I S. 3 StPO verbotene Vernehmungsmethode, sondern auch einen Verstoß gegen Art. 3 EMRK darstellt. Für eine hinreichende Wiedergutmachung könnte zudem sprechen, dass die beiden Polizeibeamten D und E, die an der Bedrohung des G beteiligt waren, der Nötigung bzw. Anstiftung zur Nötigung schuldig gesprochen und in einem endgültigen Urteil des LG Frankfurt a. M. bestraft wurden. Hinzu kommt, dass es dem G möglich ist, im Wege der Amtshaftungsklage Entschädigung zu verlangen. Dieser Argumentation, mit der noch die 5. Sektion des EGMR die Opfereigenschaft des G verneint hatte,[15] ist jedoch durch die Entscheidung der Großen Kammer vom 1.6.2010[16] eine Absage erteilt worden. Zwar erkennt auch die Große Kammer an, dass die deutschen Gerichte den Verstoß gegen Art. 3 EMRK ausdrücklich und unmissverständlich anerkannt haben.[17] Die für die Vorgehensweise bei der Vernehmung des G verantwortlichen Polizeibeamten seien aber nur zu sehr geringen Geldstrafen und noch dazu auf Bewährung verurteilt worden. Eine solche Verurteilung zu mehr oder weniger symbolischen Geldstrafen lasse sich nicht als angemessene Reaktion auf einen Verstoß gegen Art. 3 EMRK ansehen. Sie besitze nicht die abschreckende Wirkung, die notwendig ist, um neuen Verstößen gegen das Verbot von Misshandlungen in künftig möglichen schwierigen Situationen vorzubeugen.[18] Au-

---

[14] Vgl. *Esser*, IntStR, § 9 Rn. 68; *Grabenwarter/Pabel*, EMRK, § 13 Rn. 18 m. w. N.
[15] EGMR (5. Sektion) v. 30.6.2008, 22978/05 Nr. 77 ff., NStZ 2008, 699 (700) – Gäfgen/Deutschland; dazu *Jäger*, JA 2008, 678 ff.
[16] EGMR (Große Kammer) v. 1.6.2010, 22978/05, NJW 2010, 3145 ff. – Gäfgen/Deutschland.
[17] EGMR (Große Kammer) v. 1.6.2010, 22978/05 Nr. 120 ff., NJW 2010, 3145 (3146) – Gäfgen/Deutschland.
[18] EGMR (Große Kammer) v. 1.6.2010, 22978/05 Nr. 124, NJW 2010, 3145 (3147) – Gäfgen/Deutschland; krit. hierzu *Grabenwarter*, NJW 2010, 3128 (3129).

ßerdem werfe die spätere Ernennung von D zum Leiter einer Polizeibehörde die Frage auf, ob die Reaktion der Behörden angesichts der Schwere, den ein Verstoß gegen Art. 3 EMRK bedeutet und dessentwegen D verurteilt wurde, angemessen war. Und schließlich ist nach dem Bearbeitungshinweis zu unterstellen, dass die deutschen Gerichte über den von G gestellten Antrag auf Schadensersatz in der Sache bislang nicht entschieden haben.[19] Insofern bestehen ernsthafte Zweifel an der Wirksamkeit einer Amtshaftungsklage zur Wiedergutmachung im vorliegenden Fall.[20] Unabhängig von der Beantwortung der Frage, ob nur der Ausschluss aller Beweismittel, die als unmittelbare Folge des Verstoßes gegen Art. 3 EMRK von den Behörden sichergestellt wurden, den Konventionsverstoß hätte wiedergutmachen können, waren jedenfalls die von der Bundesrepublik Deutschland ergriffenen Wiedergutmachungsmaßnahmen vorliegend nicht ausreichend. Infolgedessen kann G nach wie vor behaupten, i. S. v. Art. 34 EMRK Opfer einer Verletzung von Art. 3 EMRK zu sein.[21]

bb) Art. 6 I EMRK
Demgegenüber lässt sich die Opfereigenschaft im Hinblick auf Art. 6 I EMRK vergleichsweise deutlich feststellen. G sitzt derzeit aufgrund eines Urteils des LG Frankfurt a. M. in Strafhaft, in dessen Rahmen Beweismittel verwertet wurden, die als Folge eines Geständnisses erlangt wurden, das möglicherweise mit Mitteln abgepresst wurde, die Art. 3 EMRK verletzen.[22] Da das strafgerichtliche Urteil derzeit vollstreckt wird, ist G mithin auch gegenwärtig betroffen.

c) Unmittelbare Betroffenheit
Schließlich muss G als Beschwerdeführer auch *unmittelbar betroffen* sein. Diese Voraussetzung ist regelmäßig nur im Hinblick auf gesetzliche Bestimmungen problematisch, da grundsätzlich erst der Vollzugsakt die Betroffenheit begründet. Vorliegend geht es jedoch um Akte der deutschen Exekutive und Judikative, bezüglich derer kein weiterer, gegen G gerichteter Vollzugsakt mehr nötig war. Infolgedessen ist G unmittelbar betroffen.

4. Erschöpfung der innerstaatlichen Rechtsbehelfe
Eine Individualbeschwerde ist gem. Art. 35 I EMRK erst nach Erschöpfung aller innerstaatlichen Rechtsbehelfe in Übereinstimmung mit den allgemein anerkannten Grundsätzen des Völkerrechts zulässig. Darin kommt zum Ausdruck, dass der betroffene Konventionsstaat die Gelegenheit erhalten soll, die Konventionsverletzung selbst zu beheben, bevor er sich vor einer internationalen Instanz zu verantworten

---

[19] Tatsächlich hat das LG Frankfurt a. M. (JR 2012, 36 ff.) G mittlerweile eine Entschädigung in Höhe von 3000 Euro zugesprochen. Die hiergegen eingelegte Berufung des Landes Hessen zum OLG Frankfurt a. M. hatte keinen Erfolg (OLG Frankfurt a. M. NJW 2013, 75 ff.).
[20] EGMR (Große Kammer) v. 1.6.2010, 22978/05 Nr. 127, NJW 2010, 3145 (3147) – Gäfgen/Deutschland; zu den daraus resultierenden Problemen *Grabenwarter*, NJW 2010, 3128 (3130).
[21] So ausdrücklich EGMR (Große Kammer) v. 1.6.2010, 22978/05 Nr. 130, NJW 2010, 3145 (3147) – Gäfgen/Deutschland.
[22] *Schiedermair*, JuS 2010, 993 (995).

hat.²³ Durch die Subsidiarität der EMRK wird aber natürlich auch der EGMR entlastet, da die nationalen Gerichte eine Filterfunktion ausüben. Das Erfordernis der Rechtswegerschöpfung wird in der Rechtsprechung des EGMR flexibel und wenig formalistisch gehandhabt.²⁴ Die von dem jeweiligen Konventionsstaat vorgesehenen Rechtsbehelfe müssen zugänglich und wirksam sein. Bezugspunkt ist nicht die abstrakte Rechtslage im jeweiligen Konventionsstaat, sondern die für den Beschwerdeführer im konkreten Fall in Betracht kommenden Rechtsbehelfe. Theoretisch vorhandene, aber nicht effektive oder von vornherein aussichtslose Rechtsbehelfe müssen von ihm nicht ergriffen werden.²⁵ Entscheidender Zeitpunkt für die Beurteilung der Rechtswegerschöpfung ist der Tag, an dem die Beschwerde beim EGMR eingelegt wird.²⁶ Im Hinblick auf das Erfordernis der Rechtswegerschöpfung lassen sich mit der vertikalen und der horizontalen Rechtswegerschöpfung allerdings zwei eigenständige Komponenten unterscheiden.

a) Vertikale Rechtswegerschöpfung

Die *vertikale Rechtswegerschöpfung* erfordert, dass alle in Betracht kommenden Rechtsbehelfe einzulegen und sämtliche innerstaatlichen Instanzen einschließlich der Verfassungsgerichtsbarkeit zu durchlaufen sind.²⁷ Zu den einzulegenden und auszuschöpfenden Rechtsbehelfen zählt mit Blick auf die Bundesrepublik Deutschland somit insbesondere auch die Verfassungsbeschwerde.²⁸ Im vorliegenden Fall hat G Revision zum BGH und anschließend Verfassungsbeschwerde zum BVerfG eingelegt. Insofern hat er den innerstaatlichen Rechtsweg erschöpft. Dass über die von ihm verfolgte Amtshaftungsklage noch nicht in der Sache entschieden worden ist, schließt die Zulässigkeit der Individualbeschwerde nicht aus. In Fällen schwerer Menschenrechtsverstöße gehören (zivilrechtliche) Schadensersatzklagen nicht zu den Rechtsbehelfen, die für die Erschöpfung des Rechtswegs ergriffen werden müssen.²⁹ Amtshaftungsansprüche sind insbesondere dort ein Erfordernis der Rechtswegerschöpfung, wo allein Schadensersatz oder Entschädigung Abhilfe für erlittenes Unrecht zu leisten vermögen.³⁰ Bei schweren Menschenrechtsverstößen sind die Konventionsstaaten aber darüber hinausgehend auch verpflichtet, die Verantwortlichen für den Konventionsverstoß zu ermitteln und strafrechtlich zu verfolgen.

---

[23] *Grabenwarter/Pabel*, EMRK, § 13 Rn. 24.
[24] *Grabenwarter/Pabel*, EMRK, § 13 Rn. 25.
[25] Näher hierzu *Esser*, IntStR, § 9 Rn. 70 ff.; *Frowein/Peukert*, EMRK, Art. 35 Rn. 11 ff.; *Grabenwarter/Pabel*, EMRK, § 13 Rn. 25; *Schilling*, Menschenrechtsschutz, Rn. 806.
[26] *Esser*, in: Ahlbrecht/Böhm/Esser/Eckelmans, Internationales Strafrecht, Rn. 179; *Schilling*, Menschenrechtsschutz, Rn. 808.
[27] *Grabenwarter/Pabel*, EMRK, § 13 Rn. 28.
[28] *Esser*, IntStR, § 9 Rn. 74; *Grabenwarter/Pabel*, EMRK, § 13 Rn. 32; *Rogge*, EuGRZ 1996, 341 (345).
[29] *Grabenwarter/Pabel*, EMRK, § 13 Rn. 33; *Schiedermair*, JuS 2010, 993 (995 f.).
[30] EGMR v. 18.12.1986, 9990/82 Nr. 49, NJW 1987, 3066 ff. – Bozano/Frankreich; EGMR v. 20.2.1991, 11889/85 Nr. 27 – Vernillo/Frankreich; EGMR v. 25.3.1999, 31107/96 Nr. 47, EuGRZ 1999, 316 – Iatridis/Griechenland.

b) Horizontale Rechtswegerschöpfung

Demgegenüber verlangt die *horizontale Rechtswegerschöpfung,* dass der Beschwerdeführer die vor dem EGMR geltend gemachten Menschenrechtsverletzungen zumindest der Sache nach („in substance") und in Übereinstimmung mit den innerstaatlichen Verfahrensvorschriften vor diesen Instanzen vorgebracht hat.[31] Die Rügen, mit denen später der EGMR befasst werden soll, müssen zumindest ihrem wesentlichen Inhalt nach Gegenstand der Anrufung der innerstaatlichen Gerichte gewesen sein. Hierzu muss G sich nicht ausdrücklich auf bestimmte Konventionsvorschriften berufen haben. Es reicht, dass er sich auf die innerstaatlichen Vorschriften stützt, die im Wesentlichen mit den jeweiligen Konventionsrechten übereinstimmen. Die Beachtung der innerstaatlichen Verfahrensvorschriften setzt insbesondere voraus, dass die Rechtsbehelfe in der vorgesehenen Form und Frist eingelegt und sonstige formelle Voraussetzungen (z. B. die Zahlung eines Kostenvorschusses) eingehalten wurden.[32]

G hat die Verletzung der Art. 3 und 6 I EMRK bereits im Strafverfahren vor dem LG Frankfurt a. M. geltend gemacht, indem er ausdrücklich die Verfahrenseinstellung mit dem Hinweis auf Verstöße gegen § 136a StPO und Art. 3 EMRK beantragt hatte. Soweit von ihm die Verwertung von Beweismitteln beanstandet wurde, die unter Verstoß gegen Art. 3 EMRK erlangt wurden, ergibt sich daraus auch in inhaltlicher Sicht eine Rüge des Rechts auf ein faires Verfahren. Allerdings ist die Individualbeschwerde im Hinblick auf Art. 6 I EMRK lediglich unter diesem Gesichtspunkt zulässig. Dass ihm bei seiner polizeilichen Vernehmung absichtlich der Kontakt zu seinem Anwalt verweigert worden sei, hat er vor den deutschen Gerichten zuvor nicht geltend gemacht. Soweit er zur Begründung seiner Beschwerde weiterhin vorträgt, eine Verletzung von Art. 6 I EMRK komme auch unter diesem Gesichtspunkt in Betracht, ist die Beschwerde somit unzulässig.[33]

5. Frist

Nach Art. 35 I EMRK muss die Beschwerde innerhalb einer *Frist von vier Monaten* nach der endgültigen innerstaatlichen Entscheidung eingelegt werden. Das am 24.6.2013 zur Zeichnung aufgelegte und am 1.8.2021 in Kraft getretene 15. Zusatzprotokoll zur EMRK sieht ab dem 1.2.2022 (Art. 8 III S. 1 15. ZP) eine Verkürzung der Beschwerdefrist von sechs auf vier Monate vor.[34] Für endgültige innerstaatliche Entscheidungen die vor dem 1.2.2022 ergangen sind, galt aber eine Frist von sechs Monaten. Ist nach dem jeweiligen Recht des Konventionsstaats die Zustellung dieser Entscheidung vorgeschrieben, so beginnt die Frist mit dem Datum der Zustellung.[35] Ansonsten ist vom Datum der Ausfertigung auszugehen. Die Sechsmonats-

---

[31] EGMR v. 19.3.1991, 11069/84 Nr. 34 – Cardot/Frankreich; EGMR v. 16.9.1996, 21893/93 Nr. 66 – Akdivar u. a./Türkei; EGMR v. 10.7.2001, 25657/94 Nr. 375 – Avsar/Türkei; EGMR v. 10.8.2006, 75737/01 Nr. 30 – Schwarzenberger/Deutschland.

[32] *Esser,* in: Ahlbrecht/Böhm/Esser/Eckelmans, Internationales Strafrecht, Rn. 172; *Grabenwarter/Pabel,* EMRK, § 13 Rn. 38.

[33] Vgl. diesbezüglich die Entscheidung über die Zulässigkeit der Beschwerde EGMR v. 10.4.2007, 22978/05, NJW 2007, 2461 (2462).

[34] *Schäfer,* in: Karpenstein/Mayer (Hrsg.), EMRK, Art. 35 Rn. 51 f.

[35] EGMR v. 29.8.1997, 22714/93 Nr. 33, ÖJZ 1998, 35 (36) – *Worms/Österreich; Meyer-Ladewig/Peters,* in: Meyer-Ladewig/Nettesheim/v. Raumer, EMRK, Art. 35 Rn. 26.

frist endet an dem Tag des sechsten Monats, der durch seine Zahl dem Anfangstag der Frist entspricht.[36] Endet die Frist an einem Feiertag, ist der darauffolgende Werktag ausschlaggebend. Vorliegend ist G die ablehnende Entscheidung des BVerfG im Januar 2005 zugestellt worden. Durch die Einlegung der Individualbeschwerde am 15.6.2005 ist die Sechsmonatsfrist des Art. 35 I EMRK mithin gewahrt worden.

6. Form
Die EMRK selbst sieht *keine ausdrücklichen Formerfordernisse* für die Einlegung einer Beschwerde vor. Es ergeben sich aber praktisch gewisse formale Anforderungen aus der Verfahrensordnung des Gerichtshofs (VerfO), die auch als Rules of Court bezeichnet wird. Die Individualbeschwerde muss danach insbesondere schriftlich mit Unterschrift unter Nutzung des (im Internet[37] zur Verfügung gestellten) Beschwerdeformulars der Kanzlei des EGMR eingelegt werden (vgl. Art. 45 I, 47 VerfO). Von der Einhaltung dieser Voraussetzungen ist hier auszugehen.

7. Außergewöhnliche Unzulässigkeitsgründe
Für das Vorliegen weiterer, außergewöhnlicher Unzulässigkeitsgründe,[38] etwa das Vorliegen einer anonymen Beschwerde (Art. 35 II lit. a EMRK), einer wiederholten Entscheidung (Art. 35 II lit. b EMRK), offensichtlicher Unbegründetheit (Art. 35 III lit. a EMRK), eines Missbrauchs des Beschwerderechts (Art. 35 III lit. a EMRK) oder das Fehlen eines erheblichen Nachteils (Art. 35 III lit. b EMRK) bestehen vorliegend keinerlei Anhaltspunkte.[39]

8. Zwischenergebnis
Die Individualbeschwerde des G ist zulässig.

II. Begründetheit
Die Individualbeschwerde ist auch begründet, wenn das angegriffene staatliche Verhalten Rechte des Beschwerdeführers aus der EMRK oder ihren Zusatzprotokollen verletzt und kein entgegenstehender zulässiger Vorbehalt nach Art. 57 EMRK[40] eingreift.

1. (Kein) Vorbehalt nach Art. 57 EMRK
Die Bundesrepublik Deutschland hat im Rahmen des Ratifikationsverfahrens der EMRK weder zu Art. 3 noch zu Art. 6 EMRK einen *Vorbehalt* nach Art. 57 EMRK erklärt, der ihre Konventionsbindung diesbezüglich ausschließen würde.[41]

---

[36] *Grabenwarter/Pabel*, EMRK, § 13 Rn. 40.
[37] Unter http://www.echr.coe.int.
[38] Diese sind nur zu prüfen, wenn hierzu Anlass besteht; vgl. *Schiedermair*, JuS 2010, 993 (996).
[39] Näher zu den außergewöhnlichen Unzulässigkeitsgründen etwa *Frowein/Peukert*, EMRK, Art. 35 Rn. 48 ff.; *Meyer-Ladewig/Peters*, in: Meyer-Ladewig/Nettesheim/v. Raumer, EMRK, Art. 35 Rn. 32 ff.; *Schilling*, Menschenrechtsschutz, Rn. 816 ff.
[40] Dieser Aspekt kann auch schon im Rahmen der Zulässigkeitsprüfung bei der Frage der sachlichen Anwendbarkeit der EMRK geprüft werden. Bei einem zulässigen Vorbehalt wäre eine Individualbeschwerde dann schon ratione materiae unzulässig; vgl. *Meyer-Ladewig/Renger*, in: Meyer-Ladewig/Nettesheim/v. Raumer, EMRK, Art. 57 Rn. 9.
[41] Zu den deutschen Vorbehalten s. *Meyer-Ladewig/Renger*, in: Meyer-Ladewig/Nettesheim/v. Raumer, EMRK, Art. 57 Rn. 10 ff.

2. Rechtsverletzung

In Betracht kommt vorliegend die Verletzung der menschenrechtlichen Gewährleistungen aus Art. 3 und Art. 6 I EMRK.

a) Verletzung von Art. 3 EMRK

aa) Eröffnung des Schutzbereichs

Um eine Rechtsverletzung feststellen zu können, müsste zunächst der *Schutzbereich* des Art. 3 EMRK *eröffnet* sein. Art. 3 EMRK verbietet die Folter sowie eine unmenschliche oder erniedrigende Behandlung oder Strafe. Damit schützt er die *physische und psychische Integrität* des Einzelnen.[42] Bei der Androhung von massiven Schmerzen im Rahmen einer polizeilichen Vernehmungssituation ist jedenfalls die psychische Unverletzlichkeit des G betroffen und damit der Schutzbereich des Art. 3 EMRK eröffnet.

bb) Eingriff in den Schutzbereich

Bei der Prüfung von Eingriffen in den Schutzbereich von Art. 3 EMRK sind im Hinblick auf die Intensität mehrere Stufenverhältnisse zu beachten. Zunächst einmal muss die Beeinträchtigung der körperlichen oder geistigen Integrität eine gewisse Mindestschwelle überschreiten, um überhaupt als Eingriff klassifiziert werden zu können.[43] Sie muss nach der ständigen Rechtsprechung des EGMR also eine bestimmte Schwere erreichen und eine Missachtung der Person in ihrem Menschsein zum Ausdruck bringen. Dies hängt von den Umständen des Einzelfalls, etwa von Art, Dauer und Zusammenhang der Behandlung oder Strafe, ihren Auswirkungen oder dem Zustand des Opfers ab. Ist die Schwelle zum Schutzbereich des Art. 3 EMRK überschritten, so unterscheiden sich die verschiedenen Eingriffsarten wiederum nach ihrer Intensität. Dabei gilt die Folter als stärkste und die erniedrigende Behandlung oder Strafe als schwächste Eingriffsform.[44]

Eine *erniedrigende Behandlung* kommt vorliegend von vornherein nicht in Betracht, da bei dieser Eingriffsform nicht die Zufügung von körperlichen oder seelischen Leiden im Vordergrund steht. Ihr Charakteristikum ist vielmehr die Demütigung des von der Maßnahme Betroffenen.[45] Ein solches Demütigungselement lässt sich jedoch bei der polizeilichen Vernehmung des G nicht erkennen. Ihm wurde die Zufügung von massiven Schmerzen nicht deshalb angedroht, um ihn in seinem Menschsein herabzuwürdigen, sondern um von ihm Informationen zur Rettung eines Menschenlebens zu erhalten.

---

[42] *Grabenwarter/Pabel*, EMRK, § 20 Rn. 42.

[43] Vgl. EGMR v. 29.4.2002, 2346/02 Nr. 52, NJW 2002, 2851 ff. – Pretty/Vereinigtes Königreich; EGMR v. 13.5.2008, 52515/99 Nr. 69, NVwZ 2009, 1547 ff. – Juhnke/Türkei; EGMR v. 10.4.2012, 9829/07 Nr. 43, NVwZ 2013, 1599 (1600) – Ali Günes/Türkei; *Meyer-Ladewig/Lehnert*, in: Meyer-Ladewig/Nettesheim/v. Raumer, EMRK, Art. 3 Rn. 19; *Sinner*, in: Karpenstein/Mayer (Hrsg.), EMRK, Art. 3 Rn. 6.

[44] *Meyer-Ladewig/Lehnert*, in: Meyer-Ladewig/Nettesheim/v. Raumer, EMRK, Art. 3 Rn. 20; *Sinner*, in: Karpenstein/Mayer (Hrsg.), EMRK, Art. 3 Rn. 5.

[45] *Grabenwarter/Pabel*, EMRK, § 20 Rn. 49; *Satzger*, IntStR, § 11 Rn. 36; *Sinner*, in: Karpenstein/Mayer (Hrsg.), EMRK, Art. 3 Rn. 8.

In Betracht kommt jedoch die Annahme von Folter oder unmenschlicher Behandlung. Die *Folter* unterscheidet sich von der *unmenschlichen Behandlung* lediglich im Hinblick auf die Schwere der Handlungen.[46] Inhaltlich wird dabei an die Legaldefinition aus Art. 1 der UN-Antifolterkonvention angeknüpft.[47] Daraus wiederum lassen sich zwei Elemente, ein objektives und ein subjektives, ableiten:[48] Erstens muss es sich *objektiv* um eine unmenschliche oder erniedrigende Behandlung handeln, die ernsthaftes und grausames Leiden hervorruft. Dabei kann es auch genügen, wenn – ohne Eingriff in die physische Integrität – erhebliches psychisches Leid verursacht wird.[49] Zweitens muss *subjektiv* eine bestimmte Absicht vorliegen. Der Folterbegriff verlangt also subjektiv, dass die Schmerzen und Leiden zweckhaft zugefügt werden, etwa mit dem Ziel, ein Geständnis zu erlangen. Insgesamt erfolgt die Feststellung von Folter durch den EGMR insbesondere aus Stigmatisierungsgründen.[50]

Wäre die dem G angedrohte Behandlung *tatsächlich durchgeführt* worden, so hätte der EGMR eine solche Verhaltensweise ohne Zweifel als Folter klassifiziert.[51] Im vorliegenden Fall könnte aber auch schon die bloße *Androhung* von massiven Schmerzen gegenüber G durch E als Folter einzustufen sein. Schließlich lässt sich unter den Folterbegriff der UN-Antifolterkonvention auch die Zufügung seelischer Schmerzen oder Leiden subsumieren.[52] Insofern kommt es vor allem auf die Schwere des von den Polizeibeamten auf G ausgeübten Drucks und die Intensität der von ihm erlittenen psychischen Beeinträchtigung an. Vor diesem Hintergrund ist zu berücksichtigen, dass die Drohung durch die Polizeibeamten nur über einen kurzen Zeitraum hinweg aufrechterhalten wurde. Das Vorliegen einer Traumatisierung sowie von psychischen Langzeitschäden durch G ist von ihm nicht erkennbar nachgewiesen worden. Körperliche Schäden und Schmerzen sind bei ihm mangels tatsächlicher Ausführung der lediglich angedrohten Behandlung ohnehin nicht entstanden. Außerdem sind die Besonderheiten der Ermittlungssituation zu beachten, in der die Polizeibeamten handelten, um das Leben des J zu retten. Sie befanden sich nach tagelanger Suche und dem hartnäckigen Schweigen des nach ihrem Kenntnisstand dringend tatverdächtigen G, der sie aus ihrer Sicht als Einziger zum Versteck des durch Nahrungsentzug und Kälte möglicherweise lebensgefährlich bedrohten Kindes führen konnte, in einer emotional wie körperlich angespannten

---

[46] *Frowein/Peukert*, EMRK, Art. 3 Rn. 6; *Meyer-Ladewig/Lehnert*, in: Meyer-Ladewig/Nettesheim/v. Raumer, EMRK, Art. 3 Rn. 20.

[47] Übereinkommen der Vereinten Nationen gegen Folter und andere grausame, unmenschliche oder erniedrigende Behandlung oder Strafe (BGBl. II 1990, 246); abgedruckt im Anhang zu dieser Fallsammlung.

[48] *Satzger*, IntStR, § 11 Rn. 36.

[49] *Frowein/Peukert*, EMRK, Art. 3 Rn. 6; *Satzger*, IntStR, § 11 Rn. 36.

[50] Vgl. *Satzger*, IntStR, § 11 Rn. 36; *Schilling*, Menschenrechtsschutz, Rn. 179.

[51] EGMR (5. Sektion) v. 30.6.2008, 22978/05 Nr. 69, NStZ 2008, 699 (700) – Gäfgen/Deutschland.

[52] So auch EGMR (Große Kammer) v. 1.6.2010, 22978/05 Nr. 108, NJW 2010, 3145 (3146) – Gäfgen/Deutschland; vgl. auch Esser, NStZ 2008, 657 (658); *Meyer-Ladewig/Lehnert*, in: Meyer-Ladewig/Nettesheim/v. Raumer, EMRK, Art. 3 Rn. 21.

Konfliktsituation. Andererseits war die Androhung von massiven Schmerzen gegenüber G keine „Kurzschlussreaktion" der Vernehmungsbeamten, sondern durch D bereits im Vorfeld der Vernehmung angeordnet worden. Außerdem ist die Grundentscheidung in Art. 3 EMRK zu respektieren, wonach jedem Menschen ein absolutes und unveräußerliches Schutzrecht gewährt werden soll, das unter keinen Umständen eingeschränkt werden darf. Bei Berücksichtigung dieser Gesamtumstände wird man daher zu dem Ergebnis kommen, dass vorliegend zwar eine schwerwiegende Beeinträchtigung der psychischen Integrität des G vorliegt, diese aber nicht ein solches Maß an Grausamkeit erreicht hat, das seine Stigmatisierung als Folter erforderlich macht. Die Androhung von Folter ist im Hinblick auf die durch Art. 3 EMRK verbotenen Eingriffsformen somit als *unmenschliche Behandlung* einzustufen.[53]

cc) Rechtfertigung

Die Besonderheit des Art. 3 EMRK liegt darin, dass er als einzige Bestimmung der EMRK nach seinem Wortlaut keinerlei Ausnahmen oder Beschränkungen unterliegt.[54] Damit stellt jeder Eingriff in den Schutzbereich automatisch auch eine Verletzung des Rechts auf psychische und physische Integrität dar. Da Art. 3 EMRK grundlegendste Werte einer demokratischen Gesellschaft schützt, kann ein Verstoß hiergegen nie gerechtfertigt sein.[55]

dd) Zwischenergebnis

Durch die von D und E angeordnete bzw. durchgeführte Androhung von massiven Schmerzen, um G dazu zu bewegen, den Aufenthaltsort des entführten J preiszugeben, hat die Bundesrepublik Deutschland Art. 3 EMRK verletzt.

b) Verletzung von Art. 6 I EMRK

Darüber hinaus kommt auch eine Verletzung des in Art. 6 I EMRK[56] verankerten, allgemeinen Grundsatzes des Rechts auf ein faires Verfahren in Betracht, weil das zuständige deutsche Strafgericht im Rahmen der Verurteilung des G zu lebenslanger Freiheitsstrafe Beweise verwertet hat, die unter Verstoß gegen Art. 3 EMRK erlangt worden sind.[57]

---

[53] EGMR (5. Sektion) v. 30.6.2008, 22978/05 Nr. 69 f., NStZ 2008, 699 (700) – Gäfgen/Deutschland; EGMR (Große Kammer) v. 1.6.2010, 22978/05 Nr. 108, NJW 2010, 3145 (3146) – Gäfgen/Deutschland.

[54] Das gilt selbst dann, wenn ein terroristischer Anschlag viele Menschenleben bedroht oder bei einem öffentlichen Notstand das Leben der gesamten Nation gefährdet ist, vgl. EGMR (5. Sektion) v. 29.4.2019, 12148/18 Nr. 112, NVwZ 2020, 535 ff. – A.M./Frankreich; EGMR (5. Sektion) v. 15.4.2021, 5560/19 Nr. 119, NLMR 2021, 147 – K.I./Frankreich.

[55] EGMR v. 6.4.2000, 26772/95 Nr. 119 – Labita/Italien; EGMR v. 28.07.1999, 25803/94 Nr. 95, NJW 2001, 56 ff. – Selmouni/Frankreich; EGMR v. 13.5.2008, 52515/99 Nr. 71, NVwZ 2009, 1547 – Juhnke/Türkei; EGMR (Große Kammer) v. 1.6.2010, 22978/05 Nr. 107, NJW 2010, 3145 (3146) – Gäfgen/Deutschland.

[56] Da eine Verletzung des Rechts auf ein faires Verfahren vorliegend unter dem Aspekt der Einschränkung von Verteidigungsrechten nicht zulässig ist (vgl. dazu die Ausführungen unter I. 3. b), wird im Rahmen der vorliegenden Begründetheitsprüfung nur Art. 6 I EMRK zitiert. Ebenso vertretbar ist jedoch auch eine Prüfung von „Art. 6 I i. V. m. III EMRK".

[57] Vgl. EGMR v. 11.07.2006, 54810/00 Nr. 105, NJW 2006, 3117 ff. – Jalloh/Deutschland.

aa) Eröffnung des Schutzbereichs

Art. 6 EMRK ist nach seinem eindeutigen Wortlaut lediglich dann anwendbar, wenn es entweder um „Streitigkeiten in Bezug auf zivilrechtliche Ansprüche und Verpflichtungen" oder um „strafrechtliche Anklagen" geht. Beide Begriffe werden vom EGMR *autonom ausgelegt,* sodass die Rechtslage nach nationalem Recht für die Einordnung nur ein Indiz ist.[58] Vorliegend kann bei Strafverfolgungsmaßnahmen gegenüber G naturgemäß nur die Annahme einer strafrechtlichen Anklage in Betracht kommen. Bei Anwendung der bereits aus dem Jahr 1976 stammenden und grundsätzlich alternativ zu verstehenden „Engel-Kriterien"[59] steht der strafrechtliche Charakter der gegenüber G ergriffenen hoheitlichen Maßnahmen vorliegend außer Frage. Nach dem nationalen deutschen Recht zählen Fragen der Beweisverwertung in Strafverfahren zum formellen Strafrecht. Zudem wurden G im Hinblick auf seine Verurteilung wegen Mordes bzw. erpresserischen Menschenraubs mit Todesfolge Zuwiderhandlungen zur Last gelegt, die klassischerweise den Tatbestand von Strafgesetzen (vgl. §§ 211, 239a StGB) erfüllen. Die hierfür angedrohte (lebens-)lange Freiheitsstrafe ist eine Sanktion von besonderer Schwere und soll bestrafen und abschrecken.

Neben der Zuordnung zum Strafrecht muss der Verfahrensgegenstand aber auch eine „Anklage" sein. Davon ist jedenfalls dann auszugehen, wenn der Betroffene durch die zuständigen Behörden eine Nachricht erhält, dass ihm die Begehung einer Straftat vorgeworfen wird.[60] Eine formelle Anklageerhebung ist für die Anwendbarkeit des Art. 6 EMRK aber nicht zwingend erforderlich. Es genügen vielmehr auch andere Maßnahmen, die den Betroffenen in seiner Rechtsposition nachhaltig beeinträchtigen können.[61] Insofern lag spätestens im Zeitpunkt der polizeilichen Vernehmung des G als Beschuldigter, die ihm deutlich machte, dass ein strafrechtliches Ermittlungsverfahren gegen ihn geführt wurde, auch eine strafrechtliche Anklage i. S. v. Art. 6 I S. 1 EMRK vor.

Ob ein Verfahren *fair* war, beurteilt der Gerichtshof unter Berücksichtigung aller Umstände des Verfahrens einschließlich der Rechtsmittelinstanz. Entscheidend ist nach dieser *Gesamtbetrachtung,* ob das Verfahren insgesamt einen fairen Charakter aufweist.[62] Das Recht auf ein faires Verfahren enthält als eine Art „Sammelbegriff" eine Vielzahl von Teilgewährleistungen. Dazu gehören einerseits die in Art. 6 II und

---

[58] Hintergrund dieser autonomen Auslegung ist die Überlegung, dass die Konventionsstaaten daran gehindert werden sollen, Verfahren durch Herausnahme („Umetikettierung") aus dem nationalen Zivilrecht oder Strafrecht den Garantien des Art. 6 EMRK zu entziehen.

[59] Vgl. EGMR v. 8.6.1976, 5100/71 Nr. 82, EuGRZ 1976, 221 – Engel u. a./Niederlande; dazu *Meyer,* in: Karpenstein/Mayer (Hrsg.), EMRK, Art. 6 Rn. 24 ff.; *Grabenwarter/Pabel,* EMRK, § 24 Rn. 19 ff.; *Satzger,* IntStR, § 11 Rn. 69.

[60] EGMR v. 27.2.1980, 6903/75 Nr. 46, EuGRZ 1980, 667 – Deweer/Belgien.

[61] Vgl. *Grabenwarter/Pabel,* EMRK, § 24 Rn. 26 f.; *Meyer-Ladewig/Harrendorf/König,* in: Meyer-Ladewig/Nettesheim/v. Raumer, EMRK, Art. 6 Rn. 24 f.; *Meyer,* in: Karpenstein/Mayer (Hrsg.), EMRK, Art. 6 Rn. 45 jeweils m. w. N.

[62] *Ambos,* IntStR, § 10 Rn. 57; *Esser,* IntStR, § 9 Rn. 219 f.; *Meyer-Ladewig/Harrendorf/König,* in: Meyer-Ladewig/Nettesheim/v. Raumer, EMRK, Art. 6 Rn. 87 ff.; *Satzger,* IntStR, § 11 Rn. 79.

III EMRK aufgeführten und lediglich für Strafverfahren geltenden Garantien, aber anderseits auch ungeschriebene Aspekte wie der Grundsatz der Waffengleichheit, der Anspruch auf rechtliches Gehör oder der Grundsatz nemo tenetur se ipsum accusare. Ihnen allen ist gemeinsam, dass sie es den Verfahrensbeteiligten ermöglichen sollen, unter im Wesentlichen gleichartigen Bedingungen ihren Prozessstandpunkt effektiv vertreten zu können.[63] Vorliegend macht G geltend, dass die deutschen Gerichte Beweise zugelassen und verwertet hätten, die man nur infolge seines Geständnisses erlangt habe, zu dem er unter Verstoß gegen Art. 3 EMRK gezwungen worden sei. Da die Verwertung unzulässiger, durch Verletzung des Schweigerechts erlangter Beweismittel die Möglichkeiten des Angeklagten zu einer effektiven Verteidigung unangemessen beschränken würde, ist der Schutzbereich des Art. 6 I EMRK eröffnet.

bb) Einhaltung der speziellen Vorgaben des Art. 6 EMRK
Fraglich ist jedoch, ob die staatlichen Organe der Bundesrepublik Deutschland auch die speziellen Vorgaben des Art. 6 EMRK eingehalten haben. Die Verwertung jedenfalls von Aussagen und körperlichen Beweisen, die als direkte Folge eines Verstoßes gegen das absolute Menschenrecht aus Art. 3 EMRK – unabhängig davon, ob die Behandlung als Folter, unmenschliche oder erniedrigende Behandlung einzustufen ist – gewonnen wurden, macht das Verfahren nach der Rechtsprechung des EGMR automatisch insgesamt unfair und begründet damit einen Verstoß gegen Art. 6 I EMRK.[64] Schwieriger zu beantworten ist dagegen, ob und inwieweit auch die Verwertung von körperlichen Beweisen, die indirekt durch den Konventionsverstoß gewonnenen wurden, wie hier etwa die Leiche von J und die Reifenspuren, die Fairness des Verfahrens gem. Art. 6 I EMRK verletzt (Stichwort: Fernwirkung). Zur Beantwortung dieser Frage betrachtet der EGMR die verschiedenen widerstreitenden Rechte und Interessen, wie einerseits das Erfordernis einer wirksamen Strafverfolgung, insbesondere im Interesse der Opfer und der Öffentlichkeit, andererseits das Recht des Angeklagten auf ein faires Verfahren und die Absolutheit von Art. 3 EMRK, unter Berücksichtigung der Umstände des Einzelfalls.[65] Dabei ist zu beachten, dass Art. 6 EMRK, anders als Art. 3 EMRK, kein absolutes Recht schützt. Die Fairness des Strafverfahrens und die wirksame Sicherung des absoluten Verbots in Art. 3 EMRK sind nach dem EGMR aber nur dann berührt, wenn feststeht, dass sich der Verstoß gegen Art. 3 EMRK auf die Entscheidung über die Schuld des Angeklagten oder die Strafe ausgewirkt hat. Insofern ist festzustellen, dass das LG Frankfurt a. M. seine Feststellungen zu den von G begangenen Verbrechen ausschließlich auf das erneute umfassende Geständnis gestützt hat, das G in der Haupt-

---

[63] *Grabenwarter/Pabel*, EMRK, § 24 Rn. 66.
[64] So EGMR v. 25.9.2012 – 649/08, § 85 – El Haski/Belgien; EGMR (Große Kammer) v. 1.6.2010 – 22978/05, NJW 2010, 3145 (3148), §§ 167 ff. – Gäfgen/Deutschland; s. auch EGMR v. 11.7.2006, 54810/00 Nr. 107, NJW 2006, 3117 ff. – Jalloh/Deutschland; EGMR v. 10.3.2009, 4378/02 Nr. 89/90, NJW 2010, 213 (215) – Bykov/Russland; *Satzger*, IntStR, § 11 Rn. 81, 51; *Schilling*, Menschenrechtsschutz, Rn. 690; vgl. auch *Esser*, NStZ 2008, 657 (661); *Grabenwarter*, NJW 2010, 3128 (3131).
[65] EGMR (Große Kammer) v. 1.6.2010 – 22978/05, NJW 2010, 3145 (3148 f.), §§ 174 ff. – Gäfgen/Deutschland.

verhandlung abgelegt hat. Zuvor war er durch das erkennende Gericht qualifiziert belehrt, also darüber aufgeklärt worden, dass er ein Schweigerecht besitzt und seine früheren Erklärungen zur Anklage nicht gegen ihn verwendet werden können. Die zusätzlichen, im Verfahren zugelassenen Beweismittel, etwa die Obduktionsergebnisse zur Todesursache von J und die Reifenspuren vom Fahrzeug des G, dienten nicht zum Nachweis der Schuld, sondern alleine dazu, den Wahrheitsgehalt des von G in der Hauptverhandlung abgelegten Geständnisses zu überprüfen. Zudem existierten weitere Beweismittel, die von den Strafverfolgungsbehörden nicht durch einen Verstoß gegen Art. 3 EMRK, sondern durch die seit der Lösegeldübergabe laufenden Observation des G erlangt worden sind. Zu diesen „nicht eingefärbten" Beweismitteln zählen beispielsweise das Erpresserschreiben, die in der Wohnung des G aufgefundene Skizze des Tatplans sowie das Lösegeld. Die umstrittenen körperlichen Beweise waren somit nicht notwendig und haben nicht dazu gedient, die Schuld des G zu beweisen oder die Strafe festzusetzen. Daher ist das Verfahren insgesamt als fair einzustufen.[66] Eine Verletzung von Art. 6 I EMRK kommt somit nicht in Betracht.

III. Ergebnis
Die Individualbeschwerde des G vor dem EGMR hat Aussicht auf Erfolg, da sie zulässig und im Hinblick auf die Verletzung von Art. 3 EMRK auch begründet ist.

Hinweise auf Rechtsprechung und Literatur

EGMR (5. Sektion) NStZ 2008, 699 ff. (Gäfgen/Deutschland)
EGMR (Große Kammer) NJW 2010, 3145 ff. (Gäfgen/Deutschland)
Esser, in: Ahlbrecht/Böhm/Esser/Eckelmans, Internationales Strafrecht, 2018, Rn. 66-259
Esser, Europäisches und Internationales Strafrecht, 2. Aufl., 2018, § 9 Rn. 39-98, 146-164, 202-242
Esser, EGMR in Sachen Gäfgen v. Deutschland (22978/05), Urt. v. 30.6.2008, NStZ 2008, 657 ff.
Grabenwarter/Pabel, Europäische Menschenrechtskonvention, 7. Aufl., 2021, § 9, § 20 Rn. 41-89, § 24 Rn. 1 ff.
Grabenwarter, Androhung von Folter und faires Strafverfahren – Das (vorläufig) letzte Wort aus Straßburg, NJW 2010, 3128 ff.
Schiedermair, Schwerpunktbereichsklausur – Öffentliches Recht: Individualbeschwerde vor dem EGMR – Gewaltanwendung im Verhör, JuS 2010, 993 ff.
Satzger, Internationales und Europäisches Strafrecht, 10. Aufl., 2022, § 11 Rn. 36-52, 67-94
Schilling, Internationaler Menschenrechtsschutz, 3. Aufl., 2016, §§ 8, 20, 26

---

[66] EGMR (Große Kammer) v. 1.6.2010, 22978/05 Nr. 187, NJW 2010, 3145 (3150) – Gäfgen/Deutschland; *Schilling*, Menschenrechtsschutz, Rn. 692. Mit dem Hinweis darauf, dass durch diese Argumentationsweise letztlich der absolute Charakter des Art. 3 EMRK untergraben wird, ist auch die Gegenauffassung, die eine Verletzung von Art. 6 I EMRK bejaht, gut vertretbar; vgl. *Schiedermair*, JuS 2010, 993 (998).

Klausur 19
Die unfairen Lockspitzel

Unzulässige Tatprovokation – Opfereigenschaft bei Verletzung des Rechts auf ein faires Verfahren nach Art. 6 I EMRK – Rechtsfolge des polizeilichen Lockspitzeleinsatzes im deutschen Strafverfahren

Mark A. Zöller

19.1 Fall

Am 18.10.2007 genehmigte das zuständige deutsche Amtsgericht im Rahmen eines Ermittlungsverfahrens wegen Handeltreibens mit Betäubungsmitteln den Einsatz von verdeckten Ermittlern gegen S. Die Polizei beschloss, über B, einen guten Freund und Geschäftspartner von S, den gewünschten Kontakt zwischen S und den verdeckten Ermittlern V1 und V2 herzustellen. B war zum damaligen Zeitpunkt weder vorbestraft noch bestand gegen ihn ein Anfangsverdacht hinsichtlich einer Verwicklung in die von S betriebenen Betäubungsmittelgeschäfte. Ab dem 16.11.2007 bemühten sich V1 und V2 um eine Kontaktaufnahme zu B. Sie suchten ihn in dem von ihm geführten Restaurant auf und gaben vor, zum Betrieb eines Clubs eine Immobilie kaufen zu wollen. Daraufhin bot B den verdeckten Ermittlern mehrere Immobilien an und besichtigte diese auch mit ihnen. Später stellte B zwecks Organisation eines internationalen Schmuggels von Zigaretten den Kontakt zwischen den verdeckten Ermittlern und S her. Nachdem V1 dem B am 23.1.2008 mitteilte, dass er das Risiko, beim Zigarettenschmuggel erwischt zu werden, in Anbetracht der zu erwartenden Profite für zu groß halte, gab B zu erkennen, dass S sowie andere ihm bekannte Personen auch mit Kokain und Amphetamin handeln würden. B betonte jedoch, dass er selbst mit dem Rauschgifthandel nichts zu tun haben, sondern für seine Vermittlungsbemühungen lediglich eine entsprechende

---

M. A. Zöller (✉)
Lehrstuhl für Deutsches, Europäisches und Internationales Strafrecht und Strafprozessrecht, Wirtschaftsstrafrecht und das Recht der Digitalisierung, Ludwig-Maximilians-Universität München, München, Deutschland
E-Mail: mark.zoeller@jura.uni-muenchen.de

Provision kassieren wolle. Die verdeckten Ermittler zeigten sich daran interessiert, Rauschgift zu transportieren und zu kaufen. Am 1.2.2008 erklärte B, der von V1 angerufen worden war, diesem gegenüber jedoch, dass er an anderen Geschäften als dem Betrieb seines Restaurants nicht mehr interessiert sei. Am 7.2.2008 weitete das Amtsgericht in Anbetracht der Aussagen, die B am 23.1.2008 gegenüber V1 gemacht hatte, die Genehmigung des Einsatzes der verdeckten Ermittler auch auf B als Zielperson aus. Am 8.2.2008 suchte V1 den B in seinem Restaurant auf und zerstreute dessen Misstrauen gegenüber den verdeckten Ermittlern sowie seine Furcht vor einer Freiheitsstrafe im Fall einer Entdeckung des Rauschgiftgeschäfts. Daraufhin fuhr B mit der Organisation eines solchen Geschäfts fort. Die verdeckten Ermittler sollten am 16.2.2008 250 kg Amphetaminpaste und 40 g Kokain von S erwerben. An diesem Tag wurden B und S nach Lieferung des Rauschgifts an die verdeckten Ermittler von deutschen Polizeibeamten festgenommen. Für die Vermittlung des Geschäfts zwischen S und den verdeckten Ermittlern sollte B von S eine Provision in Höhe von 50.000 EUR erhalten.

Am 22.10.2008 wurde B durch das zuständige Landgericht wegen Handeltreibens mit Betäubungsmitteln in nicht geringer Menge (vgl. § 29a I Nr. 2 BtMG) zu einer Freiheitsstrafe von fünf Jahren verurteilt. Zum Tatnachweis waren zu seinen Lasten die durch V1 und V2 im Rahmen ihres Einsatzes erlangten Beweismittel verwertet worden. Unter anderem wurden im Wege des Urkundenbeweises die schriftlichen Berichte der verdeckten Ermittler, die diese während der gesamten verdeckten Maßnahme verfasst hatten, in die Hauptverhandlung eingeführt, da diese infolge einer rechtmäßigen Sperrerklärung ihres Dienstvorgesetzten (§ 110b III i. V. m. § 96 StPO) aus Gründen des Quellenschutzes nicht als Zeugen in der Hauptverhandlung zur Verfügung standen. Auf die mit Hilfe des Einsatzes von V1 und V2 getroffenen Feststellungen stützte die Große Strafkammer weitgehend auch ihr Urteil. Mit Blick auf das Strafmaß wurde neben dem Geständnis und dem Fehlen von Vorstrafen des B insbesondere die Tatsache strafmildernd berücksichtigt, dass der B, gegen den bei Ermittlungsbeginn keinerlei Verdacht bestanden habe, von einer staatlichen Stelle zu Straftaten verleitet worden sei. Dennoch sei er zu der Straftat nicht angestiftet worden. Die von B gegen das landgerichtliche Urteil eingelegte Revision wurde vom BGH am 8.4.2009 als unbegründet verworfen. Mit seiner Revisionsbegründung hatte B insbesondere gerügt, dass er von der Polizei dazu verleitet worden sei, die Tat zu begehen. Dies verletze das Rechtsstaatsprinzip und die EMRK, sodass ein Verfahrenshindernis vorliege. Das BVerfG hat es am 28.5.2009 abgelehnt, die Verfassungsbeschwerde des B zur Entscheidung anzunehmen. Am 12.7.2011 wurde B vorzeitig aus der Haft entlassen, nachdem er zwei Drittel seiner Freiheitsstrafe verbüßt hatte.

Aufgabe Kann B vor diesem Hintergrund nach wie vor geltend machen, Opfer einer Verletzung des in Art. 6 I EMRK verankerten Rechts auf ein faires Verfahren zu sein? Gehen Sie hierbei sowohl auf die neueste Rechtsprechung des Europäischen Gerichtshofs für Menschenrechte einerseits als auch auf die Rechtsprechung des Bundesverfassungsgerichts und des Bundesgerichtshofs andererseits ein.

19.2 Lösung

19.2.1 Prüfungsaufbau

A. Eigene und unmittelbare Betroffenheit
B. Gegenwärtige Betroffenheit
    I. Verstoß gegen Art. 6 I EMRK
        1. Voraussetzungen einer konventionswidrigen Tatprovokation nach der Rechtsprechung des EGMR
        2. Voraussetzungen einer konventionswidrigen Tatprovokation nach der Rechtsprechung des BGH
    II. Kompensation der konventionswidrigen Tatprovokation
        1. Vorgaben des EGMR für eine hinreichende Wiedergutmachung auf nationaler Ebene
        2. Umsetzung dieser Vorgaben nach der Rechtsprechung des BVerfG und des BGH
        3. Beachtung dieser Vorgaben im konkreten Fall
C. Ergebnis

19.2.2 Lösungsvorschlag

B kann geltend machen, Opfer einer Verletzung von Art. 6 I EMRK zu sein, wenn er darlegt, dass er durch das von ihm gerügte, der Bundesrepublik Deutschland zuzurechnende Verhalten selbst, gegenwärtig und unmittelbar in seinem Recht auf ein faires Verfahren betroffen ist.

A. Eigene und unmittelbare Betroffenheit
B ist durch das mittlerweile rechtskräftige Urteil des Landgerichts wegen eines Betäubungsmitteldelikts zu einer Freiheitsstrafe von fünf Jahren verurteilt worden, die auch zu zwei Dritteln in einer deutschen Justizvollzugsanstalt vollstreckt worden ist. Zu dieser Straftat ist er durch verdeckte Ermittler verleitet worden. Zudem wurde seine Verurteilung im Wesentlichen auf ihn belastendes Beweismaterial gestützt, das durch einen rechtlich zweifelhaften Einsatz von verdeckten Ermittlern erlangt worden war. Insofern ist ohne Weiteres davon auszugehen, dass B durch die rechtskräftige strafrechtliche Verurteilung *selbst und unmittelbar betroffen* ist.

B. Gegenwärtige Betroffenheit
Näherer Betrachtung bedarf jedoch die Frage, ob B hierdurch auch *gegenwärtig betroffen* ist. Hierzu ist zu prüfen, ob die *Opfereigenschaft* möglicherweise nachträglich weggefallen ist. In der Vergangenheit liegende, bereits abgeschlossene Verletzungen der EMRK oder ihrer Zusatzprotokolle scheiden als Beschwerdegegenstand aus, wenn sie bereits geheilt wurden. Dazu müssen regelmäßig *zwei Voraussetzun-*

gen erfüllt sein: *Zum einen* müssen die nationalen Behörden die nicht mehr andauernde Konventionsverletzung ausdrücklich oder zumindest dem Grunde nach anerkannt, *zum anderen* müssen sie sämtliche mit dem Konventionsverstoß verbundenen Nachteile aufgehoben haben.[1] Schließlich obliegt es primär den innerstaatlichen Behörden, Wiedergutmachung für Konventionsverstöße zu leisten. Insofern ist zunächst in einem ersten Schritt zu klären, ob der Einsatz der verdeckten Ermittler V1 und V2 gegenüber B und die Verwertung der durch sie in diesem Rahmen erlangten Beweismittel als Konventionsverstoß angesehen werden kann. Erst dann kann in einem zweiten Schritt der Frage nachgegangen werden, ob ein solcher Verstoß anschließend in einem die Opfereigenschaft von B ausschließenden Maße durch die Bundesrepublik Deutschland als Konventionsstaat kompensiert worden ist.

I. Verstoß gegen Art. 6 I EMRK

Ob ein Verfahren fair war, beurteilt der Europäische Gerichtshof für Menschenrechte (EGMR) unter Berücksichtigung aller Umstände des Verfahrens einschließlich der Rechtsmittelinstanz. Entscheidend ist nach dieser *Gesamtbetrachtung*, ob das Verfahren insgesamt, einschließlich der Beweiswürdigung, einen fairen Charakter aufweist.[2] Vorliegend könnte es an der Fairness des Verfahrens als Ganzes schon mit Blick auf den Einsatz der beiden verdeckten Ermittler fehlen.

1. Voraussetzungen einer konventionswidrigen Tatprovokation nach der Rspr. des EGMR

Grundsätzlich erachtet der EGMR insbesondere vor dem Hintergrund der Ausbreitung der Organisierten Kriminalität im Bereich des Rauschgifthandels den Einsatz von verdeckten Ermittlern als zulässige Ermittlungsmaßnahme. Indes unterliegen derartige Einsätze unter dem *Gesichtspunkt des fairen Verfahrens nach Art. 6 I EMRK* auch gewissen Begrenzungen, deren Einhaltung durch Schutzmaßnahmen sicherzustellen ist.[3] Dies gilt insbesondere für den Bereich sogenannter Lockspitzeleinsätze, bei denen verdeckt ermittelnde Personen in tatprovozierender Weise auf die Zielperson einwirken, um dieser eine konkrete Tat nachweisen und durch deren strafrechtliche Verfolgung latente kriminelle Energie zerschlagen zu können. In derartigen Fällen ist die Grenze zur konventionswidrigen und damit unzulässigen Tatprovokation nach der Rechtsprechung des EGMR überschritten, wenn es sich um eine sogenannte „polizeiliche Anstiftung" oder ein „polizeiliches Fallenstellen" („police incitement or entrapment") handelt.[4] Grund für das Verbot der hier in

---

[1] Vgl. *Esser*, IntStR, § 9 Rn. 68; *Grabenwarter/Pabel*, EMRK, § 13 Rn. 18 m. w. N.
[2] EGMR v. 9.6.1998, 44/1997/828/1034 Nr. 34, NStZ 1999, 47 (48) – Teixeira de Castro/Portugal; EGMR (Große Kammer) v. 5.2.2008, 74420/01 Nr. 52, NJW 2009, 3565 (3566) – Ramanauskas/Litauen; EGMR v. 23.10.2014, 54648/09 Nr. 46, NJW 2015, 3631 (3632) – Furcht/Deutschland; EGMR v. 15.10.2020, 40495/15 Nr. 109, BeckRS 2020, 28627 – Akbay u. a./Deutschland.
[3] EGMR v. 23.10.2014, 54648/09 Nr. 47, NJW 2015, 3631 (3632) – Furcht/Deutschland; EGMR v. 15.10.2020, 40495/15 Nr. 110, BeckRS 2020, 28627 – Akbay u. a./Deutschland.
[4] So die st. Rspr., etwa EGMR v. 23.10.2014, 54648/09 Nr. 48, HRRS 2014 Nr. 1066 Rn. 49 – Furcht/Deutschland; EGMR v. 15.10.2020, 40495/15 Nr. 111, BeckRS 2020, 28627 – Akbay u. a./Deutschland.

19 Die unfairen Lockspitzel

Betracht kommenden Anstiftung durch die Polizei ist, dass sie die Aufgabe hat, Straftaten zu verhüten und aufzuklären, aber nicht, zu ihrer Begehung anzustiften.[5] Eine solche „Anstiftung" liegt daher nach dem EGMR vor, wenn sich die Polizeikräfte oder die in ihrem Auftrag handelnden Personen nicht darauf beschränken, kriminelle Aktivitäten *in einer im Wesentlichen passiven Art und Weise* aufzuklären, sondern einen solchen Einfluss auf die Zielperson ausüben, dass diese zur Begehung einer Straftat angestiftet wird, *die andernfalls nicht begangen worden wäre*.[6] Zur Prüfung dieser Voraussetzungen (im Wesentlichen passive Ermittlung und Kausalität) und damit zur Abgrenzung von unzulässiger Anstiftung und legitimer verdeckter Ermittlungsmethode zieht der EGMR im Rahmen des sog. „substantive test of incitement"[7] *die Gründe*, auf denen die verdeckte Maßnahme beruht, und *das Verhalten der Ermittlungsbehörden*, die die Maßnahme durchgeführt haben, heran.[8] Im Rahmen *der Gründe* erweist sich regelmäßig als entscheidend, ob im Zeitpunkt der erstmaligen Kontaktaufnahme mit der Zielperson durch die Ermittlungsbehörden *objektive Anhaltspunkte für den Verdacht bestanden*, dass diese entweder schon an Straftaten beteiligt oder zumindest dazu bereit, d. h. tatgeneigt, war.[9] Anhaltspunkte zur Begründung eines derartigen Verdachts können etwaige – insbesondere einschlägige – Vorstrafen des Betroffenen, bereits eingeleitete Ermittlungsverfahren oder in Rauschgiftfällen unter Umständen auch die Vertrautheit der Zielperson mit den aktuellen Rauschgiftpreisen, die Fähigkeit zu deren kurzfristiger Beschaffung sowie der mit dem Geschäft erzielte oder intendierte Gewinn der Zielperson sein.[10] Unter dem Aspekt *des Verhaltens der Ermittlungsbehörden* und der Frage, ob dieses als *im Wesentlichen passiv* einzustufen ist, prüft der EGMR zunächst, ob kein unzulässiger Druck auf die Zielperson ausgeübt wurde, die Straftat zu begehen.[11] Speziell

---

[5] EGMR v. 23.10.2014, 54648/09 Nr. 48, NJW 2015, 3631 (3633) – Furcht/Deutschland; EGMR v. 15.10.2020, 40495/15 Nr. 112, BeckRS 2020, 28627 – Akbay u. a./Deutschland.

[6] EGMR (Große Kammer) v. 5.2.2008, 74420/01 Nr. 55, NJW 2009, 3565 (3566) – Ramanauskas/Litauen; EGMR v. 23.10.2014, 54648/09 Nr. 48, NJW 2015, 3631 (3633) – Furcht/Deutschland; EGMR v. 15.10.2020, 40495/15 Nr. 112, BeckRS 2020, 28627 – Akbay u. a./Deutschland.

[7] Vgl. etwa. *Petzsche,* JR 2015, 88 (90); *Sinn/Maly,* NStZ 2015, 379 (380).

[8] EGMR v. 4.11.2010, 18757/06 Nr. 38 ff., HRRS 2011 Nr. 331 Rn. 35 ff. – Bannikova/Russland; EGMR v. 23.10.2014, 54648/09 Nr. 50 ff., NJW 2015, 3631 (3633) – Furcht/Deutschland; EGMR v. 15.10.2020, 40495/15 Nr. 114 ff., BeckRS 2020, 28627 – Akbay u. a./Deutschland; krit. zu diesen Kriterien *Sinn/Maly,* NStZ 2015, 379 (381).

[9] EGMR v. 4.11.2010, 18757/06 Nr. 38, HRRS 2011 Nr. 331 Rn. 25 – Bannikova/Russland; EGMR v. 23.10.2014, 54648/09 Nr. 50, 56, NJW 2015, 3631 (3633 f.) – Furcht/Deutschland; EGMR v. 15.10.2020, 40495/15 Nr. 114, BeckRS 2020, 28627 – Akbay u. a./Deutschland.

[10] EGMR v. 9.6.1998, 44/1997/828/1034 Nr. 38, NStZ 1999, 47 (48) – Teixeira de Castro/Portugal; EGMR (Große Kammer) v. 5.2.2008, 74420/01 Nr. 56 ff., NJW 2009, 3565 (3566 ff.) – Ramanauskas/Litauen; EGMR v. 4.11.2010, 18757/06 Nr. 39 ff., HRRS 2011 Nr. 331 Rn. 36 ff. – Bannikova/Russland; EGMR v. 23.10.2014, 54648/09 Nr. 51, NJW 2015, 3631 (3633) – Furcht/Deutschland; EGMR v. 15.10.2020, 40495/15 Nr. 115, BeckRS 2020, 28627 – Akbay u. a./Deutschland mit Anm. *Esser,* StV 2021, 383 (384).

[11] EGMR v. 23.10.2014, 54648/09 Nr. 52, NJW 2015, 3631 (3633) – Furcht/Deutschland; EGMR v. 15.10.2020, 40495/15 Nr. 116, BeckRS 2020, 28627 – Akbay u. a./Deutschland.

in Rauschgiftfällen fehlt es an der erforderlichen Passivität des Weiteren, wenn die Ermittlungsbehörden von sich aus Kontakt zur Zielperson aufnehmen, ihr Angebot trotz anfänglicher Ablehnung erneuern, ihn beharrlich drängen, den Preis über den durchschnittlich gezahlten erhöhen oder an das Mitleid des Betroffenen appellieren, indem sie beispielsweise angebliche Entzugserscheinungen erwähnen.[12] Mit Blick auf diese Kriterien liegt die *Beweislast beim Konventionsstaat*, d. h. dessen Strafverfolgungsbehörden müssen nachweisen, dass es keine Anstiftung gegeben hat, sofern die Behauptung einer Anstiftung seitens des Betroffenen nicht völlig unwahrscheinlich ist.[13] Damit wird den tatsächlichen Schwierigkeiten für die Beweisführung durch den Betroffenen, der regelmäßig keine Einsicht in die innerbehördliche Praxis verdeckter Ermittlungen hat, Rechnung getragen.[14]

Wendet man diese Kriterien auf den vorliegenden Sachverhalt an, so ist hinsichtlich der Gründe der verdeckten Maßnahme festzustellen, dass es zum Zeitpunkt der ersten Kontaktaufnahme von V1 und V2 mit B am 16.11.2007 keine objektiven Anhaltspunkte im Sinne eines strafprozessualen Anfangsverdachts dafür gab, dass B in die Betäubungsmittelgeschäfte von S verwickelt war. Ein Ermittlungsverfahren war zu diesem Zeitpunkt daher gegen B auch noch nicht eingeleitet worden. Die verdeckten Ermittler hatten sich vielmehr nur deshalb an den nicht vorbestraften B gewandt, weil er ein guter Freund des Tatverdächtigen S war und sie daher annahmen, dass sie mit seiner Hilfe Kontakt zu S aufnehmen könnten. Zwar hat B die Möglichkeit, von S Rauschgift zu kaufen, selbst aufgeworfen. Dies geschah aber in einem Zusammenhang, den V1 und V2 sorgfältig und mit dem Ziel der Anbahnung eines Betäubungsmittelverkaufs vorbereitet hatten. Zudem hat B am 1.2.2008, als er von V1 angerufen wurde, ausdrücklich erklärt, dass er an der Beteiligung an einem Rauschgiftgeschäft nicht mehr interessiert sei. Dennoch nahm V1 am 8.2.2008 erneut Kontakt mit ihm auf und überredete ihn, mit der Organisation des Verkaufs durch S an die verdeckten Ermittler fortzufahren. Damit haben V1 und V2 bei ihren Ermittlungen auch den Status rein passiven Verhaltens aufgegeben und B aktiv dazu veranlasst, die Straftat zu begehen. Es handelte sich somit um eine polizeiliche Anstiftung im Sinne der Rechtsprechung des EGMR. Da die durch diese polizeiliche Anstiftung erlangten Beweismittel auch durch die Große Strafkammer des Landgerichts im Rahmen des anschließenden Strafverfahrens gegen B verwertet worden sind, ist davon auszugehen, dass er nach der Rspr. des EGMR zumindest ursprünglich in seinem Recht auf ein faires Verfahren nach Art. 6 I EMRK verletzt worden ist.

---

[12] EGMR v. 4.11.2010, 18757/06 Nr. 47, HRRS 2011 Nr. 331 Rn. 44 – Bannikova/Russland; EGMR v. 2.10.2012, 23200/10 Nr. 92 – Veselov u. a./Russland; EGMR v. 23.10.2014, 54648/09 Nr. 52, NJW 2015, 3631 (3633) – Furcht/Deutschland.
[13] EGMR v. 23.10.2014, 54648/09 Nr. 53, NJW 2015, 3631 (3633) – Furcht/Deutschland; EGMR v. 15.10.2020, 40495/15 Nr. 118, BeckRS 2020, 28627 – Akbay u. a./Deutschland.
[14] Vgl. *Petzsche*, JR 2015, 88 (90 f.), die die Frage der Beweislastverteilung sogar als „prozessualen Test" einstuft.

2. Voraussetzungen einer konventionswidrigen Tatprovokation nach der Rspr. des BGH

Auch nach dem BGH unterliegen sogenannte Lockspitzeleinsätze gewissen Grenzen. Als staatliche Tatprovokationen versteht der BGH zunächst Vorgänge, bei denen eine verdeckt ermittelnde Person über das bloße „Mitmachen" hinaus in Richtung auf eine Weckung der Tatbereitschaft oder eine Intensivierung der Tatplanung mit einiger Erheblichkeit stimulierend auf den Täter einwirkt.[15] Die Zulässigkeit derartiger Einsätze wird auch nach dem BGH durch den *Grundsatz des fairen Verfahrens* begrenzt, den er nicht nur in *Art. 6 I EMRK* verankert sieht, sondern in ständiger Rechtsprechung auch aus *Art. 2 I i. V. m. Art. 20 III GG* ableitet.[16]

Die EMRK nimmt hierbei im Ausgangspunkt innerhalb der deutschen Rechtsordnung wie andere völkerrechtliche Verträge den Rang des entsprechenden Transformationsgesetzes nach Art. 59 II S. 1 GG ein und stellt daher ein einfaches Bundesgesetz dar, welches deutsche Gerichte wie der BGH zu beachten und anzuwenden haben.[17] Trotz dieses einfachrechtlichen Ranges erlangt die EMRK nach der Rechtsprechung des BVerfG (sog. Görgülü-Entscheidung) jedoch insofern eine besondere Bedeutung innerhalb der Normenhierarchie, als der Konventionstext und die Rechtsprechung des EGMR als Ausdruck der Völkerfreundlichkeit des Grundgesetzes auf der Ebene des Verfassungsrechts als Auslegungshilfen für die Bestimmung von Inhalt und Reichweite von Grundrechten und rechtsstaatlichen Grundsätzen des Grundgesetzes dienen, sofern dies nicht zu einer – von der Konvention selbst nicht gewollten (vgl. Art. 53 EMRK) – Einschränkung oder Minderung des Grundrechtsschutzes nach dem Grundgesetz führt.[18] Zur Bindung an Gesetz und Recht nach Art. 20 III GG gehört es daher auch, das gesamte deutsche Recht inklusive des Verfassungsrechts im Rahmen vorhandener Spielräume bzw. des methodisch Vertretbaren konventionskonform auszulegen.[19]

In Anbetracht dessen sind die Voraussetzungen, unter denen der BGH eine Tatprovokation als konventionswidrig (Art. 6 I EMRK) und als rechtsstaatswidrig (Art. 2 I i. V. m. Art. 20 III GG) einstuft, deckungsgleich. Eine unzulässige Tatprovokation im Sinne der genannten Vorschriften ist nach ständiger Rechtsprechung anzunehmen, wenn eine unverdächtige und zunächst nicht tatgeneigte Person in einer dem Staat zurechenbaren Weise zu einer Straftat verleitet wird und dies zu einem Strafverfahren führt.[20] Anders gewendet ist eine Tatprovokation also nur

---

[15] BGHSt 60, 238 (245); 60, 276 (284); BGH NStZ 2018, 355 (356 f.); BeckRS 2018, 17767, Rn. 26; KriPoZ 2022, 126 (127).

[16] St. Rspr., etwa BGHSt 32, 345 (346); BGH NStZ 2014, 277 (279); KriPoZ 2022, 126 (127); das BVerfG zieht in BVerfG NJW 2015, 1083 zusätzlich das durch ein Strafverfahren bedrohte Recht auf Freiheit der Person Art. 2 II S. 2 GG und Art. 1 I GG, der es verbietet, den Menschen zum bloßen Objekt eines staatlichen Verfahrens herabzuwürdigen, heran; *Beulke/Swoboda*, Strafprozessrecht, Rn. 59 nennen darüber hinaus auch noch Art. 101 I S. 2 GG und Art. 103 I GG.

[17] BVerfGE 111, 307 (316 f.); BGHSt 60, 276 (292); *Satzger*, IntStR, § 11 Rn. 13.

[18] BVerfGE 111, 307 (317 f.).

[19] BVerfGE 111, 307; *Satzger*, IntStR, § 11 Rn. 14.

[20] BGHSt 60, 238 (244 f.); 60, 276 (284); BGH NStZ 2018, 355 (356 f.); BeckRS 2018, 17767, Rn. 26; KriPoZ 2022, 126 (127).

zulässig, wenn diese gegen eine Person eingesetzt wird, die *in einem den §§ 152 II, 160 StPO vergleichbaren Grad verdächtig ist,* an einer bereits begangenen Straftat beteiligt gewesen oder zu einer zukünftigen Straftat bereit zu sein.[21] Auch bei Vorliegen eines derartigen Verdachts kann die Tatprovokation außerdem unzulässig sein, wenn sich die staatliche Einwirkung im Verhältnis zum Verdacht und dem eigenen Beitrag des Betroffenen bei Abwägung aller Umstände als *unvertretbar übergewichtig* darstellt.[22] Im Rahmen der Abwägung sind hierbei insbesondere Grundlage und Ausmaß des gegen den Betroffenen bestehenden Verdachts, Art, Intensität und Zweck der Einflussnahme sowie die eigenen, nicht fremdgesteuerten Aktivitäten des Betroffenen in den Blick zu nehmen.[23]

Wendet man diese Kriterien des BGH auf den vorliegenden Sachverhalt an, so ist festzuhalten, dass es zum Zeitpunkt der ersten Kontaktaufnahme mit B durch V1 und V2 keine objektiven Anhaltspunkte gab, die einen Verdacht im Grad der §§ 152 II, 160 StPO gegen B begründet hätten, an einem Rauschgiftdelikt beteiligt gewesen oder zu einem solchen bereit zu sein (s. o.). Schon deswegen erweist sich die Tatprovokation als konventions- und rechtsstaatswidrig. Überdies nahm V1 trotz der ausdrücklich Erklärung seitens B, dass er an anderen Geschäften als dem Betriebs seines Restaurants nicht mehr interessiert sei, am 8.2.2008 erneut Kontakt mit ihm auf und überredete ihn, die Organisation des Rauschgiftverkaufs durch S an die verdeckten Ermittler fortzusetzen und wirkte damit in einer Weise auf B ein, die sich bei der erforderlichen Gesamtabwägung angesichts der Intensität der Einwirkung selbst bei unterstelltem, anfänglichen Verdacht als unvertretbar übergewichtig erweist. Infolge der Verwertung der durch die unzulässige Tatprovokation erlangten Beweismittel im Rahmen des anschließenden, gegen B gerichteten Strafverfahrens ist daher davon auszugehen, dass B auch nach der Rspr. des BGH zumindest ursprünglich in seinem Recht auf ein faires Verfahren nach Art. 6 I EMRK (und auch Art. 2 I i. V. m. Art. 20 III GG) verletzt worden ist.[24]

---

[21] BGHSt 60, 276 (284).

[22] BGHSt 32, 345 (347); BGH NStZ 2014, 277 (279); BGHSt 60, 238 (245); 60, 276 (284 f.); BeckRS 2018, 17767, Rn. 26; KriPoZ 2022, 126 (127).

[23] BGHSt 32, 345 (347); 60, 276 (285); BGH NStZ 2018, 355 (357); BeckRS 2018, 17767, Rn. 26; KriPoZ 2022, 126 (128); das Ausmaß des Verdachts wird insofern häufig relevant, als es insbesondere unzulässig ist, den Betroffenen zu einer Tat zu bewegen, die im Vergleich zum Verdacht einen erheblich höheren Unrechtsgehalt aufweist (sog. Aufstiftung oder auch Quantensprung), so explizit BGH KriPoZ 2022, 126 (128) sowie der Sache nach BGH NStZ 2014, 277 (279) mit Anm. *Jahn,* JuS 2014, 371 f.

[24] Die obigen Ausführungen zeigen, dass der BGH trotz der im Ausgangspunkt vom EMGR abweichenden Formulierung der Kriterien für die Beurteilung der Zulässigkeit einer Tatprovokation zu weitgehend gleichen Ergebnissen gelangt, da der EGMR für die Kausalitätsfrage auf die Gründe der verdeckten Maßnahme und dort insbesondere – wie auch der BGH – auf den Verdacht rekurriert und sich auch bei dem Kriterium der im Wesentlichen passiven Ermittlung seitens des EGMR und der Frage nach einer unvertretbar übergewichtigen Einwirkung seitens des BGH weitreichende Überschneidungen konstatieren lassen. Insofern geht der 1. Senat des BGH in BGHSt 60, 238 (246) davon aus, dass die vom EGMR aufgestellten Voraussetzungen in der Judikatur des BGH abgebildet werden; der 2. Senat hat diese Frage in BGHSt 60, 276 (290) offengelassen. Für die Ergebnisgleichheit spricht insbesondere auch die Görgülü-Rspr. des BVerfG zur Bedeutung der EMRK.

II. Kompensation

Damit stellt sich die Frage, ob die *Opfereigenschaft des B* infolge einer Kompensation der festgestellten Konventionsverletzung *nachträglich wieder entfallen* ist.

1. Vorgaben des EGMR für eine hinreichende Wiedergutmachung auf nationaler Ebene

Der EGMR geht in ständiger Rechtsprechung davon aus, dass es in erster Linie Sache der staatlichen Behörden und Gerichte ist, Verstöße gegen die Konvention zu kompensieren.[25] Hierfür müssen sie einerseits die *Konventionsverletzung ausdrücklich oder der Sache nach anerkannt* und andererseits *Wiedergutmachung geleistet* haben.[26] Welche Wiedergutmachung angemessen und ausreichend ist, um die Verletzung eines Konventionsrechts auf innerstaatlicher Ebene auszugleichen, hängt von den Gesamtumständen des Falls ab, wobei insbesondere die Art der festgestellten Konventionsverletzung zu berücksichtigen ist.[27] In den Fällen einer konventionswidrigen Tatprovokation nimmt der EGMR seit seiner Entscheidung in der Rechtssache Teixeira de Castro gegen Portugal aus dem Jahr 1998 in gefestigter Rechtsprechung an, dass das öffentliche Interesse an der Kriminalitätsbekämpfung – selbst bei schwerer Kriminalität wie Rauschgifthandel – die Verwendung von Beweisen, die durch die polizeiliche Anstiftung gewonnen wurden, nicht rechtfertigen kann und daher die Zulassung solcher Beweise dem Betroffenen von Beginn an und endgültig das Recht auf ein faires Verfahren entzieht.[28] Zur Wiedergutmachung einer konventionswidrigen Tatprovokation ist es daher nach den präzisierenden Ausführungen des EGMR in der Rechtssache Furcht gegen Deutschland vom 23.10.2014 notwendig, dass *alle durch polizeiliche Anstiftung gewonnenen Beweismittel ausgeschlossen* oder *auf andere Weise vergleichbare Ergebnisse* herbeigeführt werden.[29] Überdies hat der EGMR in der Rechtssache Akbay u. a. gegen Deutschland vom 15.10.2020 erstmals auch eine *Verfahrenseinstellung* aufgrund eines Verfahrensmissbrauchs als dritte Wiedergutmachungsmöglichkeit explizit anerkannt.[30]

---

[25] EGMR v. 29.3.2006, 36813/97 Nr. 179, NJW 2007, 1259 (1263) – Scordino/Italien; EGMR v. 23.10.2014, 54648/09 Nr. 62, NJW 2015, 3631 (3634) – Furcht/Deutschland.

[26] EGMR v. 29.3.2006, 36813/97 Nr. 180, NJW 2007, 1259 (1263) – Scordino/Italien; EGMR v. 23.10.2014, 54648/09 Nr. 62, NJW 2015, 3631 (3634) – Furcht/Deutschland.

[27] EGMR v. 23.10.2014, 54648/09 Nr. 63, NJW 2015, 3631 (3634) – Furcht/Deutschland.

[28] EGMR v. 9.6.1998, 44/1997/828/1034 Nr. 36 u. Nr. 39, NStZ 1999, 47 (48) – Teixeira de Castro/Portugal; bestätigt von EGMR (Große Kammer) v. 5.2.2008, 74420/01 Nr. 54, NJW 2009, 3565 (3566) – Ramanauskas/Litauen; EGMR v. 4.11.2010, 18757/06 Nr. 34, HRRS 2011 Nr. 331 Rn. 31 – Bannikova/Russland; EGMR v. 23.10.2014, 54648/09 Nr. 47 u. Nr. 64, NJW 2015, 3631 (3632 ff.) – Furcht/Deutschland; EGMR v. 15.10.2020, 40495/15 Nr. 123, BeckRS 2020, 28627 – Akbay u. a./Deutschland.

[29] EGMR v. 23.10.2014, 54648/09 Nr. 64, NJW 2015, 3631 (3634) – Furcht/Deutschland.

[30] EGMR v. 15.10.2020, 40495/15 Nr. 122, BeckRS 2020, 28627 – Akbay u. a./Deutschland mit Anm. *Esser*, StV 2021, 383 (387).

2. Umsetzung dieser Vorgaben nach der Rechtsprechung des BVerfG und des BGH

Fraglich ist, wie diese vom EGMR statuierten Vorgaben für die Kompensation einer unzulässigen Tatprovokation auf nationaler Ebene in einem konkreten Strafverfahren umzusetzen sind, zumal es in erster Linie die Aufgabe des staatlichen Rechts und der staatlichen Gerichte ist, über die Zulässigkeit von Beweisen und die Beweiswürdigung zu befinden.[31]

Vom Jahr 1984 bis zum Jahr 2014 ging der BGH in ständiger Rechtsprechung davon aus, dass die unzulässige Tatprovokation erst auf Strafzumessungsebene als schuldunabhängiger Strafmilderungsgrund zu berücksichtigen sei (sog. *Strafzumessungslösung*), insbesondere stelle die Annahme eines Verfahrenshindernisses keine geeignete Lösung für die Fälle unzulässiger Lockspitzeleinsätze dar.[32] Gegen die Annahme eines Verfahrenshindernisses spräche, dass ein solches nur bei einem ausdrücklichen oder aus dem Zusammenhang ersichtlichen Willen des Gesetzgebers in Betracht käme und an klar bestimmbare Tatsachen anknüpfen müsse, während die Annahme einer unzulässigen Tatprovokation das Ergebnis eines komplexen Werturteils sei.[33] Ferner täusche der für ein Verfahrenshindernis häufig ins Feld geführte Gedanke der Verwirkung[34] als Folge der unzulässigen Tatprovokation darüber hinweg, dass es sich beim staatlichen Strafanspruch um keine verwirkbare Rechtsposition, sondern um eine zwingende staatliche Verpflichtung zum Rechtsgüterschutz handle.[35] Diese Verpflichtung dürfe nicht durch das Fehlverhalten eines einzelnen Lockspitzels entfallen, da dieser nicht dazu befugt sei, punktuelle Ausnahmen von der Normgeltung zu schaffen und damit über den Strafanspruch zu disponieren.[36] Andernfalls könne der Schutz unbeteiligter Dritter und ihrer Individualrechtsgüter Not leiden.[37] Abschließend sei zu bedenken, dass selbst ein massiver Verstoß gegen

---

[31] Dem EGMR obliegt es nur, die Einhaltung der Konventionsverpflichtungen sicherzustellen und hierfür zu beurteilen, ob das Verfahren als Ganzes, einschließlich der Beweisaufnahme, fair war EGMR v. 9.6.1998, 44/1997/828/1034 Nr. 34, NStZ 1999, 47 (48) – Teixeira de Castro/Portugal; EGMR (Große Kammer) v. 5.2.2008, 74420/01 Nr. 52, NJW 2009, 3565 (3566) – Ramanauskas/Litauen; EGMR v. 23.10.2014, 54648/09 Nr. 46, NJW 2015, 3631 (3632) – Furcht/Deutschland; EGMR v. 15.10.2020, 40495/15 Nr. 109, BeckRS 2020, 28627 – Akbay u. a./Deutschland.

[32] Grundlegend BGHSt 32, 345 (348 ff.); 45, 321 (326 ff.); BGH NStZ 2014, 277 (280); für die Annahme eines Verfahrenshindernisses zuvor noch der 2. Senat in BGH NJW 1981, 1626 f.

[33] BGHSt 32, 345 (350 ff.).

[34] Einzelne Stimmen im Schrifttum möchten mit diesem Argument auch einen materiell-rechtlichen Strafausschließungsgrund konstruieren, vgl. *Roxin*, JZ 2000, 369 (370); demgegenüber wollen *Sinn/Maly*, NStZ 2015, 379 (382 f.) § 60 StGB anwenden, da das staatliche Fehlverhalten zu einer „Strafreduzierung auf Null" führe. Ob diese Lösung, die nach wie vor auf der Strafzumessungsebene angesiedelt ist und damit eine Verwertung der durch die Lockspitzel erlangten Beweise voraussetzt, allerdings mit den Vorgaben des EGMR vereinbar ist, erscheint höchst fraglich.

[35] BGHSt 32, 345 (353).

[36] BGHSt 32, 345 (353).

[37] BGHSt 45, 321 (334); BGH NStZ 2014, 277 (280).

§ 136a StPO, eine schwere Verletzung des Fairnessgebots, nach der ausdrücklichen gesetzlichen Regelung zu keinem Verfahrenshindernis führe.[38] Diese Strafzumessungslösung hat der EGMR in seiner Entscheidung Furcht gegen Deutschland vom 23.10.2014 unter Anwendung der zugleich präzisierten Vorgaben für eine Kompensation (s. o.) ausdrücklich als unzureichende Wiedergutmachung eingestuft.[39] Selbst eine erhebliche Milderung der Strafe sei kein Verfahren mit vergleichbaren Ergebnissen wie der Ausschluss der Beweismittel, da die durch die polizeiliche Anstiftung erlangten Beweismittel dennoch verwertet und die Verurteilung auf diese gestützt worden sei.[40] Diese Grundsatzentscheidung des EGMR wurde von den deutschen Gerichten in der Folgezeit unterschiedlich rezipiert:

Das BVerfG hat in Kenntnis der Entscheidung in einem Kammerbeschluss vom 18.12.2014 unter den konkreten Umständen des Falles die Strafzumessungslösung weiterhin für zulässig erachtet und im Übrigen ausdrücklich offengelassen, ob in extremen Ausnahmefällen, was vorliegend aufgrund eines Anfangsverdachts verneint wurde, auch die Annahme eines Verfahrenshindernisses in Betracht komme.[41] Zur Begründung verwies das BVerfG darauf, dass das Rechtsstaatsprinzip nicht nur die Rechte des Beschuldigten, sondern auch die Belange einer funktionstüchtigen Strafrechtspflege und damit die Verfolgung, Aburteilung und Bestrafung von Straftätern im Rahmen der geltenden Gesetze schütze, mit der der materiellen Gerechtigkeit zum Durchbruch verholfen werde.[42] Ob die Strafzumessungslösung in jedem Einzelfalle auch den Anforderungen des EGMR gerecht werde, bedürfe keiner Entscheidung, da jedenfalls im zu beurteilenden Fall der Verstoß gegen Art. 6 I S. 1 EMRK ausdrücklich festgestellt, ein erheblicher, konkret bezifferter Strafnachlass gewährt und bei der Beweiswürdigung nicht zum Nachteil der Betroffenen auf die Angaben der verdeckt ermittelnden Personen zurückgriffen worden sei.[43] Vielmehr stütze sich die Beweiswürdigung vor allem auf die Geständnisse der Betroffenen.[44] Ferner betonte das BVerfG, dass das nationale Rechtssystem bei der Umsetzung der Anforderungen des Art. 6 I S. 1 EMRK nicht zwingend dem dogmatischen Ansatz des EMGR, der die Zulässigkeit der Verfahrensdurchführung an sich und die Beweisverwertung in den Mittelpunkt stelle, folgen müsse, sofern die Konventionsvorgaben im Ergebnis gewahrt würden.[45] Hieran anknüpfend haben der 1. und der 5. Strafsenat des BGH in der Folgezeit zunächst weiterhin die Strafzumessungslösung angewendet und extreme Ausnahmefälle, in denen ein Verfahrenshindernis möglicherweise in Betracht käme, stets verneint.[46]

---

[38] BGHSt 45, 321 (334); BGH NStZ 2014, 277 (280).
[39] EGMR NJW 2015, 3631 (3635) – Furcht/Deutschland.
[40] EGMR NJW 2015, 3631 (3635) – Furcht/Deutschland.
[41] BVerfG (2. Kammer des Zweiten Senats) NJW 2015, 1083 (1084 ff.) mit Anm. *Jäger,* JA 2015, 473 ff. und *Jahn,* JuS 2015, 659 ff.
[42] BVerfG NJW 2015, 1083 (1084).
[43] BVerfG NJW 2015, 1083 (1086).
[44] BVerfG NJW 2015, 1083 (1086).
[45] BVerfG NJW 2015, 1083 (1085).
[46] 1. Senat in BGHSt 60, 238 ff. und obiter dictum angedeutet in BGH NStZ 2018, 355 (358); 5.

Der 2. Strafsenat des BGH hat hingegen in einer richtungsweisenden Entscheidung vom 10.6.2015 als Reaktion auf das EGMR-Urteil die Strafzumessungslösung explizit aufgegeben und sich stattdessen – in Übereinstimmung mit gewichtigen Stimmen im Schrifttum – für die Annahme eines Verfahrenshindernisses ausgesprochen.[47] Vor dem Hintergrund der Görgülü-Rspr. des BVerfG (s. o.) gebiete die klare Entscheidung des EGMR, dass die Strafzumessungslösung keine ausreichende Wiedergutmachung darstelle, eine Neubewertung des staatlichen Lockspitzeleinsatzes.[48] Die Annahme eines Beweisverwertungsverbots – wie die vom EGMR postulierte Möglichkeit des Ausschlusses aller durch die Provokation erlangten Beweismittel (s. o.) nahezulegen scheine – stelle hierbei keine geeignete Lösung dar, denn ein Verwertungsverbot kann nach der ständigen Rechtsprechung des BGH immer nur bezüglich einer konkreten Ermittlungshandlung, einem Beweisthema oder einem Beweismittel bestehen und nicht bezüglich der das unmittelbare Resultat der Provokation bildenden, prozessualen Tat an sich.[49] Auch wenn man das Verwertungsverbot auf die Angaben der Lockspitzel beziehen würde, ergäbe sich nach wie vor das Problem, dass Verwertungsverbote im Grundsatz zu keiner Fernwirkung führen und daher eine Verurteilung unter Rückgriff auf mittelbar durch die Provokation gewonnene Beweise wie Angaben von beim Zugriff anwesenden Polizeibeamten oder Geständnisse der Betroffenen nicht ausgeschlossen wäre. Schlösse man daher auch alle mittelbar erlangten Beweismittel aus, liefe dies der Sache nach auf ein Verfahrenshindernis hinaus.[50] Folglich erschiene ein solches zur Umsetzung der Vorgaben des EGMR vorzugswürdig, zumal dies auch unmittelbar an die provozierte Tat selbst anknüpfen könne.[51]

Den vorläufigen Schlusspunkt in der Diskussion setzte der EGMR mit seiner Entscheidung Akbay u. a. gegen Deutschland vom 15.10.2020[52] und damit in demselben Fall, den schon der BGH[53] und das BVerfG im oben besprochenen Kammerbeschluss[54] im Sinne der Strafzumessungslösung entschieden hatten. Neben der expliziten Anerkennung der Verfahrenseinstellung als Wiedergutmachungsmöglichkeit (s. o.) stellte der EGMR nochmals auch für den konkreten Fall unmissverständlich klar, dass die

---

Senat in BGH BeckRS 2018, 17767, Rn. 24 ff., der die Sache mangels ausreichender Feststellungen aber zur erneuten Verhandlung und Entscheidung zurückverwiesen hat.

[47] BGHSt 60, 276 (290 ff.); dazu *Eidam,* StV 2016, 129 ff.; *Jäger,* JA 2016, 308 ff.; *Jahn/Kudlich,* JR 2016, 54 ff.; *Lochmann,* StraFo 2015, 492 ff.; *Mitsch,* NStZ 2016, 57 ff.; für diese Lösung im Schrifttum etwa auch *Beulke/Swoboda,* Strafprozessrecht, Rn. 444; *Esser,* Auf dem Weg zu einem europäischen Strafverfahren, 177; *Gaede/Buermeyer,* HRRS 2008, 279 (285 f.); *Kempf,* StV 1999, 128 (130); *Meglalu,* JA 2018, 342 (346 ff.); *Sinner/Kreuzer,* StV 2000, 114 (116 f.).

[48] BGHSt 60, 276 (292 ff.).

[49] BGHSt 60, 276 (294 ff.) unter Hinweis auf BGHSt 45, 321 (334 f.) und BGHSt 32, 345 (355); für ein umfassendes Verwertungsverbot hingegen *Fischer/Maul,* NStZ 1992, 7 (13); *Kinzig,* StV 1999, 288 (292).

[50] BGHSt 60, 276 (295 f.).

[51] BGHSt 60, 276 (295 f.).

[52] EGMR v. 15.10.2020, 40495/15, BeckRS 2020, 28627 – Akbay u. a./Deutschland.

[53] BGH NStZ 2014, 277 ff.

[54] BVerfG NJW 2015, 1083 ff.

Strafzumessungslösung zu keiner ausreichenden Kompensation führe. Insbesondere hätten auch die Geständnisse der Betroffenen (und damit mittelbar erlangte Beweismittel) für eine hinreichende Kompensation ausgeschlossen werden müssen, da die Betroffenen diese insbesondere mit Blick auf die Angaben der verdeckt ermittelnden Personen abgelegt hätten und insofern ein enger Zusammenhang zur unzulässigen Tatprovokation bestünde.[55] Diese neueste Rechtsprechung des EGMR illustriert abermals, dass letztlich nur die Annahme eines Verfahrenshindernisses geeignet ist, im deutschen Strafrechtssystem zu einer konventionskonformen Behandlung der unzulässigen Tatprovokation zu gelangen. Folgerichtig hat daher jüngst nunmehr auch der 1. Strafsenat die bislang von ihm vertretene Strafzumessungslösung aufgegeben und sich der Rechtsprechung des 2. Strafsenats angeschlossen.[56]

3. Beachtung dieser Vorgaben im konkreten Fall
Fraglich ist also, ob das zuständige Landgericht den festgestellten Verstoß gegen den fair-trial-Grundsatz ausdrücklich oder der Sache nach anerkannt hat und sodann zur Annahme eines Verfahrenshindernisses gelangt ist.

Das Landgericht hat in seinem Urteil lediglich festgestellt, dass B von staatlichen Stellen zu den Straftaten zwar verleitet, aber nicht angestiftet worden sei. Eine genauere rechtliche Einordnung dieses „Verleitens" vor dem Hintergrund der Rechtsprechung des EGMR und des BGH zur konventionswidrigen bzw. rechtsstaatswidrigen Tatprovokation erfolgte nicht.[57] Insofern ist davon auszugehen, dass das Gericht das Vorliegen einer unzulässigen Tatprovokation durch die deutsche Polizei im Sinne der Rechtsprechung des EGMR zu Art. 6 I EMRK gerade nicht ausdrücklich anerkennen wollte. Auch bestehen keine Anhaltspunkte dafür, dass die Große Strafkammer des Landgerichts eine Verletzung von Art. 6 I EMRK der Sache nach durch seine Sachverhaltsfeststellungen anerkannt haben könnte, die im Wesentlichen denen des EGMR entsprechen.[58] Infolgedessen fehlt es für eine Kompensation bereits an der *Anerkennung des Konventionsverstoßes* durch die zuständigen deutschen Behörden.

Im Übrigen hat die deutsche Strafjustiz aber auch *keine ausreichende Wiedergutmachung* geleistet, denn das Landgericht hat die durch den Einsatz der verdeckten Ermittler erlangten Beweismittel, insbesondere durch Verlesung der schriftlichen Berichte von V1 und V2 in der Hauptverhandlung, im Strafverfahren gegen B verwertet, seine Verurteilung auf diese Beweise gestützt und im Übrigen einen bloßen Strafrabatt in Anwendung der unzureichenden Strafzumessungslösung (s. o.) gewährt. Die Opfereigenschaft von B ist somit nicht nachträglich wieder entfallen.

C. Ergebnis
B kann nach wie vor geltend machen, Opfer einer Verletzung von Art. 6 I EMRK (und auch von Art. 2 I i. V. m. Art. 20 III GG) zu sein.

---

[55] EGMR v. 15.10.2020, 40495/15 Nr. 135 ff., BeckRS 2020, 28627 – Akbay u. a./Deutschland.
[56] BGH KriPoZ 2022, 126 (127, 129 f.).
[57] *Sinn/Maly,* NStZ 2015, 379 (381).
[58] Offengelassen von EGMR v. 23.10.2014, 54648/09 Nr. 66, NJW 2015, 3631 (3635) – Furcht/Deutschland.

Hinweise auf Rechtsprechung und Literatur

BGH NStZ 2014, 277 ff. (5. Senat; Fall Akbay u. a.; Anwendung der Strafzumessungslösung als bislang ständige Rechtsprechung des BGH) mit Anm. *Jahn,* JuS 2014, 371 ff.

BGHSt 60, 238 ff. (1. Senat; Beibehaltung der Strafzumessungslösung; Verfahrenshindernis nur in extremen Ausnahmefällen) mit Anm. *Jahn/Kudlich,* JR 2016, 54 ff.

BGHSt 60, 276 ff. (2. Senat; Aufgabe der Strafzumessungslösung und Annahme eines Verfahrenshindernisses) mit Anm. *Eidam,* StV 2016, 129 ff.; *Eisenberg,* NJW 2016, 98 ff.; *Jäger,* JA 2016, 308 ff.; *Jahn/Kudlich,* JR 2016, 54 ff.; *Lochmann,* StraFo 2015, 492 ff.; *Mitsch,* NStZ 2016, 57 ff.

BGH KriPoZ 2022, 126 ff. (1. Senat; Aufgabe der Strafzumessungslösung und Annahme eines Verfahrenshindernisses im Anschluss an den 2. Senat und als Reaktion auf die Entscheidung Akbay u.a./Deutschland des EGMR) mit Anm. *Weigend,* KriPoZ 2022, 131 ff.

BVerfG NJW 2015, 1083 ff. (Fall Akbay u. a.; Beibehaltung der Strafzumessungslösung; Verfahrenshindernis allenfalls in extremen Ausnahmefällen) mit Anm. *Jäger,* JA 2015, 473 ff.; *Jahn,* JuS 2015, 659 ff.

EGMR NJW 2015, 3631 ff. (Furcht/Deutschland; deutsche Übersetzung; Ablehnung der Strafzumessungslösung; Kompensation nur durch Ausschluss aller durch polizeiliche Anstiftung gewonnenen Beweismittel oder durch ein Verfahren mit vergleichbaren Ergebnissen) = HRRS 2014 Nr. 1066 (englische Originalentscheidung) mit Anm. *Pauly,* StV 2015, 411 ff.; *Petzsche,* JR 2015, 88 ff.; *Sinn/Maly,* NStZ 2015, 379 ff.

EGMR NJW 2021, 3515 ff. (Akbay u.a./Deutschland; deutsche Übersetzung; Erneute Ablehnung der Strafzumessungslösung; Verfahrenseinstellung als dritte Wiedergutmachungsmöglichkeit) = BeckRS 2020, 28627 (englische Originalentscheidung) mit Anm. *Esser,* StV 2021, 383 ff.; *Hübner,* HRRS 2020, 441 ff.; *Klaus,* ZIS 2021, 388 ff.; *Payandeh,* JuS 2021, 185 ff.; *Petzsche,* JR 2021, 368 ff.

Greco, Provokation als Disposition – Überlegungen anlässlich EGMR Akbay u. a. gegen Deutschland, GA 2021, 672 ff.

Zeyher, Das Verfahrenshindernis als strafprozessuale Folge einer rechtsstaatswidrigen Tatprovokation und seine Konsequenzen, NZWiSt 2022, 197 ff.

Anhang 1

Reichweite des Schutzbereichs deutscher Straftatbestände und Anwendbarkeit deutschen Strafrechts nach §§ 3 ff. StGB bei Sachverhalten mit internationalen Bezügen

Aufbaumöglichkeit 1
I. **Tatbestand**

  1. Objektiver Tatbestand

     a) Verwirklichung der objektiven Tatbestandsmerkmale
     b) Prüfung, ob vom jeweiligen deutschen Straftatbestand auch ausländische Rechtsgüter geschützt werden

  2. Subjektiver Tatbestand
  3. Objektive Bedingung der Strafbarkeit:
     Anwendbarkeit deutschen Strafrechts nach §§ 3 ff. StGB

II. **Rechtswidrigkeit**
III. **Schuld**
IV. **Prozessvoraussetzungen/Prozesshindernisse**

Aufbaumöglichkeit 2
I. **Tatbestand**

  1. Objektiver Tatbestand
  2. Subjektiver Tatbestand

II. **Rechtswidrigkeit**
III. **Schuld**

IV. **Reichweite des Schutzbereichs; objektive Bedingung der Strafbarkeit: Anwendbarkeit deutschen Strafrechts**
   1. Prüfung, ob vom jeweiligen deutschen Straftatbestand auch ausländische Rechtsgüter geschützt werden
   2. Anwendbarkeit deutschen Strafrechts nach §§ 3 ff. StGB

Anhang 2

Protokoll über die Satzung des Gerichtshofs v. 26. Februar 2001 (ABlEU 2001 Nr. C 80, 53) – Auszug

Art. 30 [Strafrechtliche Ahndung von Eidesverletzungen]
1. Jeder Mitgliedstaat behandelt die Eidesverletzung eines Zeugen oder Sachverständigen wie eine vor seinen eigenen in Zivilsachen zuständigen Gerichten begangene Straftat.
2. Auf Anzeige des Gerichtshofs verfolgt er den Täter vor seinen zuständigen Gerichten.

Anhang 3

Richtlinie 2005/29/EG über unlautere Geschäftspraktiken v. 11.5.2005 (ABlEU 2005 Nr. L 194, 22) – Auszug

Erwägungsgrund (18)
Es ist angezeigt, alle Verbraucher vor unlauteren Geschäftspraktiken zu schützen; der Gerichtshof hat es allerdings bei seiner Rechtsprechung im Zusammenhang mit Werbung seit dem Erlass der Richtlinie 84/450/EWG für erforderlich gehalten, die Auswirkungen auf einen fiktiven typischen Verbraucher zu prüfen. Dem Verhältnismäßigkeitsprinzip entsprechend und um die wirksame Anwendung der vorgesehenen Schutzmaßnahmen zu ermöglichen, nimmt diese Richtlinie den Durchschnittsverbraucher, der angemessen gut unterrichtet und angemessen aufmerksam und kritisch ist, unter Berücksichtigung sozialer, kultureller und sprachlicher Faktoren in der Auslegung des Gerichtshofs als Maßstab, enthält aber auch Bestimmungen zur Vermeidung der Ausnutzung von Verbrauchern, deren Eigenschaften sie für unlautere Geschäftspraktiken besonders anfällig machen. Richtet sich eine Geschäftspraxis speziell an eine besondere Verbrauchergruppe wie z. B. Kinder, so sollte die Auswirkung der Geschäftspraxis aus der Sicht eines Durchschnittsmitglieds dieser Gruppe beurteilt werden. Es ist deshalb angezeigt, in die Liste der Geschäftspraktiken, die unter allen Umständen unlauter sind, eine Bestimmung aufzunehmen, mit der an Kinder gerichtete Werbung zwar nicht völlig untersagt wird, mit der Kinder aber vor unmittelbaren Kaufaufforderungen geschützt werden. Der Begriff des Durchschnittsverbrauchers beruht dabei nicht auf einer statistischen Grundlage. Die nationalen Gerichte und Verwaltungsbehörden müssen sich bei der Beurteilung der Frage, wie der Durchschnittsverbraucher in einem gegebenen Fall typischerweise reagieren würde, auf ihre eigene Urteilsfähigkeit unter Berücksichtigung der Rechtsprechung des Gerichtshofs verlassen.

Artikel 2
Definitionen
Im Sinne dieser Richtlinie bezeichnet der Ausdruck

a) „Verbraucher" jede natürliche Person, die im Geschäftsverkehr im Sinne dieser Richtlinie zu Zwecken handelt, die nicht ihrer gewerblichen, handwerklichen oder beruflichen Tätigkeit zugerechnet werden können;
b) „Gewerbetreibender" jede natürliche oder juristische Person, die im Geschäftsverkehr im Sinne dieser Richtlinie im Rahmen ihrer gewerblichen, handwerklichen oder beruflichen Tätigkeit handelt, und jede Person, die im Namen oder Auftrag des Gewerbetreibenden handelt;
c) „Produkt" jede Ware oder Dienstleistung, einschließlich Immobilien, Rechte und Verpflichtungen;
d) „Geschäftspraktiken im Geschäftsverkehr zwischen Unternehmen und Verbrauchern" (nachstehend auch „Geschäftspraktiken" genannt) jede Handlung, Unterlassung, Verhaltensweise oder Erklärung, kommerzielle Mitteilung einschließlich Werbung und Marketing eines Gewerbetreibenden, die unmittelbar mit der Absatzförderung, dem Verkauf oder der Lieferung eines Produkts an Verbraucher zusammenhängt; ...

Artikel 5
Verbot unlauterer Geschäftspraktiken

(1) Unlautere Geschäftspraktiken sind verboten.
(2) Eine Geschäftspraxis ist unlauter, wenn

    a) sie den Erfordernissen der beruflichen Sorgfaltspflicht widerspricht und
    b) sie in Bezug auf das jeweilige Produkt das wirtschaftliche Verhalten des Durchschnittsverbrauchers, den sie erreicht oder an den sie sich richtet oder des durchschnittlichen Mitglieds einer Gruppe von Verbrauchern, wenn sich eine Geschäftspraxis an eine bestimmte Gruppe von Verbrauchern wendet, wesentlich beeinflusst oder dazu geeignet ist, es wesentlich zu beeinflussen.

(3) Geschäftspraktiken, die voraussichtlich in einer für den Gewerbetreibenden vernünftigerweise vorhersehbaren Art und Weise das wirtschaftliche Verhalten nur einer eindeutig identifizierbaren Gruppe von Verbrauchern wesentlich beeinflussen, die aufgrund von geistigen oder körperlichen Gebrechen, Alter oder Leichtgläubigkeit im Hinblick auf diese Praktiken oder die ihnen zugrunde liegenden Produkte besonders schutzbedürftig sind, werden aus der Perspektive eines durchschnittlichen Mitglieds dieser Gruppe beurteilt. Die übliche und rechtmäßige Werbepraxis, übertriebene Behauptungen oder nicht wörtlich zu nehmende Behauptungen aufzustellen, bleibt davon unberührt.
(4) Unlautere Geschäftspraktiken sind insbesondere solche, die

    a) irreführend im Sinne der Artikel 6 und 7 oder
    b) aggressiv im Sinne der Artikel 8 und 9 sind.

(5) Anhang I enthält eine Liste jener Geschäftspraktiken, die unter allen Umständen als unlauter anzusehen sind. Diese Liste gilt einheitlich in allen Mitgliedstaaten und kann nur durch eine Änderung dieser Richtlinie abgeändert werden.

Artikel 6
Irreführende Handlungen

(1) Eine Geschäftspraxis gilt als irreführend, wenn sie falsche Angaben enthält und somit unwahr ist oder wenn sie in irgendeiner Weise, einschließlich sämtlicher Umstände ihrer Präsentation, selbst mit sachlich richtigen Angaben den Durchschnittsverbraucher in Bezug auf einen oder mehrere der nachstehend aufgeführten Punkte täuscht oder ihn zu täuschen geeignet ist und ihn in jedem Fall tatsächlich oder voraussichtlich zu einer geschäftlichen Entscheidung veranlasst, die er ansonsten nicht getroffen hätte:

a) das Vorhandensein oder die Art des Produkts;
b) die wesentlichen Merkmale des Produkts wie Verfügbarkeit, Vorteile, Risiken, Ausführung, Zusammensetzung, Zubehör, Kundendienst und Beschwerdeverfahren, Verfahren und Zeitpunkt der Herstellung oder Erbringung, Lieferung, Zwecktauglichkeit, Verwendung, Menge, Beschaffenheit, geografische oder kommerzielle Herkunft oder die von der Verwendung zu erwartenden Ergebnisse oder die Ergebnisse und wesentlichen Merkmale von Tests oder Untersuchungen, denen das Produkt unterzogen wurde;
c) den Umfang der Verpflichtungen des Gewerbetreibenden, die Beweggründe für die Geschäftspraxis und die Art des Vertriebsverfahrens, die Aussagen oder Symbole jeder Art, die im Zusammenhang mit direktem oder indirektem Sponsoring stehen oder sich auf eine Zulassung des Gewerbetreibenden oder des Produkts beziehen;
d) der Preis, die Art der Preisberechnung oder das Vorhandensein eines besonderen Preisvorteils;
e) die Notwendigkeit einer Leistung, eines Ersatzteils, eines Austauschs oder einer Reparatur; ...

Artikel 13
Sanktionen

Die Mitgliedstaaten legen die Sanktionen fest, die bei Verstößen gegen die nationalen Vorschriften zur Umsetzung dieser Richtlinie anzuwenden sind, und treffen alle geeigneten Maßnahmen, um ihre Durchsetzung sicherzustellen. Diese Sanktionen müssen wirksam, verhältnismäßig und abschreckend sein.

GESCHÄFTSPRAKTIKEN, DIE UNTER ALLEN UMSTÄNDEN ALS UNLAUTER GELTEN (Anhang I; vgl. Verweis in Art. 5 V)
Irreführende Geschäftspraktiken

1. Die Behauptung eines Gewerbetreibenden, zu den Unterzeichnern eines Verhaltenskodex zu gehören, obgleich dies nicht der Fall ist.
2. Die Verwendung von Gütezeichen, Qualitätskennzeichen oder Ähnlichem ohne die erforderliche Genehmigung.

3. Die Behauptung, ein Verhaltenskodex sei von einer öffentlichen oder anderen Stelle gebilligt, obgleich dies nicht der Fall ist.
4. Die Behauptung, dass ein Gewerbetreibender (einschließlich seiner Geschäftspraktiken) oder ein Produkt von einer öffentlichen oder privaten Stelle bestätigt, gebilligt oder genehmigt worden sei, obwohl dies nicht der Fall ist, oder die Aufstellung einer solchen Behauptung, ohne dass den Bedingungen für die Bestätigung, Billigung oder Genehmigung entsprochen wird.
5. Aufforderung zum Kauf von Produkten zu einem bestimmten Preis, ohne dass darüber aufgeklärt wird, dass der Gewerbetreibende hinreichende Gründe für die Annahme hat, dass er nicht in der Lage sein wird, dieses oder ein gleichwertiges Produkt zu dem genannten Preis für einen Zeitraum und in einer Menge zur Lieferung bereitzustellen oder durch einen anderen Gewerbetreibenden bereitstellen zu lassen, wie es in Bezug auf das Produkt, den Umfang der für das Produkt eingesetzten Werbung und den Angebotspreis angemessen wäre (Lockangebote).
6. Aufforderung zum Kauf von Produkten zu einem bestimmten Preis und dann
    a) Weigerung, dem Verbraucher den beworbenen Artikel zu zeigen, oder
    b) Weigerung, Bestellungen dafür anzunehmen oder innerhalb einer vertretbaren Zeit zu liefern, oder
    c) Vorführung eines fehlerhaften Exemplars in der Absicht, stattdessen ein anderes Produkt abzusetzen („Bait-and-switch"-Technik).
7. Falsche Behauptung, dass das Produkt nur eine sehr begrenzte Zeit oder nur eine sehr begrenzte Zeit zu bestimmten Bedingungen verfügbar sein werde, um so den Verbraucher zu einer sofortigen Entscheidung zu verleiten, sodass er weder Zeit noch Gelegenheit hat, eine informierte Entscheidung zu treffen.
8. Verbrauchern, mit denen der Gewerbetreibende vor Abschluss des Geschäfts in einer Sprache kommuniziert hat, bei der es sich nicht um eine Amtssprache des Mitgliedstaats handelt, in dem der Gewerbetreibende niedergelassen ist, wird eine nach Abschluss des Geschäfts zu erbringende Leistung zugesichert, diese Leistung wird anschließend aber nur in einer anderen Sprache erbracht, ohne dass der Verbraucher eindeutig hierüber aufgeklärt wird, bevor er das Geschäft tätigt.
9. Behauptung oder anderweitige Herbeiführung des Eindrucks, ein Produkt könne rechtmäßig verkauft werden, obgleich dies nicht der Fall ist.
10. Den Verbrauchern gesetzlich zugestandene Rechte werden als Besonderheit des Angebots des Gewerbetreibenden präsentiert.
11. Es werden redaktionelle Inhalte in Medien zu Zwecken der Verkaufsförderung eingesetzt und der Gewerbetreibende hat diese Verkaufsförderung bezahlt, ohne dass dies aus dem Inhalt oder aus für den Verbraucher klar erkennbaren Bildern und Tönen eindeutig hervorgehen würde (als Information getarnte Werbung). Die Richtlinie 89/552/EWG (1) bleibt davon unberührt.
12. Aufstellen einer sachlich falschen Behauptung über die Art und das Ausmaß der Gefahr für die persönliche Sicherheit des Verbrauchers oder seiner Familie für den Fall, dass er das Produkt nicht kauft.

13. Werbung für ein Produkt, das einem Produkt eines bestimmten Herstellers ähnlich ist, in einer Weise, die den Verbraucher absichtlich dazu verleitet, zu glauben, das Produkt sei von jenem Hersteller hergestellt worden, obwohl dies nicht der Fall ist.
14. Einführung, Betrieb oder Förderung eines Schneeballsystems zur Verkaufsförderung, bei dem der Verbraucher die Möglichkeit vor Augen hat, eine Vergütung zu erzielen, die hauptsächlich durch die Einführung neuer Verbraucher in ein solches System und weniger durch den Verkauf oder Verbrauch von Produkten zu erzielen ist.
15. Behauptung, der Gewerbetreibende werde demnächst sein Geschäft aufgeben oder seine Geschäftsräume verlegen, obwohl er dies keineswegs beabsichtigt.
16. Behauptung, Produkte könnten die Gewinnchancen bei Glücksspielen erhöhen.
17. Falsche Behauptung, ein Produkt könne Krankheiten, Funktionsstörungen oder Missbildungen heilen.
18. Erteilung sachlich falscher Informationen über die Marktbedingungen oder die Möglichkeit, das Produkt zu finden, mit dem Ziel, den Verbraucher dazu zu bewegen, das Produkt zu weniger günstigen Bedingungen als den normalen Marktbedingungen zu kaufen.
19. Es werden Wettbewerbe und Preisausschreiben angeboten, ohne dass die beschriebenen Preise oder ein angemessenes Äquivalent vergeben werden.
20. Ein Produkt wird als „gratis", „umsonst", „kostenfrei" oder Ähnliches beschrieben, obwohl der Verbraucher weitere Kosten als die Kosten zu tragen hat, die im Rahmen des Eingehens auf die Geschäftspraktik und für die Abholung oder Lieferung der Ware unvermeidbar sind.
21. Werbematerialien wird eine Rechnung oder ein ähnliches Dokument mit einer Zahlungsaufforderung beigefügt, die dem Verbraucher den Eindruck vermitteln, dass er das beworbene Produkt bereits bestellt hat, obwohl dies nicht der Fall ist.
22. Fälschliche Behauptung oder Erweckung des Eindrucks, dass der Händler nicht für die Zwecke seines Handels, Geschäfts, Gewerbes oder Berufs handelt, oder fälschliches Auftreten als Verbraucher.
23. Erwecken des fälschlichen Eindrucks, dass der Kundendienst im Zusammenhang mit einem Produkt in einem anderen Mitgliedstaat verfügbar sei als demjenigen, in dem das Produkt verkauft wird.

Anhang 4

Übereinkommen zur Durchführung des Übereinkommens von Schengen vom 14. Juni 1985 zwischen den Regierungen der Staaten der Benelux-Wirtschaftsunion, der Bundesrepublik Deutschland und der Französischen Republik betreffend den schrittweisen Abbau der Kontrollen an den gemeinsamen Grenzen (Schengen-DurchführungsÜbk.) v. 19.6.1990 (BGBl. 1993 II, 1013)

Kapitel 3. Verbot der Doppelbestrafung
Art. 54

Wer durch eine Vertragspartei rechtskräftig abgeurteilt worden ist, darf durch eine andere Vertragspartei wegen derselben Tat nicht verfolgt werden, vorausgesetzt, dass im Fall einer Verurteilung die Sanktion bereits vollstreckt worden ist, gerade vollstreckt wird oder nach dem Recht des Urteilsstaats nicht mehr vollstreckt werden kann.

Art. 55

(1) Eine Vertragspartei kann bei der Ratifikation, der Annahme oder der Genehmigung dieses Übereinkommens erklären, dass sie in einem oder mehreren der folgenden Fälle nicht durch Artikel 54 gebunden ist:

  a) wenn die Tat, die dem ausländischen Urteil zugrunde lag, ganz oder teilweise in ihrem Hoheitsgebiet begangen wurde; im letzteren Fall gilt diese Ausnahme jedoch nicht, wenn diese Tat teilweise im Hoheitsgebiet der Vertragspartei begangen wurde, in dem das Urteil ergangen ist;

  b) wenn die Tat, die dem ausländischen Urteil zugrunde lag, eine gegen die Sicherheit des Staates oder andere gleichermaßen wesentliche Interessen dieser Vertragspartei gerichtete Straftat darstellt;

c) wenn die Tat, die dem ausländischen Urteil zugrunde lag, von einem Bediensteten dieser Vertragspartei unter Verletzung seiner Amtspflichten begangen wurde.

(2) Eine Vertragspartei, die eine solche Erklärung betreffend eine der in Absatz 1 Buchstabe b) genannten Ausnahmen abgibt, bezeichnet die Arten von Straftaten, auf die solche Ausnahmen Anwendung finden können.

(3) Eine Vertragspartei kann eine solche Erklärung betreffend eine oder mehrere der in Absatz 1 genannten Ausnahmen jederzeit zurücknehmen.

(4) Ausnahmen, die Gegenstand einer Erklärung nach Absatz 1 waren, finden keine Anwendung, wenn die betreffende Vertragspartei die andere Vertragspartei wegen derselben Tat um Verfolgung ersucht oder die Auslieferung des Betroffenen bewilligt hat.

Art. 56
[1]Wird durch eine Vertragspartei eine erneute Verfolgung gegen eine Person eingeleitet, die bereits durch eine andere Vertragspartei wegen derselben Tat rechtskräftig abgeurteilt wurde, so wird jede in dem Hoheitsgebiet der zuletzt genannten Vertragspartei wegen dieser Tat erlittene Freiheitsentziehung auf eine etwa zu verhängende Sanktion angerechnet. [2]Soweit das nationale Recht dies erlaubt, werden andere als freiheitsentziehende Sanktionen ebenfalls berücksichtigt, sofern sie bereits vollstreckt wurden.

Anhang 5

Charta der Grundrechte der Europäischen Union (GRCh) v. 12.12.2007 (BGBl. II, 1223)

Titel VI. Justizielle Rechte
Art. 50 Recht, wegen derselben Straftat nicht zweimal strafrechtlich verfolgt oder bestraft zu werden

Niemand darf wegen einer Straftat, derentwegen er bereits in der Union nach dem Gesetz rechtskräftig verurteilt oder freigesprochen worden ist, in einem Strafverfahren erneut verfolgt oder bestraft werden.

Artikel 51 Anwendungsbereich
(1) ¹Diese Charta gilt für die Organe, Einrichtungen und sonstigen Stellen der Union unter Wahrung des Subsidiaritätsprinzips und für die Mitgliedstaaten ausschließlich bei der Durchführung des Rechts der Union. ²Dementsprechend achten sie die Rechte, halten sie sich an die Grundsätze und fördern sie deren Anwendung entsprechend ihren jeweiligen Zuständigkeiten und unter Achtung der Grenzen der Zuständigkeiten, die der Union in den Verträgen übertragen werden.
(2) Diese Charta dehnt den Geltungsbereich des Unionsrechts nicht über die Zuständigkeiten der Union hinaus aus und begründet weder neue Zuständigkeiten noch neue Aufgaben für die Union, noch ändert sie die in den Verträgen festgelegten Zuständigkeiten und Aufgaben.

Artikel 52 Tragweite und Auslegung der Rechte und Grundsätze
(1) ¹Jede Einschränkung der Ausübung der in dieser Charta anerkannten Rechte und Freiheiten muss gesetzlich vorgesehen sein und den Wesensgehalt dieser Rechte und Freiheiten achten. ²Unter Wahrung des Grundsatzes der Verhältnismäßigkeit dürfen Einschränkungen nur vorgenommen werden, wenn sie erforderlich sind und den von der Union anerkannten dem Gemeinwohl dienenden

Zielsetzungen oder den Erfordernissen des Schutzes der Rechte und Freiheiten anderer tatsächlich entsprechen.

(2) Die Ausübung der durch diese Charta anerkannten Rechte, die in den Verträgen geregelt sind, erfolgt im Rahmen der in den Verträgen festgelegten Bedingungen und Grenzen.

(3) [1]Soweit diese Charta Rechte enthält, die den durch die Europäische Konvention zum Schutz der Menschenrechte und Grundfreiheiten garantierten Rechten entsprechen, haben sie die gleiche Bedeutung und Tragweite, wie sie ihnen in der genannten Konvention verliehen wird. [2]Diese Bestimmung steht dem nicht entgegen, dass das Recht der Union einen weiter gehenden Schutz gewährt.

(4) Soweit in dieser Charta Grundrechte anerkannt werden, wie sie sich aus den gemeinsamen Verfassungsüberlieferungen der Mitgliedstaaten ergeben, werden sie im Einklang mit diesen Überlieferungen ausgelegt.

(5) [1]Die Bestimmungen dieser Charta, in denen Grundsätze festgelegt sind, können durch Akte der Gesetzgebung und der Ausführung der Organe, Einrichtungen und sonstigen Stellen der Union sowie durch Akte der Mitgliedstaaten zur Durchführung des Rechts der Union in Ausübung ihrer jeweiligen Zuständigkeiten umgesetzt werden. [2]Sie können vor Gericht nur bei der Auslegung dieser Akte und bei Entscheidungen über deren Rechtmäßigkeit herangezogen werden.

(6) Den einzelstaatlichen Rechtsvorschriften und Gepflogenheiten ist, wie es in dieser Charta bestimmt ist, in vollem Umfang Rechnung zu tragen.

(7) Die Erläuterungen, die als Anleitung für die Auslegung dieser Charta verfasst wurden, sind von den Gerichten der Union und der Mitgliedstaaten gebührend zu berücksichtigen.

Anhang 6

Vertrag über die Europäische Union idF des Vertrags von Lissabon (EUV) v. 13.12.2007 (ABl. Nr. C 306 S. 1, ber. ABl. 2008 Nr. C 111, 56, ABl. 2009 Nr. C 290, 1, ABl. 2011 Nr. C 378, 3)

Artikel 4 [Zuständigkeiten der Union]
(1) Alle der Union nicht in den Verträgen übertragenen Zuständigkeiten verbleiben gemäß Artikel 5 bei den Mitgliedstaaten.
(2) ¹Die Union achtet die Gleichheit der Mitgliedstaaten vor den Verträgen und ihre jeweilige nationale Identität, die in ihren grundlegenden politischen und verfassungsmäßigen Strukturen einschließlich der regionalen und lokalen Selbstverwaltung zum Ausdruck kommt. ²Sie achtet die grundlegenden Funktionen des Staates, insbesondere die Wahrung der territorialen Unversehrtheit, die Aufrechterhaltung der öffentlichen Ordnung und den Schutz der nationalen Sicherheit. ³Insbesondere die nationale Sicherheit fällt weiterhin in die alleinige Verantwortung der einzelnen Mitgliedstaaten.
(3) Nach dem Grundsatz der loyalen Zusammenarbeit achten und unterstützen sich die Union und die Mitgliedstaaten gegenseitig bei der Erfüllung der Aufgaben, die sich aus den Verträgen ergeben.

Die Mitgliedstaaten ergreifen alle geeigneten Maßnahmen allgemeiner oder besonderer Art zur Erfüllung der Verpflichtungen, die sich aus den Verträgen oder den Handlungen der Organe der Union ergeben.

Die Mitgliedstaaten unterstützen die Union bei der Erfüllung ihrer Aufgabe und unterlassen alle Maßnahmen, die die Verwirklichung der Ziele der Union gefährden könnten.

Anhang 7

Einführungsgesetz zum Strafgesetzbuch (EGStGB) v. 2.3.1974 (BGBl. I, 469, ber. 1975, 1916 und 1976, 507)

Achter Abschnitt. Schlussvorschriften
Artikel 316 f [Übergangsvorschrift zum Gesetz zur bundesrechtlichen Umsetzung des Abstandsgebotes im Recht der Sicherungsverwahrung]

(1) Die bisherigen Vorschriften über die Sicherungsverwahrung sind in der ab dem 1. Juni 2013 geltenden Fassung anzuwenden, wenn die Tat oder mindestens eine der Taten, wegen deren Begehung die Sicherungsverwahrung angeordnet oder vorbehalten werden soll (Anlasstat), nach dem 31. Mai 2013 begangen worden ist.

(2) ¹In allen anderen Fällen sind, soweit Absatz 3 nichts anderes bestimmt, die bis zum 31. Mai 2013 geltenden Vorschriften über die Sicherungsverwahrung nach Maßgabe der Sätze 2 bis 4 anzuwenden. ²Die Anordnung oder Fortdauer der Sicherungsverwahrung auf Grund einer gesetzlichen Regelung, die zur Zeit der letzten Anlasstat noch nicht in Kraft getreten war, oder eine nachträgliche Anordnung der Sicherungsverwahrung, die nicht die Erledigung einer Unterbringung in einem psychiatrischen Krankenhaus voraussetzt, oder die Fortdauer einer solchen nachträglich angeordneten Sicherungsverwahrung ist nur zulässig, wenn beim Betroffenen eine psychische Störung vorliegt und aus konkreten Umständen in seiner Person oder seinem Verhalten eine hochgradige Gefahr abzuleiten ist, dass er infolge dieser Störung schwerste Gewalt- oder Sexualstraftaten begehen wird. ³Auf Grund einer gesetzlichen Regelung, die zur Zeit der letzten Anlasstat noch nicht in Kraft getreten war, kann die Anordnung der Sicherungsverwahrung nur vorbehalten werden, wenn beim Betroffenen eine psychische Störung vorliegt und die in Satz 2 genannte Gefahr wahrscheinlich ist oder, wenn es sich bei dem Betroffenen um einen Heranwachsenden handelt,

feststeht. ⁴Liegen die Voraussetzungen für eine Fortdauer der Sicherungsverwahrung in den in Satz 2 genannten Fällen nicht mehr vor, erklärt das Gericht die Maßregel für erledigt; mit der Entlassung aus dem Vollzug der Unterbringung tritt Führungsaufsicht ein.

(3) ¹Die durch die Artikel 1, 2 Nummer 1 Buchstabe c Doppelbuchstabe cc und Nummer 4 sowie die Artikel 3 bis 6 des Gesetzes zur bundesrechtlichen Umsetzung des Abstandsgebotes im Recht der Sicherungsverwahrung vom 5. Dezember 2012(BGBl. I S. 2425) geänderten Vorschriften sind auch auf die in Absatz 2 Satz 1 genannten Fälle anzuwenden, § 67c Absatz 1 Satz 1 Nummer 2 des Strafgesetzbuches jedoch nur dann, wenn nach dem 31. Mai 2013 keine ausreichende Betreuung im Sinne des § 66c des Strafgesetzbuches angeboten worden ist. ²Die Frist des § 119a Absatz 3 des Strafvollzugsgesetzes für die erste Entscheidung von Amts wegen beginnt am 1. Juni 2013 zu laufen, wenn die Freiheitsstrafe zu diesem Zeitpunkt bereits vollzogen wird.

Anhang 8

Übereinkommen der Vereinten Nationen gegen Folter und andere grausame, unmenschliche oder erniedrigende Behandlung oder Strafe v. 10.12.1984 (BGBl II 1990, 246)

Teil 1
Art. 1

(1) ¹Im Sinne dieses Übereinkommens bezeichnet der Ausdruck „Folter" jede Handlung, durch die einer Person vorsätzlich große körperliche oder seelische Schmerzen oder Leiden zugefügt werden, zum Beispiel um von ihr oder einem Dritten eine Aussage oder ein Geständnis zu erlangen, um sie für eine tatsächlich oder mutmaßlich von ihr oder einem Dritten begangene Tat zu bestrafen oder um sie oder einen Dritten einzuschüchtern oder zu nötigen, oder aus einem anderen, auf irgendeiner Art von Diskriminierung beruhenden Grund, wenn diese Schmerzen oder Leiden von einem Angehörigen des öffentlichen Dienstes oder einer anderen in amtlicher Eigenschaft handelnden Person, auf deren Veranlassung oder mit deren ausdrücklichem oder stillschweigendem Einverständnis verursacht werden. ²Der Ausdruck umfasst nicht Schmerzen oder Leiden, die sich lediglich aus gesetzlich zulässigen Sanktionen ergeben, dazu gehören oder damit verbunden sind.

(2) Dieser Artikel lässt alle internationalen Übereinkünfte oder innerstaatlichen Rechtsvorschriften unberührt, die weitergehende Bestimmungen enthalten.

Anhang 9

Die Individualbeschwerde zum EGMR

A. *Zulässigkeit*

  I. **Zuständigkeit des EGMR**

   1. Sachliche Anwendbarkeit der EMRK *(ratione materiae)*
      → staatliches oder dem Staat zurechenbares Verhalten
   2. Zeitliche Anwendbarkeit der EMRK *(ratione temporis)*
      → angeblicher Konventionsverstoß zu einer Zeit, in der die EMRK bzw. das jeweilig ZP für den betroffenen Vertragsstaat bereits in Kraft war
   3. Örtliche Anwendbarkeit der EMRK *(ratione loci)*
      → das in Frage stehende staatliche Verhalten muss der Hoheitsgewalt eines Konventionsstaats unterstehen (vgl. Art. 1 EMRK)

  II. **Parteifähigkeit des Beschwerdeführers (Art. 34 EMRK)**

   1. Natürliche Personen
   2. Nichtstaatliche Organisationen
   3. Personengruppen

  III. **Beschwerdebefugnis (= Opfereigenschaft)**

   1. Selbstbetroffenheit (Ausnahme: Verstöße gegen Art. 2 EMRK)
      → Behauptung der Verletzung eigener Rechte; Ausschluss der Popularklage
   2. Gegenwärtige Betroffenheit (im Zeitpunkt der Einlegung der Beschwerde)
      → Wegfall der Beschwer durch Wiedergutmachung des eingetretenen Konventionsverstoßes auf nationaler Ebene bei Aufhebung der mit dem Konventionsverstoß verbundenen Nachteile und eindeutigem staatlichem Eingeständnis des geltend gemachten Verstoßes

3. Unmittelbare Betroffenheit
→ grundsätzlich ist bei Gesetzen der staatliche Vollzugsakt abzuwarten (Ausnahmen: Gesetz lässt der Verwaltung kein Ermessen oder es liegt ein direktes gesetzliches Verbot vor)

IV. **Erschöpfung der innerstaatlichen Rechtsbehelfe (Art. 35 I EMRK)**
1. Vertikale Rechtswegerschöpfung
→ Einlegen aller in Betracht kommenden Rechtsbehelfe und Durchlaufen sämtlicher innerstaatlicher Instanzen
2. Horizontale Rechtswegerschöpfung
→ die vor dem EGMR geltend gemachten Menschenrechtsverletzungen müssen zumindest ihrem wesentlichen Gehalt nach und in Übereinstimmung mit den innerstaatlichen Verfahrensvorschriften vor diesen Instanzen vorgebracht worden sein

V. **Frist (Art. 35 I EMRK)**
→ ab dem 1.2.2022 4 Monate ab Rechtskraft der endgültigen innerstaatlichen Entscheidung (erging die endgültige innerstaatliche Entscheidung vor dem 31.1.2022 gilt eine Frist von 6 Monaten)

VI. **Form**
schriftlich mit Unterschrift (Art 45 I VerfO) unter Verwendung des offiziellen Beschwerdeformulars (Art. 47 I VerfO)

VII. **Außergewöhnliche Unzulässigkeitsgründe**
1. Anonyme Beschwerde (Art. 35 II lit. a EMRK)
2. Wiederholte Entscheidung / *res iudicata* (Art. 35 II lit. b EMRK)
3. Offensichtliche Unbegründetheit (Art. 35 III lit. a EMRK)
4. Missbrauch des Beschwerderechts (Art. 35 III lit. a EMRK)
5. Fehlen eines erheblichen Nachteils (Art. 35 III lit. b EMRK)

B. *Begründetheit*
→ Die Individualbeschwerde ist begründet, wenn das angegriffene staatliche Verhalten Rechte des Beschwerdeführers aus der EMRK oder ihren Zusatzprotokollen verletzt und kein entgegenstehender zulässiger Vorbehalt nach Art. 57 EMRK eingreift.

I. **(Kein) Vorbehalt gem. Art. 57 EMRK**
II. **Rechtsverletzung**
 Freiheits-/Abwehrrechte:
1. Eröffnung des Schutzbereichs
2. Eingriff in den Schutzbereich
3. Rechtfertigung

Verfahrensrechte/Justizgewährleistungen:
1. Eröffnung des Schutzbereichs
2. Einhaltung der jeweiligen speziellen Vorgaben der Konventionsgarantie durch die staatlichen Organe

III. **Ggf. Entschädigung gem. Art. 41 EMRK**

The manufacturer's authorised representative in the EU is Springer Nature Customer Service Centre GmbH, Europaplatz 3, 69115 Heidelberg, Germany. If you have any concerns regarding our products, please contact ProductSafety@springernature.com

Printed and bound by CPI Group (UK) Ltd, Croydon, CR0 4YY

25/03/2026

02078182-0012